·典藏版·

沈从文传

凌宇著

湖南文艺出版社

二〇二二年·长沙

图书在版编目（CIP）数据

沈从文传:典藏版/凌宇著.--长沙:湖南文艺出版社, 2022.10
ISBN 978-7-5726-0753-0

Ⅰ. ①沈… Ⅱ. ①凌… Ⅲ. ①沈从文（1902-1988）—传记 Ⅳ. ①K825.6

中国版本图书馆CIP数据核字(2022)第109737号

SHEN CONGWEN ZHUAN（DIANCANG BAN）
沈从文传（典藏版）
凌 宇 著

出 版 人 / 陈新文
书名题字 / 凌 宇
腰封插画 / 邵小珊
责任编辑 / 刘茁松
责任校对 / 刘 波 徐 晶
封面设计 / 萧睿子
内文排版 / 汪 勇

出版发行 / 湖南文艺出版社
（长沙市雨花区东二环一段508号 邮编：410014）
经 销 / 全国新华书店

印 刷 / 长沙超峰印刷有限公司
开 本 / 710mm × 1000mm 1/16
字 数 / 380千
印 张 / 33
版 次 / 2022年10月第1版
印 次 / 2022年10月第1次印刷
书 号 / ISBN 978-7-5726-0753-0
定 价 / 60.00元

凌宇与沈从文合影（1980 年）

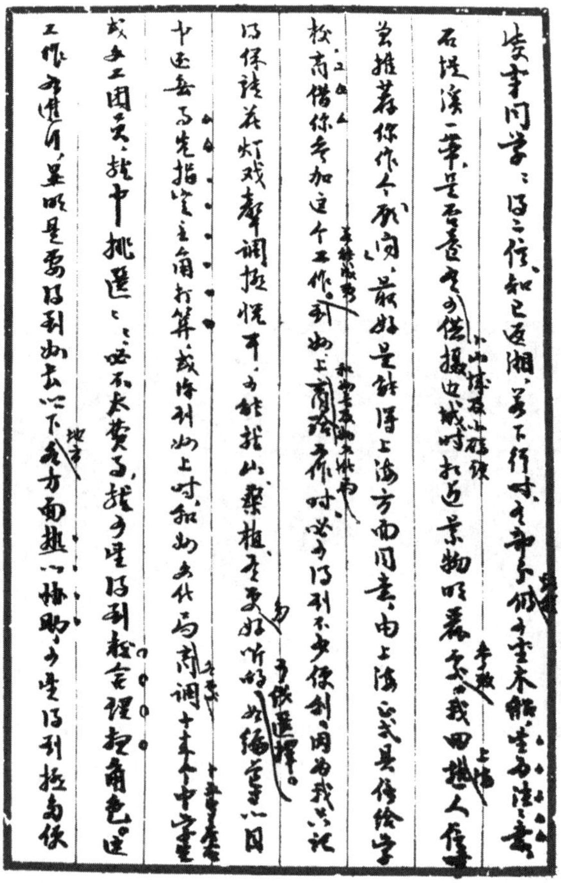

凌宇同学：得二信，知已返湘，若下行时，有部分路程仍可坐木船，望为注注意。石堤溪一带，是否还有小山城及小码头可供摄边城时相近景物明丽处参考。我回上海熟人信，曾推荐你作个『顾问』，最好是能得上海方面同意，由上海正式具信给学校，商借你参加这个工作。若能成功，到州上和州长及州文化局商洽工作时，必可得到不少便利。因为我只记得保靖花灯戏声调极悦耳，可能龙山、桑植，有更多好听的可供选择。如编导心目中还无事先指定主角打算，或你到州上时，和州文化局各处商调十来个十五岁左右中学生或文工团员，就中挑选挑选，必不太费事，就可望得到较合理想角色。这工作若进行，显明是要得到州长以下地方各方面热心协助，可望得到极多便

凌宇与一批全国著名文学评论家在张家界 （1985年）

钱理群、赵园、雷达、吴亮、凌宇、李庆西（前排左起）吴福辉、许子东（后排左起）

典藏版说明

本书典藏版，作、编、校者三方合作，尽可能将书中的引文重新核查一次。

需要说明的是，本书初稿写作时，作者从民国时期报刊上查阅的沈从文作品，本次核查，均用北岳文艺出版社的《沈从文全集》参照核对。我们根据《全集》做了一些修正，但是，我们并没有改正脚注上原来的引文出处。这一点，必须特别说明，以免读者发生误会。这种情况，本次核查修改时，还有其他类似的。譬如本书引用的《海内外》杂志上的文章，我们无法找到原刊原文，只好用岳麓书社版的《我所认识的沈从文》一书来参照核查。

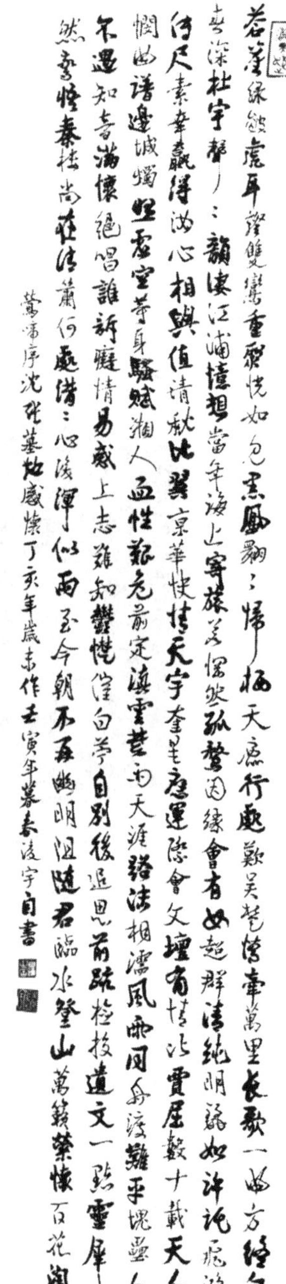

苍崖绿皴虎耳，证双鸾重聚。恍如见，黑凤翩翩，归栖天鹿行处。叹吴楚，情牵万里，长歌一曲方终句。又春深，杜宇声声，韵凄江浦。忆想当年，海上寄旅，若惘然孤鹜。因缘会，有女超群，清纯明丽如许。托飞鸿，情传尺素，幸赢得汝心相与。值清秋，比翼京华，快情天宇。奎星应运，际会文坛，有情比贾屈。数十载，天人悲悯，曲谱边城，烛照虚空，等身骚赋。湘人血性，艰危前定，滇云楚雨天涯路。沫相濡，风雨同舟渡。难平块垒，人生不遇知音，满怀绝唱谁诉？痴情易感，上志难知，郁懑催白苎。自别后，追思前迹，检校遗文，一点灵犀，豁然惊悟。秦楼尚在，清箫何处？潸潸心泪浑似雨。至今朝，不再幽明阻。随君临水登山，万籁萦怀，百花润露。

莺啼序沈张墓地感怀丁亥年岁末作壬寅年暮春凌宇自书

目录

引子

“天上一颗星，地上一个人……”，似乎自古以来，中国民间的童谣就一直这样唱着。

夜阑人静，仰望星光灿烂的天空，我常常不由自主地点数、估猜着那一颗颗可能属于自己的星星，并由己及人，从亲朋熟人，到伟人巨匠。末了，终不免迷茫，空留几分神秘，一丝惆怅。群星正依循着固有的道路，不停地划出自己的运行轨迹，然而，每一个星球个体，对此大约也是不自知的。这似乎也正与人相同。在这人世间，我们每个人从哪里来？又将到哪里去？运行的轨道何在？似乎不到盖棺论定，是无从预先描述的。——“不识庐山真面目，只缘身在此山中”？

一颗流星！它带着令人炫目的光辉掠过夜空，转瞬间便消失得无影无踪。宇宙万物有成有毁，人也有生有死。古来多少人企求长生不老，白日飞升。术士炼丹，海舟访仙，却终不过是徒劳之举。生命的个体不能长存，它只能通过子嗣的分蘖，在种族延续的链条中获得“永生”。然而，这也不为人所独有。人为万物之灵，除分蘖子嗣以延续生命外，还能通过精神文化产品，在自身肉体死灭之后，使生命获得长存。其中的佼佼者，还可以在其创造性的产品中，刻下个体生命的鲜明印痕。

自然既极博大，也极残忍，战胜一切，孕育众生。蝼蚁蚍蜉，伟人巨匠，一样在它怀抱中，和光同尘。因新陈代谢，有华屋山丘。

智者明白“现象”，不为困缚，所以能用文字，在一切有生陆续失去意义，本身亦因死亡毫无意义时，使生命之火，煜煜照人，如烛如金。[1]

这是沈从文思索生命意义时说过的话。迄今为止，沈从文已走过了 80 余年的人生路程。人间有意，自然无情，毋庸讳言，他已经逼近了生命的终点。然而，他终于通过一生创造性的劳动，完成了生命的转移。当人们接触他所留下的精神文化产品时，便立即感到其中燃烧的生命热力。

我仰面凝望星空，试图寻找沈从文的位置时，突然想起幼时家乡父老所说的沈从文是“文曲星”的话来。那时，我自然不懂何谓“文曲星”，也不知道它在天空中的位置，朦胧中却感到一种神秘，留下了沈从文异于常人的印象。

沈从文 70 年代后期在北京

大凡不平常的人物，都有超人的人格气质和与之相称的“奇相”“异骨”。——以往的史书典籍、说部戏文，都曾反复地明喻暗示过。可是，当我终于有机会与沈从文见面时，结果却使我大失所望。——或许，史书典籍说的全是谎言；或许，沈从文压根儿就不是那种超凡的人物。他既无引起人“崇高”感的气质，其相貌实在也很平常，以至于我无从简明地说出他的形象特征来。记得美国人这样形容海明威：“海明威，这头老狮子！”单这一句，就使人立即感到了这位不同凡响

[1] 沈从文 . 烛虚 [M]. 上海：文化生活出版社，1940.

的作家性格气质的魅力。隐喻人类某种性格气质的动物寓言实在不少了，狮子的威猛，雄鹰的矫健，狼的凶残，狐狸的狡诈，羊的孱弱……但无论哪一种，移用到沈从文身上，似乎全不管用。再如我们常见的以名人为对象的绘画雕塑，或是硕大无朋的前额，层叠的皱纹里深藏着永远猜不透的神秘；或是一双威严、深邃而又贼亮的眼睛，仿佛具有无坚不摧的穿透力，不刺得你缩小、变形、自觉渺小，决不肯放手；或是一张含着讥世微笑的嘴唇，两角上似乎挂着一整部人类哲学……可是，这方法于我也不适用。沈从文的相貌没有一处可资夸张。我见过他 20 岁时拍的一张照片，头发大约略略作过梳理，却终有一部分不肯服帖，蓬蓬然向上竖立。眼睛微含忧郁，却清明黑亮，眉毛上扬，嘴唇微抿，仿佛蓄着“横竖要活下去”的坚韧，活脱一个湘西“小蛮子”的形象。可是，当我有幸见到沈从文时，他已近 80 高龄，早就“皤然一老翁”了。白发疏朗而妥帖地伏在圆圆的头颅上，褐黄的眼珠敛去了年轻时的光泽，眼、耳、鼻、唇、额、颧、颌、颊，相互谦让地平和相处，决无西方人似的大起大落，综合成湘西老祖母似的宁静与平和，使人顿时失去与名人对面时本能地保有的那种戒备。我诧异于时间这个雕塑大师的任意与大胆，这后来的完成品与先前的雏形竟全然两样；我见过他所珍藏的他父母的照片，他的长相不像其父，也不类其母，我疑心更多地带有他嫡亲祖母的遗传（尽管连他自己也没见过这位祖母）。——一位朋友故作神秘地告诉我，这是男人女相，为异相，主大福大贵。可是，沈从文一生充满坎坷，从来没有大福大贵过。然而，倘说人生的福贵不只是腰缠万贯、位列九卿一类身外物，那么，沈从文一生所得也实在很多。如果说作家是以文字征服世界，那么，对沈从文来说，前 30 年的文学创作，后 30 年的文物研究结出的果实，已越来越多地赢得了中国与世界的读者，证实了自己生命的价值。虽说社会衡量价值的标准变易不定，失去的可能还会重新获得，已经确认的也许还会失去；然而，作为一个无法回避与省略的历史存在，无论是毁是誉，沈从文都将如丹纳所说的那样，一代又一代地被“旧事重提”。——能够如此，也就够了。

——这也不过是我辈的多嘴。在沈从文自己，无论是身外报偿，还是身内所获，物质上的得失，还是精神上的毁誉，却从不以为意。

我第一次见到沈从文，是在他的北京东城区小羊宜宾胡同5号的寓所，这是北京的四合院，东边厢房，仅有的一间居室约12平方米，还兼作客厅，一张窄的木床，靠窗一张老式书桌，一个简易书架，一把藤椅，两张木椅。像他这样人家早应该有的一切现代生活用品，一样也没有。1980年，当他迁居到崇文门东大街3号中国社会科学院的宿舍大楼后，我再次去看他，发现他的卧室兼客厅里，添了一张长沙发，一台电风扇，一台收录机，一台彩色电视机。我笑着对他说：“沈先生，你也开始现代化了。”他指着沙发、电风扇、收录机说：“这些都是黄永玉换代后送我的。”沈夫人告诉我，香港一家书店给他出了一本书，事后说亏了本，稿费无法支出。还是居间介绍出这本书的人民文学出版社的编辑张木兰，代为向香港方面索取了一台彩色电视机，也就抵了那本书的稿费了。我疑心他有一大笔存款，到后来我才知道，他一生所得收入，除维持一家生活必需的花费、社交应酬和帮助别人外，都陆陆续续花在购买书籍和陶瓷文物上了。他家里曾堆满了各式各样的“坛坛罐罐”，家里放不下了，便随手送人，送掉后又买。解放后索性一股脑儿全送了博物馆，不仅没有索取任何报酬，连一张收条也没留下。他指着墙角一个装咸蛋的青花瓷罐说：“这个东西现在在香港，可以卖上万美元。我买它时，可便宜了。”——以至1969年他被下放到湖北咸宁，他担心自己一去便不再回来，将自己的积蓄分给几个至亲子侄时，总额不过几百元。1982 年，他开始陆续收到花城出版社寄来的《沈从文文集》的稿费，他立即拿出一万元，寄给家乡的小学，修建一栋图书楼。我曾劝过他："年纪大了，总有用钱的时候，应该自己留下一点。"他淡然一笑："不要紧。钱，总还会有的。"他一生厌憎为着一己私利聚敛财富的行为，对金钱支配一切的人生现象深恶痛绝。他不仅是言者，而且是行者，仿佛有意与金钱财富保持距离。然而，他也有因手头无钱而发窘的时候。且不说他年轻时为吃饭问题所作的种种挣扎，就在他不再为吃饭发愁以后，每逢某项社会公益活动需要他捐赠时，他常常因拿不出钱来而发愁、难过。最后，总是了解他的表侄黄永玉及时为他垫出。

也许，沈从文对物质享受的淡泊，出于中国知识分子重名不重利的传统心理？事实并非如此。1978 年全国第四次文代会后，沈从文长期冷落的门庭重新变得热闹起来，各色各样的拜访者接踵而至，国内的报刊也开始出现重新评价沈从文文学成就的文章。与沈从文有过多年友谊的萧离解嘲似的说："沈先生的行情正在看涨。"对这一切，沈从文表现出惊人的平静。在谈到他的文学创作时，他总是轻轻地挥着手："那都是些过时了的东西，不必再提起它。……我只不过是个出土文物。"在沈从文与中国现代著名作家之间，他既不承认二者联结的必然性，也不承认自己具有与众不同的禀赋，似乎全由人生的随机性决定。他常用"因缘时会"解释这历史的结果。

"这是因缘时会。"他强调说，"我年轻的时候许多熟人同乡，头脑都比我优秀得多，却一个个先后消失在中国近乎周期的悲剧里。就拿写文章来说，开始时我的一支笔就笨得很，能够坚持下来，也只是比别人耐烦一点。"

沈从文在文坛上的沉浮，在中国几乎是一个典型。在这沉浮的背后，重叠着因“历史的误会”而带来的种种人生坎坷与痛苦。但他几乎从来不主动提及自己几十年来遭遇的损害与屈辱。当别人问及他在“文化大革命”中的遭遇时，他只是说：“我没有我的朋友受的冲击大，我只是要打扫茅房，那是普通的事，在家里不是也要打扫吗？”在他的面前，人们常常惋惜他不能继续从事文学创作，为他在文学史上的“失踪”，在第二、三次文代会上，连他的作家身份也得不到承认感到不平，他照例只是笑笑：“那未必不是塞翁失马。”

对涉及个人荣辱得失的人事，沈从文表现出一种令人吃惊的宽容。他宁愿记住别人的好处，而忘了别人对自己的损害。在对人性向善的追求方面，他逼近托尔斯泰。托尔斯泰还有为个人荣誉常常要与人决斗的激烈举动，沈从文却更多属于东方人的宁静与平和。

他总是微笑着面对已成过去的历史，微笑着凝视这世界。然而，这不是伏尔泰似的讥世的微笑，其中，渗透着他禀赋里的善良、天真和“童心幻念”。——这样说，也只是略去了许多中介环节的一种模糊化处理，他当然有忧愁、伤心、痛苦的时候。记得 1980 年，丁玲突然发表了一篇题为《也频与革命》的文章，未指名地批评沈从文当年歪曲她和胡也频投身革命的动机，指沈从文为“贪生怕死的胆小鬼”“斤斤计较个人得失的市侩”。这是丁玲被落实政策，从北大荒返回北京以后，从一个日本人手里得到一本沈从文 30 年代著的《记丁玲》，因不满沈从文书中所持立场，有感而发的（此书问世 40 余年后，丁玲第一次读到它），而与《记丁玲》具有同一倾向的《记胡也频》一书，丁玲是亲自过目了的。丁玲此举，还有没有更潜在的心理动因，恐怕将成为一个难解之谜了。此后不久，我去沈从文处，一见面，他便对我说：“请你给我复印我的两篇文章，一是《关于丁玲女士被捕》，一是《丁玲女士的失踪》。”他说这话时，显得有点失去惯有的平静，激动里夹着一丝伤心。“我不是要和她争什么，只是想让问及这事的朋友，明白究竟是怎么回事。”我答应了他的要求，几天后，我给他送去两篇文章的复印件，他道了谢，接过复印件看了看，又随意放到书桌上，随后一言不发，两眼发愣，仿佛陷入对往事的回忆，眉宇间掠过一丝难以察觉的忧郁。良久，他才轻轻地吁一口气，喃喃自语：

“唉，我们那位老朋友哇……”

后来，这件事再没有和我谈起过。

在人生的竞技场上，沈从文是一个弱者，还是一个智者？对此，我感到一种无法判断的困惑。他的淡泊名利，他的对人事的宽容，他的与世无争，常常使我想起老子《道德经》里的一段话：

> 上善若水，水善利万物而不争，处众人之所恶，故几于道。……夫唯不争，故无尤。[1]

沈从文也多次谈到水与自己生命人格的不可分：

> 水的德性为兼容并包，柔濡中有强韧，从表面看，极容易范围，其实则无坚不摧。水教给我粘合卑微人生的平凡哀乐，并作横海扬帆的美梦，刺激我对于工作永远的渴望，以及超越普通人功利得失，追求理想的热情洋溢。[2]

---

[1] 老子《道德经》第八章。

[2] 见《湘西 • 一个传奇的本事》。沈从文 . 沈从文散文选 [M]. 北京：人民文学出版社，1983.

仁者爱山，智者爱水。按照中国这一古老的格言，沈从文理应属于智者。然而，在与他当面交谈时，你会不相信这就是蜚声中外的沈从文。他没有先声夺人、不容置疑的雄辩之才，也没有精警和有意作成的深刻。一切预先对名人、智者抱有的种种企望，在他身上全都得不到。与你对面的，不过一个平凡而又平凡的人。他会立即消除你原有的紧张与不安，使你心里陡然长出许多自信来。同样从湘西走出来的青年作家蔡测海，这样叙述他与沈从文的谈话：

> 我听沈从文先生说，写小说就像翻跟斗，会翻一个就会翻一百个。然后他再也不谈写小说如何如何。我也不再问他，然后听他谈古往今来的服装。他说他不识得布料。我先是愕然。这方面他不是有过价值很高的著述么？接着也便释然。[1]

沈从文的言谈永远这样朴讷，永远没有结构严密的逻辑程序。你也许会感到失望，似乎他原本就没有说出什么深刻的东西；如果细加咀嚼，也许又会感到一丝余甘回味，其中仿佛蕴含着一点什么。待到你试图捕捉它时，那点蕴含又游移不定，无从把握。无论是谈人生，谈艺术，他就像一个普通的乡下农人，能够谈出如何如何种庄稼，而对于其中包含的植物栽培学原理，总是照例不大说得明白。或许这是一种错觉，他的言谈原本是一种“大智若愚”的表现形式：避开具体的认知程序，直接与本体对面，一种东方哲人的认知方式？然而，谁又知道呢？一个聪明的乡下农人与一个充满智慧的哲人之间，也许根本就没有什么界限。

——他们都置根于同一片人生土地。

[1] 凌宇．文学门外谈 [J]. 芙蓉，1986（3）．

然而，这充满活力与生机的人生，与沈从文是渐离渐远了。此刻，就在他所居的公寓大楼的下面，正奔涌着不息的人流。南来北往的，东奔西走的，正上演着新的人生戏剧。同样有得意，有失败；有善良，有罪恶；有笑，也有泪……人生的书籍正一页页翻开去。可是，他已无力去翻阅这本大书了。1983 年，他开始身患重病，脑血栓已经使他右边的肢体麻痹。从那时起，他几乎是足不出户。虽然他的记忆力仍然极好，大脑皱襞里深刻着的一生经历的种种，提及时仍历历如在目前，然而，这一切，都只能作为一去而不复返的陈年册页，在他的心之一隅里把玩。而且在他身上，越来越明显地呈现出人到暮年的婴儿状态，常常坐不多久，便眼睛发涩，嚷着要睡，将他扶上床去，头一着枕，便酣然入眠。似乎一生的荣辱得失，眼前背后的人事全不萦怀。我曾残酷地忽发奇想：如果这一睡去便不再醒来……这一天终将不可避免地到来，我无端地猜想：那一刻一定是这样子，走得坦然，一切人欠我欠的恩怨，在那生与死的临界线上，一定会荡然无存。

他心头自然还有他所无法释怀的东西。这头一件便是他 30 余年来所从事的中国古代文物研究。我每次见到他，他总是要谈起有关的种种。他常常叹息说，“手头有许多题目可做，现在是来不及了”，“× × 地方又有了新的文物出土，应该亲自去看看，也无能为力了”。话语中总是透着惆怅与悲哀。虽然，他的《中国古代服饰研究》已经出版；当年，由于一个偶然的机会，他所结识的一个回国观光的志愿军战士王㐨，在他的指导下，已经成为能够独当一面的服饰文物的专家，他的后半生事业已经后继有人。但他仍不满意自己：“应该留下个好的基础，可是有好多事还没有做……”王㐨曾对我说，沈从文最害怕的，是失去工作的权利。前几年，单位通知他去办理从历史博物馆调中国社会科学院的手续时，他误以为是办理退休手续，走进有关部门办公室的门，他紧张得几乎手足无措，只是嗫嚅着说："我还能做点事，请不要让我退休。"

确实，在明确意识到的范围内，沈从文最放心不下的是这未竟的文物研究。这也难怪，按照弗洛伊德的心理分析，在他的后半生里，他的人格是通过学术研究而获得升华的。然而，这终究只是一种替代性的升华（尽管这一替代在沈从文那里表现得比较彻底），是从文学创作向学术研究转移的结果。在他转向文物研究之前的近30年里，他身上积蓄的巨大能量，是通过文学创作的主渠道获得宣泄的。这一宣泄渠道在后来猛然受阻，原有的对象选择便转入潜意识领域。正是在这潜意识领域，他始终保留着对文学创作的眷念。我曾看过一位来自加拿大的留学生和沈从文一次饶有趣味的谈话记录：

…………

"假如你处的社会一直没有转变，对文学的要求也没有变化，你会继续写下去吗？"我问。

他笑着说："那不能不改变！"

我继续追问："那假如一直没有改变呢？"

"那当然是改变好一点。因为文学也许只是个人的事情，个人的事情太小了。"

我仍不肯放弃："那假如不改变呢？"

他顿了顿，慢慢地说：

"也许可能，也许可能。……也许可能，因为当时我的年龄正是写小说的时候，《长河》那样的就没有写完。

"现在不是因为上面喊我去，有限制我的框框，而是我自己的框框，我自己形成的，自己有种限制，自己想这样想那样，考虑的方法不同。”

想起“这个东西”（指他的文学创作——笔者注），他轻轻地感叹着：“也可能的，也可能的……”[1]

他当然不能完全割舍在他生命的黄金时期苦心经营的那个文学王国。这个王国的人生世界是以中国西南的一小隅为中心建构的。从表面看，沈从文不过是一个区域性的作家。可是，从深处看，这远不是一个封闭的系统，不仅其中厚积的文化沉淀闪耀着迷人的光彩，而且澎湃着特定的区域环境与外部世界环境对流的巨大浪潮。当人们摆脱机械单一的政治–经济模式对文学的规范，从宽泛的文化角度审视时，其中隐伏的世界图像便被照亮了。一位美国的福克纳研究专家 H.R. 斯通贝克，将福克纳与沈从文比较以后，得出沈从文是中国的福克纳的结论。作为一种全面的类比，这一说法自有许多勉强的成分，但他到底发现了，面对人类的某些共同的境遇，东西方作家心灵的沟通。山川，海洋，种族，国别，无论是自然的阻隔，还是人为的分割，人类的心到底是能够相通的。1984 年，来中国讲学的 H.R. 斯通贝克回国之前，企望着实现自己拜访沈从文的夙愿。当他得知沈从文正重病在身时，在最后一刻取消了这一计划。不久，他从美国给沈从文寄来了一组表白自己心迹的诗篇。

我来到中国的时候，
我宣告了我两个最强烈的欲望：
要会见沈从文，还要到

[1] 邝心美：《与沈从文谈“这个东西”》。

湘西的丛山中去旅行。
现在，走以前，这大概不会
实现了，至少这次不行了。
然而也许这古老的人的愿望，
想握一握大师的手，想向创造者致敬，
想饱览他写过的那片土地，
也无非是傻事。因为所有的东西
生活的地方是在作品里，只有在作品里
他歌唱。

和你在一起，那么，沈从文，
我在鸭窠围度过了一个长夜；
我像一个白痴，在寒风里伫立在河岸上，
倾听着相思的歌曲，多情水手
和寂寞妇人的曲子；我曾向辰河上游航行，
遇到一个对历史毫无担负的民族，
他们的生活深深地植根于自然；
我参加过给社稷神的祭祀，
敬山神的仪式，所有地方的神秘风俗。
我看到过神兵，
听到过红嘴鸦护卫河上的水手；
我知道苗族的放蛊，辰州符，
那侠义，那勇敢，那热情。
我遇到过半瓶醋的城里读书人，

他们由于一知半解而视而不见，
清除了所有的东西；还有其他的，
戴着反光太阳眼镜，没有眼睛，
他们从来不懂得
一个人的话就是他的信义，
黄金不及那覆盖它的泥土珍贵，
人可以为了荣誉去决斗
而事后，我们可以在河里洗净所有的东西。

和你一起，那么，沈从文，
我分享了那静悄悄的秘密知识，
那是在地球上几乎失传的，
在肯塔基给予了我的，
在湖南给予了你的：
水使我们光着眼睛看到美。
水教给我们独立思索，
大学校是在河边上的，
大知识是知道东西是怎样做成的，
爬树，偷李子，唱民歌，
会比远离大地，在空中乱摸的
抽象的老师们给予我们更多的东西。
在所有的时代和地方，我们少数几个人
从自然，从蛇、风、地上的草、河里的游鱼，
从所有的东西的感觉、气味和声音

得到纵情的欢乐，心醉神迷，
身不由己，又自由自在。
我们一起去摸过鱼，把手
伸进潮湿的岩石里阴暗隐秘的地方；
我们倾听过老猎人的故事，
听到过猎狗在山上吠出隐秘的真理；
我们懂得了在一本好书和一个好地方之间，
选择的必须永远是地方。
我们也知道我们的命运是写许多书
来讲这些东西。我们知道，
虽然青年时候在家乡又野又放荡，
我们却必须出发到世界上去走动，
你 70 年前背上一个包袱，
我 30 年前背上一把吉他。
无可奈何，我们参加军队，
可是在所有的长途行军之后，
仍然，仍然，我们怀着渴望一直歌唱，
走向人们需要我们的歌曲的那些城市。

后来历史的巨吼震聋
人们的耳朵，他们不再听见那些歌，
我们或许转向学术研究，
转向文学和漆器，
锦缎和服装，保存下过去的点滴，

如同在一张羊皮纸上一样的，
在历史的瓦砾里，
碎条、破片、细线，
通向过去那座迷宫的线索，
那座我们必须在其中灵巧地曲折穿行的迷津，
如果我们想要走出来
到一个有意义的现在和未来，
一个有根深蒂固的欢乐的明天。

和你一起，那么，沈从文，
我重建了亭子和宝塔，
在渡口，献给本地的神祇，
保佑风调雨顺，天时地利。
我知道许多，管渡船的老人，
在迷人的渡口守望着河流。
但是，啊！我只知道一个翠翠
我也知道她永远等待我
从那丛山中奔流而下的小溪边上
在一个比游鱼出没的池塘还深的梦里
她永远等待
我过渡，就在边城那边。[1]

就在边城那边，有着曾经养育过沈从文的土地和人民。他就是从那

[1]引自〔美〕H.R.斯通贝克：《献给沈从文的组歌》。全诗共分四部分，此其第二部分。原作为英文，引录部分系巫宁坤译文。见湖南文艺出版社1989年版《长河不尽流》。

片土地上，第一次睁开眼睛看这世界的。他无时不在眷念着那片土地，对故土的爱，使他几近迷狂。尤其是近几年，凡属家乡人的来访，都使他兴奋不已。不间断的询问、颔首、摇头、轻轻的叹息，仿佛一匹猎犬对目标的搜寻，任何有关家乡的人事、山川风物的点滴，都不愿放过。他渴望能够再回湘西一次。就在生病的前一年，他还和我多次谈起来年故地重游的种种计划。1984年，湖南的一位青年作家刘舰平来北京探望他，其时，他因病无法行走，正躺在床上。当得知刘舰平是沅陵人时，他非常高兴地说："沅陵是个好地方，美极了，那是我的第二故乡。我写《湘西》时，就是把凤凰和沅陵作重点。好多年没到沅陵去了。1982年回湘西，本来要去的，后来时间来不及了。"刘舰平向他转达了家乡父老的问候，请他有机会再去沅陵看看。他连忙说："要去的，我是要去的。"刘舰平表示等他病好一些，就一定接他去。

"我能去，我还能去的！"说着，他便挣扎着要站下地来，并终于奇迹般地站立起来。

"你看，我还能去！"他孩童般得意地笑着，眼角上早已噙了两颗晶亮的泪珠。

然而现在，就连这一点愿望大约也很难实现了。他终于只能在想象同回忆里，同那片熟悉的土地亲近。每当他独自静静地坐在客厅里出神，我总疑心他在神游故土。

静寂中，突然响起河船拍打水面的桨声，油坊里油锤与油榨相撞时爆发的声响，伴和着古老、悠长而又悲凉的船歌与号子，沉沉的牛角声，水车飞转发出的"咿呀"声……

一切声响渐渐淡去……

荒蛮的山野，阡陌相连。山脚一座木屋，门前一条石板路，缘山蜿蜒。

夹路两行绿树，如旗帜，如羽翣。半山里一座凉亭，粗大原木作柱，杉树皮盖顶。亭旁一块大青石，临壑而立。岩身突兀，岩面平滑如镜。石板路上，嬉笑追逐着一群“山灵”，秀腰皓齿，白脸长身，穿着滚着花边的绣裙，灵巧敏捷，跃上大青石站定。她们引颈远望，若有所思，亦若有所期。

远处，传来柔和缠绵的歌声：

天上起云云起花，
苞谷林里种豆荚。
豆荚缠坏苞谷树，
娇妹缠坏后生家。

娇家门前一重坡，
别人走少郎走多。
铁打草鞋穿烂了，
不是为你为哪个？

“山灵”们相顾而笑，又相互推搡着，朝远处跑去……

第一章

在别一个国度里

一、写在断墙残碉上的历史

倘若人的所思所想与其主体之间，连接的是一条有形的线索，那么，这时正可以从北京前门大街公寓的这一端，沿着这条线路做一次长途旅行。从北京向南，走三千余里至长沙，再向西北行四百里，便到了古称武陵的常德。如果手里刚好有一份中国地图，你就会发现，在北面，标志长江的蓝色粗线由西向东蜿蜒，与洞庭湖衔接。湖右沿江横亘着巫山山脉，湖西南方向，武陵山与雪峰山恰似两道屏障，切断了与洞庭湖泽地带及湘中的联系，越雪峰山，入贵州境，西南壁立着大娄山脉与云贵高原，这个被大山包围着的三角形地带，就是湘、鄂、川、黔四省相交的边境地区。其中，属于湖南的部分，便是秦置黔中郡、汉置武陵郡的湘西。史书曰：湖广之西南隅，战国时巫郡、黔郡也。湖北之施南、容美，湖南之永顺、保靖、桑植，境地毗连，介于岳、辰、常德、宜昌之间，与川东巴、夔接壤，南通黔，西通蜀。[1]

一片犬牙交错的广漠山地，一个封闭的地理环境。

直到本世纪初叶，这里公路未通，火车不行。只有两条屡见于古典词章的河流——沅江与澧水，从群山中闯荡而出，注入洞庭，成为湘西与外部世界交通的要道。沅水上游及其支流——酉、巫、武、辰、沅，

[1] 见土司卷。赵尔巽.清史稿[M].北京：中华书局，1977.

便是屡见史籍的著名“五溪”。它们有如人体上的血管，延伸到整个湘西地区。这些河流乱石密布，险滩迭起，恶浪咆哮，亘古长流。群山夹江而立，危峰碍日，密树蒙烟，怪石狰狞，云雾晦暝。群山中也有各处爬行的山道。要是你身体强壮，胆量过人，能吃粗粝饭，喝酸菜汤，能租一条充满汗臭的被子裹着身子在不乏虱子跳蚤的草垫上过夜，便可以从旱路去湘西。白天，一连几个小时在不见人烟的深山里走，你便有机会领会什么叫天籁地籁，寂寞会堵塞你的嗓子，让你心里发慌。路旁忽然一座烧毁的屋，一具开始糜烂的尸体，一丛红得凄惨的山莓，身前身后忽然横路穿过一条大蛇，紧张又使你浑身发毛。天黑前遇到一家客店，你得赶紧住下，再下去又是几十里没有人家。半夜醒来你会听到虎啸狼嚎，毒蛇与蟾蜍格斗时发出的凄厉叫声，仿佛就在屋前或屋后。第二天再上路时，雨后松湿的泥路上，留有老虎路过时的巨大脚印。如果运气好，即使是大白天，也会碰见强人拦路抢劫，单刀决斗……

居住在这片土地上的人民，“言语饮食，迥殊华风，曰苗，曰蛮”[1]。

一派原始荒蛮的景象，仿佛是别一个国度。

现在自然是不同了。两条主要公路干线，一条穿常德、慈利、大庸、永顺，通龙山和桑植，北通鄂西；一条经常德、桃源、沅陵、泸溪、吉首，通凤凰和花垣，西出川黔。其中大部分路段，已经历了半个世纪的风雨，随着后来两条干线之间若干新的线路的修成，开始形成网络状公路交通结构。连接湖北枝城与广西柳州的铁路线业已从湘西群山间斜穿而过。现代交通加速了这片古老土地的开发，促进了湘西与外部世界的交流。交通的发展不过是眼目所及的湘西变化中的一例。近 30 余年，湘西以空前的速度改变着原有的面貌。政治、经济体制已与全国同步，旧的人际

[1] 见土司卷。赵尔巽. 清史稿 [M]. 北京：中华书局，1977.

关系已经得到根本改造，原始自然风貌也在消亡过程中。早先随处可见的大片原始森林与原始次森林，在多数地方已经消失。始毁于1958年“大炼钢铁”，无法数计的百年、千年古树作为燃料被砍倒、肢解，转眼间化为灰烬；再毁于70年代“农业学大寨”，为修造“大寨田”，不少地方连油桐、油茶林也未能幸免。加上木材外运，铁路、公路、水路一齐吞吐，几乎扫光了最后一点残余。除少数人迹罕至的险隘偏远之处，大自然恩赐给湘西的巨大财富，遭到了一次性的大挥霍与大拍卖。毒蛇猛兽固然已经潜踪，大自然原始神秘的美丽也不复存在，宛如一个美艳绝伦的仙女，被人撕去霞彩斑斓的神衣，褪掉奇光闪烁的钗、环、镯、佩，夺走飞腾变化的法宝，赤裸裸地躺倒在地面上。凤滩水电站拦河大坝的建成，已将沅水支流白河许多恶浪咆哮的险滩淹没，峡谷结束了亘古以来的骚动不安，突然变得驯良安静了。可是，一条白河通往沅水的船运，却从此断绝。湘、川边境上有一座八面山，山上一座“自生桥”，两边悬崖绝壁，通向一座孤峰，风景极美。峰上一注清泉，清冽无比。忽然传说那是“神水”，两省边界人民为祛病延年，纷纷前往汲取。当地治安部门为取缔迷信活动，忽然点起一包炸药，于是岭断路绝，天下太平。

人的智慧与愚蠢同行。

也有一些人力不及的地方，依然保留着原始自然风貌，最近几年突然身价百倍，使湘西成为全国著名的旅游区。大庸的青岩山，桑植的天子山，慈利的索溪峪，永顺的猛洞河、不二门，吉首的大、小龙洞，龙山的地下溶洞群……处处可见造化的鬼斧神工，使人心醉神迷、流连忘返。

假如你不仅仅迷恋山水，对风俗民情也怀有同样兴趣，这里照样不会让你失望。正月新春，你如有幸赶上土家族“大摆手”活动，便会看到上万人祭祀祖先的盛大场面。其时，牛角、土号、唢呐与三眼铳齐鸣，男女队伍身披土花被盖，扛起龙凤大旗走过来了。为首的土老司头戴凤冠帽，身穿八幅罗裙，手执铜铃司刀，唱起请“八部大王”[1]的祝辞，率众对神行跪拜礼。尔后，跳起举族参加的长达几天几夜的“摆手舞”。在对神的祝辞里，有的是对正义、勤劳、善良的赞颂，对邪恶、懒惰的斥责。面对人们庄严肃穆的神情，你看到的决不只是人对神灵的顶礼膜拜，它是一种善恶的基本抉择，一种严肃的人生宣誓，一个民族坚固长久的信念。如果你错过了时机，也大可不必遗憾，还可以和苗族同胞一道，共度三月三、赶秋等喜庆节日。每当金秋时节，苗族人民从四面八方赶往秋场，奏响了锣鼓，点燃了鞭炮，沉沉的牛角号音与清脆的唢呐声交织，同时开展的各种娱乐活动会使你目不暇接。苗族汉子赤脚登上 36 把钢刀排成的刀梯，赤手从烧得滚开的油锅里捞起炸熟的油粑，红嘴白牙咬住烧得透红的铧口，八人秋千在空中飞旋……更有苗族青年男女，用本民族特有的山歌，自由地倾吐心中的爱情。树丛中、路坎下，撑一把花花伞，成对儿窃窃絮语、互赠信物。这一切，使人感触到的，决不只是一点惊讶，一丝缠绵。

假如你同时还是一个历史学家，你一定会对这片土地留下的许多历史遗迹感兴趣。龙山里耶的新石器遗址，酉水流域的崖墓葬，泸溪的屈望村，凤凰的黄丝桥古城，永顺的司王城，保靖的盘车城，溪州的铜柱，沅水两岸的伏波宫，以及西起黔东铜仁亭子关，东止于古丈旦武营，绵亘 360 余里的边墙……它们记录了一个残余民族，在一份长长的历史岁月中的命运。

这些历史遗迹，有的尚相当完整，有的仅留下一点残痕。日落黄昏，你试登上山顶，去搜寻凭吊边墙遗迹，已经无法想象它当年是什么模样了。

[1]“八部大王”，土家族公认的祖先。据传，“八部大王”即八个部落的酋长，后封为大神。

这座始筑于明朝万历年间，高八尺、厚五尺的小“长城”，是为防范苗民“叛乱”而设的。虽经历史风雨剥蚀，如今只余一点残痕依稀可辨，但专为称颂帝王“文治武功”的正史，却留有赫然分明的记载：

> 始于嘉庆朝征苗之役……自湖南乾州界之木林坪起，至中营之四路口，筑围墙百数十里，以杜窜扰。其险隘处增设屯堡，联以碉卡。凤凰厅境内，设堡卡碉台八百八十七座，永绥厅境内，设堡卡碉台一百三十二座，乾州厅境内，设汛碉一百二十一处，古丈坪及保靖县境内，设汛碉六十九处。环苗疆数百里，烽燧相望，声息相闻。关墙则沿山涧建之，炮台则择冲要处筑之，哨台则于关墙之隙修之，卡碉屯堡，则因地制宜，或品字式，或一字式，或梅花式。其修建之制，关墙则土石兼施，炮台则以石砌，而筑土以实中心。哨台亦石砌，环凿枪孔，高峻坚实，碉楼之制亦然。[1]

不难想象，广袤的中国国土上这一弹丸之地，仅四个县境内，成一线排列起一千五百余处碉卡屯堡，是一种什么样的情景。望着眼前的断墙残碉，依稀可以想见烽燧遍地、刀光蔽日，依稀可闻战鼓震天、号角连营……这一切，似乎都已经十分茫远了，眼下，群山遮断了夕阳的余晖，浓重的阴影扑向远近的山涧与河谷，苗乡与土家山寨的炊烟拖着一条条白色的带子，在山腰与林际间缠绕，远处传来母亲呼儿归去的焦急而温馨的声音。

沉重的历史落到你的肩上，会压得你喘不过气来。

---

[1] 赵尔巽 . 清史稿：第 14 卷 [M]. 北京：中华书局，1976.

断墙残碉上，刻写着一个民族悲惨的历史命运。

自古以来，苗、瑶、侗、土家等少数民族，就在这片土地上繁衍生息，他们是这里的最早的主人。在土家族的语言里，土家族自称“毕兹卡”——本地人，称苗族为“白卡”——邻居的人。至于居住在湘西的汉族，则是后来的移民，土家族所称“帕卡”——外来的人，即史籍上所称“客民”。虽然在族源问题上，无论土家族的“巴人说”，还是苗族的“三苗说”，迄今尚无定论，但是，秦汉数百年间，这里已是苗族、土家族主要活动范围，当无可疑。是他们最早开发湘西，创造了这块土地上最古老的文明。

然而，历史对他们太不公正。在唐以前，他们是被当作“蛮族”来看待的。在封建王朝编撰的正史里，“南蛮”“西南夷”“盘瓠蛮”“武陵蛮”“五溪蛮”，便是对他们的统一称呼。直到宋朝，才有所谓“苗蛮”辨，进而将苗族与侗、瑶、土家族区别开来。虽族类有别，其“蛮”一也。

伴随这种蔑称而来的，是华夏族对南方少数民族长达几千年的征服与同化。

于是，这些“安土重旧”的民族，被迫不断地向崇山峻岭间迁徙。在这些民族的“古老歌”里，都留下了民族迁徙的记载。

人间坐不安宁，
世上住不成家；
一帮代熊代萤代酥，
一群代穆代来代卡；[1]
又扶老携幼上迁，
又拨船继续上划。

[1] 代熊、代萤、代酥、代穆、代来、代卡：苗族各部落名。

从务滚务嚷上来，
从务流务泡上来；
从洞务洞党上来，
从洞焦洞湾上来。[1]

跨江过湖上来，
穿云破雾上来，
行山依水上来，
走山靠山上来，
猎兽打鱼上来，
开山开土上来……

这是苗族史诗《鸺巴鸺玛》[2]，描述苗族人民由部落首领率领，从平原湖泽地带向湘西崇山地区迁徙的悲壮图景。然而崇山仍待不住，于是再向湘川黔边境迁徙，一部分在湘西定居，一部分沿沅水西入川、黔。定居湘、黔边境的部分，开辟了以湘黔交界的猎尔山脉为中心，"东南北三面环旋湘境 700 余里，西北两面环旋黔境 200 余里"[3]的苗疆。

从此，揭开了汉族与湘鄂川黔边境苗蛮民族之间同化与反同化、征服与反征服斗争的序幕。在这长达数千年的民族冲突中，湘西首当其冲。

各民族之间的恃强凌弱，是人类进入文明时期以来的痼疾之一。文治武功培养起来的英雄强者，排演着人类自身的悲剧。这个被迫迁徙崇

[1] 务滚、务嚷、务流、务泡、洞务、洞党、洞焦、洞湾：苗语地名，传说在长江、洞庭湖一带。

[2] 流传于湘西苗语西部次方言东部土语区，引文见《吉首大学学报》民族问题增刊《湘西苗族》。

[3] 吕振羽 . 中国民族简史 [M]. 北京：三联书店，1951.

山峻岭之间的民族，面对历代汉族统治者的武力征服，不能不为自身的生存作困兽之斗。

春秋战国时期，楚对周是“绥服”，而崇山尚为“荒服”，不属楚统属。秦统一中国后，以武力强迫苗民归于王化。苗民“时叛时服”“叛服靡常”，历代封建王朝便不断发起征苗征蛮之役，对不服王法的湘西少数民族实行武力扑杀。

翻开二十四史，几乎每个朝代都有这种充满血腥气的记载。秦汉数百年间，历史上最有名的是东汉伏波将军马援征伐武陵蛮之役。

东汉光武帝建武二十三年(47)，武陵蛮精夫单相程率众起义，第二年，武威将军刘尚率兵万余进攻武陵蛮。单相程据险扼守，汉军冒进深入，以至刘尚全军覆灭。明年，马援率中郎将刘匡、马武、耿舒共四万人马，南征武陵，斩杀武陵蛮三千余。三月，兵进壶头山[1]，武陵蛮众据高守隘，汉军旱路兵不得进，水路因江流湍急，船又不得上，终困于壶头。又逢天气酷热，军中瘟疫流行，士兵多有病死。这位声称“男儿要当死于边野，以马革裹尸还”的将军，也终于得病，困死军中。于是，朝野震惊，不得不对“武陵蛮”实行招抚，相互订约退兵。马援歌曰：

> 滔滔武溪一何深，鸟飞不渡，兽不敢临。嗟哉武溪多毒淫。[2]

这位声名赫赫的汉代中兴名将，南征武陵留下的是一声心胆俱裂的绝望叹息。历史终于成全了他的“马革裹尸还”的誓言。

自唐以降，鉴于历史上屡次征蛮之役无功而还，封建王朝对少数民

---

[1]壶头山，位于沅陵东。《武陵记》曰：“此山头与东海方壶山相似，神仙多所游集，故名壶头山。”

[2]见马援《武溪深行》。逯钦立．先秦汉魏晋南北朝诗：上册 [M]. 北京：中华书局，1980.

族地区改单纯的武力征服为“以夷制夷”的制度。唐末，江西汉族彭氏家族进入湘西，以计谋杀土家族首领“老蛮头”吴著冲，成为湘西土家族地区的土皇帝。至晋天福四年（939），彭士愁率锦（今麻阳）、奖（今芷江）、溪（今龙山）诸蛮，进攻辰、澧等地。楚王马希范派兵迎击，爆发湘西历史上有名的“溪州大战”。结果，彭士愁大败，向马希范求和。自称马援之后的马希范鉴于乃祖征蛮败亡的教训，遂与彭士愁订立盟约，在永顺会溪坪立了一根重五千余斤的铜柱。从此，彭氏在湘西土家族地区建立起历经五代至清九个朝代共八百余年的世袭土司王朝。中央政权也利用土司势力，压服土家族人民，并钳制苗区。其后，每当苗汉冲突发生，土司便为王前驱，“国家亦赖以挞伐，故永、保兵号为虓雄”[1]。明万历年间，苗区边缘修筑“边墙”，一面实施“客不入峒，苗不出境”的民族隔离政策，一面采用将苗族分割成“生苗”与“熟苗”，援剿“生苗”，“兼抚熟苗，俾渐知同化”[2]的逐步同化的策略。

然而，自成一统的土司小王朝，一方面，与各族人民的矛盾逐渐激化，一方面，又与中央政权的冲突日益加剧，终成中央王朝的心腹之患：“今历数百载，相沿以夷制夷，遂至以盗制盗。”于是，至清康熙、雍正年间，清王朝对西南少数民族地区实施废土司、设流官的“改土归流”政策，从雍正五年（1727）至十三年（1735），湘西的“改土归流”完成，分原土司辖地为龙山、保靖、桑植、永顺、石门、慈利、安福等县。苗族地区，则设凤凰、乾州、永绥直隶厅，古丈散厅，隶辰沅永靖道。从此，中央王朝在政治上开始确立对湘西的封建统治。

历史永远关闭着对它做简单化评价的大门。封建王朝对湘西少数民

[1] 张廷玉 . 明史：第 27 卷 [M]. 北京：中华书局，1974.

[2] 见《志一百一二》。赵尔巽 . 清史稿 [M]. 北京：中华书局，1977.

族两千余年的征服，推动并完成了中华民族内部统一的进程，无论统治者的主观动机如何，其结果却与历史的目的同一，仿佛历史的公正总是借不义之手来完成。然而，如果因此而给不义授勋，也就失去了应有的人类道德准则。尽管少数民族的每一次起义，或因边官“邀功生事，擅杀苗人”“侵逼峒穴，至生疑惧”；[1]或因“徭税失平”[2]，民不堪命；或因客民中“奸蠹无赖之徒”，强占土地，掠夺资源，“客民之侵日见其多，苗疆田土日见其少”；或因增设屯兵占田，从“均三留七”“均七留三”乃至“寸土归公”，[3]却总以封建统治者的血腥镇压告终。官府竟悬赏“杀一人头当钱十千”，“输城者贳其罪，从贼为逆者杀无赦”。[4]宋熙宁五年（1072），朝廷因搜刮朱砂、水银与本地人发生冲突，遂进兵诛斩，“无辜者十有八九，以至浮尸塞江，下流之人，不敢食鱼者数月”[5]。乾隆元年（1736），贵州征苗之役，“共毁除千有二百二十四寨，赦免三百八十有八寨，阵斩万有七千六百有奇，俘二万五有奇”[6]。这就难怪南方少数民族揭竿而起了。湘西“改土归流”以后，清王朝为进一步加紧对少数民族的镇压，在湘西增设屯田，加强军事设施，派遣大批高中级将领常驻湘西，重点屯防。为维护民族生存与民族平等的权利，湘西苗族人民多次发动起义，其中以湘黔苗民大起义最为著名。

乾隆五十二年（1787），几个贩运耕牛的客商在凤凰勾补寨附近被劫，官府不问青红皂白，株连勾补全寨，激起苗民石满宜等人反抗，官府派

[1] 赵尔巽 . 清史稿 [M]. 北京：中华书局，1977.

[2] 脱脱、阿鲁图 . 宋史：第 40 卷 [M]. 北京：中华书局，1977.

[3]《苗疆善后章程六条》。

[4] 脱脱，阿鲁图 . 宋史：第 40 卷 [M]. 北京：中华书局，1977.

[5] 江少虞 . 宋朝事实类苑 [M]. 上海：上海古籍出版社，1981.

[6] 见土司卷。赵尔巽 . 清史稿 [M]. 北京：中华书局，1977.

兵镇压，火烧勾补三寨，烧死石满宜等100多人。勾补事件激起苗族积蓄的民族仇恨。不久，湘黔边境苗寨100多个寨长聚会，发誓“杀汉官，逐客民”，经过八年时间的酝酿、准备，拥立石三保为“苗王”，以“逐客民，复故地”为号召，在永绥、凤凰、乾州和贵州松桃四厅同时起义，参加人数达20余万，起义军一度占领四省边境6府13个厅县大片土地，几乎全歼这片土地上的清朝驻军，摧毁了它的统治机构。这次起义使清王朝极为震惊，急调云贵总督福康安、贵州提督彭廷栋、四川总督和琳、湖广总督福宁、江西总督毕沅，率7省共18万兵力，分四路合围。起义军在吴八月率领下，屡战屡胜，起义军各部公推吴八月为“吴王”，并创造“官有万兵，我有万山，其来我去，其去我往”的战术，给清兵以沉重打击。福康安、和琳先后败死军中。后因起义军内部有人暗中叛变，遂使起义失败。

这次起义，前后牵制清军18万人，仅永绥、乾州、凤凰三厅战场，就击毙清军都司、游击、参将、副将、总兵等高中级将领220多名，湖南一省耗费战银700多万两。苗族人民也伤亡惨重，民族成员减去三分之二强，付出了沉重的代价。

其初，当起义军节节胜利时，吴八月喊出了“打到黄河去，不到黄河心不甘”的口号。但这个“安土重旧”的民族，发动起义本为“逐客民，复故地”以求自保，当起义军占领沅江西岸，见到沅水时，不愿远离故土的群众，便高呼到了黄河。其后100年间，湘西苗族虽然仍不断爆发起义，终因民族元气大伤，再也无力大举。湘西逐渐向现代演变。

历史留给湘西的，是一笔笔无法算清的血账。它留下的民族间仇恨对立的模式，必将影响到20世纪前半个世纪湘西社会的发展。

二、神尚未完全解体

血的浸洗与火的煅烧，剥落着湘西原始荒蛮的外壳，也酿造出难以尽说的人生悲剧。但这终不是历史的全部。在漫漫的历史长流中，它只占有时间总量中的一小部分。在更多的时间里，当历代枭雄逐鹿中原，拼杀得有声有色的时候，湘西只是戏剧舞台外的看客。只有强者终于抢占了金銮殿，坐稳了皇帝宝座，想起“不服王法”的边鄙“蛮族”的时候，才会送“戏”下乡，遣王师与南方“蛮族”会猎于五溪。

但历史从没有给他们预约全胜。东汉马援兵进武陵，遭当地民族顽强抵抗，最终两败俱伤时，光武帝刘秀知“武陵蛮”不可征服，只好派司马吕种“以诏书入虏营，告以恩信”[1]，双方订约休兵；南北朝时期，“蛮无徭役，强者又不供官税”[2]；五代时楚王马希范与土司立约的铜柱上，不得不刻下“无科徭，本州赋租自为供赡，不抽差，永无金革之虞，克保耕桑之业”[3]的承诺；宋元祐元年（1086），鉴于湘西当地民族的不断反抗，只好将“五溪郡县弃而不问”，“诸路所开道路，创置堡寨并废”[4]；明代，为加强对湘西苗族的控制，在花垣、泸溪、凤凰等县境内，设立五寨与筸子坪长官司，却终因苗民处于优势，到清康熙年间失去控制，变成不受土司管辖的苗区；康熙年间征苗之役，清兵虽胜，却元气大伤，只好“诏尽豁新疆钱粮，永不征收，以杜官胥之扰，而苗讼仍从俗处分，不拘律例”[5]。乾嘉苗民大起义虽以失败告终，却给清王朝以沉重打击，

---

[1] 见《光武帝纪》。范晔．后汉书 [M]. 北京：中华书局，1965.

[2] 李延寿．南史：第 6 卷 [M]. 北京：中华书局，1963.

[3] 录自溪州铜柱铭文。

[4] 脱脱，阿鲁图．宋史：第 40 卷 [M]. 北京：中华书局，1977.

[5] 见土司卷。赵尔巽．清史稿：第 47 卷 [M]. 北京：中华书局，1977.

迫使清政府做出让步：撤出大部营盘，采取措施限制汉族地主兼并土地，并归还部分苗民田地，不许再向苗寨派夫役，限制奸商剥削，在苗区开办学校，入学科举不准歧视苗人。

历代中央王朝对湘西“蛮族”的征服，即便在政治上，也几乎只有一种象征性的意义，无论周代时崇山的“荒服”，东汉马援南征的马革裹尸以还，宋以前在湘西所设郡县的“时设时废”，还是五代至清康熙年间，延续800余年的土司制（以少数民族首领治理的政治制度，在湘西，土司多由土家族首领担任，而在苗区，仍为“既无流官治理，又无土司管辖的‘生界’”，在那里起作用的是一种氏族宗族制与部落联盟，称“合款”）。直到清王朝实行“改土归流”，废土司，设流官，封建主义的中央集权制才得以建立，但其后百余年间，又是连绵不断的民族战争。到近代，随着封建王朝的覆灭，中央集权统治在这里更形松散。以田应诏－陈渠珍为首建立起来的湘西自治政府，既与国民党中央政权若即若离，各县纷起的地方武装与各县政府也不相统属。这些地方武装既杀人抢物，绑票讹钱（其对象多为本地有钱财主或外来商人及行政官员），也保境安民，不许外来势力骚扰。蒋介石曾因此宣布湘西为“匪区”，国民党曾多次进兵湘西“剿匪”，俱遭败绩。

也许，湘西历史上发生的征服与反征服、同化与反同化所形成的合力，规定着湘西历史发展的总体构架和基本走向。这每一次重大的政治军事冲突，是那样轰轰烈烈，它牵动着中国最高权力机构的神经中枢，即使刻意粉饰的历代“正史”也留有它的显明痕迹。然而，在这每一次政治军事冲突之间，史籍留下的却是大片空白。在这空白里，应该填写的是湘西各族人民平凡的人生哀乐，他们以特有的生存与创造方式，为自己、为子孙，同时也为历史发展作出了努力。而这些，却一例被历史所遗忘。

正是这为历史所遗忘的部分，层积着湘西本土文化——来源古老的“巫鬼文化”的丰厚内涵。它在湘西征服与反征服、同化与反同化所形成的历史夹缝里得以延续。然而，帝王们的刀剑终于一点一点撬开了湘西封闭的闸门，随着“客民”越来越多地移居湘西——其来源为随历次征蛮之役进入湘西的汉人和兵士、发配湘西的囚犯及外来经商的商人等等，封建文化也逐渐向这块古老的土地渗透。到本世纪初叶，随着西方传教士进入湘西，外资及洋货如棉布、煤油等商品的输入，资本主义文化也随之输入。于是，原始文化、封建文化、资本主义文化三股文化绳索交织，绞结出湘西特有的人生型范。可是，这三种文化形态的交织在湘西的各个地方，并非按同样的比重实现的，不仅偏远的山寨，人口较为稠密的集镇，与作为交通口岸的沿河水码头，情形大不一样，苗族聚居区、土家族聚居区、汉族占优势的杂居区更是各自头上一片天，以至反映生命特性的文化背景无法用同一模式来描述。

这种不同形态文化的交织，几乎渗透到湘西社会人生的一切方面。

由于长期处于一种封闭与半封闭状态，这里的生产水平十分低下。虽然，在固定的田地上牛耕已成普遍的农作方式，但同样遍及山乡的原始的刀耕火种——在荒蛮的山岭上，砍去丛生灌木，然后放一把火，谓之“烧荒”，待火熄灰冷，即点穴下种——本地人称作“砍火畲”，与之并行不悖。在城镇与平阳地带，由早已出现的贫富悬殊发展起来的地主经济，及相应的封建生产关系，在沅水和各支流，以及沿河水码头，船主与水手之间，形成的雇佣关系，已有了显明的阶级分化。而在多数偏僻山乡（尤其在苗区），仍处于自由民经济阶段，阶级分化并不明显，“虽有贫富之分，政治上还没有等级区别”。在这里，人们的衣食住行全是自给自足：吃的是自种的粮食，自产的茶油，穿的是自己纺织的家机布，家用照明多为桐油灯——一个竹筒，上置一个铁盏，内盛桐油，二茎灯草浸油后便可点亮。夜行则点油枞膏——含油的松木块或稾把——用干篾条或葵蒿等扎成。日常饮食在火炕（或称火塘）边进行，火炕中央置一“三脚”，做饭时便在三脚上置一鼎罐，其名称与形制仍保留着远自殷商时代的特点。沟通城镇与山村的集市大约早已发展起来了，买卖双方虽以货币为中介，却大多仍属于以物易物的简单交易，售出粮食、油类、家禽、水果，以换回盐巴、农具、幼畜、种子等等。商品经济未能成为主要的经济形态。只有在较大的集镇和沿河水码头，才有较具规模的商业。而在这里经商的又多为外乡人，即来自外省的商人，他们几乎垄断了本地出产的桐油、木材、药材、干果等大宗产品的出口。本地人经商而成业主，在湘西是较晚的事。

因此，在多数山民头脑里，没有明确的商品观念。一切山果，如桃、李、梨、橘、柚、板栗等，野生的固然人人可以见而取之，家种的，过路人只要向主人打声招呼，便可随意摘取解渴。——“水泡泡的东西，吃几个算什么，越吃越发！”几乎成了山里人的口头禅。后来，在一些行人过往较多的路旁，要摘取果物也要付点钱，出一毛或两毛钱，便可拿一短木棍，尽你奋力朝结满果实的树枝上打去，打下多少是多少。这大约也算得经济观念的一种进步，终究也只是一种象征。似乎大凡非经人力或所付人力不多的物产，在这里一律被视作天赐之物，在它面前，人人权利均等。每逢冬闲，村寨里的青壮，常常结群赶山，带着猎狗，拿着猎枪，打野猪，赶山麂。枪响兽倒，一有所获，即便是过路的陌生人，见者便可分得应有的一份。

这些世代延续的规矩，已经成了山民们约定俗成的习惯。也有急需一点小钱，将家中收获的山果拿到集市上出售的时候。价钱既便宜，出手也极大方，并随时作出半卖半送的神气。——决非现代商人的狡诈，仿佛带一点不好意思的愧怍：不是急等钱用，怎么好意思拿它卖钱。虽然时至今日，情形已有了很多改变，但其古风犹存。1984年，湖南现代文学学会在湘西张家界举行年会，其时正值10月，恰逢板栗上市时节。一位同行邀我去买板栗，见路旁一乡下老婆婆出售的板栗油亮可爱，便提出买两斤尝新，并说自己不识秤，嘱我给她看秤。这时，老婆婆已将板栗称好，一听这话，老大不高兴地将秤盘上的板栗扒下近三分之一，絮絮叨叨地说："不相信人，怕我少秤，秤给你看，秤给你看！"她将秤砣放在两斤星花上，秤杆仍高高翘起。又有一次，我们一行几人仍然去买板栗，见路边一位老妇人有大约六斤板栗待售。问她价钱，答是四毛钱一斤，还价三毛五全买下来，老妇人不肯。我们说，中间那么多小的，不值四毛。老妇人听出我们话语中有货价不符之意，一边说"小的拣掉就是了"，一边动手将颗粒小的拣出。小的拣去又有小的，于是又拣，最后拣得只剩四斤（拣出的两斤几乎卖不成钱），遂以四毛钱一斤成交。他们不仅没有学会欺诈，就像我们经常从做转手买卖的个体小贩身上见到的那样，甚至缺少正当的经商能力——或许，他们原本就没将它看作是做生意。在这老一辈的山民心里，信义比钱更金贵。

这一切，经济学家从中看到的，也许是缺少经济头脑的"愚"；伦理学家看到的，可能是人性的"善"；哲学家瞧见的大约是伦理主义与历史主义的二律背反；文学家感兴趣的，一定是纯朴人性的美。而作为这片土地养育的儿子，我被唤起的，是一种既喜且悲的人生伤感情绪。我仿佛置身于群山中一道山口，它的后面是一条幽深茫远的历史文化的峡谷。它的最初起点在哪里？决定这种历史延续的，是一种什么样的社会存在？它能不能继续延续下去？有没有继续存在的必要？——我感觉到了一种惶惑。

这种使人感到惶惑的事还多着哩！每逢冬闲或新春期间，在湘西的山道上，可以随时碰上男女婚嫁的迎亲送亲队伍。——汉、苗、土家各族，依据各自的民族习惯，正按各不相同的婚嫁程序，操办着儿女婚事。如果说，这各个不同的嫁娶仪式，只属于文化表层的风俗差异，那么，等你深入下去，便会发现有着质的区别的爱情与婚姻形态的交织。在汉族、土家族聚居以及三族杂居区域，封建形态的婚姻已经占有主导地位，“父母之命，媒妁之言”在男女婚姻上起着决定性的作用。多有小女子年纪十二三，就被送到婆家去当童养媳，长到十五六岁时便与丈夫圆房。也有晚婚待嫁的女子，被年轻野孩子的山歌或旧戏文唱开了心窍，或去山上与情人幽会，或跟飘乡戏子、过路军人私奔，照例给本地人留下说不完的话柄。到本世纪初，受着时代风气的影响，一些在本地较大城镇水码头学校里读书或外出省城求学的青年，心窍子被书读开，婚姻不愿再由父母包办，已婚或已经定亲的，回家第一件事，便是闹着离婚、退亲，未婚的便在外面找一个对象自由结婚，从此不再回来。在苗族聚居区域，爱情及婚姻仍延续着原始的自由形态。男女间的结识与相爱，多以对歌的方式进行。任何未婚男子都有权向自己钟情的未婚女子（在服饰上，未婚与已婚、及笄与未成年女子，都有明显的可识别的标志），表达爱慕之情。照习俗，或否或可，女方都有以歌作答的义务。若双方都有意结交，便以歌约定下次见面的时间与地点。经过进一步了解与接触，双方都感到满意时，才互赠信物，以约永好。男女定情后，征得双方父母同意，才能托媒提亲。如父母不同意，还可以找舅舅。只要舅舅点头，便可结婚，即使父母从此不与舅舅往来，也无权阻止婚事进行。如果舅舅也不认可，方有奔婚与自杀殉情的事发生（这种情况反倒并不多见）。

这种“舅权为大”的观念，不仅盛行在湘西的当地民族，即便是较早移居湘西的汉族中间，也仍维持着相当大的影响（也许，不同民族文化间的渗透，在湘西采取的是一种双向进行的方式）。舅家的男子看中姑家的女儿，托人说亲，姑家没有推托的余地。俗话有“姑家女，伸手取。舅家要，隔河叫”。这几乎是一种不成文的法典。这似乎是母系社会向父系社会过渡时期，父权开始确立而母权仍具相当大影响，父权向母权妥协的产物。

几乎在一切方面，湘西都形成各种不同文化因素杂然并存的局面。虽然，作为中国统治阶级统一的封建意识形态，已经向湘西渗透与扩张，但是，不仅在不同区域，这种渗透与扩张的程度各个不一，而且，在一般的山民中间，奉行的仍是传统的家常人生哲学。这不仅与封建专制统治的不稳定状态有关，也与封建教育的严重落后状态有关。据地方志记载，自明代在苗区始有读书人“讲学于辰州虎溪”[1]。但直到康熙五十四年（1715），清政府在乾州建厅治，乾州仍无厅学，只设了一个临时的“镇溪所学”，乾隆元年（1736）方改泸溪训导部为乾州厅学训导。乾嘉苗民大起义以后，书院才渐次增多。虽然，封建教育的后来发展培育出一批进士、举人，如做过民国政府总理大臣的熊希龄等，但究属凤毛麟角。多数人的人生教育是在家庭和社会的人生课堂里进行的。这种民间教育，重在宗族或家族血缘观念的灌输，讲习应付人际交往必需的社会礼仪及各种劳动、体育、娱乐技能。其内容方式，皆由湘西普通民众与之面对的生存环境所规定。由于长期处于未开发或半开发状态，其生存环境是严酷的。至本世纪初叶为止，湘西与外部世界的交通主要依靠沅水及其各支流。由于交通闭塞，凡山里大宗山货运不出去，内销极其有限，卖

---

[1]《乾州厅志》。

不出价钱。土地又贫瘠，若逢世道太平，又能风调雨顺，土地所出尚可供其温饱；倘若遇上旱、涝、虫灾，日子便极为难熬。地理环境又是那样险恶，陡坡悬崖，恶滩急流，瘴疠之气，毒蛇猛兽，抬脚便可遇上。稍一不慎，或被蛇咬兽伤，或失足落坎，或中暑发痧，一个活鲜鲜的人，转眼便成地下之鬼。加上在外来者眼里，湘西人一律是“蛮子”“土匪”，官府“剿匪”杀人，既可随意牵连无辜，湘西人挨打受气，就更不是什么稀罕事。人生充满艰辛，人们必须从小就学得求生的勇气与本领。长到六七岁，女孩便得习针线，带弟妹，洗衣煮饭打猪草，男孩必须学会挑担、砍柴、爬高树、临悬崖，经历种种危险，比较谁更勤快、胆大、溜麻（机灵、迅捷、熟练之意）。就连孩子间的打架斗殴，得到家长和周围舆论支持的，照例不是弱者而是强者。如果遭到比自己年纪大的孩子欺侮，回家向父母告状，还要遭到责打：“你这没用的，打不赢不晓得咬他一口，咬坏了我赔他药钱，下回再这样，我打死你！”每到冬闲，山里孩子爱玩斗竹马的游戏（这种竹马，用竹子制成，为直骑式）——双方骑上竹马，相互冲击，将对方撞下竹马者为胜。一对一斗，分组互斗，以至村与村、寨与寨之间比试。这时，村寨里的晒坪或河坝上，常常有极精彩、热闹的演出。一场恶斗下来，脸上挂彩，双手皮破肉绽，刚上脚的新鞋不出三五天即花开朵朵，家长照例不多责怪。这些被强化的人生演习，在现代文明社会看来，也许是一种野蛮教育，殊不知在湘西，这简直是一种应付生存必需的勇气、胆量及人格训练，其中包含了多少应付生存和遭受欺凌的人生辛酸！

然而，他们决非恃强凌弱的人类种族。相反，在其内部交往中，倒充满了原始古朴的人间温情。谁家遇到无力应付的难处，只要喊一声，便可得到左邻右舍的慷慨援助。婚丧嫁娶、架梁起屋，主动帮忙几成义务。出远门走长路的错过宿头，夜半叫门，即使与主人素昧平生，也可得到热情的接待。他们对人生的艰辛既有切肤之痛，对别人的难处也便能感同身受。他们对人热情、爽直、重信义，也以热情、爽直、重信义求报。如果对胃口，信得过，对你是一团火，甚至可以舍命相报。肚子里弯弯多的人，照例不大容易接头。如果发现遭到欺骗、侮辱，转眼便可翻脸成仇。他们将人生的尊严看得极重，也因此常常为着一点小纠纷，酝成个人与个人、村寨与村寨、宗族与宗族之间的械斗，往往隙嫌一起，便是几代人完结不了的血仇。杀仇人与被仇人杀，机会均等。这时，源于人类远古祖先的野蛮天性便得到淋漓尽致的发挥。山民的纯朴与蛮悍构成湘西民性的无法分割的两面。

生存环境的严酷，使人生命运充满随机性或偶然性。生死祸福，寿夭穷通，全在不可测之天。人生命运难以自主地把握，人们也不曾认真想过如何自主地把握自身的命运。也许，他们过多地看到了人生的莫测变幻，其变化的迅疾使他们直觉到人生的无常。“三穷三富不到老”，“为人狠什么，谁又料得定谁”，几乎成为长辈对年轻一辈的家常训条。陷入迷乱的单纯理智只能将人生的无常归因于天命：“一切都是命，万事不由人。”因此，神在这里被普遍地信仰着。但它并未发展成为统一的宗教，仍停留在远古巫鬼文化的多神或泛神信仰的阶段。在苗族和土家族之间，最重要的神祇仍是各自的氏族神——在苗族为傩公傩母，在土家族为八部大神。他们每年都要举行盛大的祭祀活动，其场面极为隆重、肃穆、庄严。置身其间，不由人不感到，好像祖先的魂灵就要从阴间返回来了。人与人、人与神灵、自然万物，彼此融为一体。他们一年全部收获与欢乐，仿佛已经被整个自然感觉到并被祖先分享了。除了这些氏族神，属于本地出产的各种神祇，如苗族的三十六神、七十二鬼，土家族的灶神、土地神、四官神、五谷神乃至各种山精树怪，一律被真诚地信仰着，而从汉族地区传入的佛教、道教中的神、佛、鬼、怪，在这里也占有一席之地。在这些山民眼里，自然万物都是有灵的，人与自然万物都能通过神发生交感，自然成了一个巨大的生命社会。这种生命一体化的观念，不仅体现在重大的祭祀活动中，也渗透到日常生活习俗上。孩子生下来，家里担心长不成人，便选定一棵老树，在树枝上系一块红布，树前摆一盘“刀头”，点几炷香，烧几陌纸，拜寄老树为干妈，孩子便可平安长大。他们有许多禁忌：如夜里不能在家里吹哨——吹口哨会招惹鬼怪；不能用脚踩或移动火坑里的三脚——对祖先不恭或不吉利；大清早忌谈龙、蛇、虎、豹、鬼；在外客死的人不能抬进屋——野鬼不能见家神；七月见蛇进屋不准打——据说是祖先的化身；孕妇家里不能随意动土、钉钉——防止震荡胎儿堕胎；见蛇交配不能对人说，只能先对树说——此乃不祥之兆，对人说人死，对树说树枯……凡此种种，多出自对祖先的尊重和趋吉避凶的考虑，而又一律奠基于人、神、自然万物的生命能够相互感应、交通的观念。而且，神还是人事纠纷的裁决者。凡遇疑难是非，当事人常常砍鸡头，饮血酒、发血誓，以明心迹。凡欲做亏心事者往往怯于报应，不敢这样做。在苗族和土家族中间，还有专司神职的人员。苗族称巫师，土家族称土老司，一切重大的祭祀活动由他们主持，他们成为沟通人神的使者，享有神之下、人之上的社会地位。

在这里，神尚未完全解体，它仍被人们真诚地信仰着，在绝大多数场合，神尚未蜕变为人与人之间相互瞒与骗的工具。在这种神之信仰的背后，是人性的纯朴，观念的单纯，以及洋溢在人际交往中的脉脉温情。这种人际关系中也有野蛮的一面。但就连这野蛮，也似乎浸透着敢于拿来与神对面的率直与天真。

寒暑更替，日月升降，年复一年，他们就这样一代接一代地在这片土地上生息繁衍。

这是一个有声有色，有血有泪，有大痛苦，也有大欢乐的人的世界。然而，他们全部的人生哀乐，他们埋藏在心底的所有期待与想望，全像荒蛮群山中的草木，随季候的变换，周而复始默无声息地自行荣枯。他们无从弄明白外部世界的种种，而他们在外界人头脑里，除了道听途说得来的野蛮与神秘的印象，也一片茫然。历代封建王朝修撰的正史，除了记载对“蛮族”实施征服杀戮的“伟绩”，照例对他们不屑一顾。而他们自身又无法记载自己的历史——无论苗族还是土家族，都没有自己的文字。在近代，由于汉文化教育在湘西的渐次实施，在他们中间，也曾出现过一批知识分子，但在他们身上，有的只是对汉文化传统的认同。他们既然常常不得不对外隐瞒自己的民族成分，当然谈不上喊出自己同胞的心声。但是，历史不会永远沉默。它业已注意到，发生在湘西的一次次血与火交迸的背后，隐含着生存在这片土地上的人们喊出自己的声音——维护本民族的尊严，审视自身的长处与弱点，以求得外部世界理解与同情的强烈渴望。如果没有承担这一使命的人，就造就出一个来！到19世纪末20世纪初，中国终于迎来了中西文化大交汇、大碰撞的机运。这种交汇与碰撞影响到湘西所形成的不同文化形态的相互撞击，正酝酿着湘西内部前所未有的精神躁动，它为长期被历史所遗忘的南方少数民族最终喊出自己的声音，提供了历史契机。

第二章

自然之子

一、卖马草出身的将军和他的后裔

湖南、四川、贵州三省接壤，属湘西境内，有一座小城，因附近有筸子溪，就地被取了一个极实在的名字，叫作镇筸；又有一个极美丽的名字，曰凤凰。小城坐落在一个山洼里，四周皆山，山上古木参天，树草繁密，为各种鸟兽虫蛇栖息之所，四季皆有百鸟和鸣。据当地老辈人说，早年城里的居民夜半醒来，常常听见一种不知其名的鸟叫声，其音清越婉转，绵远悠长，极为好听。有人说这是九头鸟，又有人说这是凤凰。四周山上多野鸡、锦鸡、寒鸡，凤凰城是否因此而得名，不得而知。

凤凰古城墙

凤凰确实很美。城四周用精致的石头绣起一道城墙，沱江自贵州铜仁东北向入湖南境，向东过凤凰城北，再东北向流入湘西著名的武水。城东沱江河面上，有一座大桥，桥面两侧层叠着住家的房子，中间夹成一条有瓦顶棚的小街。桥下游河流拐弯处，建一座万寿宫。宫旁矗立着一座白塔，从桥上能欣赏白塔倒影。城里多清泉，清冽的泉水从山岩缝隙里渗出，人们在石壁上凿成壁炉似的泉井，井前铺有青石板，井边放有竹筒做成的长勺，供人随意舀水之用。泉井四周长满青苔及羊齿植物，映得四周青幽碧绿。城内街道用石条铺成，每逢雨天，便能听见穿钉鞋的行人在石板上敲起的清脆声音。城内外又多庙宇庵堂，武侯祠、大成殿、马王庙、药王宫、凤凰阁、玉皇祠等等。每逢庙会，远近而来的善男信女络绎不绝，沿路都有人伺茶。香火不断，钟磬不绝，小小边城被笼罩在神秘的氛围中。庙堂建筑的四檐装有“铁马”风铎，即便在平时，风吹铎铃叮当，声音随处可闻。每逢约定的赶场日子，城外各山道上，大清早便扯起条条人线，一时间，城内条条街道上，便只见人头攒动。百行作业，随行交易的各色人等综合成的哄哄市声，老远便能听见。下午五时左右，城里便又恢复了平日的清静。原籍新西兰、在中国居住了数十年的艾黎老人，曾称湘西凤凰和福建长汀是中国“两个最美的小城”，倒也名实相符。

然而，距今250年前，这里还是少有人住的边陲荒蛮之地。雍正年间，清政府开始对湘西实施“改土归流”政策。为防苗族人民的反抗，遂派戍卒屯丁来这里驻扎，始有城堡居民。20世纪初，凤凰才逐渐发展成有三五千居民的小城。由于凤凰地处苗区，出城数十里便是苗乡，清政府设置的辰沅永靖兵备道——计辖府四、直隶州一、直隶厅四，共20多个县份——道尹衙门就设在这里。沈从文在《凤子》里，曾这样记述当时凤凰城四周的形势：

> 试将那个用粗糙而坚实巨大石头砌成的圆城作为中心向四方展开，围绕了这边疆僻地的孤城，约五百左右的碉堡，二百左右的营汛。碉堡各用大石块堆成，位置在山上，随了山岭的脉络蜿蜒各处走去；营汛各位置在驿路上，布置得极有秩序。

这些东西在一百七十年前，是按照一种精密的计划，各保持到相当距离，在周围数百里内，平均分配下来，解决了退守一隅常作“蠢动”的边苗“叛变”的。两世纪来满清人的暴政，以及因这暴政而引起的反抗，血染红了每一条官路同每一个碉堡。[1]

湘西“改土归流”后，过了50余年，这里爆发了历时10余年的著名乾嘉苗民大起义，作为这次起义导火线的勾补寨事件，就发生在凤凰境内。至18世纪末，起义失败。其后又过了50年，至19世纪中期，苗族人民因生力牺牲过重，已无力再举，凤凰城近边的苗民，已经大半被同化，用以防范苗民“叛变”的城堡也已渐次凋残破败。

就在这时，位于凤凰正南方向的广西桂平县，发生了一件震动中外的大事。1851年，洪秀全、杨秀清等人在金田村组织与发动了农民起义。一时间，起义军攻克永安、全州、郴州，围长沙，克益阳、岳州、武汉、九江、安庆、南京，一路所向披靡。清朝调集重兵进剿，却屡战屡败。1853年，太平军定都天京（南京），太平天国正式成立。为镇压太平天国起义，曾国藩于1853年被任命为帮办团练大臣，在湖南各地招募乡勇，创建湘军。1854年，湘军完成组建与作战准备，开始出湖南境与起义军作战。

在曾（国藩）、左（宗棠）、胡（林翼）、彭（玉麟）统率的湘军中，有一支由湘西乡勇组成的筸军，其中，多“深山雾谷寒苦之民”，皆蛮悍骁勇。率领这支军队辗转各地与太平军作战的是一群青年将校，其中有四位后来获清朝提督衔。这四人中，最著名的是凤凰人田兴恕，后来

[1] 见《凤子》。沈从文.沈从文文集：第4卷[M].广州：花城出版社；香港：三联书店香港分店，1982.

在《清史稿》“列传”中占有一席之地。另一位与田兴恕同为凤凰人的将领，是沈宏富。[1]《清史稿》有关这一段历史的记载中，沈宏富的名字虽时有所见，却语焉不详。《从文自传》上说，沈宏富与田兴恕等人同起于行伍，年龄皆不相上下。如此，以《清史稿》中田兴恕传为参照系，结合其他有关记载，似可推得沈宏富生平的略图。

《清史稿》田兴恕传称：田兴恕16岁充行伍，咸丰二年（1852）从守长沙，咸丰六年领500人号“威虎营”。咸丰八年，积功副将，加总兵衔。咸丰十年，实授贵州提督，为钦差大臣，督办全省军务。咸丰十一年，石达开率军由广西进入贵州，田兴恕与沈宏富诸将驻兵黔西北镇远、湄潭、松桃、石阡一带，阻截太平军。同治元年（1862），因事与法国入黔传教士文乃尔龃龉，“兴恕恶其倔强，杀之”[2]，因此被革职查办，论罪遣戍新疆。

据《清代职官表》[3]，在田兴恕被革去贵州提督的第二年9月，沈宏富调任贵州提督。据《从文自传》，沈宏富时年26岁。照此推断，沈宏富大约生于1837年，1853—1857年入伍，“二十二左右”，即咸丰八年，获总兵衔[4]，实授云南昭通镇守使。同治二年（1863），由昭通镇守使任上接任贵州提督。同治四年，即1866年1月19日，离贵州提督任去四川，其因由已不可知，时年28岁。其后回到湘西家中，不久便因伤病死去。死时，年龄当在30岁左右。

沈宏富起于卒伍，是“累功”逐级擢升为湘军高级将领的。当时，“勘

---

[1]《从文自传》上为沈洪富，据《清史稿》作沈宏富。

[2] 赵尔巽．清史稿：第40卷[M]. 北京：中华书局，1977.

[3] 钱实甫．清代职官表[M]. 北京：商务印书馆，1980.

[4]《从文自传》的记载与《清史稿》田兴恕传中的记载相符。

定发、捻，湘、淮、楚营士卒，徒步起家，多擢提、镇、参、游以下官”。[1]据史料统计，湘军得至三品以上的军官，不下数万人。然而，其中多为虚衔，能实授者只是少数。沈宏富能实授云南昭通镇守使及贵州提督，应是为清政府效死力与太平军作战的结果。因为沈宏富出身贫寒农家，亲朋中没有高官贵人可供依傍。沈家原住凤凰城外东北数十里的黄罗寨。据说其先人为宋代充军到湘西的囚犯，至沈宏富辈，已历数百载。因家中贫寒，沈宏富入伍前常常进城卖马草——当是供驻凤凰的清朝绿营屯兵养马之需。沈家移居凤凰，应是沈宏富“发达”之后，究在何年，已不可考。沈宏富家居凤凰城后，其兄弟仍住乡下。凤凰城的沈家老屋，至今犹存。一座湘西常见的三进全木结构的房屋，两侧砌有高出屋顶的青砖风火墙，墙头及屋脊上饰有兽头。屋前一小院，院门两侧建有数间简易平房，为沈家用人住处。沈家老屋虽然优于凤凰一般人家的居所，却较城里富豪之家逊色。即使从当时眼光看，也称不上富丽显赫，使人疑心这竟是做过一省最高军事长官的将军故居。

但沈宏富终于为沈家在凤凰挣得一份优越地位，跻身于当地的上层阶级。这个阶层，是由当地少数读书人与多数军官，在政治上和婚姻上两面结合而形成的。可是，沈宏富自己年轻时便因伤病死去，留下一栋房子，一份金银财宝，一份田产，一个年轻寡妇，却没有留下子女。按当地习惯，照例要从近亲中过继一人为子，以免身后香火断绝。沈宏富原有一弟，名沈宏芳，住黄罗寨乡下，其妻也未能生育。于是，沈宏富之妻便作主替沈宏芳从邻近的贵州境内娶了一个姓刘的苗族姑娘做二房。这个苗族妇人先后生下两个儿子，遂将老二过继给沈宏富为子。在当时，苗族受歧视，社会地位极其低微，凡苗民或与苗民所生之子，一律不能

[1] 赵尔巽．清史稿：第 14 卷 [M]. 北京：中华书局，1977.

参与文武科举。这对于渴望子承父业的将军之家，无疑是一块巨大的心病。因此，当那位苗妇人为沈家生养了两个儿子以后，便被远远地嫁出去，以至后裔既不知其由来，也不明其所终。并且，还在黄罗寨旁边的树林里，为这位苗族妇人修了一座假坟，每逢过年过节，其子孙便要在坟前焚香磕头。这件事背后所隐含的封建政治的残忍与虚伪，苗族身受歧视与压迫的悲惨，今天听来，不能不让人怦然心惊。然而在当时当地，随意买卖苗人竟是一件极普通的事。

那位苗族妇人被远远嫁去以后，沈宏芳又娶了第三房妻子，先后生下三个儿子，两个女儿。过继给沈宏富的老二取名宗嗣，字少先，幼时仍住黄罗寨乡下，由一个姨妈带着。那时，黄罗寨是一个极偏僻荒蛮的地方，周围山高林密，大白天也常见猛兽出没。一次，年仅几岁的沈宗嗣正在屋前玩耍，猛听得一个放牛娃大叫："老虎来了，老虎来了！"沈宗嗣便往屋里跑，姨妈闻声从屋里赶出来，将沈宗嗣一把抓起，迅疾朝木楼上奔去。刚上楼，老虎已扑到屋前院子里，最后咬了两只鸡婆，悻悻而去。

由于追慕父亲生前死后的荣光，沈宗嗣从小便幻想长大后也做一名将军，这与沈母"家里再来一位将军"的企望合拍。于是，到沈宗嗣十来岁时，家里专为他请了一位武术教师。习武极辛苦，规矩也极严格。据说出师时，沈宗嗣蹲在门槛上吃饭，老师从背后冷不防一扁担从头上砸来，沈宗嗣翻手向后，极敏捷地将扁担接住——这便是出师时的过关考核。直到长大，沈宗嗣习武不断。后来有位经常被请来给沈家人理发的陈姓剃头匠，虽然人长得又矮又小，武功却极好。他常常一面给沈宗嗣理发，一面同他谈论武术招式。谈着谈着，剃头匠突然放下理发工具，便与沈宗嗣比试起来。——习武之风当时在凤凰城乡颇为盛行，也不独独沈宗嗣为然。在这边陬之乡，读书难望有出息，而自“改土归流”以来，由于凤凰的上层阶级多从行伍出身，便刺激许多人试图通过习武从军谋出路。加上地处苗区，两百年来民族间的争斗不息，即使不求功名，出于防身自卫的需要，也帮助了习武之风的形成。

沈从文父亲沈宗嗣

沈宗嗣习得一身武艺，年轻时便投身清军效力，去实践他做一个将军的理想。但他投身行伍究竟在何时，是在他结婚之前还是结婚之后，已无从确知。沈宗嗣的妻子叫黄英，在娘家排行第六，故又被人称作六姑。其父黄河清，是凤凰最早的一名贡生，后来做本地守文庙的书院山长，当时是本地唯一的读书人。由于沈家在当地所处优越地位，故给沈宗嗣议亲时，供沈家选择的女孩子有五六人。其中一人便是田应诏的妹妹，即田兴恕之女。田家有意与沈家联姻，是为了平息沈家对田家的怨愤。——据说当年在对太平军作战时，田兴恕曾谋占过沈宏富的军功，以至其后来的地位、名声皆高于沈宏富。田家之女曾去国外读书，从日本归来后，一副西洋做派，刻意仿效法国拿破仑之后约瑟芬的举止风度，这在旧式家庭长辈眼里，几乎成了一个“怪物”。沈母立即拒绝了这门提亲。相亲那天，应选的女孩子，一个个穿金戴银，打扮得花枝招展。唯独黄英穿一身旧蓝布衣裤，朴素而稳重，一眼便被沈母相中。沈母说：“我要能治家的，不是要好看的。”

其实，黄英也是长得极秀丽的。从保存至今的照片中，仍可看出她年轻时的风姿。清秀的脸庞，眉毛细长，眼睛大而有神，嘴唇略显厚重，仿佛蓄满了果毅的力。但更为难得的，是她的能干和才艺，遇事有决断。她既出身于书香门第，从小便读书识字，还懂医方，年纪极小时便随一个年长的哥哥在军营里生活过，见事也多。父亲虽是个旧读书人，却非泥古不化之辈，为人开明有头脑，并是凤凰第一个剪去辫子的人。哥哥又是个有新头脑的人物，凤凰的第一个邮政局是他办的，第一个照相馆也是他开办的。因此，黄英又是当地第一个会照相的女子。这也是 19 世纪末 20 世纪初，西方文明影响到湘西结出的最初果实。新的物质生活方式的输入，也包含着某些新的思想观念的产生，同中国传统的旧家妇女相比，黄英思想较为开明。例如，按当时旧家风气，太太们照例要敬神佛，吃观音斋。有关禁忌在黄英身上却难得严格实行，有时打牌，打着打着便忘了这是斋戒的日子，毫不在意地便吃起东西来。这份对旧规矩的不经意，对新风气认可的脾性，后来直接影响到她的子女。她的长子沈岳霖，便是凤凰第一个穿西服的，被本地人称作“土洋人”。

沈从文母亲黄英

1900 年前后，当沈宗嗣随军驻守大沽炮台的时候，黄英已经是三个孩子的母亲。连同后来所生，沈宗嗣与黄英共生育九个子女。其中四个夭折，长大成人的有三子二女。沈宗嗣一心想当将军，对家事和儿女很少过问。他虽然长得一表人才，大眼浓眉，身材魁梧结实，为人豪放爽直，不缺少做将军的气概；但年近三十，仍然只是驻守大沽炮台的提督罗荣光身边的一员裨将。1900 年，义和团运动在中国北方兴起，并成为西方八国联军与清军之间的战争的导火索。同年 5 月，英、美、法、意、日、俄、德等国 17 艘炮舰陈兵大沽口。6 月 21 日，联军登岸攻陷大沽口炮台，提督罗荣光率军抵抗。终因不敌，败走天津，自尽殉职。大沽失守，沈宗嗣于乱军中逃出大沽口，返回湘西家中。这次回家，使他有了第四个孩子。

> 没有庚子的义和团反帝战争，我爸爸不会回来，我也不会存在。[1]

1902 年 12 月 28 日（旧历冬月二十九日）凌晨，沈宗嗣和黄英的第二个儿子降生于人世，被取名为沈岳焕。

沈岳焕出生后仅四个月，即 1903 年 4 月，祖母——沈宏富之妻因病去世。

> 关于祖母的死，我仿佛还依稀记得我被谁抱着在一个白色人堆里转动，随后还被搁到一个桌子上去。我家中自从祖母死后十余年内不曾死去一人，若不是我在两岁以后做梦，这点影子便应当是那时唯一的记忆。[2]

大约在祖母死后，外祖母便来到沈家，同女儿在一起生活。从此，这位外祖母便长住沈家，一直活到 90 多岁。从出生到 4 岁，沈岳焕长得健康肥壮，天资聪慧，很得家里人喜爱。从 4 岁起，母亲便开始教沈岳焕识字。于是，沈岳焕一面从母亲那里接收方块字，一面从外祖母手里

---

[1] 见《从文自传 · 我的家庭》。沈从文 . 沈从文散文选 [M]. 北京：人民文学出版社，1983.

[2] 见《从文自传 · 我的家庭》。沈从文 . 沈从文散文选 [M]. 北京：人民文学出版社，1983.

接糖吃。到肚子里装下五六百生字时，肚子里也同时长起了蛔虫。蛔虫越闹越凶，沈岳焕被弄得又黄又瘦。家里依照偏方，用草药蒸鸡肝给他当饭吃。就在这一年，母亲又为沈岳焕生下一个弟弟。这时，两个姐姐正到一个女先生处上学，于是，沈岳焕便跟了两个姐姐一起读书。这女先生原是沈家的亲戚，沈岳焕年龄太小，终究读书的时间较少，坐在女先生膝上玩的时候倒较多。

到弟弟两岁，沈岳焕六岁时，兄弟两人同时出了疹子。其时，正值6月大热天气，兄弟两人日夜发着高烧，既不能躺下睡觉，一躺下便咳嗽发喘；又不要人抱，抱时便全身难受。家里实在无法，只好将兄弟两人用竹簟卷起，同春卷一样，竖立在屋内阴凉处。在那时的湘西，出疹子原是生命的一大劫关，孩童因此而死去的极普通。这病来得凶，家里大人对兄弟二人已不存指望。因此，当兄弟两人被卷起立在屋角时，屋廊下已同时置放了两具小小棺木。

出人意料的是，当家中大人已经完全绝望的时候，兄弟二人的高烧却慢慢退去，到后居然全好了。病后，因弟弟年幼，家里特别为他请了一个高大健壮的苗族妇人照料。因养育得法，弟弟逐渐长得高大壮实。沈岳焕却因此一病，变成了一个小小的“猴儿精”。

从此，这小小的“猴儿精”，便给父母带来了怄不完的气，扯不断的烦恼。

二、一本小书和一本大书

六岁时，沈岳焕开始入私塾读书。

沈家附近不远处，是驻防凤凰绿营兵的屯粮的地方，本地人称作仓上。仓房呈两行排列，中间夹出一条通道。通道由大石板铺成。通道尽头，是管仓的衙门，学馆便设在这衙门里。由于教书的先生同时在这衙门里做事，这衙门又成了先生一家的居所。

这先生姓杨，与沈家是亲戚，沈岳焕应叫这先生作姨爹。

到仓上念书的，连同沈岳焕，共 17 人。学馆有两项规定，这些学童必须遵守。一是每天上学时，照例要对着学馆里所设的孔子牌位一揖，然后对先生一揖，散学时再对孔子牌位一揖，然后对先生一揖。先生说，上学前和散学后还应对爹妈一揖，爹妈却免了。一是学馆里的作息表：早上——背书，温书、写字、读生书、背生书、点生书，散学；早饭后——写大小字、读书、背全读过的书、点生书，过午；过午后——读生书、背生书、点生书、讲书、发字带认字，散学。每天周而复始。

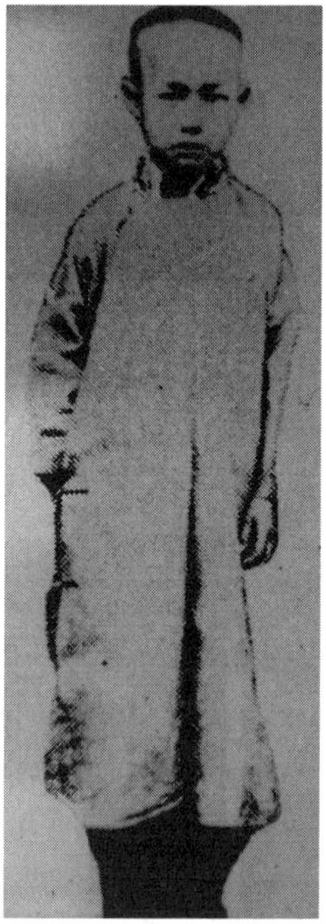

少年时期的沈从文

学习的内容照例先是《幼学琼林》，而后《孟子》《论语》《诗经》。

私塾的启蒙教育重在识字与背诵，至于章句的意义，学生是否真的明白，照例不大过问。按规矩，凡是学生该认的字认不得，该背的书背不出时，就由学生自己将凳子搬到先生面前，让先生按在凳子上打屁股。由于上学前已识过不少字，加上记性又好，沈岳焕遭受这种待遇的机会比其他同学要少。因此，沈岳焕平平静静地度过了起初半年的私塾生活。

然而，时间一长，这私塾里呆板而无生气的生活，再也引不起沈岳焕半点兴趣。同时，他又从同学中发现了一件稀奇事：有的人明明逃学，却又用谎话蒙骗先生，有时居然能逃过先生的惩罚；而逃学的人又向他说起在外面玩耍时种种有趣情形。一点好奇开始支配着他，心里有了一种躁动，屁股在学塾里再也坐不安宁了。

他终于进行了第一次逃学的尝试。这第一次逃学，是在外面看了一整天的木偶戏。那场面，那气氛，那情景，使他着了迷。晚上回家，想起自己逃了学，在大人面前还红了脸。第二天麻着胆子去上学，心怦怦跳着，担心在先生面前“翻船”。果然，先生见面后即问：“为何昨天不上学？”他嗫嚅着答：“昨天家里请客。”——家里请客可以不上学，在这里已成惯例。先生相信了，“船”终于没有翻。

小小心眼里开始了算计。这逃学而尝到的禁果的滋味，与被发现屁股上挨20板子相比，不用说是“合算”的。——即使不逃学，背不出书也要挨打；还不算说谎能够奏效。

于是，沈岳焕逃学的次数渐渐多了起来。但任你乖巧溜滑，像一条泥鳅，却总有响水的时候。逃学终于被家里发现。第一次被发现时，气坏了那位一心想当将军的父亲。父亲吼着要砍掉沈岳焕一根手指——这做父亲的对儿子寄望太高，因见儿子生性聪明，极为喜爱，盼望着长大后能做一个著名京剧演员谭鑫培一类人物，在这军人眼里，这比当一名将军还要高些，他本人就是一个京剧迷。

想象着被砍去手指的痛苦，沈岳焕被吓得大哭起来。但手指终于没有被砍掉。虽在家里、私塾两面挨打罚跪，倒反因这惩罚滋长起抵抗情绪。除了逃学，沈岳焕还和学伴一起，干起了恶作剧：常常趁中午睡觉时，给先生脸上画胡须，背上贴王八。然后又是被罚跪、打板子。

家里开始埋怨私塾管教不严，于是，在仓上读了一年以后，让沈岳焕换了一家学塾。新的学塾设在外祖父家隔壁，一个田姓人家家里。塾师姓熊，对学生十分严厉，打起人来毫不留情。由于他与一个刘姓人家是亲戚，学生犯了过失，他照例不打刘家二少爷，却专打沈岳焕。因待人的这点不平，这塾师便将为人之师的所有威信，在沈岳焕面前完全失去了。加上学伴中有一个姓张的表哥，年龄比沈岳焕大了几岁，在逃学和撒谎方面，是一把老手。沈岳焕与他一拍即合。于是，他便领着沈岳焕逃学。先是到张家橘柚园里去玩，再到城外山上去玩，到各种野孩子堆里混。事后，再教沈岳焕撒谎、圆谎的种种技巧，如何用一种谎话对付家里，如何用另一种谎话对付学塾。调换学塾还给沈岳焕提供了意想不到的方便。先前的学塾离家近，不仅逃学不易避人眼目，即便在路上多待一会，还要绕道而行，时间耽误太久，迟到了还不容易寻找借口。现在可好了，新的学塾离家很远，不必再包抄偏街，便可理直气壮地从长街上一路磨蹭过去，经过许多有趣的地方了。

由这活动半径的延长，沈岳焕便在学塾读一本小书的同时，开始习读凤凰城内外由自然和人事写成的那本大书。

每天上学，沈岳焕手中提一个竹书篮，一出门便将鞋脱下，提在手上，沿着那条长街走去。沿街排列着各行作坊：针铺、伞铺、皮靴店、剃头铺、肉铺、金银铺、冥器铺。针铺门前一老人低头磨针，鼻梁上架着一副极大的眼镜；伞铺大门敞开，十几个学徒一齐作伞；皮靴店一个胖子正用夹板绱鞋，一到天热便总是腆出一个大而黑的肚皮，上面还极醒目地长出一撮黑毛；剃头铺里，去理发的人总是手托一个小木盘，呆坐着让剃头师傅用剃刀朝头皮上蹭去；肉铺的肉案桌上，刚宰杀的新鲜猪肉被剁碎时，还在颤颤跳动；米粉作坊里骡子推磨的声音，好远就能听见。

这些沈岳焕还不感觉稀奇。能引起他看上好一阵子的，是染坊师傅的踩布作业。踩布的多是强壮有力的苗族汉子，先是将一匹整布卷在一个大的圆木磙子上，再将它放在地面一块略呈凹面弧形的青石板上，然后这汉子便飞身跨上碾石——由石匠打凿成的马鞍形巨石，重达三五百斤，双手扶着墙上横木，碾石压在碌子上，人站在碾石上，双脚左右轮番使力，带动碾石前后移动，碾石又带动碌子左右滚动。踩布人在空中悬着，看得沈岳焕的心也悬着。直到踩布人翻身下地，沈岳焕的心也才落下来。染成青色或蓝色的布匹经碾压后，平整宛如镜面，泛出青白色的光来。

又有三家豆腐作坊，全是苗人。苗妇人头上扎着高高的花帕，手戴银圈子，身穿绣着五彩花边的围裙，小腰白齿，一面用铿亮的泛光的红铜勺舀取豆浆，一面轻轻地唱歌，引逗着背后用背包单缚着的孩子。

还有一家扎冥器兼出租花轿的铺子，常有扎成的白面无常鬼、蓝面阎罗王、鱼龙轿子、金童玉女。从停放铺子里花轿的数目上，每天有多少人接亲，冥器是否又换了什么式样，照例为沈岳焕所关心。他还常常停下来，看铺子里的人在冥器上贴金、敷粉，一站许久。

沈岳焕再往前走。

过了衙门是一个面馆。面馆这地方，我以为就比学塾妙多了！早上面馆多半是正在赶面，一个头包青帕满脸满身全是面粉的大师傅骑在一条大木杠上压碾着面皮，回头又用大的宽的刀子齐手风快的切剥，回头便成了我们过午的面条，怪！面馆过去是宝华银楼，遇到正在烧嵌时，铺台上，一盏用一百根灯草并着的灯顶有趣的很威风的燃着，同时还可以见到一个矮肥银匠，用一个小管子含在嘴上象吹哨那样，用气迫那火的焰，又总吹不熄，火的焰便转弯射在一块柴上，这是顶奇怪的融银子方法。还有刻字的，在木头上刻，刻反字全不要写，大手指上套了一个小皮圈子，就用那皮圈子按着刀背乱划。谁明白他是从哪学来这怪玩艺儿呢。[1]

沈岳焕就这样一路看过去，他总是看不厌倦。他喜欢这些人和物，它们的颜色、声音、形状、气味能让他眼热心跳。百物制作的全过程，比学塾里背书识字，更来得上心。

然而，这并不能使他满足。有时，他又绕道向西城窜去。

西城设有关押囚犯的监狱。大清早便可见一群犯人戴着脚镣，成一线从牢中走出，由士兵押着去做衙门派定的苦役。牢狱附近是杀场。如前一天刚刚杀人，一时无人收尸，尸体便常常被野狗撕碎。沈岳焕赶过去，或用一块石头，敲击那颗污秽的人头；或拿一根木棍去戳尸体，看会不会蠕动。他太好奇，却还想不到去追究背后隐伏的悲剧。有时，还不等他靠拢，便有一群野狗因分赃不匀，正在尸体边互相龇牙咧嘴地争斗，喉管里不时发出沉闷而凶狠的吼声。这时，沈岳焕便远远站定，用书篮里预先准备的石头，扬手向野狗掷去。见野狗受惊后猛然分开，因不甘就此罢休又复聚拢的情形，沈岳焕便得到了一种极大乐趣。

杀场临近一条小溪。小溪傍西城墙根朝东南方向流去，过南门、东门，汇入沱江。既然已经到了溪边，沈岳焕总免不了挽起裤管，从溪流中一路蹚去。流动的溪水轻轻咬着一双小小脚杆，沈岳焕感到十分舒服受用。蹚水到了南门，便上岸。机会好，河滩上正巧杀牛，他便急忙赶过去，看人如何将牛放倒，如何下刀，下刀时那满腹委屈无从申诉的可怜畜生如何流着两行清泪；牛被开腔后，心、肝、肠、肺的位置又是如何分布。

河滩过去一点，傍南门有一条边街。街上有织簟子的铺子，又有铁

[1] 见《在私塾》。沈从文 . 沈从文文集：第 1 卷 [M]. 广州：花城出版社；香港：三联书店香港分店，1982.

匠铺。看完杀牛，沈岳焕走进边街，便又看篾匠用厚背薄刃的钢刀破篾，两个小孩蹲在地上双手飞快地编织竹簟；看小铁匠拉风箱、扬锤、淬火。积以时日，他便将编织竹簟、打制各种刀具农具的工艺程序，弄得清清楚楚。

学塾位于北门，沈岳焕却出西门，入南门，在完成这门必修课的各道程序以后，才再绕城里大街朝学塾走去。

还有两件使沈岳焕醉心的事，一是出东门站在大桥上看大水。每逢春夏之交，一场暴雨过后，沱江涨了大水。这时，城里城外只听见满河水响，于是，城街里人急匆匆去河边看河里涨水。一时间，桥面上和沿河岸边便站了许多人。平时温柔清澈的河水一反常态，变得暴怒异常。浑黄的激流不时从上游卷起木头、家具、牲畜、屋梁之类，奔涌而下。这时，桥头上必有人用长绳系住腰身，眼睛直直地瞪住河面，一见有值钱可用的物件漂来时，便踊身跃入水中，游到物件旁，用绳子将其缚住，然后借水势飞快地朝下游岸边游去。上岸后再将绳子另一头捆在大树或巨石上，这猎获之物便归其所有了，那情景十分壮观。而在不远的河湾洄水处，又有人在那扳罾，巴掌大的鲤鱼在罾网里蹦跳。扳罾的人从容安静，与捞东西人的紧张激烈，形成鲜明对照，一面是动如脱兔，一面是静若处子。这一静一动，其美丽动人处，非笔墨所能形容。

另一件是捉蟋蟀。五月麦收时节，树木迸发新枝，竹笋破土而出，田垄里新麦香气弥漫。感应着大自然的变化，人身上被激发起的生命力量已呈饱和状态，仿佛要从全身毛孔里绽出。一场微雨过后，满山遍野都响起蟋蟀鸣奏的曲子。那声音在沈岳焕听来，简直是天籁！他在学塾里更是坐不安宁，总是想方设法逃学，到山野田间去捉蟋蟀。春天，蟋蟀多藏身于草丛、泥缝、割剩的麦茆里，捕捉便极容易。不一会，沈岳焕两手便各有了一只。但他并不离去，又将第三只赶出，一见新赶出的较手中的更为雄壮，羽翅色彩更油亮，旋即将手中的放掉，扑过去将这新的逮住。如此捉了又放，放了又捉，大半天过去后，手里剩下的仍是两只。下午3时许，他便急急赶到城里一个刻花板的老木匠家里，借他专供蟋蟀斗架的瓦盆，比试两只蟋蟀的优劣。老木匠同意借盆，却以斗败的一只归他作代价。随后，他又提议用自己另一只蟋蟀与沈岳焕剩下的一只比试。条件是如果沈岳焕的斗赢，借瓦盆一天，若老木匠的斗赢，蟋蟀全归老木匠。沈岳焕正等着这个建议，便立即答应下来。老木匠进屋拿出一只蟋蟀与沈岳焕的相斗，结果不消说是沈岳焕又输了。沈岳焕有点丧气，他看出老木匠的一只照例是自己前一天输给他的。老木匠见他悻悻的，赶紧收拾起瓦盆，带着鼓励的神气，笑着说："老弟，明天再来！这不算什么，外面有的是好的，走远一点去捉！明天来，明天来！"于是，沈岳焕仿佛取得了胜利的预期，微笑着走出老木匠家的大门，转回家里去了。

一个不到十岁的孩子，在这地方要成天向各处跑去，照例必须养成一种强悍的脾性。一只狗会冷不防向你扑来，另一个顽劣孩子，与你当面交臂而过，会突然用手肘向后朝你背上一击，撞你一个"狗抢屎"！这暗施袭击自然算不得角色，即便得手也会输了名头，更多的是公开挑战。如果见你单身一人，对方便用眼睛睃定你，一面大声大气地说：

"肏他妈，谁爱打架就来呀！"

"哪个大角色，我卵也不信，今天试试！"

"小旦脚，小旦脚，听不真么，我是说你呀！"

假若你生性软弱，就只能自认晦气，假装没听见，脚步快快地走去；如果忍不得这口气，便会有一场恶斗！沈岳焕当然不是那种胆小怕事的人。一来，他从一心想当将军的父亲那里，早就继承了一份胆量与勇气；二者，凤凰地接川黔，民气强悍，游侠之风颇盛。军营里有哥老会的老幺，市井里有好打抱不平的闲汉。因此，即使在大白天，凤凰街上也可见两条汉子，一对一用单刀或扁担互砍。事情发生时，本地小孩不但不躲，反要拢身去看热闹。这时，孩子的父母照例不加理会，只间或说一句：“小杂种，站远点，莫太近！”沈岳焕就亲眼见过后来名震湘西的龙云飞与人决斗，用刀将对方砍翻以后，极从容地走下河去洗手。在这种环境里，除非有先天弱疾，后天残废，莫不从小就把心子磨得硬硬的。沈岳焕当然不会例外。好在这一对一的争斗方式，也影响到孩子身上。打架时，即使对方有一群，也不会以多欺少，可以任你选定一个作对手，其余人不许帮忙。如果被对手摔倒，只怪你运气不好，让他打一顿了事，如果将对手摔倒，对方只说一句：“有种的，下次再来！”便让你扬长而去。每逢这种时节，沈岳焕照例能选出一个与自己差不多的对手，凭着他那份敏捷与机智取胜。或是将对手摔倒，或是先被对手摔倒，而后凭技巧翻过身来压到别人身上去。对沈岳焕来说，这种斗殴也只是持续了一段时间。俗话说，“不打不相识”。打架的次数越多，认识的朋友也越多。到后来大家都因逃学打架成了熟人朋友，反倒不再打架了。

日子一天天过去。沈岳焕逃学的次数随年龄增加而增长，受处罚的次数也就与逃学次数成正比。既然逃学已成积习，要瞒过家里耳目，便越来越困难。或因熟人告状，或因学塾与家中两方面对证。而且，一天野下来，身上总要带一点形迹，或是上山摘野果时被刺蓬扯破了衣裤，或是捉蟋蟀时浑身沾满泥浆，或是打架时手上脸上挂一点彩，都能成为家里施加处罚的凭证。这处罚，除了挨打，照例是罚跪。下跪时点上一根香，不等香燃尽不准起身。然而，同一种药服用多了就难免失效一样，罚跪一多，沈岳焕身上有了抗药性：

我一面被处罚跪在房中的一隅，一面便记着各种事情，想象恰如生了一对翅膀，凭经验飞到各样动人事物上去。按照天气寒暖，想到河中的鳜鱼被钓起离水以后拨刺的情形，想到天上飞满风筝的情形，想到空山中歌呼的黄鹂，想到树木上累累的果实。

沈岳焕完全沉醉在自己的想象里。在这种情形下，他已将罚跪的痛苦忘却。20年后，他不无得意地说："我应感谢那种处罚，使我无法同自然接近时，给我一个练习想象的机会。"[1]

尽管如此，在当时，沈岳焕幼小的心里并不服气。他有他的理由：

我从不用心念书，但我从不在应当背诵时节无法对付。许多书总是临时来读十遍八遍，背诵时节却居然琅琅上口，一字不遗。也似乎就由于这份小小聪明，学校把我同一般同学一样待遇，更使我轻视学校。家中不了解我为什么不想上进，不好好的利用自己聪明用功，我不了解家中为什么只要我读书，不让我玩。我自己总以为读书太容易了点，把认得的字记记那不算什么希奇。最希奇处，应当是另外那些人，在他那份习惯下所做的一切事情。为什么骡子推磨时得把眼睛遮上？为什么刀得烧红时在盐水里一淬方能坚硬？为什么雕佛像的会把木头雕

[1] 见《从文自传·我读一本小书同时又读一本大书》。沈从文．沈从文散文选 [M]. 北京：人民文学出版社，1983.

成人形，所贴的金那么薄又用什么方法作成？为什么小铜匠会在一块铜板上钻那么一个圆眼，刻花时刻得整整齐齐？这些古怪事情实在太多了。[1]

童年的沈岳焕生活在他自己所能感觉到的世界里，这个世界充满了他无法解释的自然之谜。要获得谜底，学塾和家里两方面都不会给他什么帮助，他也不敢拿这些去问先生和父母。他常常为此发愁。生命有了扩张自己的冲动。这种扩张既然不愿循着社会和长辈安排的道路，要一味发展自然的天真，便不能不依靠自己踩出一条路来。

我得用这方面得到的知识证明那方面的疑问。我得从比较中知道谁好谁坏。[2]

这简直是一种方法论的胚芽。有一种理论认为，人的所作所为，他的行为方式和思维模式，都可以溯源到他的童年。倘若这一说法并非全无根据，那么，当我们去把握沈岳焕生命成熟后的思想、行为模式时，便不难发现其中晃动着的童年沈岳焕的影子。

三、革命：晃动着历史的影子

儿童的世界与成人的世界仿佛是两个天地。沈岳焕愈是与自然贴近，便愈是和成人世界离远。虽然，每当人们在冬夜里围着火炕取暖，夏季

[1] 见《从文自传·我读一本小书同时又读一本大书》。沈从文．沈从文散文选 [M]. 北京：人民文学出版社，1983.

[2] 见《从文自传·我读一本小书同时又读一本大书》。沈从文．沈从文散文选 [M]. 北京：人民文学出版社，1983.

黄昏摇着蒲扇坐在院子里乘凉的时候，他总要傍着家里或亲戚中的长辈，听他们谈论、讲述亲族或本地有名人物的种种掌故和轶事。其中，浸润着人生创业艰难的感慨和属于本地人的那份荣光。

咸、同之季，“长毛”作乱，本地几个卖马草的年轻人投效湘军，如何九死一生，与“长毛”干仗，随曾国荃攻入南京城的，凤凰人中就出了四个提督军门。……那个被当地人跷着大拇指，因书读得好甲午年考中进士授“庶吉士”的熊希龄，先一年本已考中，因一笔字写得不好，房师要他先将字练好再参加殿试，他硬是待在家里苦练了一年。戊戌那年，他如何与陈立三、黄遵宪、梁启超、谭嗣同等人在长沙办时务学堂，鼓吹变法维新，变法失败，他因“庇护奸党”而被革职，后来，皇帝老子怀疑他与唐才常共谋自立军起义，密令将他逮捕，又如何赖人搭救幸免，后来又如何做了东北三省清理财政的监理官。……庚子年间，北方又出了义和拳，专杀洋毛子；他们如何练神兵，有神符护身，刀枪不入。那时候，父亲随军驻守大沽口，亲见洋毛子来攻，枪炮如何厉害，罗提督又如何率领人马抵抗，又如何败走，如何自杀……

凡此种种，不一而足。然而，这一切对沈岳焕说来，就像平时从旧戏里看到的一样，或是红花脸杀进，黑花脸杀出，或是奸臣当权，忠臣遇害，义士死节，照例觉得十分遥远。虽然也感到一些兴奋，一些神秘，对其中所包含的意义，人们谈论时其所以感叹嘘唏，却不曾去理会。

然而，这些发生在湘西千里之外，为沈岳焕弄不明白的事情，正酝酿着中国近代最重大的历史转折。太平天国起义——戊戌变法——义和团运动——革命党人成立同盟会并在全国各地多次组织武装起义，就在他出生前后发生。到他将满九岁这一年，革命党在武昌发动武装起义，攻击总督衙门，并进而占领武汉三镇。武汉首义成功，全国各地纷起响应，清王朝近300年的统治就要终结了。

这年初冬，即武昌起义发生后不久，凤凰城里的气氛突然紧张起来。驻防凤凰的清军加强了城防守备，各城门口增添了岗哨，街道上随时可见兵队巡逻。——辰沅永靖兵备道尹朱益濬已下令严查革命党人的活动，派兵到处缉拿可疑分子，边城失去了往常的和平与宁静。

与此同时，凤凰城外的乡村田野，也开始骚动起来。革命党人田应全，正暗中联络湘西各反清帮会组织，由凤凰城北郊长宁哨哥老会首领唐力臣、吉信苗族进步人士龙义臣，以及吴正明、龙凤山、吴玉山等苗族八大首领，分头发动苗汉人民准备武装起义，随后在长宁哨组织光复军，一时间便集合了一万六千多人。同时，贵州境内靠近凤凰的松桃厅，也组织了两千多人，星夜赶往长宁哨集合，准备分三路进攻凤凰城。

在这支起义队伍中，绝大多数是苗族群众。苗族成为起义军的主力，是一点也不奇怪的。这除了一般意义上的为封建统治者与人民大众的矛盾所激发外，还应归因于苗族与满汉统治者的长期民族矛盾。而且，这前一种矛盾，对于一般苗族群众，照例不大容易弄得明白。在他们看来，这正是一个机会，来洗刷因民族歧视、压迫、剥削而遭受的民族屈辱，清算200年来苗族与满族统治者及依附清廷的汉族官僚、商人结下的未曾清算的血债。长期以来，苗族人民政治上毫无权利，被随意屠杀、买卖，随时承受“苗人杂种”——一种最难以忍受的污辱，在许多苗汉杂居区，为维持生存，甚至不敢承认自己的苗族身份。在经济上，原属苗族的大量肥田沃土，被屯兵和客民地主强行霸占，商业也多操纵在外地客民商人手中。例如凤凰城里，做布匹生意的是江西人，卖药的是广东人，卖烟的是福建人，等等。即使参加起义的本地汉族群众，更直接感受到的，也是外来官吏、商人对湘西本地人的压迫与剥削。

因此，这次起义，是专门对付镇筸镇与辰沅永靖兵备道两个衙门的旗人大官和外路商人。——革命在骨子里积淀着一个历史的原型。

凤凰城内外，双方已摆开阵势，剑拔弩张，呈一触即发之势。

这种紧张气氛，也被带到了城里沈家。这一天，沈家急急地走来一位沈岳焕的远房表哥，人们习惯称他作“躲韩”[1]的年轻人。躲韩身材矫健精悍，紫色脸膛，黑黑的眼珠里透着灵气。他住城北十里的长宁哨，是一个守碉堡的绿营兵。从长宁哨过去十来里就是苗乡。躲韩在苗乡颇有威信，有事需人相帮时，他只要去苗乡一喊，便能立即喊拢一些人来。沈岳焕原本和他极熟，四岁时还曾被他带到长宁哨玩过几天。每当黄昏，村庄田野被一层薄薄暮色所笼罩，鼓角声音便从那小小碉堡里传出，不知怎么总带着几分悲凉。直到许多年后，那情景在沈岳焕记忆里仍极清晰。躲韩每次进城时，总要给沈岳焕带一点城里不易得到的小东西，给他讲苗人中许多稀奇事；沈岳焕也总是缠着不让他走，直到双方有了新的预约，沈岳焕方肯罢手。

可是这次却不同往常，躲韩竟不大搭理沈岳焕，一进门就直接找到沈岳焕父亲，两人嘀嘀咕咕，一谈就是半天。随后，一整天都是从沈家进进出出，到城里各铺子里买回许多白色带子，到后又托沈岳焕的四叔去买了几次，还直嚷着不大够用。在这同时，母亲忙着给沈岳焕兄弟姐妹收拾随身换洗衣服，父亲则将家里人喊到一起，宣布要送小孩子到乡下去。沈岳焕预感到城里有什么事就要发生，心中似乎有了某种期待。因此，当父亲问他：

“你怎么样？跟阿妑[2]进苗乡去，还是跟我在城里？”

---

[1] 躲，读作央，属凤凰方言，其意为“小”。后来沈岳焕在军队里当司书时，因年龄小，便被称作“躲师爷”。

[2] 阿妑，苗语中对同辈女人的称呼，相当于汉语中大姐之类。这里实指在沈家照顾沈岳焕弟弟的苗妇人。

“什么地方热闹些？”

“不要这样问，我明白你的意思。你要在城里看热闹，就留下莫进苗乡吧。”

事情一经决定，大哥和弟弟就由阿妍送到苗乡，大姐二姐则送到长宁哨附近的齐梁洞。——齐梁洞是凤凰境内有名的山洞之一。洞内干燥宽敞，地方偏僻隐蔽，能容纳一两万人，为本地人躲避兵灾匪灾的理想之地。当天，兄妹姐弟四人和两担白布担（另一担由一位与躲韩同来的人挑着）便随躲韩上了路。

原来，城里一些绅士早已和革命军暗中有了联络，准备攻城时充作内应，躲韩便是来通知他们起事时间，要他们预作准备的。第二天，沈家气氛更为紧张。四叔一会儿跑出门去，一会儿又跑回来和家里其他人悄悄说上一阵。大家脸上都悬着紧张，说话也有点结结巴巴。沈家原有两支广式猎枪，几个检查枪支的人似乎有着某种默契，不时相互对视着微笑。晚上，父亲在书房里擦枪，叔父便在灯光下磨刀。这一天，沈岳焕一刻也不能安稳，小猴儿似的在屋里窜来窜去。一会儿跑去看父亲擦枪，一会儿又跑到库房边，看四叔低头磨刀，见别人微笑，他也不知所谓地跟着微笑。他虽然还不知道将发生什么事，却知道一定有一件新鲜事快要发生，而这事似乎是属于干仗一类。晚上，当四叔又一次出门时，他急忙跟到屋檐下，试探着问：

“四叔，你们是不是预备打仗？”

“咄，你这小东西，小伢儿懂什么，还不赶快睡去！”

于是，他被一个丫头拖着，蔫蔫地回到上边屋里，不一会便伏在母亲的腿上睡着了。

就在沈岳焕进入梦乡的时候，凤凰城内外响起了枪声，守城清军与攻城队伍已经接上了火。当时，城里绿营屯兵有五千余人——道尹衙门所辖 1136 名，属总兵管辖的 3756 人。[1] 从人数上看，革命军方面占有绝对优势。可是，已经暗中附议、商定从城内接应的一部分官兵，据说临到起事一刻，在是否要保护商人问题上未能与起义军方面达成协议，也有的说是事起仓促，城里官兵不敢贸然响应。于是，起义军一下子失去了内应。加上攻城的三支队伍在忙乱中又相互失去联系，而对手又是平时训练有素的强敌，起义队伍终于被击溃，作战中牺牲了 170 多人。[2] 清军紧接着又开始了搜捕与屠杀。

第二天，沈岳焕同平时一样醒来，见家里人早已起身，每个人都脸色苍白。几个叔叔全不见了，男的只有父亲一人，正低头坐在太师椅上一句话不说。沈岳焕猛然记起杀仗的事，便问父亲：

“爸爸，爸爸，你究竟杀过仗了没有？”

“小东西，莫乱说。昨夜我们杀败了，死了好多人！”

这时，四叔满头是汗地从外面回来了，一进门，便结结巴巴地向父亲报告说，衙门已从城外抬回几百颗人头、一大串人耳朵、七架云梯和别的一些东西，对河烧了七处房子。听说有几百颗人头，父亲便要四叔赶紧去看看，有没有躲韩在里面。一听说杀了那么多人，有人头又有人耳朵，其情形正与父亲平时讲的杀“长毛”的故事相合，沈岳焕感到一种兴奋，一份紧张。

洗过脸，他便溜到了大门口。

这时，天阴沉沉的，好像要下雨的样子。街上异常清静，平日这时，街面上早已响起的卖泡粑、炸油粑人的叫卖声全都消失了。沈岳焕胸口

[1] 据辛亥时湖南各地驻军兵力分布表。湖南省志编委会．湖南省志：第 1 卷 [M]. 长沙：湖南人民出版社，1979.

[2] 据民族问题增刊《湘西苗族》，吉首大学学报 [J]. 1982（3）.

和脚心起了一种瘙痒，恨不得立时跑出去看看。但今天到底不比平日，他不敢自作主张。过了一会，街上各铺子已奉衙门之命开了门，家住对门的张家二老爷也上街去看热闹了。父亲告诉沈岳焕，张家二老爷是暗中和革命党有联系的本地绅士之一。于是，沈岳焕便随了父亲，也来到道尹衙门口。

一批血淋淋的人头垛放在衙门前的平地上，衙门口的鹿角上、辕门上，从城外缴获、用新竹做成的云梯上，也悬挂着许多人头，有的面目已经血肉模糊，有的两眼尚未闭上，极不甘心似的朝人们瞪着；人头中间，夹着一大串被割下的人耳朵。看的人都不大作声，脸上露出各式各样极不自然的古怪表情。

可是，屠杀还才刚刚开始。紧接着便是衙门派兵分头下苗乡捉人，被捉的多是随意捕来的乡下无辜农民，捉来后照例不需要任何罪证，就赶到北门外河滩上去砍头。每次杀人 50，行刑士兵 20，看热闹的人 30 左右。被杀的人既不被剥去衣服，也不用绳索捆绑，就那么随便朝河滩上赶去。乖巧一点的，冷不防朝看热闹人中间一站，就可以逃脱性命；只有那一些糊糊涂涂，不知为何被捕，现在将有什么事发生的，到河滩上被兵士吼着跪下时，才明白这是怎么回事，于是哭喊着在河滩上乱跑，刽子手便如狼似虎般扑上去，一阵乱刀将其砍翻。

这种残酷的杀戮持续了一个月，沈岳焕站在城头看杀人也有一个月。

旧戏和故事里“人头如山，血流成河”的情景，过去只存在于沈岳焕的想象里，是那样遥远，又是那样模糊；现在却一下子被推到身边，那样清晰地血淋淋地呈现在他的眼前。人类正用自己的手，将那么多活鲜鲜的同类一下子变成一堆没有了活气的血肉。沈岳焕原先企望从中获得的儿童游戏般的乐趣没有得到，成人们的这种“游戏”实在太严重了一点。虽然，沈岳焕没有感到恐惧，有时还和其他孩子比赛眼力去数河滩上尸体的数目，却终于起了一点疑心：这么多人为什么一下子被杀？杀他们的人又是为了什么？事情太令人费解，这里面一定出了什么错误。他拿这个问题去问父亲，父亲只说是“造反打了败仗”；衙门出的告示和禀告抚台的文书上，却说是“苗人造反”。

凡造反便该杀头，苗人造反便更多了一层被杀的理由。因此，凡被捉来的苗人都得杀头。这用来对付苗族的几千年延续不变的规矩，又照样用来对付这场革命，对付那些其实并未造反的“苗人”。在衙门大官们的眼里，这场革命只是苗族不服王化的历史延续。听说杀人是因为“苗人造反”，沈岳焕脑海中突然闪过城外山头上为防苗人叛乱而设置的碉卡，日暮黄昏时古堡上响起的鼓角声音，它们与眼前的景象融成一片。沈岳焕仿佛心有所悟。他想弄明白其中包含的意义，却又总是无从将它弄得明白。

终于因杀人太多，原先与革命党人有联系未被发觉、在本地说话有点分量的绅士便去衙门，请求有一个限制。既然抓来的人不能全部杀掉，又不能全部释放，便杀一部分，放一部分。而选择的办法竟是委托神灵去裁决——将人犯押到天王庙大殿前院坪里，由犯人在神前掷筊来决定。凡顺筊、阳筊，开释；阴筊，则被杀头。这个办法实行后，沈岳焕便又跟在犯人后面，到天王庙看他们掷筊决定生死。

> 看那些乡下人，如何闭了眼睛把手中一副竹筊用力抛去，有些人到已应当开释时还不敢睁开眼睛。又看着些虽应死去，还想念到家中小孩与小牛猪羊的，那份颓丧那份对神埋怨的神情，真使我永远忘不了。也影响到我一生对于滥用权力的特别

厌恶。

我刚好知道“人生”时，我知道的原来就是这些事情。[1]

到年底，杀人终于停止。因为形势又有了新的变化。其时，革命党人又在凤凰、乾州、松桃三厅重新聚集了力量，准备规模更大的武装起义。一来，衙门大官眼见到全国各省纷纷“独立”，清王朝气数已尽；二来，他们也感到了再与革命军对抗后果的可怕。1912年初，凤凰道、厅衙门被迫宣布投降。于是，城里各处挂起了白旗，反正的士兵结队在街上游行，衙门方面与革命党人达成妥协：一切地方事务交本地绅士出面主持，革命党人方面放外来镇守使、道尹、知县离境走路。

革命在凤凰算是成了功。但是，在革命中付出巨大牺牲的苗、汉人民，并没有获得他们应有的报偿，地方的军、政大权落到了凤凰上层绅士阶级手中。其后相继崛起的田应诏、张学济、陈渠珍等地方军政势力，直接影响到湘西社会后来30年的兴衰荣枯。

革命后地方不同了一点，绿营制度没有改变多少，屯田制度也没有改变多少。地方有军役的，依然各因等级不同，按月由本人或家中到营上去领取食粮与碎银。守兵当值的，到时照常上衙门听候差遣。马兵仍照旧把马养在家中。衙门前钟鼓楼每到晚上仍有三五个吹鼓手奏乐。但防军组织分配稍微不同了，军队所用器械不同了，地方官长不同了。县知事换了本地人，镇守使也换了本地人。当兵的每个家中大门边钉了一小牌：栽明一切。且各因兵役不同，木牌种类也完全不同。道尹衙门前

[1] 见《从文自传·辛亥革命的一课》。沈从文. 沈从文散文选 [M]. 北京：人民文学出版社，1983.

站在香案旁宣讲圣谕的秀才已不见了。

但革命印象在我记忆中不能忘记的，却只是关于杀戮那几千无辜农民的几幅颜色鲜明的图画。[1]

革命也给沈家带来了始料不及的变化。先是在镇守使、道尹、知县衙门宣布投降，地方一切交由绅士主持后，沈宗嗣因暗中参与革命，在民主选举中成为本地要人。但不久，凤凰举行省议会代表选举，沈宗嗣与一个姓吴的竞选，结果失败，心中愤愤不平，觉得脸上无光，一气之下，便离开凤凰，跑到北京去了。与他同行的还有一个本地人阙祝明。二人同住北京西西会馆，并组织了一个铁血团，准备刺杀袁世凯。谁知事机不密，被袁世凯的爪牙发觉，阙祝明被捕后立即枪决。幸亏阙祝明被捕时，沈宗嗣正在剧院里看著名京剧演员谭鑫培的演出，得到熟人报信，连夜逃出关外，改名换姓，在热河都统姜桂题、米振标处隐匿。——姜桂题与沈宏富曾一起共过事；据说沈宗嗣出逃时，又携有熊希龄所写托姜桂题关照的条子。在这之前，熊希龄曾出任热河都统。

这些，沈家都是几年后才知道的。对于沈家的人，沈宗嗣这次离家北行，便是一连几年，音讯全无。

沈宗嗣为何要行刺袁世凯？是出于个人对社会的怨愤积郁？是囿于当时风气，以暗杀社会权要为时髦？是受革命思想影响，将袁世凯看作国贼？或者，三者兼而有之？现在已无从考究了。这个封建王朝的将军之子，在时代潮流裹挟下，先是向封建制度叛逆，继而又拿性命向新的政治寡头作孤注一掷，其行为即便未必全出于对社会发展的理性思考，它所划出的这一段轨迹，似乎也积淀着每逢改朝换代时期，贵族及世家

[1] 见《从文自传·辛亥革命的一课》。沈从文．沈从文散文选 [M]. 北京：人民文学出版社，1983.

子弟的一种共通模式。

沈宗嗣的这次冒险之举，虽然没有给历史留下任何印痕，却直接作成了沈家在凤凰的败落。

四、续一本小书和一本大书

辛亥革命在凤凰演出的一幕，作为一种实感经验，被刻进沈岳焕的大脑皱襞深处，成为他后来整体人生思考中明晰而活跃的人生因素。然而在此时，它之于沈岳焕，仍然只是一种人生直觉，一个孤立的“点”，一种不明所以的现象。如果它不能同更多的点、线交织成人生网罗的屏幕，没有理性的电光石火将它激活，即便不是全被忘却，也不过被充作饭后茶余的谈资，一只生命棋盘上的死棋，无法成为沈岳焕生命泉流的有机构成。

眼下，这一幕已成过去。革命在本地“成了功”，凤凰的人事表面上有了一些刷新，骨子里却一切因循旧例，边城又恢复了往日的宁静。于是，这场革命的种种情景，不久便被翻到沈岳焕意识的下层，在他的生活中，一时不再占有什么位置，他又同时去读一本小书和一本大书了。

1914年左右，凤凰有了新式小学。1915年，沈岳焕从私塾转到设在城内王公祠的第二小学。半年后，再转入第一小学读书。

第一小学位于城南对河的文昌阁。学校依山面河，山上古木参天，林间荆棘杂草丛生，因无人修葺，显得原始朦胧。大白天有大蛇滑行而过时，齐腰深的芭茅便向两边翻卷。文昌阁瓦梁上可见长蛇蜿蜒而下，就连上课时，屋梁上也会掉下蛇来。蛇的种类不一，多为毒蛇，身上的花纹却很美。校门边有一眼井泉，水清冽而甘甜。下课后，学生便用竹筒做成的长勺随意舀取解渴，却从不听说有人因此生病。

新学校给了沈岳焕许多新鲜。不仅是同学人数比先前多了几倍，课余活动范围远非私塾可比，学校规矩也和私塾有了许多不同。——不必成天咿咿呀呀地背书；严重的体罚已经废除，虽然也有因过失被老师罚站的时候，却不必再担心被按到凳子上打屁股；照例七天有一个假日，不必像私塾里那样不间断地天天去上学，像一篇没有句读的文章。这些，都很对沈岳焕的胃口。可是，他在课堂上依旧没有学到什么东西。除了识字、读书以外，也没增添什么新内容。从对他几年后仍不知氢气、参议院是什么东西判断，似乎还没有自然、历史之类的课程。虽然已经开设了手工课，但那只是用小刀在座位底板下镌刻自己的名字，或用白色瓷泥给每个教师捏塑像，并依据老师相貌或性格某一缺陷，各自取一个带漫画色彩的绰号，既刁钻、古怪，又贴切传神。

既然课堂依旧拘束不了沈岳焕的自然天性，上课便成了他的例行公事。能使他倾心的，仍然是在太阳底下的各种光与色。下课铃一响，他便野马似的奔出，或是到操场上与同学作“龙虎斗”，或是和几个同学一起，跑到树林里各自选定一株合抱大树，比赛谁先爬上树顶，由爬树学会认识各种树名；有时爬树失手，挂破了皮、扭伤了脚，便去采药，因此又认识了十多种草药。倘若要走得更远一些，便去老师处请假。老师是四个从常德师范毕业的年轻人，常常一下课便玩麻雀牌。在当时，麻雀牌也是一种“新事物”，能学会玩牌也是一种时髦。他们对教学既不十分上心，管理也不严格。加上四个教员中还有两个是沈岳焕的表哥，请假一律照准。于是，看戏请假钓鱼请假，甚至到田里去捉蚱蜢也请假。夏天，去河边钓半天鱼；春天，便上山采笋子、摘蕨菜，比赛叫各种雀鸟的名字。

如果放学时天色尚早，便和几个同伴沿河边城墙脚下一路逛过去。

遇有柴船在河边停泊，无人照看，几个人便跳上船，飞快地朝河中划去。

等一会儿那船主人来时，若在岸上和和气气的说：

“兄弟，兄弟，你们快把船划回来。我得回家！”

遇到这种和平讲道理人时，我们也总得十分和气把船划回来，各自跳上了岸，让人家上船回家。若那人性格暴躁点，一见自己小船为一群胡闹小将把它送到河中打着圈儿转，心中十分忿怒，大声的喊骂，说出许多恐吓无理的野话，那我们便一面回骂着，一面快快的把船向下游流去，尽他叫骂也不管它。到下游时几个人上了岸，就让这船搁在河滩上不再理会了。有时刚上船坐定，即刻便被船主人赶来，那就得有一分儿担当惊险了。船主照例知道我们受不了什么簸荡，抢上船头，把身体故意向左右连续倾侧不已，因此小船就在水面胡乱颠簸，一个无经验的孩子担心会掉到水中去，必惊骇得大哭不已。但有了经验的人呢，你估计一下，先看看是不是逃得上岸，若已无可逃避，那就好好的坐在船中，尽那乡下人的磨炼，拼一身衣服给水湿透，你不慌不忙，只稳稳的坐在船中，不必作声告饶，也不必恶声相骂，过一会儿那乡下人看看你胆量不小，知道用这方法吓不了你，他就会让你明白他的行为不过是一种带恶意的玩笑，这玩笑到时应当结束了，必把手叉上腰边，向你微笑，抱歉似的微笑。

“少爷，够了，请你上岸！”[1]

---

[1] 见《从文自传•我上许多课仍然不放下那一本大书》。沈从文．沈从文散文选 [M]. 北京：人民文学出版社，1983.

若是夏季，每天都少不了下河游泳。因担心被淹死，家里对游泳照管得较严。于是，放学后便远远跑到河上游拐弯处，那里水既深，又不易被家里发现。到后，将书包朝河滩上一摔，脱光衣裤，便向水里扑去。其时，父亲已离家去了北京，管束沈岳焕的责任就落到大哥沈岳霖的身上。因此，在每天估计得到的时间里，大哥总要下一次河。这位大哥，耳朵不大听使唤，眼睛也极近视。要从河中一群光身孩子中认人，实在不容易。但他却有算计，到得河滩上时，就从堆放的衣裤上一一查认过去。一看到沈岳焕的衣裤，也不作声，拿起就走。然后坐在大路上，等着弟弟投案。这样经过两次教训，沈岳焕便预先将衣裤藏起，一见大哥从城门口出来，得同伴报信后，便急急游到河中，仰卧在水面上。大哥到河滩上各处搜寻找不到衣裤，便大声问兄弟的同伴：

“熊澧南，印鉴远，你见我兄弟老二吗？”

“我们不知道，你不晓得看看衣服吗？”

搜查问询都没有结果，这位进过美术学校的大哥，便站在河滩上，略带忧愁的样子欣赏一阵风景，或取出速写簿，坐下来画两张素描，随后轻轻吹着口哨，从原路打转身了。几次过去，他终于起了疑心，却也不说破，照旧装着相信兄弟不在河里的样子，转回到城门边隐蔽处，像一匹雄猫预备猎取耗子似的，极有耐心地守候着。等到游泳的一群走近时，便从暗处飞快跃出，一把攫住沈岳焕的衣服便走。不久，沈岳焕摸清了大哥的“棋路”，又有了新的对策：有时故意远远落在同伴后面，有时又绕路躲开南门，从东门进城回家。

一个夏天，兄弟俩不断地捉着迷藏，真有点道高一尺魔高一丈的味道。这也难怪，水对沈岳焕，具有一种特殊的吸附力。每当脱光衣裤，赤条条与河水亲近时，沈岳焕觉得自己整个地融进了大自然；仰卧在水面上，望着高远的蓝天，那里仿佛藏着无穷的秘密；和同伴一对一浇水比赛，阳光照射在迷蒙的水花上，泛起七彩虹桥，周围的山、树、云、烟，别是一种型范和色彩；浮在河中，流水在身前身后不歇止地流动，整个天地便飘浮起来，人也好像是在虚空中浮动。

> 我感情流动而不凝固，一派清波给予我的影响实在不小。我幼小时较美丽的生活，大部分都与水不能分离。我的学校可以说是在水边的。我认识美，学会思索，水对我有极大的关系。[1]

若是星期天，日子又凑巧，或一六，或二七，或三八，[2]正逢城郊墟场赶集，吃过早饭，沈岳焕或邀人，或被人邀，一行几个先下河洗一回澡，再走十里路过长宁哨去赶集，在墟场人堆里转着看热闹。他们一会儿出现在卖牛处，看买卖双方大声吼着、嚷着，在价钱上相互争执，当一方的诚意被对方有所怀疑时，便涨红着脸，指天指神赌咒发誓；一会儿钻到卖山货处，一面听人们谈论猎获猛兽时种种危险情形，一面用手触摸虎豹皮毛，想起这山中猛兽生前的威风，心头仍禁不住一凛；一会儿，他们又挤到赌场上，看那些乡下汉子下注时，期待混合着担心，如何支配到一只手微微颤抖……在来回的路上，他们还要从造纸场边过，从造船的河滩上过，从碾坊、油坊边过。过造纸场时便看造纸，看工匠们如何甩细篾帘子漏取纸浆；过造船处时便看修船、造船，太阳光正洒满河滩，河滩上正架起一只旧船的龙骨，工匠正忙着将粗麻头与桐油、

---

[1] 见《从文自传•我读一本小书同时又读一本大书》。沈从文．沈从文散文选 [M]. 北京：人民文学出版社，1983.

[2] 湘西赶集，按约定，相邻近的墟场将赶集的日子岔开。如五日一集，一个墟场赶集日子在每月逢一逢六，另一个墟场则逢二逢七，余此类推。

石灰拌和成的浆料，嵌进船的缝隙里去。最经看的还是那些碾坊和油坊。碾坊、油坊必傍溪傍河而立。溪河上游距碾坊、油坊不远处，建一道小小拦河坝，将水引入渠道。渠水流到水碾处，从高处跌落时突然发力，冲击坎下装置的水车，转动的水车带动碾坊地下碾盘连轴，地面上的石碾便沿着圆形石槽运行。石碾将晒干的谷粒碾碎后，再用风车将谷壳扇去，然后用竹筛筛去细糠。水车转，碾石转，风车转，人转竹筛转，最后转出满箩筐的白米和满身糠灰的筛米妇人。若是油坊，除碾具外，还有榨油装置。开榨前，将桐子或油茶子沤热，剥出桐籽茶籽，晒干、烘干后倒入碾槽碾碎，再大灶大火蒸熟后取出，用稻草和铁箍团成直径尺余的圆饼，置木榨上夹紧。然后，打油人手执油锤——锤杆是长有丈余、碗口粗细的柞木,锤头由铁铸成。锤杆居中系一根粗绳,悬挂在屋梁上——一面歌呼，一面跑动中借势发力，撞击油榨上装有铁头的楔子。在大力挤压下，油液便呈线状流入油槽。榨过油的枯饼，用来洗衣、沤肥、闹鱼，都是上好的材料。

这些东西就够古怪。最迷人的还是榨油时的那种气氛。开榨后，全部工序便同时进行。一时间，水车咿咿呀呀地转动，扬起一阵又一阵雪白的水花；水碾轧轧地旋转，转过来，又转过去，看碾人不时敏捷地从石碾横轴上一跃而过，油锤撞击楔头，发出开山炮似的轰响，数里之外就能听见；蒸料时油坊内弥满白色蒸汽和醉人香气，人头便在白雾香气里浮动；遍身油腻的打油汉子，一边发力打锤，一边歌呼。那歌呼在静寂的山野里荡漾，既悠扬，又绵长。听到这声音，沈岳焕小小心里仿佛浸入了一丝凄凉。

望着那些碾槽内正被碾碎的桐籽，沈岳焕常常想起幼时去黄罗寨乡下时见过的堆积如山的桐子。冬日的晴天，白霜渐渐化去，静寂的山野显得极为空疏、清朗。早饭过后，一群村妇围坐在桐子堆边，用小小钩刀剥取桐籽，剥出的桐籽摊晒在坪坝上。各家的孩子一会儿在桐籽上翻跟斗、摔跤，一会儿围在大人身边听他们摆“龙门阵”：张家老大上山砍柴，早饭少吃了点，到时又碰上落雨，又冷又饿，待他走进一个没人去过的岩洞里躲雨，猝然看见洞里有一张石桌，桌上摆着一笼白蒙蒙的泡粑，还冒着热气，旁边地上有一路脚印，每个有一尺多长。乾州有个跛子，姓李，过八面山时，碰到一个人熊。脚不方便，逃不脱，两只手被人熊死死抓住。人熊对着他迷迷地笑，笑了好久。笑够了，张嘴就咬。亏得跛子脚不方便人聪明，先就有了算计，手拐子上套了两个竹筒，人熊抓着的是竹筒不是人手。等人熊笑迷了的时候，跛子将两手轻轻抽出，白捡了一条命。城里副爷家一个女子，人生得好秀气！没想到讲婆家高低不就，年纪都二十好几了。那天到乡下走亲戚，从天坑[1]边过，没承想被洞神看起了。那个洞神是白蟒成精，白衣白帽，长得好标致！副爷女子也被他迷住了，转回屋里就不吃不喝，气色反越来越好，天天喊着洞神就要来接亲了。接亲那天，副爷女子满脸红光，笑成一朵花，嘴里尽讲新姑爷骑高头白马，八抬大轿，好不威风！只可惜凡人看不到……

讲完这些，妇人们照例要拿那些三五岁的男孩子取乐：

“老三，老三，快过来，伯娘问你，要不要讨个新姑娘？”

“要。”

“要哪个？”

这孩子准会指定一个平时给他印象最深的姑娘：“要四姐。”

“你要四姐作什么？”

“引我睡觉。”

[1] 天坑，湘西随处可见的石灰岩溶洞，深不见底，为传说中神仙鬼怪的居所。

看到那个被称作四姐的大姑娘羞得脸红红的，品味着那孩子答话的底蕴，姑嫂姐妹便前俯后仰笑得直不起腰来。

这些挂在山里人嘴边的故事，原是他们泛文化的一部分。虽然他们一代接一代地传递下来，却每次都说得有眉有眼，有名有姓，不由小孩子不信。那里面透着的神秘与新鲜，对沈岳焕具有无穷的魅力。就在这种既荒诞又现实的传闻里，孕育着沈岳焕所属南方人的浪漫幻想情绪。

当沈岳焕终于从眼前各种光色和想象的迷醉里走出来时，几个人都感到肚子有点饿了。——乡下人赶场，最惬意的莫过于在摊子上吃狗肉。花点钱，买一碗“苞谷烧”，要一碗狗肉，一面喝酒，一面用筷子夹狗肉蘸辣椒盐水往嘴里送。若遇上熟人，便两人对饮，吃得“哦呵”朝天，那滋味真够以后半个月的咀嚼。——这时节，若身上带有零钱，几个人虽不喝酒，照例要买一碗狗肉吃。假如凑巧谁也没带钱，几个人便在墟场各处转悠，看是不是碰得上亲戚熟人。运气好，碰上一位亲长，那亲长必要问：“过午了没有？”大家正巴不得有这一问，却又不好意思开口求援，便相互望着羞怯地一笑。那亲长心里有数，也就笑笑地说：“这不成，不喝一杯还算赶场吗？”于是，几个人便被这亲长拖到狗肉摊上，切一斤两斤狗肉饱肚。

吃过狗肉，各人身上立时长了许多精神，就又走到河边上，看河中来往的船只和竹筏、木筏。长宁哨位于苗区与苗汉杂居区的交界处，从这里沿河上行，到名叫鸟巢河的地方，便是纯苗区了。因此，长宁哨成了苗民与外部进行物资交易的集散地。河面上的小船和竹筏，有一部分是属于苗民的。苗民的船只造型特别雅致，篙桨十分精美，一眼就能分辨清楚。这河面，给沈岳焕开启了通往另一个世界的窗口，从中，可以窥见一个根源古老的民族身影。

请你想，一个用山上长藤扎缚成就的浮在水面上走动的筏，上面坐的又全是一种苗人，这类人的女的头上帕子多比斗还大，戴三副有饭碗口大的耳环，穿的衣服是一种野蚕茧织成的峒锦，裙子上面多安钉银泡（如普通战士盔甲），大的脚，踢拖着花鞋，或竟穿用稻草制成的草履。男的苗兵苗勇用青色长竹篙撑动这筏时，这些公主郡主就锐声唱歌。君，这是一幅怎样动人的画啊！人的年龄不同观念亦随之而异，是的确，但这种又妩媚，又野蛮，别有风光的情形，我相信，直到我老了，遇着也能仍然具着童年的兴奋！望到这筏的走动，那简直是一种梦中的神迹！

我们还可以到那筏上去坐！一个苗酋长，对待少年体面一点的汉人，他有五十倍私塾先生和气。他的威风同他的尊严，不象一般人来用到小孩子头上。只要活泼点，他会请你用他的自用烟管（不消说我们却用不着这个），还请你吃他田地里公主自种的大生红薯，和甘蔗，和梨，完全把你当客一般看待，顺你心所欲！若有小酋长，就可以同到这小酋长认同年老庚。我疑心，必是所有教书先生的和气殷勤，全为这类人取去，所以塾中先生就如此特别可怕了。[1]

那时，沈家每年还有300石左右的田租收入。三个叔父两个姑母占有其中的两份，沈岳焕家占取一份。因此，沈岳焕便有机会跟长辈们到20里外的乡下去，督促佃户和临时雇用的短工收谷，乡下有城里所没有的新鲜物事，沈岳焕也有了不同于城里的玩法。——去田里辨别各种禾苗、害虫；用鸡笼到水田里罩取鲫鱼、鲤鱼；向佃户讨斗鸡；剥桐树皮卷制

[1] 见《在私塾》。沈从文文集：第1卷 [M]. 广州：花城出版社；香港：香港三联书店，1982.

哨子……最有趣的是打猎。春天，到山中野雉交配繁殖季节，将驯养的雉媒带到山林间放出，勾引林间野雉。待野雉飞近，举起鸟枪便打。等候时那份期待，野雉飞近时那份急切，枪中鹄的时那份喜悦，永远不会使沈岳焕感到倦怠。秋末冬初，人们上山围猎黄麂、野猪、狐狸时，沈岳焕也跟着满山乱跑。有一次，佃户们将沈岳焕用绳子捆在一棵大树高枝上，让他看被追赶的黄麂如何惊恐万状地从树下跑过。他还看见过一对狐狸被追得在一株大树根下乱转，后来这对狐狸的皮毛便成了叔父身上的马褂。这次猎狐所见种种，后来在他的小说里有过极精彩的描述：

在这雪晴清绝山谷中，忽然腾起一片清新的号角声，一阵犬吠声。我明白，静寂的景物虽可从彩绘中见出生命，至于生命本身的动，那分象征生命律动与欢欣在寒气中发抖的角声，那派表示生命兴奋而狂热的犬吠声，以及在这个声音交错重叠综合中，带着醉心的惶恐，绝望的低嗥，紧迫的喘息，从微融残雪潮湿丛莽间奔窜的狐狸和獾兔，对于忧患来临挣扎求生所抱的生命意识，可绝不是画家所能从事的工作！……

……身后一株山楂树旁嗞的一响，一团黄毛象一支箭射进树根窟窿里去了。大家猛不防吓了一惊，掉过头来齐声叫，“狐狸，狐狸！堵住，堵住！”

不到一会儿，几只细腰尖耳狗都赶来了。有三只鼻贴地面向树根直扑，摇着尾巴向窟窿狂吠。……于是那支箭就在这刹那间，忽然又从树根射出，穿过我的脚前，直向积雪山涧窜去。几只狗随后追逐，共同将溪涧中积雪蹴起成一阵白雾。去不多远，一只狗逮住了那黄毛团时，其余几只狗跟踪扑上前去，狐狸和狗和雪便滚成一团。在激情中充满欢欣的愿望，正如同吕马童等当年在垓下争夺项羽死尸一样情形。三个猎人和我那四个同伴，看见这种情形，也欢呼着一齐跳下山涧，向狐狗一方连跌带滚跑去。[1]

这中间，已经加入了后来才有的、沈岳焕自己的生命意识和审美观照，然而，谁能说其中没有沉积着人之初对生命的感悟？他读这一本大书所见到的一切，尽管在当时只能是对事物的直观感应，却也聚集着他后来思索人生、表现人生的实感经验。

这种不安于课堂，倾心于自然与人事的光色，几乎每个生长在这边陬之乡的学童，都能摊上一份。不肯好好念书，成天在外面野，虽使家长伤透脑筋，却也是意料中事。最使家里难堪的，是沈岳焕竟学会了掷骰子赌钱和说各种下流野话。掷骰子赌钱似乎与小时赌劈甘蔗培养的兴趣有关。沈家附近道台衙门前的大坪上，白天是菜市，晚上总摆有各种各样小吃摊子。一到天黑，每个摊子上便一齐亮起萤火似的灯光。那时，一吃过夜饭，沈岳焕便与同街的伙伴，在晕黄光波的漾动中，围着摊子赌劈甘蔗。——将一根甘蔗的一头削尖，竖立在地上，参加的人抽签排定顺序，轮流用小镰刀去劈。由于人小，第一个总要站在一张小凳上，方能与甘蔗等高。谁手法好，刀身能穿过蔗身，就可不花钱吃最好的一节甘蔗，由输家出钱。现在，赌劈甘蔗的年龄已经过去，赌输赢的兴趣已转移到掷骰子赌钱。将骰子抓在手中，奋力向大土碗里掷去，口里跟着喊出“快”“臭”种种专用术语，沈岳焕便忘了周围一切，进入一种忘我境界。如果家中一早派他上街买菜，他就同一群小无赖跑到米厂天

[1] 见《赤魇》。沈从文选集：第4卷[M]. 成都：四川人民出版社，1983.

棚内玩骰子。如果手气好，赢了钱，便拿来立即买东西吃；若运气不佳，将买菜的钱输去，就悄悄从后门溜回家中，径直去找外婆，从她那里将输掉的钱补足。这办法极冒险，因此，他常常只拿出一个铜子下注，赢了便走，输了也不再来。这样，输赢数目少，家里很难觉察，敷衍过去也还容易。

由于赌术精明我不大担心输赢。我倒最希望玩个半天结果无输无赢。我所担心的只是正玩得十分高兴，忽然后领一下子为一只强硬有力的瘦手攫定，一个哑哑的声音在我耳边响着：

"这一下捉到你了，这一下捉到你了！"

先是一惊。想挣扎可不成。既然捉定了，不必回头，我就明白我被谁捉住，且不必猜想，我就知道我回家去应受些什么款待。于是提了菜篮让这个仿佛生下来给我作对的人把我揪回去。这样过街可真无脸面，因此不是请求他放和平点抓着我一只手，总是趁他不注意的情形下，忽然挣脱先行跑回家去，准备他回来时受罚。

每次在这件事上我受的处罚似乎略略过分了些，总是把一条绣花的白绸腰带缚定两手，系在空谷仓里，用鞭子打几十下，上半天不许吃饭，或是整天不许吃饭。亲戚中看到觉得十分可怜，多以为哥哥不应当这样虐待弟弟。但这样不顾脸面的去同一些乞丐赌博，给了家中多少气怄，我是不理解的。

我从那方面学会了不少下流野话，和赌博术语，在亲戚中身分似乎也就低了些。只是当十五年后，我能够用我各方面的经验写点故事时，这些粗话野话，却给了我许多帮助，增加了故事中人物的色彩和生命。[1]

五、从“将军”向士卒的跌落

“我那时太野，简直无法收拾。一到晚上，尽做各种稀奇古怪的梦。常常梦见自己生了翅膀，身不由己向空中飞腾，虚飘飘的，也不知飞了多久，突然看见满天金光，那金光异常强烈，又闪烁不定，照得我头晕目眩，全身燥热，急得我大叫一声，就醒转来了。……好多年后，它还使我半夜里无法安睡。这大概是因为小时摔跤，脑子受了伤的缘故。”

1984 年夏，当年的沈岳焕在北京崇文门大街的高层寓所内，和我谈起 60 余年前他的顽童生涯时，就是这样开头的。

“什么时候摔的跤？”我问。

“摔了多次，爬树摔过，翻杠子也摔过。最重的还是在预备兵技术班的那一次。我攀上杠子，两臂向后反挂，准备做一次背车。不知怎么不小心，旋转时从杠子上猛地掼到砂地上，喉咙一下子跌哑了，想说话，却无论如何用力，也不出声。幸亏班长梁凤生赶紧将我扶起，架着我在操场上乱跑。跑了好一阵，才慢慢说得出话来。”

“关于预备兵技术班的起因，您在自传里说过。那是民国五年，地方上受上年 12 月蔡锷在云南组织护国军讨伐袁世凯战事的刺激，感到军队非改革不能自存，凤凰镇守署便设立了四个军事学校：一个军官团，一个将弁学校，一个学兵营，一个教导队。如此说来，湘西地方军队也参加‘护国运动’了？”

“当然参加了。当时田应诏任湘西镇守使，此人是日本士官学校毕业，

[1] 见《从文自传·我上许多课仍然不放下那一本大书》。沈从文 . 沈从文散文选 [M]. 北京：人民文学出版社，1983.

和蔡锷同期，参加过辛亥革命。攻占雨花台，首先随大军进南京的军官里就有他。蔡锷的参谋长朱湘溪说他大少爷脾气，不中用，才转回湘西。‘护法’‘靖国’等大规模战役，湘西方面都派兵参加过，曾兵出常德、桃源，进抵长沙。只是做首脑的割地自保情绪太重，战事一过，就又退守湘西。”

“凤凰开设军事学校那年，我上了高小。本地人都觉得学军事较有出息，一个与军官团陈姓教官做邻居的，要求这教官饭后课余也教教孩子，于是就办起了预备兵技术班。开张不过半个月，就招集了 100 多人。我看见那些受过训练的同学，精神显得比别人强悍。他们告诉我，参加技术班的人，两个月考选一次，考取了可以补上名额当兵，问我愿不愿参加。我决定去问问母亲，看她是不是允许。”

“以沈家在凤凰的地位，您那时是一个少爷。家里能同意您参加吗？”

“在我们那地方，当兵不算耻辱，凤凰上层阶级大多是行伍出身。文人方面，人们记得的，好久才出了个翰林熊希龄，四个进士，四个拔贡。至于武人，不算咸同年间所出四个提督军门，单是后来保定军官团出身的，就有一大堆。从日本士官学校毕业，担任蔡锷参谋长的朱湘溪，也是凤凰人。因此，本地人多以当兵是年轻人唯一出路。这时，父亲谋刺袁世凯的事，风声也不那么紧了。辗转从熟人处得到消息，知道他在东北。哥哥受家里嘱托，已经一路给人画像，北上千里寻父。家里只有母亲操持，而我又不受管束，母亲正拿我没有办法。既然有机会考一份口粮，技术班里规矩又极严，觉得与其让我在外面撒野，不如让我进去受训练。因此听我一说，就立刻答应了。还特别为我缝制了一套灰布军服。”

“在技术班里，难道如您母亲所期望的，您的野性被管束住了吗？”

“说来也怪，倒真是被管住了。这大概得力于那位陈姓教官在我心目中的威信。这个人做事极认真，仪表又威严，永远挺着胸脯走路。先就听说他翻杠子技术极好，得过全省锦标，又亲见他在天桥上竖蜻蜓，用手走四五个来回；在单杠上打 40 多次大回环，似乎毫不费力。在我眼里，他简直是新式徐良、黄天霸。我们既怕他，又心悦诚服归他管。

“只是规矩太严了点，方法也有点死板。倒是另一处训练班更有趣些。

“那时，我所在的技术班，用的是新式训练法，那另一处，用的是传统的旧式训练法。主持旧式训练的，和我家是街坊，小孩子喊他滕四叔，同辈称他滕师傅。

“这两处的规矩截然不同。我在的一处，操练时姿势稍稍不合要求，教官当胸就是一拳；服装风纪略有疏忽，先就得吃一巴掌，还得罚立正半小时。跳木马时，一下子掼到地上，哼也不许哼一声；野外演习，喊一声卧倒，不管是水是泥，就得立即扑下去。这对于我们这些大不过 17，小的才 12 岁的孩子，实在不大合适。滕四叔教的那个班，动作不合要领，就让退到一边，由师傅亲作示范，犯了错误也受处罚，可那种处罚却是让犯错误的人泅水过河一次，或其他类似有趣待遇。

“教授的内容也不同。我们学跑步，一跑就是一点钟；练正步、齐步，一练就是老半天，十分单调。还学打靶、白刃战，最后是射击学、筑城学，得听种种艰深道理和不顺耳的陌生名词。我们的学习是枯燥呆板的，生命凝固而不流动，被另一处嘲笑为‘洋办法’。他们学的是翻筋斗，打盾牌，舞长矛，耍齐眉棍。单是盾牌就有藤编圆盾牌，皮制方盾牌，上面还描有各式好看的彩色花纹。武器有标枪、弓箭，花样多，形状也美丽悦目。他们学骑马射箭，学摆阵，全体排成方阵随金鼓声进退。练格斗时，可以单个练习，也可成对厮打，一人手持盾牌大刀，一人使关刀或长矛，一面格斗，一面喊‘杀！’，他们的学习活泼有趣，学习与游戏无从分开。

“这样一来，教官和学兵的关系也大不一样。我们尊敬、惧怕教官，在他面前紧张、拘束；他们爱自己的师傅，学兵和师傅在一处时，总是十分亲热。”

“那您为什么不去参加滕师傅的训练班呢？”

“家里不让我接近滕四叔。滕四叔是个怪人，一身奇才异能。不作任何准备，头略略一动，便可将身子向空中抛起，或前或后，或左或右，来一个空心筋斗；极高的桅杆，眨眼间就可爬到桅尖；又会扎猛子，再深的水也可以一扎到底，老半天不必浮出换气；又会捉鱼，要吃鱼时，只要到河里打一转身，总不会空手而归；还会采药医伤，谁手脚受伤，他随手在路边采几样花草，嚼碎敷上，就可包好。……说来实在太多，他给我的印象简直是无所不能。

“性格也有趣。他不识字，一个粗人，身份又卑微，到老只是一个战兵。难得的是他对谁都和气，遇事比谁都讲公道，特别喜欢和小孩子玩在一处，样子既天真又妩媚。遇上‘额外’‘守备’一类小官，总是垂手低眉，异常和气谦恭地喊一声‘总爷’。

“只是他不但教孩子在操场上演兵摆阵，还教他们用骰子摆阵赌博；既教他们打拳练习，还鼓励他们打架斗殴：‘狗肏的，没得屌用，攒点劲，再来，再来！’因此，家里规矩大点的孩子，都不准到他那边去。参加他那个训练班的，多是寒微人家子弟。由于同住一条街，我家里要点草药或遇到别的什么事，常免不了找他帮点小忙，却不许我和他泡在一起，大约是担心我跟着他学下流。我呢，却常常瞒着家里，跑到他那里去玩。我后来在军队中遇到危险，一些自救救人的知识，还是从他那里学来的。”

“你在技术班的成绩如何？”

“很不错。我六岁时出疹子，差点死去，又得蛔虫病，体质弄得很弱。亏得技术班的训练，使我体质结实了好多，同时也磨炼了性格的坚韧。后来凡事不关心成败得失，始终能坚持下去，就得力于这种训练。我还先后参加过三次守兵缺额补充的考试，考试的内容是将学习的各种技术演习一次。单杠上挂腿翻上接十字背车，蹿一次木马，走一回天桥，拿一个大顶；指挥一个十人小队，下正步、跑步、跪下、卧倒种种口令。虽有许多军官在场，临事心里不免有点慌张，但动作还没有失误。三次缺额考试我都没有得到。第一次被一个叫田杰的人得去，他在班上做大队长，聪明能干，各样都来得，在同学中威信极高，大家都喊他作‘田大哥’；第二次考取的是一个姓舒的孩子，年龄和我不相上下，虽各种技术不怎么出众，胆量却极大，从两丈多高的天桥上，翻筋斗落下，到地还稳稳站住；第三次是一个叫田棒槌的，撑竿跳会考全班第一。其余人虽然落选，倒也无话可说。我虽未考中，家里仍然十分高兴。一是进技术班后，我每天去军官团上操，衣服穿得整整齐齐，又懂了许多军中礼节；二是第一次考试还得过军部奖语，家里以为我已经上了正路。”

“那您当时一定是很得意的了？”

“是很得意。在技术班里，我有一个好朋友，名叫陈继瑛，他家离我家不过50米。吃过晚饭，我和他就相约穿上灰布军服，有意挺起小小的胸脯子，气昂昂从街上走出城去。城门边有个卖牛肉的屠户，常常故意逗我们，拿腔拿调喊我们作‘排长’。还有一个守城老兵，一边对我们做鬼脸，一边阴阳怪气叫我们‘总爷’。我们照例不予理睬，自以为将来要做大事。陈继瑛一心想当团长，我只想进陆军大学，‘排长’‘总爷’之类，我们还不放在眼里，父亲平时用甜甜的故事，给我讲祖父做将军赢得的那份荣光，平时不怎么在意，这时却在我身上起了作用。我本来就不爱读书，皇帝又被赶下了金銮宝殿，心想当状元已毫无希望，当将军还有可能。一有了这种念头，我便俨然有了当将军的气概。得到军部奖语时，我就认定自己将来总有一天要当将军。有一段时间，我几乎成天生活在做将军的想象里。”

这大约就是人们常说的潜移默化，一种集体无意识，一遇机会，就会被诱发出来。据沈岳焕自己说，这种当官做大事意识的被清洗，是他在保靖读了许多书以后。然而，他后来的厌官从文，终不过是中国人那种“兼济天下”的心理模式换了一个方向而已。

“可惜好景不长。陈姓教官一人主持技术班，处理一切井井有条，成绩特别突出，被镇守使看中，调去当了卫队团的营副。如此一来，技术班无形中就解散了。这时是1917年4月，技术班前后存在了8个月。”

“您在自传里说，您是1917年8月入伍当兵的。从4月到8月，您在作什么？”

“还是一边上学，一边在外面野，可以说是旧态复萌，因为又失去了有效的管束。那年秋天，我已经小学毕业，报名进了初中。学校就在我家附近的道门口。班上已经分配了座位，可还没等到上课，我就跟军队下辰州了。”

“那时，您父亲未归，哥哥已经北行，家里作主的只有您母亲。让您当兵的决定是母亲作的了？”

“是那样。当时母亲处境十分艰难。首先是家里破了产。最初，父亲随军驻守大沽口，家里值钱一点的‘宝贝’（珠宝之类）都带在身边。庚子大沽口一战，父亲狼狈逃出，这些‘宝贝’便全部丢失了。眼下，哥哥在热河赤峰找到了父亲，父亲却不肯回家。他在外避难五年，尽打‘烂仗’。身边尽是作官的，他为人爱面子，一切应酬不肯落后，在外面欠了一屁股债。1916年底，袁世凯死去，他才与家里通信。来信就是要家里典田还债。到后，家里一点田产便典光了。

“真是祸不单行。1917 年家里又死了我的二姐。二姐比我大两岁，人生得聪明、美丽，性子倔强，凡事不落人之后。得的是‘女儿痨’。得了病，仍改不了那份要强好胜脾气。她的死也就死在那份倔强性格上。二姐死的时候，母亲哭得晕死过去两回。母亲也是个要强的人，自我出生以来，我还是第一次见母亲伤心落泪。我也很伤心，记得埋葬二姐时，我还悄悄带了一株山桃，插在坟前土坎上。17 年后我第一次返回故乡时，那株山桃已长有两丈多高了。

“当时，我体会不到母亲的苦处。她让我出门当兵，一定是极难的决断——因为我那时才 14 岁多一点。家中的败落，二姐的死，接踵而来的打击使母亲将世事看开了些。与其让我留在家里学下流，不如让我自己挣一份口粮，到世界上去学习生存。一个家住城里的杨姓军官这时正带兵路过凤凰，母亲向他说及家中情况，那军官答应让我以补充兵名义，随军队同去辰州。如此一来，就决定了我以后的命运。”

这位母亲承受的精神压力之大，是不难想象的。一个女人家，丈夫多年下落不明，全家靠自己一人操持。及至丈夫有了消息，还没等到他回家，家里已经破了产。大儿子耳聋眼瞎，难有多大指望。大女儿迟早是别人家的人。二女儿正当如花年龄，却不幸病逝。小儿子已过继给了叔父，小女儿刚刚五岁。原指望第二个儿子一改顽劣习性，终能为家中争气，却又偏偏“恶习”难改，不得不在他小小年纪，狠下心将他送出去经受磨难。她经历的原是旧家败落的痛苦。“君子之泽，五世而斩”。轮到沈家，还不过三世。这也是中国近现代社会大变动中许多官宦世家的共同命运。鲁迅、老舍、巴金等许多中国现代作家，都经历过类似的家庭悲剧。它带给这些旧家子弟始料不及的痛苦，却也使他们能够直面现实人生，并间接作成了中国现代文学在30年代的繁荣。[1]

“母亲的决定，对您是不是来得太突然了些？”

“毫无准备。那天正是旧历七月十五中元节，我拿了些纸钱、水酒、白肉，用一个小木盘托着，到河边奠祭河鬼。照习俗这一天谁也不敢下水，河面异常清静。我烧了纸钱，浇掉了白酒，吃了那块熟肉，就脱了衣裤，一个人在河水里泡了足足两个小时。

“回家吃过晚饭，母亲要我换了一件长衫，穿上新鞋新袜，说是要我送她到一个亲戚家去。问‘去做什么’？只说‘去了就晓得了’。不一会，就知道去的是过去和我家做过邻居的杨家。他家有个女儿，名叫杨莲生，人称莲姑，年龄和我差不多，人生得很秀气。记得一次打大醮，她还装扮成观世音菩萨，让人抬起从街上走过，看起来美极了。还没许配人家，我平时常想到她家去，却又不敢去。

“杨家住在城中一个地势较高处，一路要爬20多道高坎。穿着长衫新鞋，本就不大自然，这时好像又有了某种预感，心里忐忑不安，就觉得那20多道坎子好高，比平时难走多了。到得杨家屋门口，瞧瞧自己一身打扮，我又起了疑心：‘莫不是看郎吧？’这样一想，就浑身不自在起来，赖着不肯进杨家屋。到母亲答应让我只到杨家花园里找莲姑玩，我才进了门。走到花园里时，果然碰到了莲姑。她见我来很高兴，先是带我到荷池边钩莲蓬，又让我看她家养的金鱼，吃龙山出产的大头菜。到后她告诉我，明天她要去辰州，一路要坐三四天的船，那地方是大河，船多得数不清，那些拉纤的，摇橹的，全会唱歌！

[1] 本书中，此类排成方仿的文字，不是引用沈从文著作的原文，又不同于本传记中作者其他比较旁观笔调的文字。这些方仿文字，行文比较特别。譬如此处写得像母亲的内心独白，又譬如后面有些方仿文字写得像替沈从文代言，且杂糅了沈从文的文字。

“我问她：‘那里可不可以洗澡？’

“她用手指在脸上刮着羞我：‘你们男的就只晓得洗澡！’

“我正和她没完没了地说话，杨家一个丫头叫我到屋里去。从角门进去，只见屋里点着煤气灯，白光照得人眼花。母亲正和莲姑父母坐着谈话。见我来，大家便不再做声。向杨家父母行过礼，母亲要我坐下，好像有什么话要对我说，却又难于开口的样子。好一会，母亲才告诉我，她与杨家表叔商量让我出去当兵，明天一早就要动身。话一讲明，屋里气氛一下子轻松了许多。

“回到家里，我在灯下痴痴地弄着从莲姑家带回的莲蓬。九妹也比平时乖，不来和我争要那莲蓬。接着，我又拨弄了一回我养的蛐蛐，见它那龇牙咧嘴有趣样子，我决心带它出门，便又拿灯找了一个竹筒，准备明天一早把它装到竹筒里去。回到屋里，见母亲一边清理我出门要的东西，一边伤心垂泪，我心里也酸酸的，上床睡觉时也哭了一回。

“其实我那时并不怎么难过。因为姓杨的军官当面说好，我这次是当护兵，可以背盒子炮。想象着背盒子炮的神气威风，身上有了按捺不住的亢奋。

“第二天一早，大姐摇醒了我，洗过脸，外婆将我拖到一边，幽幽地说：‘乖，你要走了，我还不晓得能不能再见到你。到你娘面前磕两个头，你是太让她操心了。你这次出门，她的心也是在你身上！’

“向母亲磕过头，母亲一遍又一遍地嘱咐：‘出外不要淘气闯祸，犯了军纪，……这一去也不要你做官发财，只盼你能好好做人。家里已到了这种地步，连这一栋房子也只能保住三年五年。三五年后，你在外面作事好，能接济到我和你九妹，那自然是好。……出门不比家里，要自己担心冷热。……’

“终于到了动身的时候，全家送我到大门口。从昨夜起天上就落了雨，这时仍细雨蒙蒙。街上已有人喊卖油粑粑，我穿一身大姐连夜赶出的、照预备兵技术班军服仿制的蓝纺绸衣，衣做得太肥大，极不合身。打起裹腿的两只小腿，就像两棒苞谷。脚上白布袜套一双新的三耳水草鞋，身上背一个花包袱。当我走进队伍时，看见别人穿一身黄色制服，各种领章、肩章分出不同阶级。军官们骑马，家眷坐轿，其中就有莲姑。马上几个军官，全是我先前认识的熟人，这时从我身边过，却仿佛不认识我！想起莲姑出发时对我说的话：‘昨夜我妈告诉我，以后不能再喊你作四哥了。我应当喊你的名字。我爹也说这是规矩！’我明白，连莲姑也不再和我平等！觉得身子一下子缩小了许多！回过头来再看凤凰，全城已被笼罩在蒙蒙烟雨之中，变成模糊一片了。”

这是一个从少爷和想象中的“将军”，向现实中的士卒的跌落。由这一跌落产生的精神和心理的落差，使沈岳焕从天真的想象里惊醒过来。命运之手正将他从富贵温柔之乡攫出，扔进不可知的人生漩涡。这是幸运，还是不幸？那位扮过观世音菩萨，此时正在他身边轿上让人抬着的莲姑，后来却因为吃鸦片烟死去！两相比较，真让人生出无限感慨！

“我得随队伍走 60 里，才能乘船去辰州。第一次走这样的长路，真把我累坏了。背上的包袱越走越重，脚上也打起了水泡。正走得两眼发直不知何以为计，一个脚夫见我人小可怜，就让我将包袱挂到他的担子上去。同时又碰上一个中年差遣，他和我叔父同过学。有了熟人说话，又空手空脚走路，觉得松快多了。临近黄昏时候，我们便到了一个地名叫高村的大河边了。

“20 多只篷船并排停在水边，各船上都站满了士兵，正忙着寻找指定的船只。我想找一个歇脚的位置，问各船的士兵，皆回答已经住满，并问我属于第几队。我不知道自己属第几队，也不知道去问谁。一些看来较空的船头，站着穿长衫的秘书参谋，那种傲然凛然的样子，实在使我害怕，也就不敢去问。我只好独自坐在河边大石上发呆。

“这时，天已慢慢黑下来了，河面上已起了白雾。一群野鸭子一类水鸟，在暮霭中接翅掠过河面，向对岸飞去。我感到异常孤独，心里酸酸的，有点忧愁，有点伤心。我明白，生命开始进入了一个崭新的世界。”

第三章

躲师爷传奇

一、生命旋转于死亡的铁磨下

船上所见无一事不使我觉得新奇。二十四只大船有时衔尾下滩，有时疏散散浮到那平潭里。两岸时时刻刻在一种变化中，把小小的村落，广大的竹林，黑色的悬岩，一一收入眼底。预备吃饭时，长潭中各把船只任意溜去，那份从容那份愉快处，实在使人感动。摇橹时满江浮荡着歌声。我就看这些，听这些，把家中人暂时完全忘掉了。四天以后，我们的船编成一长排，停泊在辰州城下中南门的河岸专用码头边。

又过了两天，我们已驻扎在总爷巷一个旧参将衙门里，一份新的日子便开始了。[1]

到沅陵（即辰州）后，沈岳焕被编入支队司令的卫队。卫队成员清一色头脑单纯、身体结实的小兵，大的年龄不过22岁，小的只有13岁。大家睡硬木板子垫砖头拼成的通铺，吃陈年糙米饭。早上起床号吹过不久就吹点名号，点名完毕就下操坪跑步。下午无事可做，便躺在通铺上

[1] 见《从文自传•辰州》。沈从文．沈从文散文选 [M]. 北京：人民文学出版社，1983.

唱《大将南征》的军歌；领到枪后，就坐在太阳底下擦枪。每天如此周而复始。有时支队司令出门会客，选派二三十人护卫，算作例外。既然除了跑步、擦枪，就无事可做，沈岳焕免不了外出，到各处走动。或是到河街上看一路排着的无数小铺子，和满地摆着待售的各种有趣物件；或是跟着给团长管马的马夫，到朝阳门外大草坪上去放马；或是同营里三个小号兵，过城外河坝上去学吹号。

沈岳焕每天都不能忘怀的，是跑到城门洞里去吃汤圆。一到那里，便从卖汤圆的手中接过一碗汤圆，坐在一条长凳上，热气腾腾地往嘴里送。遇到本营军官从城门洞路过时，一面赶紧放下手里的土花碗，站起身来，一只手往帽檐边搁，一面口里含含糊糊喊“敬礼”。那样子极滑稽，常惹得那些平日在士兵面前故作威严的军官开心微笑。

此外，就是去南门码头，看沅江水面下驶上行的船只、木排。沅陵依山傍水，位于沅水中游，为来往于上游各县与常德、长沙之间各类船只必经的水码头。沈岳焕站在码头上，呆呆地看那些颜色鲜明、可装四五千桶桐油的洪江油船，平头大尾、船身异常结实的白河船，专运石灰、黑煤，样子极不中看的辰溪船，头尾高举、秀挺灵便的麻阳船，以及大得吓人的长方形木排，为一群精壮汉子各据一角，单桡击水，顺流而下。它们仿佛各有自己的性格和生命，在这条千里长河上竞争生存。有时，沈岳焕又从码头走上停泊在岸边的木排，一面点数借风帆上行的船只，一面听河面上响起的阵阵橹歌：

依来嗬吓！哟嗬吓！到了辰州不怕三洲险，哟呀！到了桃源不见滩，依嗬吓！

那情景实在动人。在帆影橹歌中，沈岳焕便将心里思乡的淡淡哀愁忘去。

日子便这样一天天过去。不久，沈岳焕因整理内务，得到了上司夸奖，加上从预备兵技术班学得的知识，被升为上士班长。不到一年，又由于字写得好——闲时伏案练字的结果，在怀化升为上士司书，住书记处。因人小，被军中熟人、同事称作“躰师爷”。从 1917 年 8 月至 1920 年 9 月的三年多时间里，这位躰师爷便在由当时中国湘西特定历史条件结构而成的人生浪涛里浮沉。

这时，袁世凯已作完了他的百日皇帝梦，在全国声讨声里，忧愤死去。黎元洪、冯国璋继袁世凯之后相继执政，却无法号令“诸侯”，全国各地大小军阀拥兵自立，借机扩充势力、争夺地盘，因而战争迭起。湘西地方势力也在沅陵组成了一个联合政府——靖国联军第一军政府，集合了三派军事力量。一是由出任军政长的田应诏指挥的第一军，一是由出任民政长的张学济统率的第二军，一是由旅长卢焘率领的黔军一个旅。在沅陵常德之间，与联军对抗的，是驻兵常德，由冯玉祥率领的一个旅。双方各自保守原有地盘，互取守势，伺机而动。在湘西联军内部，又各有算计，常因防地分配发生摩擦。联军成分既复杂，人数也庞大。单是第一、二军，就有约十万人。各部分军队驻扎沅陵的，就有约两万人，而全城人口不过五千户！全靠各军联合组成的稽查处维持，方才免于战争。只是苦了沅陵的百姓。由于钞票发行过多，每天兑现时总有小孩和妇人被践踏而死。领米时，各部分军队为争先后，相互殴打伤人，也是极平常之事。这样一支庞大军队，一切军费开支全靠湘西 20 余县的弹丸之地供给，成了民众不堪忍受的沉重负担。常常是一个地方，黔军走了，第一军又来了；第一军走了，第二军又来了。来时派夫、要钱；走时又是派夫、要钱。所需不足，便烧杀抢掠，无所不为，与民众之间势成水火。

沈岳焕所在第一支队，属张学济第二军指挥。到达沅陵后不久，联军首脑召开了一次会议，重新分配各军驻地。大约是因为沅陵驻兵太多，不堪维持，便决议除一部分留守防下游侵袭，其余分头去各县城驻防。于是，沈岳焕所属第一支队，被指派去芷江境内“清乡剿匪”。

队伍沿着沈岳焕上次下沅陵路线，乘小船溯流而上，四天后至高村上岸，再改变方向，步行三天至芷江所属东乡榆树湾。[1]上岸后第一天，队伍进入一条山谷狭径，路两边山头上长着密密的山竹。沈岳焕正随队默默行进，猛听得一声枪响，陡然一惊，队伍中立时有人惊呼：“打死人了！打死人了！”顿时，队伍乱成一团，各人寻找地方隐蔽。待到不再见有动静，派人循枪响方向去搜寻，放枪人早已不见了踪影。大家只好从死者身上卸下枪支，砍倒两根大竹，用绳子捆扎成担架，将死者抬着，一行人又上了路。第二天，队伍再次遭到当地人冷枪袭击，转眼间又倒下两个。有人朝天大骂娘，嚷着要“报仇”。大家咬牙切齿，恨恨不已。

果然，一到榆树湾，队伍安排好住地，各乡团总就捆着送来了 43 个老实乡下人。于是，将人犯连夜过堂、打板子、画押、取手模，第二天一早就杀了 27 人，接着又杀了 5 个。以后便是成天捉人。被捉人犯，如果愿意出钱交纳捐款，便取保释放；无力交纳捐款，或仇家乡绅已暗中出钱运动必须杀头的，就随便列上一款罪案拉出去砍头。既然“剿匪”就必须杀人，杀人又正可以弄钱，于是，一边鼓励乡绅团总抓对头仇人，一边再抓团总“吊肥羊”，又花钱雇本地人当侦探。每五天逢集赶场时，这侦探便在市集上人群里挤，指定谁是土匪派来的探子，就立即捉住，略加审讯后拖到赶集人来往较多的桥头，即刻砍头处死。在榆树湾驻扎期间，沈岳焕所属这支军队，先后杀了近 2000 人。1912 年左右，一个姓

[1] 即今怀化市所在处。

黄的辰沅道尹，在这里杀过2000人；1916年，黔军司令王晓珊，在这里又杀了3000人左右，为当地人留下了一笔结算不清的血账。

四个月后，第一支队移防距榆树湾不远的怀化镇（原怀化镇与今怀化市不在同一个地方）。先是怀化驻有黔军一个守备队，为争防地，双方前哨已经多次奉命相互开枪攻击，都企图用武力迫使对方让出防地。每次冲突结果，双方互有死伤。打了停，停了又打，两方头脑拿士兵的人命打赌。最后，守备队方面被迫撤出怀化。

一听说移防，各处营房附近便一片混乱。传事兵满头大汗在街上跑，副兵抱着许多长官要用的香烟跑，急着向乡绅辞行的师爷也跑；司务长从各杂货铺里急进急出，后面跟着一串扛各样杂物的伙夫；银钱铺挤满兑现的士兵；一些小副兵站在街上嚼板栗花生，见到军官也懒得举手敬礼；营房前挤着向士兵讨女儿风流债、面账、点心账、酒账的人；到处响着各营连集合的号音，马嘶人喊，毫无头绪可寻。

队伍终于开进了怀化镇。各家屋檐上已挂起大大小小的欢迎旗，路边看热闹的小孩大睁着眼睛，铺子里的生意人停下手里的活计，估量这新来的军队。这些因为没放枪就占领而感到无味的士兵，这时正用眼睛搜寻住家门户里的女人。沈岳焕正随队走着，前后忽然起了低声：

“哟——啧啧！”

“老弟，对呀！”

“哥，回过头去，这边又是！”

“辫子货！”

“招架不来，我要昏了！”

“以前好他娘的守备队！”

“看，看！”一个士兵用手触了一下沈岳焕。顺着他示意的方向看去，一个小小的白皙面庞缩到铺台下去了。这一瞥而得的印象，使沈岳焕对这些士兵起了莫名其妙的同情。

怀化是一个只有百十户人家的小镇，沈岳焕随队住进本地的杨家祠堂，这一住便是一年零四个月。军队在这里无其他事可做，成天仍是“剿匪”杀人。在这一年多时间里，他们又杀了200多人。每次人犯抓来后，照例是先过堂，军法长坐当中，戴一副墨镜，一脸杀气。旁边坐一录事，低头录供。军法长先看团上禀帖，问过犯人年龄姓名，便突然生气，喝一声“不招就打”！于是在喊声中，那人被按倒在地，打了一百，然后再审。

“他们说你是土匪，不招我打死你！”

“冤枉，他们害我。”

“为什么他们不害我？”

“大老爷明鉴，真是冤枉。”

“冤枉冤枉，我看你就是个贼相，不招就再给我打！”

“救命，大人！我实在是好人，团上害我！”

于是按倒再打。为逼出口供，他们用木棒打犯人脚上的螺丝骨，几下就敲出骨髓来。又用香火熏鼻子，烧胸脯，用铁棍上“地绷”，“啵”的一声将犯人的脚扳断。犯人受刑不过，便胡乱招出口供，任录事记在公文纸上。这时沈岳焕已是司书，每次过堂时，他都站在旁边，等候录事将记录交给自己整理，然后再交军法长存案。

过堂多在晚上，第二天便是杀人。一到杀人时，那些据说很有学问的副官、书记官、军法长，全都急匆匆跟着士兵跑去观看。刽子手一刀将人头砍下后，便拿刀大踏步走到集上各屠桌边，照规矩割肉，一次就可以得六七十斤肉。看热闹的军官、士兵回来后，照例是议论杀人：那汉子下跪姿势不对，做匪没有经验。若有经验，应该单腿下跪，有重伤便盘膝坐下。——头落后才能仰天倒下，死后方能投生。连这点都不懂，单喊一声“二十年后又是一条好汉”，算不得完全角色。……跪下地后必须伸长头颈梗，刽子手一刀才砍得利索。……那刽子手好刀法，一刀一个，真有本领！也亏那死的将颈梗伸长，不是一个缩头乌龟……

等到下一个人犯被处决，有了新的话题，他们便不再谈论先前的那个。每当听到他们的议论，沈岳焕心里就起了一种异样的感觉：他们杀了人，即刻就忘记了，被杀的家中大概不久也会忘记家里有人被杀的事。大家就这样活下来。虽然刽子手回营磨刀时，夜里总要买一百纸钱，为死者焚烧，也只是一种“规矩”。他联想起白天在街头见到的情景：几个士兵正从乡下归来，中间夹着一个十二三岁的孩子，挑着两颗人头。不用问，这人头照例必是这孩子父亲或叔伯的无疑。后面又是士兵，押着捆着的人犯，或挑着一担衣箱，牵一头耕牛……想到这里，沈岳焕心里有点难过。可为什么难过，他却无法想得明白。

突然，在沈岳焕住处旁边建起关人犯的木栅栏，凡关这里的人犯，就交沈岳焕几个人看守。这些被关的人多是“肥猪”，要逼着这些有钱人交出钱来。交出了指定的数目，被关的人就可以大摇大摆走路。这是军队不可少的一项出息。于是大富户抓了又抓小富户，直到无可再抓。也有为仇家陷害的。一天，这栅栏里关进一个年轻人。这人长得极英俊，为人又和气。被关押期间，他将家里带给他的板栗、红薯分送给沈岳焕等人吃，又会吹箫，能吹《娘送女》和其他各种各样曲子。当守兵弄来一只箫给他吹时，沈岳焕痴痴地听了半关。于是看守者与他有了一种亲近，又从他口里得知了他被抓的缘由。他在家排行第二，大家便喊他作“二哥”，他是被仇家陷害的。早先，他的祖母曾许配给仇家，后来毁了约，两家为这事打了一趟堡子[1]，各自死了许多子侄。仇家遵祖上遗训，要拿他报仇。既然有了交情，又事出冤枉，大家便替他到上司处说情。结果同意出 100 块“乐捐”放人，并答应让他回家稍作准备，就来队伍上当兵。谁知出去后第四天，就传来了坏消息：“二哥”回家后第三天晚上，来了几个脸上抹锅灰的人，将他从家里拖走。第二天在坳上就发现了他的尸体，手脚和头被砍下，挂在一株桐子树上，显然是仇家所为。这事很使沈岳焕伤心。

这事过了不久，队伍里又出了逃兵。一个姓罗的什长，拐了枪逃走，被抓获。因保证交出三支枪以赎其罪，得营长宽大处理，用铁镣锁脚，仍在营房里留住下来。那天晚上，他让一个伙夫作陪，到外面园圃里大便。那伙夫在园门口等了半天，见仍无动静，叫他也不答应，一想事情不妙，便大声喊了起来。

“逃脱骡子了，逃脱骡子了！”

营长得知消息，立即悬出 300 元赏格，派士兵分头去追。沈岳焕和一些士兵充作一路，拿了器械，点燃火把，向后山追去。他的心轻轻跳着，感到一种兴奋，怀了一份希冀。他不为赏格，因为赏格能否兑现实在难说；也不认为非把那逃兵抓住杀死不可，他与他丝毫没有仇怨。仿佛这是一场游戏，不必害怕有什么危险。逃兵脚上戴有铁镣，行动不便，自己这边人多，手上又持有随时可置人于死命的器械。他只感到，这逃兵如果由自己最先发现，一定是很有趣味的事。

但搜寻结果却让人失望，他们只得空手而归。可是，等他回到住处，就得知逃兵已在另一条路上被逮住。第二天，这逃兵就被杀了头。有三个士兵是这个逃兵的朋友，曾帮他逃走，也受到牵连。照规矩这三人也

[1] 湘西方言，称与对头武力相拼为“打堡子”。

该死罪，营长却突然饶他们不死，只各打五百，送进牢里，算是“运气”好。

见自己身边这些人，死的猛不然就死去，活的又偶然活下来，沈岳焕感到了生死的莫测。他想起不久前，一个士兵半夜爬起来，砍了同班士兵七刀，到后问他为什么杀人，回答说：“他骂了我的娘。”这是一个可以成立的理由，大家都相信了。——按照湘西人的习性，凡无缘无故将辱骂加在别人身上，是免不了要用血去洗刷的。而且，凡轮到死的，无论是“土匪”还是逃兵，临死前似乎都不感到多少痛苦。大家全相信死亡能否轮到自己头上，都是“命”。明白死亡已派定到自己头上时，谁都不缺少那份镇定与从容。在这些人中，相信自己还不如对“运气”“命”的信托。想到这些，沈岳焕觉得有一点什么堵得心里发慌。

赏格发下来了。捉住逃犯的一组，得三分之一，其余出了力的分三分之二。得了赏钱，大家又围在铺子上赌起了牌九。望着他们兴高采烈样子，沈岳焕心里起了一点怀疑：为什么营长出 300 块钱，一定要把那汉子捉回来？捉来就杀了，大家又拿这钱赌博，究竟又是为什么？他知道，一切都是“规矩”。既然是“规矩”，就无须再加说明，也不必再问了。至于这“规矩”由谁作出，为什么要这样规定，谁也没想到要弄弄明白。沈岳焕想弄明白，却终于无法弄得明白。

大约是在驻防榆树湾时，沈岳焕和他的堂兄沈万林分到了一起。沈万林大沈岳焕七岁，在军队里任弁目，属少尉级。他之于沈岳焕，半是堂兄半是妈。沈岳焕的睡眠、饮食和其他一些琐事，均得到他的照料。每天早晨 5 点，他都照例去摇醒沈岳焕：“弟弟，点名了，快快，你听号音！”由于闲暇时间太多，沈岳焕有时也拿笔学写楷书，他便指导沈岳焕练字。他临过黄山谷的字帖，从他那里，沈岳焕知道了陆润庠、黄自元以外许多书法家的名字。

沈岳焕只羡慕他的那套少尉级军服，在那上面生出许多幻想。

平时，军队里官兵军阶的不平等，早已使沈岳焕感到了许多委屈。不消说士兵违犯军纪，轻则罚站，重点的，军官便不由分说按倒打屁股。就连上街，军官们穿着马靴，高视阔步，“柝柝”在街中心走，自己远远就得预备敬礼，待军官近身时，得赶紧向路旁一闪，霍的一个立正，将手举到帽檐边去。那些刚刚爬上去的司务长、副官一类，为体味刚升官的荣耀，尚能高兴亲切地回礼，若是那些“校”字号的，或骑马，或步行，或站正，眼睛总是看着前面的虚空，只当没有看见。即便回礼，手也只是漫不经心地挥挥。倘若他们遇见的比自己官阶更高些，或即刻跳下马，或闪到路边，动作敏捷，态度谦恭，举手行礼，一丝不苟。堂兄是少尉级，若能穿上这套黄色军服上街，虽仍免不了敬礼，至少也可以用获得的尊敬，将受到的屈辱拉平。

可是，沈万林总是认真地劝他：“一个弁目，没有读过书的人也能做，不值得你眼红。你应该做副官长和更像样一点的。发狠一点练字，将来会成名家的，不单是可以卖钱……”

这话很对沈岳焕的胃口，从此发奋练字。每天空闲时，周围的人们，或是一面围着烤火，一面闲谈；或是打扑克、赌钱，各人口里咒爹骂娘；或是蒙头大睡，鼾声高低起伏……沈岳焕总要伏在旁边一张桌子上埋头练字。

沈岳焕刚从副兵升为司书时，书记官很瞧不起他，常常变着法子从沈岳焕工作中挑刺。事后，沈岳焕便去找堂兄叙说心里的委屈。每当这时，沈万林便赶紧用手掩住沈岳焕的口：

“弟弟，受点委屈要学会忍耐！”他咬着牙，极力掩饰自己为沈岳焕所抱的不平，“要自己努力！……”终于不能再说下去。两人相处一年后的一天，沈万林一早跑来向沈岳焕辞行，说是要押送600块军饷回凤凰。他极高兴地告诉沈岳焕，自己已用补发的欠薪，给母亲换了一只金戒指，给家里妻子打了一副金耳环。与他同行的，有陈士英兄弟二人和唐仁怀以及一位会赌钱的痞子副官，这次他已赢了400块钱回家。沈岳焕便托他带一个包袱回家，里面有不能再穿的衣物，以及每日临摹《云麾碑》积下的40多张大字。

沈万林走后第四天晚上，沈岳焕伏在秘书处桌子上抄写一份公函，译电处的译员正和一个姓文的秘书在旁边下棋。不久，一个传事兵送来一份电报稿交译员译出。译员接过电报稿看了一遍，忽然用手搔着头，脸上即刻变了颜色。这时，正巧副官长走了进来。译员突然叫道："副官长，他们全完了！"接着，他抓起电报稿，结结巴巴念道：

"辰州，司令鉴，五日来差……万林等行至马鞍山为匪杀毙。二人死，一重伤。匪即其同伴陈士英兄弟，已请防军缉，特闻波叩。"

第二天，消息来得更确切。沈万林和唐仁怀当即就断了气，重伤的是痞子副官。凶手是陈士英兄弟二人。

原来，陈士英兄弟与痞子副官有仇，商定在路上找机会报复。他们平时与沈万林关系不坏，起初还曾在沈万林处作过客。由于担心沈万林告发，就下狠心将其一并了结。结果，两个作陪的死去，仇人反倒获救。后来，沈万林带给母亲和妻子的金饰，成了自己的殓葬费。沈岳焕托他带回家的40多张大字，母亲怕见物伤心，终于也全烧掉了。

听到堂兄死讯，沈岳焕极其伤心。吃饭时，他跑到副司令官面前，大哭着请求立即捉拿凶手报仇。然而，人死终究不能复生，堂兄那熟悉的身影和他所给予的温情，只能长留在沈岳焕的记忆里了。

这时，湘西联合政府内部，力量对比已经发生了重要变化。起初，第一军由田应诏节制。此人治军无方，并且不思整军经武，却花了许多钱在凤凰傍河修了一座新式花园，以纪念他的母亲，常常与幕僚在花园里饮酒赋诗。而张学济第二军实力尚厚，故沈岳焕所属第一支队尚能占领芷江东乡一带有优势地位的防地。此时，田应诏已将第一军指挥权交给了手下一位团长陈渠珍。陈渠珍读过不少书，头脑新，能干聪明，接手第一军指挥后，力图自强，军力大有振作。而第二军由于内部成分复杂，无力团结，张学济又在军事、财政两方面面临重重困难，而第一支队“清乡剿匪”，又只知道杀人，在地方上声誉极坏。1919 年底，陈渠珍率部从麻阳开过，直逼怀化。第二军感到极大压力，又无力抵抗，便不得不退出芷江一带防地，向沅陵方面撤退。

这次撤退与上次移防怀化时情形自又不同。官兵上下一片惊慌，时时感到身后有人追来。怀化镇除了祠堂和庙门，街上各样铺子和住家大门，都紧紧关闭起来。警察不敢再站岗执勤。团防局的山炮，已经移到局门前安放。街上急匆匆走的都是兵。此时，他们思想出奇地一致，见到任何一点值钱的东西，就顺手捞走；脸上交织着既凶恶、贪婪，又盲目、恐慌的神情，全身肌肉不由自主地起着痉挛。

其时正值严冬，天上飞着鹅毛大雪。沈岳焕同其他士兵一样，用棕衣包裹了双脚，在雪地里跋涉。匆匆赶到河边，匆匆上船，浮到河面上。五天后，第一支队又回到了沅陵。

到沅陵后，第二军仍然待不住，于是以“援川”名义，开到川东、鄂西一带就食。

时间过得飞快。转眼间年关已过，春天过去又是夏天。可是，第二军的日子却不好过，一到川边便与当地民众接了火。8 月间，队伍开到鄂西来凤，又与当地“神兵”和民兵发生冲突。一个早上，来凤的“神兵”

和民兵乘第二军官兵熟睡之际，手持斧头、菜刀、锄头，潮水般涌入兵营。全军除一个团先行过龙山布防外，参谋长、秘书长、军法长、旅长、团长、营长及以下官兵，全数被杀毙。这支杀人以万千计的军队，终于没能逃脱命定的厄运。

队伍开拔时，沈岳焕因人小，和20多个老弱病残官兵，在沅陵留守，办点后勤杂事，终于在这场劫难中死里逃生。

第二军既然已经覆灭，留守处也就失去了存在的价值。1920年9月，在得到军队覆灭消息的五天后，沈岳焕领了遣散费和随身护照，回到了凤凰家里。

后来，他回忆这一段行伍生活时说：

> 我呢？一事无成，军队中这里那里转着圈子，但张起眼睛，看那些同道朋友，一个二个在尖头子弹下丧失了生命，在别人的呐喊声里就让自己逃下来；在我的呐喊声里又看到别人一样的做出可笑底神气逃去。自己跑，看人家跑，两者的循环，使我对人生感到极端的疲倦，然而还是转，还是转！[1]

沈岳焕刚刚独自走进人生，就置身于一个非理性的世界，生命全在死亡的铁磨下旋转，生与死全是那样突然，全不由生活在这个圈子里的人们自己作主，他们也不曾想到要自己作主。他们的理性世界一片荒芜。死的无声死去，活下来的，就那样昏天黑地活着。被杀的十分愚昧，杀人者也极其愚蠢。不明不白地杀人，又不明不白被人杀。然而，在当时，他们（包括沈岳焕在内）全认为这一切只是“照习惯办事”“十分近情合理”。

---

[1] 见《画师家兄》。沈从文．沈从文文集：第8卷[M]. 广州：花城出版社；香港：三联书店香港分店，1983.

到沈岳焕意识到这是“许多人类作出的蠢事，简直无从说起”，应当是几年以后的事。然而，这一份血的经验掺入他的生命里，再也无法抹掉了。

二、“焕乎，其有文章！”

还是驻防怀化的时候。有一天，沈岳焕得到上面通知，要他从副兵连搬到秘书处去住。——他已被提升为上士司书，以后将在秘书处做事了。司令部设在杨家祠堂后殿楼上。他来到司令部，军法长、秘书长、副官长正陪着司令官，围坐在一张桌子上搓麻将。见沈岳焕正怯怯地从门口挤进来，秘书长说：

“哈，我们的躲师爷来了。”

坐在司令官下手的军法长，名叫肖选青，一个又高又大的胖子，坐着似乎还比沈岳焕高出一截。沈岳焕早就认得他。每次，押送到司令部来的人犯连夜过堂，戴着墨镜，高坐上面主持审讯的就是他。他那巍然峨然的样子，每每使沈岳焕生出畏惧。据说他很有学问，可是临到杀人时，他却总是马马虎虎宣布一下犯人的罪状，在预先就准备好的斩条上，用朱红挥上一笔。没等犯人押出大门，便搁下手中的笔，一手撩起身上长衫的衣角，一手拿起泛光的白铜水烟袋，急匆匆跑出后门，穿过菜园，抄捷径抢先占据离杀人的桥头较近的一个土墩，去欣赏杀人时那“有趣”的一幕。看完杀人，回到司令部，又照例要和别人谈论一通犯人被砍头时的种种表现。末了，便是用刽子手在集上肉案上割来的猪肉下酒，喝得醉倒在饭桌边，害得副兵像狗一样在主人旁边守到半夜。

可是此刻，军法长却没有过堂时的那种威风神气，脸上堆着笑，平和地问：

“躲师爷，你叫什么名字？”

“沈岳焕。”

“哈，岳焕，岳焕。‘焕乎，其有文章！’”他摇晃着脑袋，拖着私塾先生读古文时的那种腔调，“我看，你就叫从文吧。”

从此，沈岳焕就变成了沈从文。

“焕乎，其有文章！”语出《论语·泰伯》，为颂扬尧治天下的功德之辞。意思是尧以无为天道治天下，天道无以名，只有功业文章，巍然焕然而已。这里的“文章”，是指经天纬地的事功。可是在当时，沈从文不仅谈不上有什么事功，而且腹中空空，就连狭义的小文章也还没有入门。

沈从文调到秘书处后，除了伏案抄写公文、习字，兴冲冲跟着别人去看杀人外，还有的是空余时间。但是，他不曾想到过读书，而且也几乎无书可读。身边那些“长”字号人物，似乎每人都有点学问，有的曾做过一两任县知事，有的去日本留过学，可是一来司令官不识字，二来这里也不是谈学问的地方，于是有了一种默契，大家照例闭口不提读书一类的事，成天只是陪司令官打牌、谈天、喝酒、抽鸦片。每当桌上麻将相撞，“噼啪”声响起，或是全军上下几十条烟枪吞云吐雾时节，沈从文总是默默走开，看也不看。——打牌身上无钱，抽鸦片心里不愿。因为他亲见过几位年长亲戚，抽鸦片抽得不成人形，到后来精力衰竭而死。

于是，他只得另寻相宜的去处，打发一个接一个的漫漫长日。好在他从小便贪玩，又会玩，在每一件自然景物和人事上皆能生出浓厚的趣味。若逢春秋季节，他便邀上几个副兵，上山采药、摘花，寻摘各种山果。到了夏天，便常常独自跑到离住处不远的一个风洞里，享受凉风拂身时的那份快意。那风洞由石灰岩天然生成，风大约是因风洞与另一处山洞相通而起。可是，据当地人传说，却是洞神所为，若是吹了这风，便会作寒发热。镇上那些夭折的少男童女，就是被这洞神摄去的。遇到刮风下雨日子，外面不能去，他便待在营房里，用笔在纸上描摹杨家祠堂建筑上的木雕画。“三英战吕布”“猪八戒招亲”“长坂坡”“二十八宿闹昆阳”，种种人物故事，被修建祠堂的那些无名匠人，雕刻得神气活现、栩栩如生。有一回，沈从文描摹了一幅“赵子龙单骑救主”，贴在住处墙壁上，看得那些小副兵哄然叫好，要沈从文给他们每人都画上一张。

最让沈从文得意的，是邀上几个士兵，上山砍条竹做箫。截取一段青竹，钻四个圆眼，在一端安一个扁竹膜哨子，便可仿新婚嫁女唢呐声，吹胡笳曲中《娘送女》《山坡羊》各种曲调。然后，四五个人口中各含了一支短箫，并排从怀化镇那条独街上走过，呜呜喇喇一路吹进营门，招惹了许多人跑出来看热闹。一些军官不知出了什么新鲜趣事，急忙从司令部楼上窗口伸出头来。那军法长也在其中，等着明白是怎么回事时，便一面摇着那颗硕大脑袋，一面不存恶意地骂道：

“这些杂种，硬是玩出精怪来了。”

熔铁厂和修械处也是沈从文常去的地方。熔铁厂位于怀化镇背街处，沈从文发现它时，真好像哥伦布发现了新大陆。从此，他成了那里的常客，观看这小地方古老的冶铁流程，如何先将褐色铁矿石与木炭像夹心饼干似的分别层叠在高高泥炉里，从下面点火。烧至七八天后，等矿石烧酥，再将其放入可以倾侧的泥炉，加炭点火，用风箱向炉膛鼓风。铁汁熔化后，敲去泥炉下部侧面泥塞，扒去矿渣，将炉身倾斜，让铁汁泻到砂地上。铁汁冷却后便成了生铁块。每次来这里，沈从文总要抢着帮人拉风箱。一边听风箱拉动时呼呼吼声，一边看炉口喷吐出的碧色火焰，他的心也轻轻地欢愉地跳着。

从熔铁厂回去，路过修械处，便见那个主任，黑着一脸麻子，高坐在一堆铁条上，一面唱歌，一面调度指挥手下几个小工人。时间一长，沈从文也成了他们的熟人。入冬后，每当工作告一段落，师徒几人便常常围着一大钵狗肉喝酒，凡沈从文到场时，也总忘不了邀他入伙。有一次，大家一面吃喝，一面谈论狗肉如何补人，吃了身上如何发烧，纵是落雪绞凌天气，也不觉冷。那主任正喝得满脸麻子通红，便斥责几个徒弟：

“没出息的东西，男子汉大丈夫怕什么冷？”随后又大喝一声：

“有种的跟老子下河泅水去！”

几个徒弟要做男子汉大丈夫，沈从文也不愿在人前丢脸，便一齐扒光衣服，同了麻子主任，从后门下到小河里，相互嘻嘻哈哈乱浇一阵水，再光着上身跑回来。尽管每个人冷得上下牙齿作对儿咯咯厮打，皮肤也密织起鸡皮疙瘩，却不缺少强刺激下生命能量获得发泄后的那份畅快。

狗肉是个好东西。这些山民出身的军人，无论军官或士兵，都不缺少吃狗肉的嗜好。沈从文任司书后，住司令部秘书处，便和周围那些“长”字号人物在一处吃饭。每当他们想吃狗肉时，必有人打哈哈说：

“天气这样坏，若有狗肉大家喝一杯，可真不错！"

“上次真对不起躲师爷，害他忙了一天！”

“想不到躲师爷还有这一手，狗肉炖得真好吃！”

这时，沈从文必自告奋勇，从他们手里接过钱，跑到街上去买狗肉。有时，他还瞒着大家，自己出钱，到街上买一腿狗肉，拿到修械处打铁炉上，将狗肉表层烧焦，再和副兵一道，下河将焦处刮去、洗尽，剁成小块。再上街买作料，然后将狗肉、作料放入有铁丝穿耳的砂罐内，悬在打铁炉上，再哼哧哼哧拉风箱，将狗肉炖烂。到吃晚饭时，他便出其不意地叫副兵将狗肉端上桌子，去收获每人脸上露出的惊讶。其实，这些军官见沈从文出去，从楼上早已觑着他提了狗肉跑来颠去，已清楚他演的是哪出戏。这时，却故意装作事出意外样子。那军法长还要故作矫情：

“怎么，怎么，躲师爷，难道你又要请客了？这次可莫来了，再来我们就不好意思了。”

沈从文知道他们的做作，军队生活的无聊正需要这点幽默作作料。但他仍喜欢这样做，每五天逢镇上赶集日子，他总要炖一回狗肉，反正这些“长”字号人物手里有钱，每次罚款、逢赶集在街上摆赌抽头，他们照例都有一份。沈从文每月领了很少一点薪饷，也不知道如何去花。既然炖狗肉可以收获许多乐趣，这钱似乎也找到了相宜的去处。

怀化多阴雨天气。这一日，天气依然阴沉沉的。秘书处出现了一位自远道而来，新上任的秘书。他叫文颐真，湘西泸溪人，曾留学日本。小小的个子，皮肤白净，穿青缎马褂，举止斯文，一来便到各“长”字号人物处拜会，开口便是“请多关照”。见他那彬彬有礼的样子，即使同副兵说话，也是轻言细语，沈从文感到十分别扭，自己惯熟的生活里梗进了一样不协调的东西。他心里想：

“稀罕事呢，一个二气角色！”[1]

难怪沈从文有这种想法。那时，这支军队上下官兵是不知“文明”为何物的。这不只表现为他们杀人如麻，视人命如草芥，就连平时交往，也是满嘴脏话野话。鲁迅有一篇杂文，论及积淀在“他妈的！”这句“国骂”上的国民劣根性。可是，这一句“国骂”较之这些军汉们口头习惯称谓，简直是小巫见大巫。他们与人说话，总自称“老子”；对方若年龄相当，必以“狗肏的”相称，年龄小点的，便喊作“小屁眼客”；谈及第三者，少不了以“那杂种”开头。还有许多富有想象力却脏污到不能明说的用语。

---

[1] 二气，湘西方言，故意做作的意思。

奇怪的是，越是熟人，这些野话用得越是自然便捷，仿佛其中含有一种亲热，不这样做反见生疏。这已成为惯例，谁听了也不作兴生气。好在机会均等，亏了的可以用同等方法找补回来。可是这姓文的秘书，偏偏与众不同，好像不是这个世界里的人。别人说野话，他只是微笑，从不作等价交换。他与沈从文认识后，总是对沈从文说：

“啊呀呀，躲师爷，你人那么一点点大，开口就老子长老子短，好意思！”

“老子不管，这是老子的自由！”

文颐真听了，并不生气，只是一面摇头，一面看着沈从文微笑，终于看得沈从文不好意思起来。

“莫玩那个。你聪明，应该学好，世上有好多好事情可学。”他规劝沈从文说。

沈从文却把头一歪：“那你给老子讲讲，老子看什么好就学什么。”

不知不觉中，沈从文觉得和文颐真亲近了几分。不久，两人就成了好朋友。文颐真便给沈从文讲述了在外面见到过的种种，讲火车、轮船、电灯、电话是什么样子，英军美军军服的式样如何，鱼雷艇、氢气球为何物。沈从文感到十分新奇，仿佛被带到了另一个世界，心里起了一种朦胧的向往。

文颐真到来的第二天，天气转晴。沈从文见文颐真将行李箱打开，晾晒箱内衣物。衣物取出，箱子里剩下两本书，封面上写着“辞源”两个大字。文颐真随手将书翻翻，对沈从文说：

“这是宝贝，你想知道什么，上面都写着。”

书是那样厚，字又那么小，沈从文心里吓了一跳。听文颐真说及此书的好处，沈从文有点不信，便提出“诸葛孔明卧龙先生”，要他找。

文颐真立即给他查找了出来。沈从文既觉惊奇，又十分快活。

文颐真问他：“你看过报纸没有？”

“老子从不看报。”沈从文回答。

文颐真笑笑，从《辞源》中翻出“老子”条给他看，他才知道太上老君原来叫老子。

他忽然对书和报纸起了兴趣，便和秘书处另外两个人商量，每人出四毛钱，订了一份《申报》。等这报纸送到后，他在那上面认识了许多生字。

但使他神往的，仍是文颐真那两本厚书。可是文颐真对这两本书却极爱惜，轻易不拿出来给别人翻，看时也要先洗手，沈从文只能从别人那里借《西游记》《秋水轩尺牍》看。偶而，文颐真也让他翻翻《辞源》，在那上面，他才懂得“氢气”“参议院”“淮南子”为何物。

可是不久，队伍撤退到沅陵，又从沅陵开过川东，沈从文和文颐真分了手。那时，文颐真已升作了秘书长。几个月后，这个文静平和、嗜书如命的读书人，却惨死在鄂西来凤那场军队和“神兵”的冲突里。

尽管和文颐真相处的时间不长，沈从文却感到自己生命里糅进了一点新的东西。在沅陵留守的那段时间，他的下意识里，总是晃动着文颐真的影子。

我喜欢辰州那个河滩，不管水落水涨，每天总有个时节在那河滩上散步。那地方上水船下水船虽那么多，由一个内行眼中看来，就不会有两只相同的船。我尤其喜欢那些从辰溪一带载运货物下来的高腹昂头“广舶子”，一来总斜斜的孤独的搁在河滩黄泥里，小水手从那上面搬取南瓜、茄子，成束的生麻，黑色放光的圆瓮。那船在暗褐色的尾梢上，常常晾得有朱红裤褂，背景是黄色或浅碧色一派清波，一切皆那么和谐，那么愁人。

美丽总是愁人的。我或者很快乐，却用的是发愁字样。但事实上每每见到这种光景，我总默默的注视许久。我要人同我说一句话，我要一个最熟的人，来同我讨论这些光景。[1]

沈从文开始感到了寂寞。虽然无事可做时，他仍到处跑去，看考兵棚士兵上操，妇女们在井边洗衣、发豆芽菜，或登上教会学校旁边的城墙，看那些中学生玩球。当球无意中踢上城墙，下面便有人喊：

“小副爷，小副爷，帮个忙，把我们的球抛下来。”

想到别人把他当作副兵，不知道自己其实已是司书，沈从文心里起了几分得意，且加上一份在人前保守住了秘密的快乐。但不知怎的，同时心里又感到十分孤独。

有时，他正在城墙上，前面走来几个穿红着绿的女孩子，其中年纪小点的便喊：“有兵有兵。”意思是要预作防范，或赶紧掉头避开。每逢这时，沈从文瞧瞧自己身上的灰色军衣，心里感到一点惭愧，便假装伏在城堞缺口处，向远处看风景，以便让这些女孩子从身后走过。同时，心里又有了委屈：我是读书人，和别的兵并不完全相同，不应当被别人厌恶。

眼前忽然浮起文颐真和他的两本厚厚的《辞源》，浮起曾订阅了两个月的老《申报》，浮起《秋水轩尺牍》等种种影像。

就在这一类隐隐约约的刺激下，我有时回到部中，坐在用公文纸裱糊的桌面上，发愤去写小楷字，一写便是半天。[2]

---

[1] 见《从文自传•女难》。沈从文 . 沈从文散文选 [M]. 北京：人民文学出版社，1983.

[2] 见《从文自传•女难》。沈从文 . 沈从文散文选 [M]. 北京：人民文学出版社，1983.

三、神魔之争

寒冬腊月，朔风一阵紧似一阵，吹得山间林木呜呜地吼。枝上的积雪不时被抖落下来，溅起一团团白雾。天气奇冷，层云阴沉沉压在山头上，遍地积雪毫无退却意思，仿佛正等着它的下一批伙伴的到来。山野一片清寂，路上少有行人，只有一些鸟雀，在雪地上跳来跳去觅食。

此刻，在凤凰通往芷江的山道上，有几个人正在赶路。走在前面的是一个挑行李的脚夫，中间两个轿夫抬着一顶坐人轿子，后面跟着一个背包袱的年轻人。这年轻人依据雪地行军经验，脚上包着棕衣，深一脚浅一脚地走，步履蹒跚。他就是沈从文。前面轿子里坐着的，是他的七舅娘。他们正一路作伴，从凤凰过芷江去。

蓬松的积雪已抹平了山路的崎岖，表面看来，仿佛银装玉砌，一线平坦。可是，路表下面，却潜伏了种种危机。山道一会儿从小溪堤面过，一会儿擦着深壑边走，行路人稍一疏忽，便会跌得人仰马翻，轻者受伤，重者送命。有时明明是平路了，也会猛不知一脚踩空，跌入陷坑。即便不擦破皮肉，也会弄得人狼狈不堪。

一行人正走着，前面的忽听后面“哎呀”一声，接着便传来沈从文大声呼救声音。那脚夫赶紧卸下行李，拿扁担向后跑去。只见沈从文已滑入一个丈余深的大坑，虽在努力向上攀援，却因脚底打滑，怎么也爬不上来。那脚夫一面让他抓住扁担，用力将他拉上来，一面笑笑地说：

“沈家少爷，走路眼睛莫打野，心思要放到脚杆上，看景致以后有机会！”

其实，沈从文何尝有心思看雪景，此时他心里正像这远近积雪山野，一片茫茫。

自沅陵留守处撤销，自己被遣散回家，差不多又有了半年。家里的景况同两年前出门当兵时相比，更觉艰难。父亲仍然没有回家，哥哥北上也还没有回来。田产已经典光，家里正坐吃山空。母亲成天在愁云里转，不得已对外放出口风，看有什么合适人家，愿意将家里的房子买去。年龄大了两岁，沈从文较前懂事了点，明白了母亲的苦处。他自然不能再像早先在家那样，成天到外面去野，也不能闲着在家里待下去。他感到心烦，得想法找点事做，继续到世界上去谋求生存。

军队里已不能再去。熟悉的人，一个一个相继死去，一切来得那样平常，又那样触目惊心。虽然他们业已躺在黄土下面，可留在沈从文心中的影像，再也无从抹去。——堂兄沈万林教给他的那份做人要自强的勇气，连同凡事学会忍耐的脾性，一齐糅进了他的生命；军法长肖选青和秘书文颐真，恰似为他生命发展的两面做出的安排。尤其是文颐真那样一个文弱书生，被卷入这世界一小角隅的战乱中来，其生命行为与环境的不协调处，真正令人感慨。仿佛冥冥中真有一位神灵，在预为安排这一切。文颐真在沈从文生活中的突然出现与消逝，恰似专为点醒沈从文沉睡的理性而来，又仿佛为沈从文理性的完全苏醒还有一段路要走匆匆而去。——他只觉得人生有点稀奇，有点神秘，让人眼目迷乱。他无法弄清各种事变的前因后果，“一切都是命，万事不由人”，湘西老辈人用以解释人生变故的话语，此时正苍凉地爬上他的心头。

家里待不住，先前所在的军队已名实俱亡，沈从文只能另谋生路。他这次随七舅娘到芷江去，就为的是寻找机会。芷江是湘川黔边境的重要通道，机会自然较多，加上沈从文又有一些亲戚在芷江，凡事可得他们照顾。

四天后，一行人到了芷江。沈从文暂住在刚从县长任上下来的五舅家里。

不久，机会果然来了。这位五舅担任了芷江警察所长，由他安排，沈从文在警察所里做了一名办事员。办事处设在旧县衙内，沈从文的职责是每天抄写违警处罚的条子。旧县衙旁边是关押犯人的典狱署，每天晚上，狱中老犯人殴打新犯人的呼喊声清晰可闻。警察所也有一些抓来暂时未曾发落的小偷寄监在那里，每逢黄昏收监点名时，沈从文照例跟在一名巡官后面，一手捧着点名册，一手提盏马灯，去典狱署清点这边寄监的人犯。

不久，警察所的职权有了些调整，原属地方财产保管处负责的本地屠宰税，划归警察所征收。于是，沈从文便兼任收税员。芷江在湘西算得上一个大码头，地当官道，过往人多，商业兴隆。肉行方面每天都有20头猪肉和一两头黄牛肉生意可做。照规定，每只猪抽税640文，每头牛抽取2000文。沈从文每天填写税单，还常常陪着另一位查验员到各处肉案桌上去查看。这份职务于沈从文极相宜，因为他每天都有机会将芷江城各处都跑到，还可以走过那座长约400米的大桥，到对河黄家街去。由于职务和舅父所长的关系，芷江城里各店铺老板总要和沈从文打招呼，不久，他便和本地人混得很熟。

那时，正是1921年，发祥于北京的五四运动已经波及湘西地方。一次，沈从文正站在一些屠夫旁边，一面欣赏他们表演“庖丁解牛”技艺，一面看街景，几个本地在桃源师范读书回家休假的女学生从街上并肩走过。她们都是芷江大小地主的女儿，各人头上剪去了辫子，留起短发，身穿短裙，旁若无人。这份打扮与神气，很受当地人的詈议。果然，一见她们远远走来，几个屠夫便议论起来：

“听说，她们在学校里正经事全不做，只知道唱歌、打球、读洋书。”

“读什么书？只会用钱。一年用的钱可以买16条水牛！”

“花钱还是小事，听说她们男男女女混在一起，人熟了，想和哪个男人睡觉，不要媒人，不要财礼，就钻到一个被窝里作戏，这是‘自由’！”

他们一边说，一边“咕咕”笑着。沈从文也觉好笑，便跟着哈哈大笑。到他明白这些女学生当时正接受一份新的信念，后来又大都勇敢地投入革命漩涡，去领受各自命运中掺有血泪的人生苦乐，其生命有着令人炫目的庄严，那是以后的事了。

在芷江，除了做警察所长的五舅，沈从文还有一家在当地名望最高的亲戚。这就是担任过民国政府总理的熊希龄的家族。那时，熊希龄已和母亲、妻子儿女迁居北京，其四弟壮年病逝，四弟媳（即当年给沈从文父亲提过亲的田应诏之妹）也已回老家凤凰做四姑太去了。坐落在芷江青云街的熊公馆，此时正由熊希龄的七弟熊捷三照管。熊捷三的妻子，便是沈从文的七姨——沈从文母亲的妹妹。熊捷三本人也曾做过第一届国会议员，后辞职回家侍奉母亲，到后来熊母北上，便居家纳福。他在芷江是头号人物，充当本地绅士领袖，抵抗过路军队的无理摊派。无论兵匪，若能绑熊捷三的票，须出50条枪才能赎回，是一个身价极高的人物。

由于是姑舅亲，沈从文做警察所长的五舅和熊捷三过从甚密。两人几乎每天都要在一起作诗，附庸风雅。沈从文当时虽不会作诗，每天总有一段时间跑去看他们作诗。诗作成后，沈从文便替他们抄写。心里怀着得到他们夸奖的愿望，沈从文不独抄诗极有兴致，还专门抽空习写小楷字帖。

熊希龄

熊府是一座三进三院的老式建筑。进大门，便见一个院落，条石铺地，极为整齐。门廊上放一顶绿呢官轿，过去一时专为熊老太太出门所备，现在仍在原处闲置着。天井里置一花架，上面放有四五盆兰花、梅花，两侧长廊檐下，挂一些腊鱼、风鸡、咸肉。第二进除开过厅，前后四间正房，三间空着，一间原为熊四老爷生前所住，墙壁上还挂着两幅大照片，一是熊四老爷仿拿破仑骑马姿势，一为四太太学约瑟芬装扮。第三进有几间堆柴炭杂屋和一个中等仓库。仓库分两部分，一放粮食，一储杂物。一次沈从文帮熊家清理仓房，发现杂物中有金华火腿、广东鸭肝香肠、美国奶粉、山西汾酒、日本小泥人、云南冬虫草、熊掌等百十个不同物品，都是过去过往官亲馈送的礼物。正屋大厅里挂有一轴沈南萍大幅仙猿蟠桃，四个墨竹条幅。一壁高悬 20 支鸟羽铜镶长箭，是熊希龄父亲生前做游击参将的唯一象征。

这是熊府老屋，应是熊希龄父亲手上所建。左侧还有三进两院新房子，大约是熊希龄回乡省亲扫墓前一年修建的。新房建筑不另立大门，从里面与老屋门院相通。两进房屋间，由前后两院拼成的大院落里，方石板铺地，养植着 50 来盆素心兰、鱼子兰和茉莉，两个花台栽有山茶和月季。一口大金鱼缸里，置一座两尺多高的石山，玲珑剔透，上植一株小黄杨和数茎海棠、虎耳草。正面大厅墙上，挂四幅墨龙，墨气淋漓，带风雨袭人神气，明人手笔。另一边是赵秉钧手书六幅十八尺屏条。院子临街一头，是一排半西式二层楼房，上下各三大间。上层分作书房、卧室，下层三间打通为一大客厅。客厅设有硬木炕榻，嵌大理石太师椅和半新式醉翁躺椅。天花板上，悬有蚀花玻璃旧式宫灯、一盏斗篷罩大煤油灯。炕后条桌上放一架二尺宽瓷器插屏，一对三尺高釉下彩瓷花瓶里，插几支孔雀羽翎。一个会客用衣帽架，京式样子。这个客厅也挂一些字画，有章太炎、谭祖庵所作寿诗，黎元洪五言寿联和当时一些名家绘画，多是熊希龄为母亲做寿时收下的礼物。

沈从文既是熊家亲戚，又不缺少好奇心，加上对湘西这小地方所出新式宰相的几分敬仰，不久就把熊府各处布置熟透了。平日无处可去，或来抄诗又无诗可抄时，他便到熊府左侧新建房屋的大院和客厅里去。由于熊希龄携家眷去了北京，这里早已庭院冷落，客厅里一片寂寞。沈从文常常独自呆呆地看上好一会儿，望着客厅里到处厚积的灰尘，院子里花木的自荣自枯，他好像看到了民国一任总理当年的荣耀，预感到今后的衰微。对照自己家庭的兴衰，他仿佛隐隐约约触到了历史的秘密，心里平添了几分伤感。

然而，最能吸引沈从文的，莫过于客厅楼上的书房。那里还留有一只大书箱，里面有一套林纾翻译的小说和十来本白棉纸印谱。1921 年整整一个夏天，沈从文就坐在那个大院花架边的台阶上，陆陆续续读完了狄更斯的《贼史》《冰雪因缘》《滑稽外史》《块肉余生述》等作品。从那印谱上，认识了许多汉印古玺款识。

夏天长日，院子里一片清寂。狄更斯的小说正将他带到另一片土地上为同一日头照及的世界。他发现书中所述世事的艰难和那些坠入困境的世家子弟所作的种种挣扎，与自己的经历遭遇有许多相似之处。随着书中人物命运的演变，耳边仿佛响起一曲哀婉伤感的乐音，与沈从文心中的情感和鸣。他感到自己与作品中人物命运的相通。看到书中人物多有一个好的归宿，他不由在心中自问：我的将来又会如何？旋即他又在心里自答：能不能得到一个好的安排，就全看你自己如何了。

沈从文不仅从书中人物身上比证自己命运，也佩服狄更斯叙述故事的本领：

我喜欢这种书，因为他告给我的正是我所要明白的。他不象别的书尽说道理，他只记下一些生活现象。即或书中包含的还是一种很陈腐的道理，但作者却有本领把道理包含在现象中。我就是个不想明白道理却永远为现象所倾心的人。[1]

熊公馆隔壁还有一所熊希龄创办的中等学校，取名“实务学堂”，实为隐喻熊希龄与梁启超、谭嗣同等人在长沙倡导维新的旧事。此时学校已停办。在这所学校的图书馆里，沈从文翻阅过《史记》《汉书》和其他一些杂书，以及有《天方夜谭》连载的《大陆月报》。

19岁时沈从文在芷江书写的墓志铭

由于办事认真，收税做得有条不紊，帮亲戚抄诗抄得极好，狄更斯小说和其他一些书籍又部分疏导了身上那份野性，沈从文在芷江给人一个好学上进的印象。于是，在几个年长亲戚和本地绅士眼里，沈从文算得上懂事明理有作为的角色。在与熊捷三一起吟诗、交沈从文抄写的几个月后，做警察所长的五舅因积久的肺病瞑目长逝。此后，屠宰税又改归本地团防局负责征收。新机关对原先税收工作考察的结果，沈从文又得了职务“不疏忽”的评语，收税员仍由沈从文做下去，月薪已从原先的12千文加到16千文。他还学会了刻图章、写草书，作半通不通的五律七律旧诗。这时，母亲在凤凰已将家中房屋卖掉。这在地方人眼里，是要被看成“败家子”的。现在房子既已售出，

[1] 见《从文自传·女难》。沈从文. 沈从文散文选 [M]. 北京：人民文学出版社，1983.

自觉无颜见人，也就不好意思在凤凰另外租房子居住。听说沈从文在芷江做事做得好，有出息，母亲便在过去因胡闹无法收拾的儿子身上，重新编织起希望之梦。于是，母亲带了沈从文的九妹，来到芷江，在青云街熊府附近赁屋与儿子住在一起，卖屋所得近三千块银元，全数存入钱庄，交由沈从文经管。

沈家原是湘西有名的旧家，又与熊府是亲戚，还有钱存到钱庄里，沈从文又聪明能干，按本地人观念，要面子有面子，要钱有钱，要人才有人才。本地几个有钱有地位的绅士财主，都打量着要沈从文做女婿。当他们请熊捷三问问沈从文母亲的意见，看能不能得到这样一个女婿时，熊捷三总是笑笑地说："这事不忙，最好再等等看。"——原来他心里也有自己的小九九，早盘算着要将自己女儿嫁给沈从文，来一个亲上加亲。这在他，甚至也不再是一个需要保守的秘密。他就不止一次半开玩笑半认真地向沈从文做过暗示。

可是，来到沈从文生活中的一段小小插曲，却把这些人的打算连同母亲编织的好梦，全给击碎了。

税收职责新属的团防局，是一个商会性质的机构。在这里，沈从文认识了十几个本地著名商人，还经常看到一个和自己年龄不相上下的男孩子出出进进。这男孩子似乎和团防局许多人相熟，皮肤白白的，模样俊秀，与人应酬所需要的大方机灵皆不缺少。听人介绍，沈从文知道这男孩子名叫马泽淮，是芷江著名大户龙家的私生子。就在马泽淮出入团防局之间，沈从文逐渐和他熟悉起来，并成了好朋友。有一天，马泽淮对沈从文说：

"我姐姐要你到我家去玩。去不去？"

沈从文不免有点惊讶："你姐姐怎么认得我？"

“唉，沈家少爷，芷江哪个不认得？我姐姐早就晓得你，说你办事认真，能干，真是个聪明人。”

一点不好意思连同几分得意，写在沈从文眉目神情之间。马泽淮知道，沈从文是非去不可了。

从马泽淮家里回来，不知怎的，沈从文脑海中不断浮现出那个女孩子的影子。伴随初次见面而来的一点惊讶，几分羞赧，那女孩子白白的面庞上飞起绯红的笑靥，细腰长身，体态轻盈，身体各部分配置得似乎都恰到好处。胸前一对拳头大结实的小乳房，半害羞似的躲在衬衫里，又半挑逗似的仿佛要从衣缝中豁裂而出……青春期女孩子那份迷人处，啃啮着沈从文的心。眼下，沈从文已到了18岁年龄，不可抗拒的自然法则，使他不能不陷入一个年龄相当的女孩子的诱惑。过去在军队里见到那些年长士兵思念家中年轻妻子时那种神情发痴、浑身作寒作热的情状，现在被他第一次亲身体验到了。他以为，那个名叫“爱情”的东西，此时正在自己心里发芽生根。

沈从文魂不守舍的样子，被马泽淮瞧在眼里。这个鬼精灵，立即看穿了沈从文的心事。于是，他常常在有意无意之间，用相宜的言语朝沈从文心里痒处搔去。——说他姐姐如何夸沈从文好，将来哪个女孩子能嫁给沈从文，准有好福气；说沈从文是自己难得的知己朋友，如果能成为亲戚那才更好……。沈从文不怀疑朋友说话的真实，觉得马泽淮是个值得信托的人。

沈从文为那女孩子弄得办事无心思的样子，同样被团防局一些人瞧在眼里。辗转传扬开去，不久就被一心希望沈从文做自己女婿的熊捷三和几个有钱绅士知道了。他们见到沈从文时，都劝沈从文不要这么傻。终于有一天，熊捷三将沈从文母亲请到家里，并把沈从文也叫了去。这次是当着家里长辈的面，正式认真地给沈从文议亲。熊捷三提出四个女孩子——一个是熊捷三的女儿，两个为芷江著名大族龙家的女儿，一个姓李，也是芷江有名望人家，征询沈从文的意见，看谁好就定谁。

沈从文将这四个女孩子与那个自以为爱上了的女孩子作了比较。他明白，四个女孩子的相貌全不在那个女孩子之下，而家境、教养，却非后者所能企及。奈何前者没有后者才有的那种“爱情”。——他觉得自己爱上了马家那个女孩子，对马泽淮的话也深信不疑，以为那个女孩子也正爱着自己。而且，狄更斯小说中那些男女相互的痴心钟情，此时正调度着沈从文的感情走向。听了熊捷三的话，他一面摇头，一面回答说：

“那不成，我不做你的女婿，也不做店老板的女婿。我有计划，我得按照自己的计划做去。”

话是那么脱口而出。可是他在心里问自己：我有什么计划？自己也无从回答明白。

看到两人问答间的神气，沈从文的母亲一句话也不说，始终只是微笑着。她明白自己的儿子，好像预感到沈从文命中注定还得经历许多磨难，自己也将连带着经历那份磨难，微笑里也就掺杂着一丝忧虑。

听了沈从文的回答，熊捷三无可奈何地说：“好，那我们看，一切有命，莫勉强。”

沈从文的第一次议婚，就这样以失败告终。这一刻的选择，几乎改写了沈从文此后一生的命运。如果他选择了那四个女孩子中的一个，将会如何？十几年后，他在北京回忆这段往事时，这样说：

> 假若命运不给我一些折磨，允许我那么把岁月送走，我想象这时节我应当在那地方做了一个小绅士，我的太太一定是个

有财产商人的女儿，我一定做了两任县知事，还一定做了四个以上孩子的父亲；而且必然还学会了吸鸦片烟。照情形看来，我的生活是应当在那么一个公式里发展的。这点打算不是现在的想象，当时那亲戚就说到了。[1]

这真是一场神魔之争。它令人想起希腊神话里住在奥林匹斯圣山上诸神的明争暗斗。或是宙斯与赫拉，或是赫拉与雅典娜，在冥冥中用魔法或神力，在那些凡夫俗子身上赌着输赢，同时派定了那些凡夫俗子无法规避的一份命运。发生在沈从文身上的这场神魔之争，“魔性”战胜了“神性”，“情感”战胜了“理智”，原先的生命等式方程中的一边掺入了一个新的因子，那等式的另一边，当然就得另外改写。它意味着沈从文命运中紧接而来的一场磨难。然而，它又正是一件幸事，它最终将沈从文从那份预约的庸俗生活发展里攫出，去承担较之一个乡村绅士远为重要的人生责任。——这当然是一种事后诸葛亮，在当时，人生是不曾向人们作出这样的预约的。

那时，沈从文总感到心里有些话要对那女孩子说，需要用一种什么方式显示自己值得那女孩子爱。既然马泽淮将成为自己的亲戚，值得信赖，沈从文便用刚刚学会运用的旧诗来制作情诗，并托马泽淮带给他的姐姐。这期间，芷江突然发生了战事。800土匪包围了芷江，400守军加上100团丁，据城与之对抗，直到外面援军赶到才解了围。在芷江被围的四天里，芷江城外有700栋房屋被烧，夜里火光映红了半边天空，城内外枪声大作，到处都是喊杀声，紫色流弹在空中飞来飞去。城里居民人心惶惶，各家到处打听消息，关心战事的发展。可是沈从文无暇顾及这些，他正无日

[1] 见《从文自传•女难》。沈从文．沈从文散文选 [M]. 北京：人民文学出版社，1983.

无夜地给那个女孩子赶制旧诗。

就在给沈从文传递诗笺期间，马泽淮开始向沈从文借钱。他似乎很讲信用，今天借钱，明天还钱；后天借走，大后天还回。在经过无数次借还之后，沈从文终于发现，家里卖房子得来，由自己经管的那笔钱，有一千块左右不对数。任凭沈从文算来算去，种种方法用尽，也算不出这笔钱究竟到哪里去了。这事的蹊跷处，沈从文直到晚年也没有弄明白。

这事只能与马泽淮借钱有关。可是，虽然事出有因，却查无实据，没理由兴师上门问罪。沈从文何尝不想当面向马泽淮问问明白，但这时马泽淮却不再与他照面，团防局也消失了他的踪迹。

沈从文终于明白自己吃了大亏，那一千块钱连同自己的“爱情”，全进了乌有之乡。他心里十分害怕，每天做事都心不在焉，只想寻找出一种不失体面的解救办法，可是想来想去想不出。那个姓龙的商人隐约知道了这件事，私下向沈从文许诺，替他补足这一千块钱的亏空。但人要脸面树要皮，这事总有一天要被人知道。他感到在芷江再也无脸见人。既然种种办法都无从补救，还是三十六计，走为上计。

主意已定，他便给母亲写了一封信。信上说：

“我作了错事，对不起家里，再也无脸见人。我走了，这一去永远也不会回来了。……”

沈从文胸口酸胀得紧。想到自己的行为不知道连累到母亲有多少气怄，他感到自责的痛苦。同时，他又觉得心里好像有一点委屈。自己并不是不想学好，到芷江以来，自己一心想认真办事，好好做人，却不明白为什么结果偏偏与自己预期的全然相反，这责任似乎不该全由自己负担，可又不知道该怪罪谁。

他呜呜地哭了。

他将写给母亲的信，连同在钱庄存款的票证，一起留在家里，用一张包袱，胡乱裹起一些换洗衣物，然后搭上一条开往常德方向的船，瞒着母亲和熟人，悄悄地离开了芷江。

四、小客栈里的“红娘”

船到常德停泊后，沈从文带着随身小包袱，上岸寻找宿处。常德不是这次出走预定的终点，但他必须在这里转船，才能继续远行。

他在沿河码头的河岸上走着，心里仿佛极为悲壮。芷江的事做得实在太过丢脸，他也曾模模糊糊萌生过用什么方法结束自己生命的念头，终又不甘心就这样死去。唯一的办法就是走得越远越好，到北京去，到一处没有任何熟人的地方去，不独让家里和熟人不再知道自己的存在，忘记自己丢人现眼行为，也让时间洗刷尽自己因痴心糊涂所蒙受的耻辱。

他来到中南门里，寻找那个取名“平安”的小客栈。他早先就听说，这客栈的老板和自己的大舅相熟。当年办邮政局时，大舅来常德办事，就住在这个客栈里。当他终于找到这个小客栈时，突然从旁边蹿出一个人来，拦住了他的去路。

“哈，这不是四弟吗？什么风把你吹到这里来了？”

“……”

那人将沈从文上下打量一番：“看样子，你是来寻找住处的吧？我们兄弟有缘分，我也住在这里。你就和我住一处吧。”

沈从文一眼就认出他是表哥黄玉书，大舅的儿子。记得小时，因黄家姑表姐妹多——聂家四个，杨家一个，沈家两个，这表哥一天到晚便在她们圈子里转，一来便叽叽喳喳说个不停。沈从文的外婆一听见他的声音就烦：“这叫雀儿又来了！”

在这陌生地方见到自己亲戚，沈从文宽了点心。到客栈里后，各人问起对方情况，沈从文得知表哥从常德师范学校毕业后，跟随大舅跑过北京、天津许多大地方，各处找事做没有结果，没奈何回到常德等待机会的。到后听沈从文说及离家的原因和去北方的打算，黄玉书说：

“老弟，这点点事有什么要紧！想开点，车到山前自有路。要去北京？莫急，先陪我在这里住一阵子，实在不行，明年我和你一同去。路太远，麻烦事多，两人同去也好互相照应。”

听表哥说得有理，沈从文便随他在这小客栈里住下来了。两人名为等机会找事做，实为本地人所说的“打流”。每天除了在客栈里吃饭、睡觉，便是到常德大街小巷、河边码头各处闲逛。

常德是一座中等城市，湖南著名的水码头，沅水从城南流过，下注洞庭，上贯川、黔，扼住湘西的咽喉，为各种货物上行下放的中转集散地。绵延千里的沅水流域及上游十多条支流，十多个县出产的桐油、药材、牛皮、猪鬃、烟草、水银、五倍子、生漆、鸦片烟，从这里经洞庭运往长沙、武汉、上海；东南沿海所产鱿鱼、海带、淮盐、花纱、布匹、煤油、药品、白糖等，也经这里运往湘西及川、黔边境吸收消化。这作成了常德商品经济的发达。表面看来，城里活动着的各种军政要人，清客幕僚，城门口张贴的因时局变化而变化的各种税收广告、政治宣传品、广东上海壮阳补虚药物和“活神仙”“王铁嘴”一类人物看相卖卦广告，以及经营妓女业的人物，正维持着市面的“繁荣”，而真正支持着这一切活动的，还是河面上几千大小船只和数万名掌舵、拦头、推船、拉纤、抛锚各种水手。

因此，真正吸引沈从文的，还是那条几里长的河街和码头。每天，沈从文都要在那条河街上走一两个来回，看小孩子斗鸡、打架，军队中人放马，染坊工人下河漂布，听卖糕人敲竹梆，卖糖人打小铜锣。有时，一个妇人因家里的鸡被人偷，正坐在长街门前，一面“砍脑壳”“杀千刀”乱骂，一面用菜刀在一块拟作偷鸡人的木板上剁。住“麻阳街”一段的妓女，身穿印花红绿洋布衣裤，粉脸油头，一边坐在门前长凳上晒太阳剥葵花籽，一边用麻阳人腔调唱歌。船拢码头后，一时间满街都是水手提了干鱼，扛着大南瓜，船老板携带各种礼物到处走动，分送亲朋熟人。每当那些学生模样的青年男女从码头上岸，随身行李上正贴了上海、北京旅馆的标签，沈从文必赶上去辨认那些标签，打量它的主人来自何处。遇有送葬队伍过身，他又跟在后面到墓地去，看他们下葬的方法与湘西地方的异同。

他还喜欢站在码头上，辨别沿岸停泊的各式各样船只和各种不同气质、禀性的弄船人。除了在沅陵见过的洪江油船、麻阳船、辰溪船、洞河船、白河船，还有三桅大方头，俗称“大鳅头”的盐船，头尾尖锐、装运粮食飞越洞庭湖的“乌江子”和来自常德不远处、专载人客的“桃源划子”。前两种船算是沅水流域的外来客，后一种可说是本地户。令沈从文感到十分稀奇的，是船只与弄船人性格的某种契合处。一如洪江油船的颜色鲜明、富丽堂皇，船老板也照例高高个头，穿长袍，罩青羽纹马褂，戴呢帽或小缎帽，腰佩麂皮抱肚，上系粗大银链，脚蹬生牛皮靴，踩得地面“杤杤”地响。拔锚开船时，擂鼓敲锣，在船头烧纸点香，放千头子鞭炮，煮白肉祭神；麻阳船头尾高扬，秀拔灵便，船主人一如洪江油船老板装扮，却口舌灵便，善应酬交际，见人便请教仙乡何处，贵府贵姓；白河船因沅水支流白河（又名酉水）而得名，因白河多乱石险滩，水势险峻，故船身极为坚实，不怕碰撞，弄船人多为土家人，剽悍结实，一身劲鼓鼓样子，随时作成预备与人斗殴神气；洞河发源于所里（今吉首，原属乾州）苗乡，河面不宽，水势却较平稳，故洞河船船身轻巧，船舷低平，驾船的所里人身材小巧长相俊气，唱歌嗓子极好听，水手中间有苗人，为人老实、忠厚、纯朴戆直；“桃源划子”恰如飘落水面的一片木叶，专供来往木材商人、私烟贩子、公务员、男女学生搭乘，划船人费力不多，收入不错，身上便生懒筋，多抽鸦片的瘾君子，暗中还为有钱木材商人拉皮条，引人到那销魂的地方去；还有那些原木结扎的木排，一到桃源、常德，很快不见了踪影，放排人多来自沅水各支流沿岸深山，生性豪爽，视钱财如身外之物，信奉“生不带来，死不带去”的古训，木排一脱手，便撒手花钱，喝酒吃肉，找妓女胡闹，原打算给家中母亲妻儿带点大码头稀罕用品，到后常常空手而归，照例毫不在意，出了气力，见了世面，得了快活，值得！山里人的过剩精力和钱财，转眼间被消化吸收后，他们便带了一种满足，转身回去。几个月之后，一切又从头开始。也有少数人白手发家的，到后总免不了花钱替相好妓女赎身，带回家去做妾。

这真是一部活生生的文化地理学。沈从文不仅充满兴趣地翻阅这一切，领悟着它内含的意义，还经常找那些身份卑微的下层人物攀谈。与这些人谈话所得印象是那样强烈，以至后来他进入大都市，总不忘拿它与城里读书人谈话所得印象对比：

> 一个人既然无事可作，因此到城头看过了城外的一切，还觉得有点不足时，就出城到那些大场坪里找染坊工人与马夫谈话，情形也就十分平常。我虽然已经好象一个读书人了，可是事实上一切精神却更近于一个兵士，到他们身边时，我们谈到的问题，实在比我到一个学生身边时可谈的更多。就现在说来，我同任何一个下等人就似乎有很多方面的话可谈，他们那点感

想，那点希望，也大多数同我一样，皆从实生活取证来的。可是若同一个大学教授谈话，他除了说说书本上学来的那一套心得以外，就是说从报纸上得来的他那一分感想，对于一个人生命的构成，总似乎缺少一点什么似的。[1]

可是，眼前的景物人事，却无法完全驱散促使他出走常德那件蠢事罩在心头的阴影。这期间，沈从文也曾写信给母亲，信中充满自责和忏悔。母亲回信说：

“已做过了的错事，没有不可饶恕的道理。你自己好好地做事，我们就放心了。”

读到母亲的信，沈从文想象着母亲为自己不争气伤心落泪的样子，便独自跑到城墙上去哭。其实，母亲对这事看得很开。事情反正已经做了，埋怨责备毫无用处，很有点“破甑不顾”味道。只是担心沈从文凡事当真的“乡下人”脾气，将来还有被城里“聪明人”要弄的时候。

同时传来消息，在沈从文离开芷江不久，那位唤起他心中恋情的女孩子，出发到外面读书时，在船上被土匪抢去做了押寨夫人。听到这消息，沈从文怅然若有所失，便仿照失意墨客样子，在客栈墙壁上，题写了两句唐人传奇小说上的诗，“佳人已属沙咤利，义士今无古押衙”，抒发自己心中的感慨。后来，那女人被一位黔军团长花重金赎去，团长不久又被枪毙。不知是出于看破了红尘，还是走投无路，这女人终于进芷江洋教堂做了一名修女，去侍奉冥冥中的天主了。

沈从文似乎也有点将世事和女人看淡，既无意读书，也无兴趣练字了。

但目前的处境却不允许他处之泰然，“平安”客栈不平安——钱首

[1] 见《从文自传·常德》。沈从文．沈从文散文选 [M]. 北京：人民文学出版社，1983.

先成了问题。他和表哥所住的客栈，每人每天需付三毛六分钱食宿费。沈从文早已一文不名，大舅每隔一两个月给表哥寄二三十元钱作为接济。钱寄来后，黄玉书总要留下一部分，买两斤五香牛肉干以备不时之需，每次最多交给客栈二十元，因此老是结不清账。按客栈规矩，每五天结账一次，到时两人照例支吾过去。账越欠越多，店里对表兄弟两人的态度也越来越冷淡。两人先是住三面大窗的“官房”，到后被借故调到只有两片明瓦透光的小储物间。两人也故意装痴，不表示任何异议。照客店旧规，客人既不翻脸，主人就不能下逐客令。可是每到吃饭时，老板娘却意有所指地发牢骚：

“开销越来越大了，门面实在当不下，楼下铺子零卖烟酒点心赚的钱，全贴楼上了，还有人吃八方饭！”

沈从文和表兄只低头吃饭，装作没听见；或陪着笑笑，却不答腔。

除冷语讥诮，老板娘还有一手。吃过晚饭，老厨师带一本油腻腻账本走上楼来，十分客气地要向客人借点油盐钱。黄玉书装成见过世面的老江湖神气，接过账本随便瞄瞄两人名下所欠数目，又毫不在意地将账本推开，拿腔拿调地说：

“我以为欠了十万八千，这几个钱算什么？内老板四海豪杰人，还这样小气，笑话。”随即掉过脸来对沈从文，“老弟，你想想看，这岂不是天大的笑话！我昨天发的那个催款急电，你亲眼看见，还不是迟早三五天就会有款来了吗？”连吹带哄将老厨师打发下楼。

店老板有个干女儿，16岁，长得又白又胖，常常找个借口上楼，故作娇态地要黄玉书剪点鞋面、围裙花样。离开时，总要悄悄留下一包寸金糖或芙蓉酥，黄玉书照收不误。他一面吃芙蓉酥，一面笑那女孩子长得像一团“发糕”。每次将老厨师支走后，黄玉书便对沈从文长长吁一口气，说：

“老弟，风声不大好，这地方可不比巴黎，我听熟人说，巴黎的艺术家，不管做什么事都不碍事。有些人欠了20年房饭账，到后来索性做了房东丈夫、女婿，日子过得蛮好。我们在这里攀亲戚倒有机会，只是我不大欢喜吃‘发糕’，正如我不欢喜从军一样。我们真是英雄秦琼落了难，黄骠马也卖不成！”旋即又模仿私塾先生拈卦吟诗神气，抑扬顿挫地哼道：“风雪满天下，知己能几人？”

凡事虽有表哥在前面挡着，黄玉书又生性豁达，凡事放得开，能苦中作乐，沈从文却感到心里不安，这样下去怎么办？在苦撑了五个月后，沈从文催表哥想法找事做。那时，离常德90里的桃源县，驻有一支湘西地方军队，是当年陈渠珍指挥的靖国联军一部分，贺龙在其中担任一个支队的司令。曾和贺龙拜过把兄弟的向英生，也是凤凰人，此时正带着妻子住在常德春申君墓旁的一个大旅馆里。向英生曾留学日本，一身抱负，做事非知县、道尹不干，同乡人皆以为“狂”；曾做过知县，思想新，一心只想改革，到后理想在现实面前碰壁，反把到手的空缺革掉了。他与三教九流都有来往，目下虽无事可做，却一切应付裕如，沈从文怎么也弄不懂他钱自何来。在沈从文催促下，表兄弟两人便去找向英生，请他代为介绍，到桃源去找事做。向英生十分热情地写了介绍信，要二人去找贺龙。生性厌恶当兵的黄玉书，只得和沈从文一道去桃源见贺龙。没想一见面就谈妥，贺龙爽快地答应让黄玉书做13块钱一月的参谋，沈从文当9块钱一月的差遣，让他们回常德收拾一下就来上任。送客时，贺龙还十分客气地对两人说：

“码头小，容不下大船。只要不嫌弃，留下总可以吃吃大锅饭。”

可是，没等二人去上任，一件新鲜事来到他们中间，把他们继续拴在了常德。

那时，沈从文的七舅娘正在常德一所小学校里教书，表兄弟二人一道去看望她时，得她介绍，认识了在同一学校任教员的杨光蕙小姐。这位杨小姐也是凤凰县人，家住离城45里的得胜营（吉信），在桃源省立第二师范学校读书时，和黄玉书一样，学的是音乐美术。两人既是同道，一见面就有了交谈的兴趣。加上黄玉书平时性情洒脱，一事不做，整天能自我陶醉唱歌；人又年轻，一对大眼睛乌黑发亮，虎虎有生气；擅长作通草画，一件作品送什么“巴拿马赛会”，还得过铜牌奖。见面不久，两人就相互钟情，心里燃起爱情之火。

那所小学校离沈从文所住的小客栈有3里路远近。从此，黄玉书几乎每天都要拉沈从文作陪，到学校去见杨小姐。遇到有熟人来客栈相访或是天上下雨，黄玉书未能去时，杨小姐必托校役带一封信来，说有要事相商。到那里后，黄玉书和杨小姐坐在学校礼堂的一架大风琴旁，一面弹琴，一面聊天。沈从文就站在礼堂外面替两人观风，一见到那位校长老太太走来，就赶紧通知他们。因此，校长一到礼堂门口，里面的琴声就忽然高了起来。这老太太见此情景，便非常和气地笑笑：

“你们弹琴弹得真不错！”

老太太说的究竟是并不知情的应酬话，还是语含双关，用“弹琴”作“谈情”的谐音，一时难得分明。可两个当事人却相互会意，脸上讪讪起了红晕。

回到客栈，黄玉书便忙不迭地给沈从文作揖，要他代笔给杨小姐写信，沈从文照例推辞不过。黄玉书自己却躺在床上，一面口里哼着曲子，一面闭目温习与杨小姐见面时的情形。信写好后，沈从文从头念给他听。黄玉书听他念完，一面摇摇翘起的大拇指，一面连声夸奖：

“老弟，妙！妙！措辞得体，合适，有分寸，不卑不亢，真可以登报！”

接着，黄玉书叫来茶房，要他将信给杨小姐送去。茶房却借口有事走不开，婉言推辞了。无奈，只好再由沈从文代劳，替两人传书送柬。就这样，替黄玉书前后写了30多次信，跑了30多个来回。有几次，杨小姐还和沈从文谈起，这信写得如何如何好，看不出，黄玉书还真有点文才。沈从文听了，心里好笑却不敢笑，又不知如何作答，只得含含糊糊敷衍过去。回到客栈里，沈从文向黄玉书说起这件事，黄玉书一面哈哈大笑，一面说：

“老弟，你看，我不是说可以登报了吗？”

沈从文虽然为自己和表哥制造的这点“奇迹”开心，心里间或也浸入一丝苦味，一点委屈。离开芷江，摆脱了自己在那场爱情游戏中让人捉弄的尴尬主角地位，想不到现在又轮到来替表哥做鸿雁传书，充当起这场并非游戏的爱情里的一名配角。虽然做这些事情时，出于替表哥尽一份义务，做得有滋有味，过后想想，也就感到有些无聊，心里空落落的。流落到这小客栈里，整日无事可做，这样混下去，何时是个了结？而这时，沈从文和表哥在客栈里的地位再一次跌落。客栈方面变着法子将他们的住处又一次作了调整，从那个没有窗户的小储物间搬到了紧靠茅房的一个特别小的房间里。沈从文再也忍受不了这份人格上的屈辱，奈何手中无钱，人前讲不起大话硬话去维护自己做人的尊严。唯一的办法仍然只有那一个“走”字。

然而，走到哪里去呢？

先前，和表哥去桃源见贺龙时，沈从文在那里碰到从保靖总部派来做译电的表弟聂清。后来，贺龙应允的差事虽没作成，沈从文却有机会免费坐船去桃源表弟处玩过几次。在那里，他见到这支当年的“清乡”军队，面貌与从前自己所在军队大有不同。不独枪械较前整齐，纪律也严格，上下官兵精神极有生气。沈从文入伍当兵的愿望变得强烈起来。恰巧这时，有一只运军服的帆船，正预备从常德上行到保靖去。押运这只军服船的人，名叫曾芹轩，过去曾是沈从文哥哥的朋友。在桃源的那位表弟也正要随船回本队去。由于亲眼见到驻防桃源军队的变化，对陈渠珍又怀了几分敬佩，沈从文下决心跟船去保靖，再想办法在军队里谋一碗饭吃。

临行前，由七舅娘出面与客栈方面交涉，只说："欠的账挂着，将来发了财再还！"客栈方面碍于过去熟人面子，事到如今，即使不准走人也于事无补，只好自认晦气，同意让沈从文只管走路。

终于有一天，沈从文搭上那只运军服的帆船，溯流而上，去寻找人生新的机运。

第四章

生命的转机

一、船上岸上

将那个随身小小包袱随手搁进船舱，沈从文重重地吁了一口气。望着身边脚下向东流去的浩荡江水，身上仿佛有了一种解脱重负的轻松。从此，可以不再看人冷脸，听客栈老板娘指桑骂槐的讥诮，承受难以忍受的无形压力。宛如一匹囚困樊笼的山麂，被放归到大自然，去寻找另一个能适情怡性的生存圈。或许，在前面等着它的，将是另一种严酷的生存竞争，但只要能活，便能像一匹真正的山麂似的活下来，即或死去，也能像一匹真正的山麂那样去死。

眼下，在这条船上，组成那个小小生物圈的，除了曾芹轩、沈从文和表弟聂清，还有一个拦头工人，一个舵手。

这段700余里水路航程，并不轻松。沈从文离开芷江时，还是秋凉时节，现在已近年关，又是严冬奇冷季节，江面上寒风裹挟着湿气，直冷到人的骨髓里去。为安全计，这只帆船随一队百来只货船同行，两岸上有一队士兵护送。这些士兵每天晚上轮流站岗放哨，白天沿岸步行，遇船出事，还得帮助船夫，十分辛苦。沅水河滩极多，尤其靠近沅陵一段，青浪、横石、九溪、白溶，滩连滩接，白浪滔天。单是青浪滩就是40里水路，船只顺流而下只需20分钟，逆水上行便需整整一天。上滩时因河槽狭窄，又是逆流行驶，船只像蜗牛似的在水面上爬行，每天不出事耽搁，也只能走 30 里。为减轻船只重量，每逢上滩时，沈从文三人就上岸，顶风冒雪跟着纤夫脚迹走，有时还得爬山绕道而行。饮食也极简陋。离开常德时，沈从文身上带了一块七毛钱，表弟聂清则有二十块钱。一到船上，这些爽快大方的山里人，就立即实行临时“共产主义”。船行不到 100 里，所有的钱便花得精光。随后，每天就只能烧辣椒蘸盐水下饭。

尽管如此，三个人精神上仿佛皆无负担，一路嘻嘻哈哈，过得十分快活。冷了，几个人一面放翻身子，钻进船舱棉军服里取暖，一面听曾芹轩讲各种下流野话和他的风流韵事。

> 他那时年纪不会过二十五岁，却已赏玩了四十个左右的年轻黄花女。他说到这点经验时，从不显出一分自负的神气，不骄傲，不矜持。他说这是他的命运，是机缘的凑巧。从他口中说出的每个女子，都仿佛各有一份不同的个性，他却只用几句最得体最风趣的言语描出。我到后来写过许多小说，描写到某种不为人所齿及的年轻女子的轮廓，不至于失去她当然的点线，说得对，说得准确，就多数得力于这朋友的叙述。一切粗俗的话语，在一个直爽的人口中说来，都常常是妩媚的。这朋友最爱说的就是粗野话。在我作品中，关于丰富的俗语与双关比譬言语的运用，从他口中学来的也不少。[1]

一路上，他们还听拦头和舵手就地即景，讲述沿河各种传说和故事：沅陵边境柳林岔地方，沿河高岸上有一条长长铁链，拉向山上的神庙。

[1] 见《从文自传·船上》。沈从文 . 沈从文散文选 [M]. 北京：人民文学出版社，1983.

这铁链里，藏着一个动人故事。本地一个年轻美丽寡妇，爱上了对河庙中一个年轻和尚。那和尚却心如木石，不加理会，寡妇便 20 年如一日，每天以烧香为名，去看望那个和尚，那铁链就是儿子为母亲走路方便所修；青浪滩脚，伏波宫滨河而立，空中飞着黑色的鸦群，传说这乌鸦是汉代马援接船送船的神兵，每逢船下行时，鸦群便在船头空中盘旋，船上人必得抛掷食物，由鸦群在空中接食，照规矩，任何人不得伤害这些乌鸦，伤其一只，必须赔一只大小相等的银乌鸦。……

旅途虽然辛苦，却不寂寞。

18 天后的黄昏时节，船队停泊到沅陵南门码头，这天恰好是阴历正月初一。沈从文和聂清、曾芹轩三人空手上岸，跑到市街热闹地方，看了一气春联。这对于沈从文，也算得一次故地重游。他兴致极高地向聂清和曾芹轩谈起几年前驻防沅陵时的各种往事。看过春联，三人返身路过一个屠户铺子，沈从文猛然想起一件往事。这个铺子里的屠夫，原是一个退伍士兵，为人蛮悍好强，会几手拳脚，与人打架，一时谁也不是他的对手。当沈从文向曾芹轩和聂清说起这件事时，只听得脚前“叭”的一声响，三人冷不防吓了一跳，赶忙定神看时，一只大爆竹正炸得纸屑乱飞。曾芹轩前后左右扫了一眼，见四下无人，觉得这爆竹来得蹊跷，赶紧拉着两人走过屠户门前不远处停下，回过头来，似乎有所等待。这时，又有两个商人模样的人从屠户门前过，突然从屠户楼上迅速飞下一个爆竹，在两个商人脚前炸响了。两个商人吃了一惊，相互望了望，仿佛明知怎么回事，现出一种无可奈何惹不得神气，赶紧走开了。曾芹轩恨恨地说：

“这狗杂种故意吓人，让我们去拜年吧！”

话音未落，他已经抢到屠户门前，一边举手拍门，一边异常和气地叫：

“老板，老板，拜年！拜年！”

不一会便听见有人下楼来开门。门刚拉开，曾芹轩一眼看清就是那个退伍士兵屠夫，拱手之间，突然挥起拳头，朝屠夫脑门上击去，只听“通”的一声，门口灯光烛影里，仰天倒下了那个屠夫。接着，屠夫口里咕噜咕噜一阵乱骂，楼上也有人急问：“怎么回事？”

曾芹轩斗鸡似的昂着脖子，破口大骂：

“狗肏的，把爆竹从我头上丢来，你认错了人。老子打了你，有什么话说，到中南门河边送军服船上找我。老子名叫曾祖宗。”

说罢，摸出一个名片朝门里丢去，返身拉着沈从文和聂清的膀子，哈哈大笑着扬长而去。

回到船上，三人以为那屠夫过不久会赶来比武，曾芹轩在腹部扎起一个软牛皮大抱肚，拣选了一块合手的湿柴，沈从文和聂清也从河滩上捡回一堆卵石，预备这屠夫到来时的一场恶斗。可是直等到半夜，也不见那屠夫赶来。

第二天，起锚不久，船队从沅水转入白河。白河水容量虽不及沅水，却比沅水凶险。从沅陵到保靖，要过凤滩、茨滩、绕鸡笼、三门、驼碑五道著名险滩。弄船人有句口碑：“凤滩茨滩不算凶，上面还有绕鸡笼。”船上凤滩、茨滩，纤夫必须身背手挽纤绳，身子贴地，拖着船在河道小小容口间破浪逆流上行。绕鸡笼的河床，全由坚硬石板叠成一道道不规则石坎，船下行时，箭似的跌跌撞撞跌下石坎，稍不留神，触石即成碎片。

船慢吞吞爬过了凤滩，气喘吁吁地爬过了茨滩，又大口大口喘着粗气，跳石级似的跳过了绕鸡笼。

也不少在较平缓的长潭里航行的时候，沈从文有机会来欣赏两岸迷人景致。人文历史与自然地理的交织，使沈从文生出许多感慨和惊讶。

船过乌宿，附近有大酉洞，那是远古传说中的藏书之地；过永顺会溪坪，楚王马希范与当地人立约休兵的铜柱，历千载风雨，在河岸边赫然而立；沿河崖壁的洞穴边，高高悬起赭色棺木，那是远古人类崖墓葬遗迹。过王村，两岸清奇壮丽风光历历在目。

> 夹河高山，壁立拔峰，竹木青翠，岩石黛黑。水深而清，鱼大如人。河岸两旁黛色庞大石头上，在晴朗冬天里，尚有野莺画眉鸟，从山谷中竹篁里飞出来，休息在石头上晒太阳，悠然自得啭唱悦耳的曲子，直到有船近身时，方从从容容一齐向林中飞去。水边还有许多不知名水鸟，身小轻捷，活泼快乐，或颈膊极红，如缚一条彩色带子，或尾如扇子，花纹奇丽，鸣声都异常清脆。白日无事，平潭静寂，但见小渔船船舷船顶站满了沉默黑色鱼鹰，缓缓向上游划去。傍山作屋，重重叠叠，如堆蒸糕，入目景象清而壮。[1]

船终于到了三门滩，这里距保靖70里水路。河边一山，名白鸡关，夹岸石壁插云。截面大如桌面的古树，森森而立，二丈五尺深的茅草，长得密密匝匝，仿佛藏有许多恐怖与神秘。河床大石林立，激浪咆哮，只听满谷雷鸣。

船只正由纤夫拉着上滩，忽听拦头的叫一声“不好！”船头便“砰”的一声撞到一块巨石上。沈从文赶紧爬出篷舱看时，只见船头缆绳已断，船的右半弦已被撞碎，刹那间船已失去控制，正跌跌撞撞急速向下漂去。三人一下子傻了眼，不知何以为计。5分钟后，船上就灌满了水。幸亏

---

[1] 见《湘西·白河流域几个码头》。沈从文．沈从文散文选[M]. 北京：人民文学出版社，1983.

装的是棉衣，船一时尚未下沉。两个驾船的虽不惊慌，种种努力却无法使船靠岸，只得听凭船只漂了三里路远近，到了水势较缓处，才半靠气运，半靠人力，让船搁到了河边水浅处。

不一会，十几个纤夫和护送的士兵，都气喘吁吁地赶来了，船上几个人全身也弄得透湿。大家互相望着对方吃惊狼狈样子，一句话不说，只是“嘿嘿”傻笑。

从这里到保靖，走旱路只有 45 里，水路尚需两天才能到达。这里虽然偏僻荒蛮，却无土匪出没。因此，其他船只便不再停留，继续开船走了。留下的纤夫拆下破船上的篷板，在河滩上临时搭起一个棚子，准备在这里过夜。

天色终于黑下来了。两岸高山影影绰绰，作成朝河滩上扑下的神气。虽然满河水响，反倒让人觉得静寂得害怕。为了防止荒山中猛兽侵袭，大家在河滩上烧起两堆大火。沈从文三人伴同几个拦头、舵手、纤夫，在河滩上听了一夜滩声。

这天恰是正月十五元宵节。

到保靖后，沈从文住在另一位在军队里做书记的表弟那里。他只想得一个说话有分量的人介绍，到陈渠珍或其他军官身边做一名护兵。虽然这支军队里有不少年轻同乡，却也人人地位卑下，无从措力。但大家都热情帮忙，这人借一件军服，那人借条皮带，第三人拿出一双鞋子，将沈从文打扮成一个仿佛训练有素、懂规矩不苟且的兵士，然后由表弟带领，到军法处、秘书处、参谋处拜会那些高级军官。对方每次都说可以设法，却照例毫无结果。大约一来这些军官都有护兵，或是苗人和乡下人，或是亲戚子侄，前者做事能吃苦，后者办事较可靠；二来这些军官都认识沈从文父亲，让他当护兵，将来熟人见面不好意思。

沈从文只能随遇而安，耐心等待机会，谁知一等就将近半年。几个月里，每天早晚到吃饭时节，他便赶紧跑到同乡熟人那里去，不问情由不管地方，只要有饭吃，拿起碗便吃。晚上到应该熄灯睡觉时，就和表弟钻一个被窝，抵足而眠。生活过得虽然和常德时一样清苦，却因为周围都是差不多年龄的同乡、熟人、朋友，相互间一律平等，要骂就骂，要打就打。打过骂过，不久又如同什么事也没发生一样，少了那份看人冷面的委屈。沈从文虽然很少和人寻衅，却也不缺少湘西人那种倔强脾气。一次，因一件小事和表弟发生争执，互不相让。睡到半夜，沈从文突然动了气，不高兴和表弟睡了，半夜里又不能另找住处，就一个人走到养马的空屋里，爬进一个干马槽，呼吸着混有马料和干马粪味道的空气睡了一夜。第二天一早醒来，想起夜里发生的事，忿气依然难平，就跑到表弟住处，拿起那个随身小小包袱要走。不料表弟软硬兼施，用笑话逗趣，两人又讲了和，笑着在地上扭成了一团。又一个晚上，这表弟与一个同事争论一个问题，双方各持己见，都不服输。这表弟便对那人说：

"你不服气吗？那好，我两个出去打一架定高低！"

对方竟也披上衣服，跟他走到一个菜园里，两人摸黑扭成一团，将一大片白菜踩得稀烂。两人身上都滚了一身泥，鼻青脸肿地悄悄摸回住处，各自睡去。第二天吃早饭时，旁人从两人鼻眼间看出蹊跷，刨根问底，两人又哈哈大笑，昨夜里一时的芥蒂立时冰化雪融。

那时，陈渠珍在保靖城外白河边办了一所联合中学，集合了一群湘西 13 县选送来的年轻学生。平时课余时间，这群野性未泯的中学生便下大操场踢球。不久，这游戏传染了军队一些青年士兵，无事时也来这里赛球。踢法没有规矩，不限人数，到时一窝蜂下场，将球到处乱踢。沈从文因无事可做，也就常常跟那些青年学生吼叫着满场乱跑。学校四周无围墙，只用带刺铁丝网围着。有时一脚将球踢出校外，那些学生怕受处罚，往往要绕道捡球。沈从文在场时，常常自告奋勇，爬过铁丝网拾球。他很高兴当着众人的面做这种事，以获得那些青年学生的夸奖。如此一来，沈从文在他们眼里简直像个英雄，并因此结识了许多朋友。

这些青年学生朋友中，有三个是沈从文的同乡。一个姓韩，一个姓杨，另一个名叫印鉴远，眼睛虽然近视，却是个球迷。那操场上牛粪极多，印鉴远却常常分不清哪是牛粪，哪是皮球。一次与人争球，他将一堆牛粪误作皮球，拼命一脚踢去，弄得对手全身一塌糊涂。他极其迷信命相，常为自己有一条好鼻子而得意。有人问他将来做什么时，他就捏住手指打一个响榧子，说：

"不要小看我印瞎子，我不像他们那么没出息！我要做个伟人！说大话不算数，你们等着瞧吧。看相的王半仙夸奖我这条鼻子是一条龙，赵匡胤黄袍加身，不儿戏！"

有一次，沈从文和他一起过渡，去对河野猪岭看乡下人新捕获的豹子，两人手里空空，无法付过渡钱。船快靠岸时，印鉴远对撑船人说：

"撑船的，伍子胥落难的故事你晓得吗？"

撑船人说："我晓得。"

"你晓得？很好。我认准了我这条鼻子，将来有你的好处。"

撑船的明白是怎么回事了，也指着自己鼻子说："少爷，不带钱不要紧，你也认清我这鼻子！"

"我认得，我认得，不会忘记。这是朱砂鼻子，按相书上说主酒食。你一天能喝多少？我下次同你来吃个大醉吧！"

…………

由于在书记处和表弟搭铺同住，几个月下来，沈从文与所有在书记处做事的书记都熟悉起来。每当书记处事情较多，忙不过来时，沈从文便去那里帮助他们抄写一些不重要的训令、告示之类。一天，沈从文正伏案抄写一件信札，来了一个高级参谋，见沈从文面生，就走过来问：“你是什么名义？”

沈从文以为对方识破了自己身份，责备一个外人不应插手军中公务，心里一阵发慌，赶忙站起来，怯怯地说：

.“我没有名义，是来这儿玩的。帮他们忙，抄写这个文件。”

书记官见状，赶紧替沈从文圆场：“他字写得好。先前做过司书，做事很里手，亏他帮了我们好多忙。”

那高级参谋拿过抄件看了看，那字果然写得比其他书记都强，行文款式也一丝不苟。于是，询问了沈从文的姓名、籍贯，意义不明地笑了笑，随后将沈从文名字开报上去，当天就批准沈从文做了四块钱一月的司书。沈从文后来知道，那高级参谋姓熊，自己小时候同伴熊澧南的哥哥。

饭碗有了着落，沈从文做事格外认真。由于先前有过做司书的经验，字也写得格外出众，又能纠正文件中的笔误和款式可斟酌处，他的月薪不久就加到了六元。沈从文因写字而“发迹”，就更加发狠练字。他经常注意报纸上有正书局广告，将每月一点薪水攒积起来，五个月内就买了 17 块钱的字帖。那位书记官仿佛看透了沈从文心事，常常在别人都已熄灯睡觉时，用一份廉价的夸奖，将沈从文送上办公桌，在一盏油灯下赶写紧急公文。

书记处的事虽不少，却多带突击性。每天有训令、命令抄写时，不管多少，四个书记一齐动手，写完为止。遇文件实在太多了一点时，其他部门的书记照例会赶过来很高兴地帮忙。因此，他们仍有许多闲暇时间，跑到外面去玩。在这群年轻士兵中，沈从文有几个最要好的朋友，陆弢、满振先、田杰、郑子参等，都是凤凰人。每到发薪日子，他们便凑钱打平伙，到街上买狗肉来炖；或轮流做东，到面馆里去吃面；遇到天气好，就到保靖城四周的山上去玩。

那时，保靖仍极荒蛮。四周高山环列，城南后山一带，有狼群出没。城北对河一面大岭，野猪极多，有虎豹活动。即使大白天，也可听见虎啸，声音在山谷中震荡，良久方息。沈从文等人常去的后山，有一乱葬岗子，专埋小孩尸体。每逢有人下葬时，远处总蹲着一群狼和野狗，等掘坑埋人的一走，便将坟扒开，争食小孩尸，沈从文等人去时，为防身自卫计，各人手里捏一根大棒，那些野兽见他们来时，也不逃跑，只静静坐在坟上，露着白森森牙齿，睁着光光的眼睛，与他们对视。直到他们捡起石头朝狼的头上掷去时，方才朝山林里飞奔而去。每到月晦阴雨夜间，狼嚎声就远远近近传来，声音低沉而绵长，似乎夹杂着忧郁与悲伤。这些大多生长在山里的士兵，早已习惯了这种环境，谁也不感到害怕与吃惊。只是为了防野狼夜里爬窗偷袭，一到夜里，就把门窗关紧。这担心并非没有道理，一天夜里果然有两只狼来爬窗子。两个哨兵见状，深夜里不敢开枪，便背靠背站着，用刺刀指定这两匹狼，做出随时准备搏斗的姿势。那两匹狼却若无其事，大模大样从两个士兵面前并排走去。

…………

日子就这样被打发过去。当时，在沈从文看来，这生活过得十分健康和自然。虽然自己和周围的朋友，社会地位极卑微，收入又极少，并常常在一种近于胡闹的场合中将钱花去，性情却处于无拘无束的自由状态。当哭时便放声大哭，当笑时便放肆大笑。要打就打，要骂就骂，大家都赤裸着身心去接近和体验这人生。所接触的世界，正是一个结结实实的世界。在这种接近与体验中，就好像触到了自然的秘密。可是，他们的行径在另一些人眼里，又岂止是胡闹而已。这一切全都是下作、无聊，在他们身上繁殖、蔓衍的，只是一种流氓气和近于流氓气的东西，见到时不能不令人生气。而他们不知文明、道德、社会责任为何物的麻木处，又真正让人可怜。然而，这些君子中的多数却不曾想过，自己所信奉的“文明”“道德”“社会责任”，离开了这种实在的世界，只不过是在书本上和想象的虚空里胡乱抓摸的东西，到后结起账来，仍然是乌有的空虚，反倒把一些作为人的东西丢去了。自省到这一点而仍自尊自大者，是虚伪；不能自省而洋洋自得者，岂不也很可怜？也许人类正划分着许多不同的圈子。在这不同圈子里起作用的，大约正是人们通常津津乐道的那个“文化”。不同文化圈的人们间的隔膜，在实际人生里，比想象的要严重得多！也许，那种能够全身心地从一个圈子爬摸到另一个圈子，并在这种爬摸中，从深处体味人生的人，才是真正有福了！

然而在当时，这一群年轻士兵，也并不曾预备在这种生活里终其一生。同任何时代的青年一样，他们也怀抱着自己的理想。不过这种理想，因时代环境不同，有着独特的式样，并加上楚人身上特有的气质，更加浪漫天真而已。他们眼下之所以各安其分地在这里待下去，正因为他们都相信终有一天机运会来到自己的面前，让他们去施展心中的抱负。并且，这抱负并非各自藏在心里的秘密，他们不缺少相互言志的机会。

这里的自然环境似乎也适合他们抒发情怀。白河一线清流从城北穿山而过，夹岸悬崖石壁，上多洞穴。其中，有两个洞最美丽著名。一在河北大山下面，与县城隔水相望，名叫狮子洞；一在河南，距城约三里远近，名叫石楼洞。这洞踞悬崖，临长河，对河一山，山上数列古松，分布错落有致，景色极为清绝秀丽。这些洞穴里，同样留下了沈从文和他的朋友们的足迹。一次，沈从文和陆弢、满振先、郑子参、田杰一起游石楼洞，面对滔滔东去的白河流水，他们兴奋热烈地谈起各自的志向。有想当苗官守备，在苗乡称王的；有想当参谋长，领兵打仗的；有想做警备队长，保境安民的；也有想行侠仗义，打富济贫的。当大家问到沈从文的打算时，他颇为踌躇起来。他想起自己几年来各处流转接受自己应得一份命运的经历，混一口饭吃常常都没有着落，更看不出有什么事业等着自己去做，生活似乎没有给自己任何凭据。联想到那位近视眼朋友印鉴远自诩的那条鼻子，自己的面相也没有什么特别处，没有眼睛鼻子之类来增加自己的自信。虽然从几年来见到的人生种种变故里，看到了“时间”的古怪，一切人一切事全在“时间”下被改变，死去的不由自主地死去，活下来的，又去接受一份新的命运，只要自己能够结结实实活下去，也将会接受一份新的人生安排，自己愿意在那份新的安排下好好地做一个人；可是，那是一份什么样的安排？轮到自己来做的，又是什么样的事？一切全像眼前的虚空，高远而不见边际。于是，他对几个朋友说：

“我不晓得我该做什么事。将来能做什么就做什么吧。”

这一份答卷，不仅笔者觉得没劲，大约也会让许多青年朋友失望。倘若交给那些大中小学教师批阅，多半会判个不及格。时代已到了20世纪20年代，这些苟安一隅的士兵，还在做着升官发财的迷梦，即便是打富济贫，终不过是绿林好汉的行径，好笑！沈从文也竟然如此胸无大志。古人云，人无志不立。联想到沈从文等人言志之日，在中国其他地方，为数不少的沈从文同辈人，正捋袖奋臂，要肩负天下兴亡重任的高远雄阔之志，不能不感到沈从文的窝囊。可是，倘若承认直到今天，我们许多人真心里的那个志向，不见得比这些人高尚多少，而每个人的人生际遇，在实际上所能做的，也并不依据豪言壮语去安排，那么，又无法不承认沈从文的回答，正有着令人泄气的诚实。

让我们丢开这些空泛不着边际的议论，继续追寻沈从文的人生足迹。

二、人生掀开隐蔽的一角

从保靖通往湘、川、黔交界的官道上，沈从文置身于一队军人之中，正由东向西，脚步匆匆地走着。

此时正值夏秋之交时节，太阳抖着余威，不停地烧烤山林和土地，蒸腾起阵阵滚热的气浪。沈从文身着一件单布军衣，脚上套一双草鞋，背上一个由布单包扎起的背包里，裹着一件旧棉袄，一件旧夹袄，一条夹裤，一双新买的丝袜，一双青色响皮底鞋子，一套白大布单衣裤，褚遂良的《圣教序》、王羲之的《兰亭序》、虞世南的《夫子庙堂碑》以及《云麾碑》字帖各一本，一部李商隐诗集，另加半斤冰糖。背包外插一双自由天竺筷子，一把牙刷，悬一个搪瓷碗，由扣在碗底的铁丝链子系着。腰间缠一条板带，里面放着七块钱。那是出发前支取的九块钱买丝袜、冰糖后的余数。这便是他到保靖后积攒的全部财产。尽管身上没有什么负累，一身洒脱，可这时节走长路，除早晚稍觉松爽，仍极辛苦。由于沈从文心里装着一种企望，和由这种企望激发起来的喜悦，举步却较平时高远。

不久前，沈从文得一个消息：川军司令汤子模派人到保靖联系，请陈渠珍派四个团的兵力，到川东填防。在双方派代表往来洽谈，商定实际接防的时间、防地范围等细节以后，这消息就得到了证实，这次带兵去川东的司令，就是一年前在桃源驻防的那位张姓指挥官，贺龙也以警卫团团长的身份随同前去。

一天，满振先跑来问沈从文："军队开过川东去，要一个文件收发员，九块钱一月，你去不去？如果想去，我去和参谋长商量作调用，要回来也很方便。”

沈从文很高兴。这时，他心里正有一个划算：应当找机会傍近那些有权长官身边，让他们认识一下自己的长处，若机缘凑巧，自己身上的那点长处得到发现、培养、开发，并终于成熟时，也许会争得一份较好的人生安排。现在也许正是一个机会。此外，这次去川东，军队防地最远处可到靠近三峡的涪州（涪陵）。几年前，满振先、陆弢、田杰三人，小小年纪就曾结伴从湖北宜昌出发，徒步沿长江上重庆。听他们眉飞色舞地说起巫峡的雄伟壮丽，沈从文心里好生羡慕！神往着有一天，自己能亲自去巫峡看看。这下机会来了，只要一到川东，去巫峡就不难了。

怀了一点心机，一份秘密，沈从文立即同意了满振先的建议。

现在，他正随着入川司令部的人员，经花垣，从湖南边境小镇茶峒出境，进入贵州，经松桃，再转川东秀山，去龙潭。

一路上，他们过了许多道河，看到许多用原木扎成的渡筏。过茶峒时，只见白河在碧山中穿流，四川洪安镇、贵州茅坪寨与茶峒傍白河鼎足而立，为三省边境苗、汉、土家族杂居之地。白河两岸茂林修竹，秀色宜人。滨河一座白塔，与横亘在青山翠林之间的一列白崖呼应，映日照月，景物如洗，轮廓十分鲜明；入四川边境，翻过一道高山，山名棉花坡，上32里，下35里，站在山顶废堡前四下看时，云蒸雾腾，群山如巨鲸在大海里攒动；过一个集市，那里每场有5000匹牛马交易；又过一座古寺院，寺南有一白骨塔，塔顶形似穹庐，石墙上雕满佛像，塔底一个圆坑，呈锅底状，里面人骨零乱，有些腕骨上还套着麻花纹银镯，也无人摘取。据说一年前闹神兵，死了一城人，半年后将人骨收拢在这里置放，三年后再行火化。

他们一共走了六天，由于人多，打前站的无法全部安排住宿处，地位卑微的只好各自设法。有三个晚上，沈从文抱一条长凳睡觉；一个晚上，和另一人分占一张方桌；剩下一次，连长凳也没到手，不得已跑到外面，在稻草堆[1]里过夜，看金色流星划过墨蓝色夜空。

六天后，入川军队一部分继续向西上行，司令部却在龙潭驻扎下来。

沈从文的职务是机要收发员，负责收发文件，然后加以登记备查。文件按性质分平常、次要、急需三类，每类又分收、发两项，用六个簿子分别记载。再加一本总账。每天晚9点，沈从文抱着七本簿子，送参谋长转司令官检查，画押后再抱回来。这职务事情不多，地位较司书略高，还可以不交伙食费，每月可净得薪水九元。得了钱，沈从文就邀朋友上街吃面；无事可做时，就到龙潭镇上各处去玩。龙潭是川东边境上一个重要集镇，是川盐（岩盐）入湘之道，又是川东桐油集散地，市面倒也繁荣。有大油坊、染坊、酿酒槽场、官药店、当铺；有邮政局、陈设干净整洁的客栈，以及经营妓女业的“私门头”。镇边有一条小河，一个湘川边境远近闻名的龙洞，洞口阔大宽敞，高约十丈，洞深半里处还可透光。一股寒流从洞里流出，长年不竭。手入水中，浸骨地冷，即刻发麻失其知觉，大六月天无人敢入水洗手洗脚。沈从文每天都要到这洞里去一次，在洞里大石板上，一面坐听洞水漱石声音，一面吹凉风解热。最后用一个大葫芦，灌满凉水，带回来送同事朋友解渴。

那地方既有小河，我当然也欢喜到那河边去，独自坐在河

[1] 按湘西、鄂西、川东、黔东北农家习惯，禾稻收割去粒后，依一定形状将稻草在露天里存放。以一根碗口粗细圆木做桩，桩高约两丈，以木桩为中心，将晒干后成束稻草呈圆形码起。顶面成圆锥形坡面，虽经雪雨不会腐烂。稻草不用作柴火，冬天充作牛马料草，或垫猪圈、牛栏，也选取一些整齐光洁的，垫在床褥下。既松软，又暖和。用时从底部开始抽取，形成空洞，常为小孩玩乐之所。这种存放稻草的方法似乎不见于江南平原农村。沈从文后来写作的一些小说，这种稻草堆是常见的物象。如《阿黑小史》中的那对年轻情人，就是常常在这种地方幽会的。

岸高崖上，看船只上滩。那些船夫背了纤绳，身体贴在河滩石头下，那点颜色，那种声音，那派神气，总使我心跳。那光景实在美丽动人，永远使人同时得到快乐和忧愁。当那些船夫把船拉上滩后，各人伏身到河边去喝一口长流水，站起来再坐到一块石头上，把手拭去肩背各处的汗水时，照例总很厉害的感动我。[1]

河对面的一座庙里，还驻有川军一个旅部和一连兵力。沈从文轻易不敢独自过河，因为军队双方头头关系尚好，底下士兵却免不了为小事打架；有得两人作伴时，方敢到各处走走。

司令部设在市中心的戏楼上。由于文件保密的缘故，沈从文住楼上最后一角的单间，从那里倒回来，依次住着司令官的 12 个差弁、参谋长、秘书长、司令官和军法长。对面楼上是军法处、军需处、军械处，楼下为副官处、庶务处。戏台上住卫队一连。正殿用竹席布幕布置成一个客厅和公事房，既用来会见本地绅士团总，又兼作审案公堂。各部门门口，都贴上一张白纸条，仿虞世南字体写出部门名称，全出自沈从文的手笔。在他的房里，更是贴满了自己的书法作品，所有眼目能及处，都贴上小字条，上书“胜过锺王，压倒曾李”——凡历史上的书法家，他以锺繇、王羲之为冠，凡在世书家，又以曾农髯、李梅庵为首。自己只要超过他们，就可称雄天下。沈从文也不缺少年轻人中常见的那份狂气。

在沈从文隔壁，住着一位管领那 12 名差弁的军官，名叫刘云亭。这个人原是上山落草的匪首，后因张司令官在危难时救了他一条性命，便丢开山大王不做，在司令官身边做了一名亲信，以上尉名义支薪，对司

[1] 见《从文自传 • 一个大王》。沈从文 . 沈从文散文选 [M]. 北京：人民文学出版社，1983.

令官一片忠心。上一年在沅陵河边，时逢三九严寒天气，不知谁说了一句："现在谁敢下水，谁不要命！"他立即脱光衣服，"扑通"跳入水里，来回游了一个小时，随后爬上岸来，用眼睛瞟瞟先前说话的人，淡淡地说："一个男子汉的命，这点水就能要去了吗？"平时在军中打扑克赌钱，常有人作手脚。被骗的人一旦申诉，他就默默地走过去，从作弊者手中一把抓过钱来，掼到受骗者面前，又一句话不说走开了。他为人凶狠剽悍，却又能行侠仗义。其貌不扬，一副矮矮瘦瘦的身胚，黑黑的脸膛，一对眸子却漆黑发光。军队里上下官兵，谁也不敢轻易撩他。他还会唱几句旧戏，画几笔兰草！在他当土匪之前，本是一个安分守己的老百姓，为人老实怕官，曾被外来军队当作土匪抓起，即将枪决时，居然被他逃脱，到后就拉人拖枪，上山做了大王。也许是由于为报救命之恩，委屈自己做人奴仆，心里也感寂寞，每逢沈从文不出门时，便走到沈从文房里聊天。

> 我从他那里学习了一课古怪的学程。从他口上知道烧房子，杀人……种种犯罪的纪录，且从他那种爽直说明中了解那些行为背后所隐伏的生命意识。从他那儿明白所谓罪恶，且知道这些罪恶如何为社会所不容，却也如何培养着这个坚实强悍的灵魂。我从他坦白的陈述中，才明白用人生为题材的各样变故里，所发生的景象，如何离奇，如何眩目。[1]

不久，对河川军驻扎的大庙里，关押了一个稀奇的女犯人。这人名叫夭妹，18 岁就做了土匪首领，川东一带凡听到她名字的人，无不咋舌。据说她还有 70 条枪埋在地下，这些枪在当时价值万元。川军方面想从她

[1] 见《从文自传·一个大王》。沈从文．沈从文散文选 [M]. 北京：人民文学出版社，1983.

那里套出口供，便押解到旅部来了。这女匪首又是出名的美姣姣，被捉后，川军年轻一点的军官都为她倾倒，想将她弄到手。有两个小军官还为此动武丢了性命。解到旅部后，大小军官也想占她便宜，却顾忌她心狠手毒，杀人不露声色，轻易不敢接近她。听到这消息，沈从文心里萌生出去看这女匪首的愿望，他有着对一切新奇事物太多的好奇。一天吃饭时，他对同桌的刘云亭等人说，谁能带他过河去看看，就请谁喝酒。

几天后的一个黄昏，刘云亭忽然跑到沈从文房门口喊："兄弟，兄弟，和我去一个好地方，你就可以看你要看的东西。"

沈从文正准备问个究竟，刘云亭却拉着他下楼，出营门，径直过河走到那座关押夭妹的庙里。

庙里驻有川军一个排。刘云亭似乎和他们都很熟。打过招呼，两人朝后殿走去，拐过一个弯，就到了关押女匪首的地方。

这里极暗，只有壁间搁着一盏灯发出微弱的光，照着一排栅栏。栅栏里，一个女人背对出口坐在一条毯子上，正借壁间灯光做针线，那份安详、专心致志的神气，和沈从文见惯的普通女人没有两样。

"夭妹，夭妹，我带了个小兄弟来看你！"刘云亭对着女人背影喊。

那女人转身站了起来。一副清瘦秀丽的白白面庞，身段出奇地匀称，为世上所罕见。沈从文怎么也无法将杀人不眨眼的匪首与眼前这个女人的形象联系起来。他想：莫不是出了什么差错，就像当年在怀化时，那位会吹箫的二哥一样，受了仇家的诬告？

女人走近栅栏，沈从文再看时，不禁吃了一惊：一双眼睛在灯光微茫里，正闪射出逼人的寒光，脸上微微笑着，嘴角却挂着一丝藐视一切人类的讥诮。当刘云亭告诉她，沈从文是自己的好朋友时，女人带着怀疑的神气，仿佛在说：只怕未必。沈从文眼里含着怜悯，极力表明自己诚意似的微笑着。

刘云亭对她说："他是年轻人，怕羞，你不要那样看他。"

沈从文立即有了不平，低声分辩着："我才不怕谁！你不要喝多了酒乱说！"

女人似乎放心似的笑了起来，随后用力拉了刘云亭一下，沈从文明白他们有什么话要说，就走开了一点。刘云亭和女匪首低声说起话来。夭妹埋怨刘云亭把先前两人约定的事情忘了，刘云亭则辩解自己曾卜过课，月份不利，动不得。女人带了几分幽怨，将她做好的鞋面拿给刘云亭看，那份柔情，真胜于妻子对于丈夫。沈从文越发觉得奇怪：这样一个女人，怎么就做了土匪首领？作为女人的秀美与多情，在她身上都不缺少，比自己见过的那些军官的姨太太，似乎更像一个贤妻良母，却想不到她是这一带做了无数吓人大事的著名土匪！

见两人还有什么事要商量，却碍着自己在面前不便说的样子，沈从文便向二人告辞。刘云亭将他送出庙门，捏了捏他的手，做成有许多秘密以后再告诉你的神气，又转身进去了。

回到住处，沈从文胸中仿佛塞进了一团扯不清的乱麻，他无法对眼前的人生事象作出理性疏解。回忆着刚才见到的一切，他想起三年前发生的一件事来。那是驻防榆树湾的时候，当地一个商会会长的女儿，年纪轻轻，却得肺病死去。埋葬后，街上一个卖豆腐为生的年轻男子，夜里将女孩尸体从坟墓里挖出，背到一个山洞里睡了三天，再将尸体送回坟墓。这事终于被人发觉，这男子被抓起押送到沈从文所在的军队里来，过堂取了供词，即将斩首。临刑前，这男子一声不响，样子极从容，只是默默地看着自己受伤的脚踝。沈从文问他脚踝被谁打伤的，他微笑着轻轻地说，那天他送女孩子尸首回去，天正落雨，不小心拐了脚，差点也滚到棺材里去了。沈从文又问他为什么要做这种事。他望了沈从文一眼，做成小孩子不会懂得什么是爱的神气，不再回答。

过了一会，他又自言自语地说："美得很，美得很。"

另一个士兵问他："癫子，要杀你了，你怕不怕？"

他不经意地回答："这有什么好怕的！你怕死吗？"

那士兵被伤了自尊心，大声呵责说："癫狗肏的，你不怕死吗？等一会就要杀你这癫子的头！"

那男子不再作声，不屑理会地笑笑。那样子好像在说："不知谁是癫子。"

…………

实在的人生掀开了它隐蔽的一角。机缘凑巧，沈从文从这里走了进去，贴近了人生的深层。他感到世俗观念与这实在人生深层存在的距离。他所接触的这些人生现象，全是"黑暗"与"罪恶"。可是在这罪恶背后，却隐蔽着作为"人"的东西。穿过"黑暗"，那里面却有着炫目的光明。在当时，他虽然弄不清楚究竟是什么东西令人炫目，社会一般观念与实在人生的不合处是怎样造成，却感到了有两种相反的东西，在刘云亭、夭妹和那位卖豆腐男子的生命里交织。

在一种胡乱想象中，沈从文睡着了。

第二天，沈从文得到消息，女匪首夭妹，早上已被川军拖出去砍了头。沈从文大吃一惊，赶紧跑去看时，只见夭妹的尸体已用白木棺材装殓，地下一摊血，一堆纸钱焚烧后余下的白灰。再掉转头来去找刘云亭，他正独自躺在床上，睁眼望着虚空，脸色吓人，谁也不理，什么话也不说。

沈从文终于从别人口里知道了详情。原来昨晚沈从文离开后，刘云亭和夭妹商量好，由刘云亭设法保她出去，然后取出夭妹埋藏的 70 支枪和刘云亭原先保藏的60支枪，两人一起上山做大王，谋下半世的快活。到后女人以身相托，两人在监狱里做了一回夫妻。却不料被看守发现，触犯了川军忌讳，众人愤愤不平，以为本军上下军官想方设法弄不到手，反让外人占了便宜。顷刻间一排人上了刺刀，夹道而立，要和刘云亭算账。刘云亭却不慌不忙，将两支手枪上了槽，指定众人，声言有人和他过不去，手里枪子不认人！川军方才知道刘云亭不好惹，真动起手来，一条命要用几条命换，如果事情闹大了，驻龙潭的筸军与川军人数是十二比一，到头来吃亏的是自己，只好眼睁睁看着刘云亭大摇大摆出庙门而去。既然奈何刘云亭不得，便立即拿夭妹开了刀。

夭妹死后，刘云亭一直躺在床上，不吃不喝，也不和任何人说话。别人也不敢去惹他，以免自找晦气。七天以后，他忽然起了床，跑到沈从文房里，一见面就说："兄弟，我运气真不好，夭妹是为我死的。我哭了七天，现在好了。"

这事刚过不久，沈从文发现有一种危险正迫近自己身边。原来，司令部那位参谋长是个性变态狂，极好男色，身边的一些年轻士兵已身受其害。当这事暗中沸沸扬扬传到沈从文耳中时，他吃了一惊。他想起过去有一回，晚上去送文件登记簿审阅，参谋长看人那种色迷迷淫邪眼睛，虽也曾起过疑心，却全没朝这方面想。现在明白了是怎么一回事，沈从文感到了后怕，得赶紧寻找对付的方法，否则，自己将蒙受一辈子洗不尽的羞辱。

终于，他偷偷地给陈渠珍写了一封信，叙说自己目前的处境，希望能将自己调回保靖。不久，陈渠珍回信说，你不愿住龙潭，就回来，到司令部来做事。沈从文将陈渠珍的意见告诉了张司令官，获得批准，并让他支了三个月的干薪，作为跟随他到川东一趟的酬劳。有了钱，沈从文非常高兴，他可以搭坐小货船返湘西，不必再爬那个令人望而生畏的棉花坡了。这时，刘云亭跑来告诉沈从文，他也要回湘西去，准备和沈从文一道走。问起缘由，沈从文才知道刘云亭最近又和一个洗衣妇人暗中相好，那洗衣妇亲属在张司令官外出时拦路告状。回来张司令官对刘云亭说，这事不行，我们在这里是客军，再这样胡闹会影响军队声誉。刘云亭不服，到处张扬说，这是我的自由，司令不准我做这事，我就请长假回家，玩我的老把戏去。说着说着认了真，果然就去告假。张司令官略加思索，也就准了假。于是，在沈从文的护照上，又添上了刘云亭的名字。两人一大早跑到河边看了船，约定当天下午动身。吃过早饭，两人正在楼上收拾行李，楼下有人喊刘云亭到军需处算账。刘云亭高高兴兴地朝楼下跑去。

突然，楼下响起卫队集合的哨声，值日副官连喊着“备马！”根据过去经验，看样子又要杀人。沈从文起了疑心：杀谁？土匪？他赶紧走到窗前，推开窗子向下看去，刘云亭已被剥光衣服，赤裸着的上身被绳子捆得结结实实。沈从文的心猛地提了上来，他明白，刘云亭已临近生与死的分界线了。

被绑好了的大王，反背着手，耸起一副瘦瘦的肩膊，向两旁楼上人大声说话：

“参谋长、副官长、秘书长、军法长，请说句公道话，求求司令官的恩典，不要杀我吧。我跟了他多年，不做错一件事。我太太还在公馆里伺候司令太太。大家做点好事说句好话吧。”

大家互相望着，一句话不说。那司令官手执一支象牙烟管，从大堂客厅从从容容走出来，温文尔雅的站在滴水檐前，向两楼的高级官佐微笑着打招呼。

“司令官，来一分恩典，不要杀我吧。”

那司令官说：

“刘云亭，不要再说什么话丢你的丑。做男子的作错了事，应当死时就正正经经的死去，这是我们军队中的规矩。我们在这里作客，凡事必十分谨慎，才对得起地方人。你黑夜到监牢里去奸淫女犯，我念你跟我几年来做人的好处，为你记下一笔账，暂且不提。如今又想为非作歹，预备把良家妇女拐走，且想回家去拖队伍。我想想，放你回乡去做坏事，作孽一生，尽人怨恨你，不如杀了你，为地方除一害。现在不要再说空话，你女人和小孩子我会照料，自己勇敢一点做个男子吧。”

那大王听司令官说过一番话后，便不再喊公道了，就向两楼的人送了一个微笑，忽然显得从从容容了，“好好，司令官。谢谢你几年来照顾，兄弟们再见，兄弟们再见。”一会儿又说：“司令官你真做梦，别人花六千块钱运动我刺你，我还不干！”司令官仿佛不听到，把头掉向一边，嘱咐副官买副好点的棺木。

于是这大王就被拥簇出了大门，从此不再见了。[1]

当天下午，沈从文临时涂去护照上刘云亭的名字，依旧上了船。

路上走了五天。

一次船停泊在一个地方，沈从文遇上一个玩把戏的人，邀他到时丢钱帮场。到后将赚来的钱用来打平伙，大家饱嚼了一顿。

又过一处不知名的地方，见军队正剿一个村子，抱鸡捉牛，放火烧屋，

[1] 见《从文自传・一个大王》。沈从文 . 沈从文散文选 [M]. 北京：人民文学出版社，1983.

焰烟冲天。

船近湖南边境小镇里耶时，见一小山羊站在伸向河中的岩嘴上低头饮水。青山碧水，岩石黛黑，岸上水中点缀着一团白雪，颜色极为鲜明。只是那个小生命情怯怯地站在岩石上，下临深潭，仿佛随时都可能掉入水中，又让沈从文替它捏了一把汗。

三、向人类的智慧凝眸

1922 年沈从文在湖南保靖军队中

从川东回到保靖，沈从文被陈渠珍留在身边作书记。

陈渠珍，1882 年生，凤凰人，毕业于湖南武备学堂。1907 年与林伯渠哥哥林修梅投奔川边大臣赵尔丰，任新军 65 标队官。其时，英军入侵西藏，陈渠珍上书《西征计划》，得上司赏识，被任命为督队官，一面率军抗击英军，一面镇压西藏叛乱。辛亥革命时，陈渠珍率部哗变，挑选湘黔籍官兵 115 人取道青海返回内地，仅 7 人生还。1912 年回到湘西，督办开河工程。田应诏保奏他开河有功，反而因此旧事重提，被押解送京。得傅良佐担保，回湘西在田应诏军中任副参谋长，主办军官训练团，培植个人势力。1917 年升参谋长，兼任第一梯团团长。护国战争发生，田应诏不理军务，湘西护国联军第一军军长改由陈渠珍担任。1920 年任湘西巡防统领。

陈渠珍主持湘西军政后，打着“保靖息民”旗号，锐意整军经武，开办学校、工厂，刺激商业，使湘西一度出现辛亥以后最好的局面。然而对内部却不实行变革，沿袭清代绿营屯田制老例，人民承担赋税极重；

对外又不思进取，护国之役，出兵最远不过桃、常。孙中山在广东谋划第一次北伐前，曾派代表与陈渠珍联系，委以“第一师长”职务，陈渠珍请一次客，送代表两千元路费，委任状却压在被褥底下毫无作用。这时，国内联省自治口号喊得极响，陈渠珍便仿阎锡山在山西做土皇帝办法，以“湘西王”自居。

陈渠珍中等个子，长得一表人才。不留胡子，脸面常年光洁清爽，黄黄的眼珠，很有威严；穿长袍，不戴帽子，留分头，后面拖个尾巴。俗话说：“黄眼珠不认人”，陈渠珍治事严厉，又生性猜忌多疑，却自律甚严，每天天不亮即起床，深夜还不睡觉，年近四十也不讨姨太太（后来却娶姨太太一大堆，那是沈从文离开湘西以后的事了）。平时极好读书，以曾国藩、王守仁自许，看书与治事时间几乎各占一半。因此，在他的军部会议室里，放置了五个大楠木橱柜，柜里藏有百来幅自宋及明清绘画，几十件铜器古瓷，十来箱书籍，一大批碑帖，一套《四部丛刊》。

军部会议室是一栋新建房屋，孤零零站在一座山上。开会时，如机要秘书不在，就由沈从文担任记录。平时，会议室就由沈从文留住。每当陈渠珍需要阅读某一书或抄录书中某一段时，就由沈从文预先准备好。于是，图书的分类编排、编号，旧画古董的登记，全由沈从文来做。由于登记涉及书画作者的人名、时代及其在当时的地位，铜瓷器物的名称、用途等等，这些都必须弄得清清楚楚，在这过程中，沈从文学到了许多知识。又由于必须经常替陈渠珍翻检抄录古籍，日积月累，沈从文将大部分古籍也看懂了。

此外，军部书记的职务也比秘书处、参谋处书记要做的事多。一有急电或别的公文送来，即使是半夜，也必须立即起床，抄写回文。因此，沈从文不能随便离开会议室，就好像被禁闭在这所孤零零的屋子里。可是，一到不能外出时，沈从文反而又很清闲了。无事可做时，沈从文只能以读书作消遣。有时，他将那些宋至明清绘画一轴轴取出，挂到墙壁上，独自默默地欣赏，领会它们的妙处；有时翻阅《西清古鉴》《薛氏钟鼎彝器款识》一类古籍，与那些铜器上的铭文作比较鉴别，估出它们的名称及价值；有时又去查阅《四库提要》，以弄清一部自己不熟悉的古籍的作者及其生活的时代。

> 我从这方面对于这个民族在一段长长的年分中，用一片颜色，一把线，一块青铜或一堆泥土，以及一组文字，加上自己生命作成的种种艺术，皆得了一个初步普遍的认识。由于这点初步知识，使一个以鉴赏人类生活与自然现象为生的乡下人，进而对于人类智慧光辉的领会，发生了极宽泛而深切的兴味。[1]

在一个特殊的环境里，以一份特殊方式，沈从文承受了民族文化的宽泛熏陶。中国古代文明，开始了对这个“自然之子”精神荒野的耕耘。在这之前，虽有过那位秘书官文颐真的点醒，芷江熊公馆的藏书也曾对他产生过诱惑，却因后来的种种变故，沈从文的精神原野又复归于荒蛮。而现在开始的这一倾向，对于沈从文具有极为重要的意义。他的历史、文学、艺术的中国传统根子，就是在这时扎下的。中国历史上发生的无数次人类残杀以及这种残杀延及湘西发生的种种触目景象，使他明白了湘西“蛮族”曾经历过怎样悲惨的命运，这种命运又是在怎样的情形中被延续着。这影响到他后来对南方少数民族、整个中华民族乃至人类命运的认识方式；他所接触的中国古代绘画艺术，尤其是宋元以后的绘画

---

[1] 见《从文自传•学历史的地方》。沈从文．沈从文散文选 [M]. 北京：人民文学出版社，1983.

传统，显明地从一个侧面规范了他后来文学创作的风貌；浸透在他创作中的古典文学修养、后半生从事文物研究必需的学识基础，乃至他对中国书法历史的透彻了解，几乎都能在这里找到最初的源头。

这种内部精神的变动，必然影响和改变着沈从文外部行为方式。他很少再各处跑着去玩，即或外出，也不如从前那样玩得起劲了。偶尔到后山、河边走走，也会携一本线装书，躺到草地上去看。疲倦时，就看天上的白云、地上的流水。眼前的景物依旧，仍然是那山，那云，那水，现在看时，感觉却与过去有点不同了。心里起着一点伤感，几分肃穆，数缕柔情，一种延及自然的悲悯。有时，原先那些朋友邀他去玩，他也失去了往日的神采。大家都觉得他变得有点古怪，无形中起了隔膜。外部行为虽然平静了许多，内部精神却有了急剧变动。仿佛有一种什么东西在沈从文心里躁动，极力地要冲破束缚它的外壳，但他又说不清那究竟是什么。他时时感到苦恼来袭，周围却没有人来替他解除这份苦恼，他感到异常寂寞。他渴望着有一个合适的人来和他说话，能听他陈述一点什么，也能对他心中的紊乱进行疏解和启发。

仿佛冥冥中有人预作安排似的，就在沈从文感到苦恼的时候，保靖城外的山道上，走来了一个能满足沈从文内心需要的人。

一匹驮马，驮着高高一堆线装、平装新旧书籍，由赶马人牵着，缓缓前进。一位 50 多岁的老者，枣红色脸膛，浓眉，长髯，长袍马褂，一派斯文。身前背后，却正用原始的林莽、高崖、荒岗作陪衬。其情其景，在这偏僻荒蛮之地，有一种不多见的动人韵致。这位老者名叫聂仁德，是聂清的父亲，沈从文的三姨父，陈渠珍过去的老师。

聂仁德到达保靖后，立即被陈渠珍安排住到了风景宜人的狮子庵。

狮子庵位于保靖著名的狮子洞口。从城边向对河望去，一山耸立，宛如雄狮。临河一面石壁，形同狮面。石壁上有一天然洞穴，张开如狮口，即为狮子洞。洞口不十分高大，里面却空敞阔大，用火燎烛照，深不见边。洞壁全是洁白如玉的钟乳石，白色细沙铺地。一条天然小道通上一座石屋，置有石桌石凳。夏天有一道泉水流出，水中有小鱼虾游动，冬天水枯，涓滴无存。鱼虾也不知何所来何所去。清乾隆年间，邑令王图倡建书屋三间于狮子洞前，虚掩着洞口。书屋前老树、修竹、古藤相互绞结缠夹，一派青郁气象。附近有摩崖石刻，上书四个大字：

天开文运

聂仁德是个饱学之士，1893 年与熊希龄进京会试，为同科贡士。后因丁忧，未能参加殿试，辛亥革命在凤凰成功那年，成为湘西民选第一任民政长。这次是从湖北监利县县长任上下来，路过保靖，稍事休息的。他既属于晚清民初之交一代乡土知识分子，又恰逢“中学为体，西学为用”之风正炽的时代，同晚近其他知识分子一样，聂仁德无论旧学、新学，都很有根底。自他在保靖住下以后，沈从文几乎每天都要过河到狮子庵去，听聂仁德谈“宋元哲学”，谈“大乘”“因明”，谈“进化论”。这些分属中外东西不同来源的儒家理学、佛学、西方近代哲学，将沈从文带入一个虚静寥廓的思辨领域，展现出用来疏解自然、人生万事万物的不同因果链。天生的好奇心驱使沈从文提出许多他不知道却又愿意知道的问题，聂仁德也不厌其烦地作出解答，似乎从这种谈话中也获得了许多快活。这一老一少，在这亘古长存的石洞前，面对千年长泻的河流，进行着没完没了的辩难，一谈就是很长很长的时间。然而，这些解释自然、人生的不同学说，用来和自己所经历的实际人生对照时，沈从文时而感到矛盾，时而又感觉模糊。最终留给他的，是一份需要他用一生精力去思辨，用自己生命去证实、去解答的作业。但在当时，这些时而清晰、时而矛盾和模糊的感觉，却使他更加寂寞，心里升腾起更为宽泛的幻想——他有了不安于目前生活的打算。

> 我总仿佛不知道应怎么办就更适当一点。我总觉得有一个目的，一件事业，让我去做，这事情是合于我的个性，且合于我的生活的。但我不明白这究竟是什么事业，又不知用什么方法即可得来。[1]

这时，陈渠珍在湘西，正着手完成他一生中的一份重要作业。由于国内军阀间的暂时休战，北京、上海和各省报纸正热烈地讨论“兵工筑路垦荒”“办学校”“兴实业”的有关国内建设问题。感受着时局的影响，陈渠珍草拟了一份计划，将湘西 13 个县划分为 100 多个区乡，试行“湘西自治”。经过几次各县县长和乡绅代表会议讨论、协商，就着手实施。于是，单在保靖，就设立了一个师范讲习所，一个联合模范中学，一个中级女学，一个职业女学，一个模范林场和六个小工厂。学校教师和工厂技师，都是从长沙聘来的，薪水比本地人要高。加上原来的一个军官学校，一个学兵教练营，六个左右的军农队，一时呈现出兴旺而有生气的景象。为促进自治，还在保靖置办了一部印刷机，设立报馆，筹办一个定期刊物。办报需要校对，而沈从文在这方面显示的才能既得到陈渠珍的赏识，在讨论到校对人选时，就自然地想到了沈从文。于是，沈从文又被临时调到报馆，兼做校对。

在报馆里，沈从文认识了一个从长沙聘来的青年印刷工长，两人住一个房间。由于受五四运动影响，长沙得风气之先，这个青年工长成了

---

[1] 见《从文自传•学历史的地方》。沈从文．沈从文散文选 [M]. 北京：人民文学出版社，1983.

一个思想进步的人物，身边带着许多新的书刊，并在房间墙壁上钉了几块白木板，将这些书籍杂志放在上面。沈从文也从军部会议室带来一些字帖和古典诗集。一到工余，两人就对面同坐在一张书桌上，在同一盏灯下看书，一读新书，一看旧籍，互不相犯。可是过了不久，两人一熟，就由沈从文打破了这个界限。

一天，沈从文见对方手里拿着的书封面上印有一个赤着上身的人像，沈从文感到新奇，就问那工长这是什么书。那工长回答说是《改造》。沈从文又问那题名《超人》的书写的是什么。那工长仿佛吃了一惊，两眼睁得圆圆地说：

“唉，伢俐，怎么个末朽[1]？一个天下闻名的女诗人……也不知道么？”

“我只晓得唐朝女诗人鱼玄机是个道士。”

“新的呢？”

“我知道随园女弟子。”

“再新一点呢？”

沈从文摇了摇头，不再说话，他实在不知道再新一点还有谁。他感到有些羞愧。那工长翻开那本《超人》，将一篇与书名同题的小说指给他看。看完这篇小说，沈从文说：

“这个我知道了。你那报纸是什么报？是老《申报》吗？”

工长不再回答，只将一套《创造》推到沈从文面前。看了一会，沈从文仿佛明白了白话文和文言文的区别：文言文用“也”字、“焉”字结句的地方，白话文用“呀”字和“啊” 字；文言文叙一件事说得越少越好，白话文写一件事说得越多越好。他将这点体会去问那位工长，那

[1] 长沙方言。“伢俐”，小伙子的意思。“个末朽”，这样差劲之意。

工长觉得有点好笑，但也说不出更多的区别，只是说白话文最要紧处是看“思想”，若无思想，也不成文章。但沈从文却弄不懂什么叫“思想”，又不好意思再问，有点羞愧，有点不安，疑心自己真有点长沙话说的“朽”。

这印刷工人使我很感谢他，因为若没有他的一些新书，我虽时时刻刻为人生现象自然现象所神往倾心，却不知道为新的人生智慧光辉而倾心。我从那儿知道了些新的、正在另一片土地同一日头所照及的地方的人，如何去用他们的脑子，对于目前社会作一度检讨与批判，又如何幻想一个未来社会的标准与轮廓。他们那么热心在人类行为上找寻错误处，发现合理处，我初初注意到时，真发生不少反感！可是，为时不久，我便被这些大小书本征服了。我对于新书投了降，不再看《花间集》，不再写《曹娥碑》，却欢喜看《新潮》、《改造》了。

我记下了许多新人物的名字，好象这些人同我都非常熟习。我崇拜他们，觉得比任何人还值得崇拜。我总觉得稀奇，他们为什么知道事情那么多。一动起手来就写了那么多，并且写的那么好。

为了读过些新书，知识同权力相比，我愿意得到智慧，放下权力。我明白人活到社会里应当有许多事情可作，应当为现在的别人去设想，为未来的人类去设想，应当如何去思索生活，且应当如何去为大多数人牺牲，为自己一点点理想受苦，不能随便马虎过日子，不能委屈过日子了。[1]

[1] 见《从文自传·一个转机》。沈从文．沈从文散文选 [M]. 北京：人民文学出版社，1983.

在这种感情的支配下，沈从文的第一个举动就是向上海方面捐款兴学。他常常从报纸上普通社会新闻栏里，看到介绍卖报童子读书、补锅匠捐款兴学的报道，便起了捐款的念头。在一次领到一个月的薪金后，就全部买了邮票，装进一个信封，上书“《上海国民日报·觉悟》编辑处转‘工读团’”，落款“隐名士兵”。将信悄悄寄出后，仿佛尽了一份自己能尽的社会责任，他感到一种说不出的愉快。

在五四运动爆发将近三年以后，偏处一隅的沈从文终于受到了“五四”精神的洗礼，虽然有点姗姗来迟，却终于加入对沈从文精神领地的开垦。一时间，中国历史文化传统、由新的社会思潮所体现的西方文化传统、实际存在于湘西本土的文化传统，在沈从文内心世界发生着猛烈的撞击，不啻一场战争！其结果，使他终于向新思想“投了降”。他从历史文化中培养起来的民族自豪感和热爱国家、热爱脚下土地的情感，找到了一个新的方向，朝着时代的主潮皈依，开始面对20世纪的“中国问题”，并由此产生了对别人、对民族中大多数人、对人类应当承担责任的社会理想和历史使命感。而这三种文化传统相互撞击形成的“合力”，又势必影响和规范着沈从文思考“中国问题”的独特方式。虽然在当时，他还不可能明确意识到这一切，但由强烈的社会责任感和历史使命感催发的，属于中国知识分子的那种精神痛苦，却将要使他的灵魂不再有安宁之日！

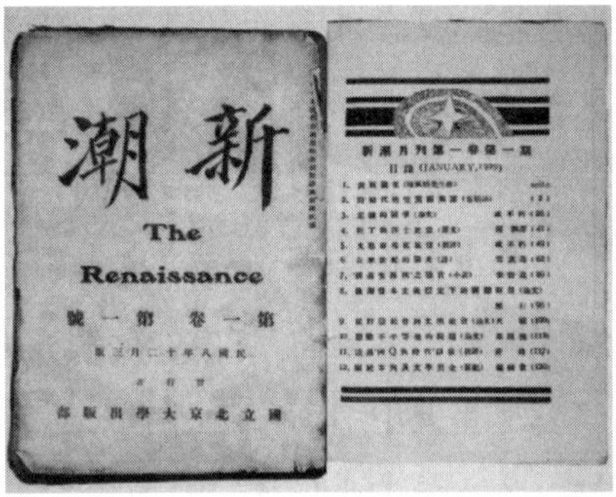

《新潮》第一期封面、目录

四、权衡与抉择

头颅中心仿佛有一股力在膨胀，一个梯队接着一个梯队向着四周冲击，极力要突出脑颅的包围；又像有人手执大斧，一下一下地朝着头骨劈去，头颅立时就要迸裂。浑身滚热，鼻血一阵阵往外流，白色毛巾已经染红；身子虚飘飘的，仿佛悬浮在半空，上不巴天，下不着地。极不情愿，又身不由己。定一定神，极力将自己向下挫，谁知刚一着地，旋即浮起……他只好放弃努力，一任身子晃晃悠悠地飘游。这是到了哪里？一个凉亭，一座祠堂，一段城墙，沅水上无人驾驶的小船正在飘滩。肖选青、沈万林、文颐真、刘云亭，一个接一个地冲着他笑，仿佛对他喊着什么。他极力想要听明白，却又听不清，隐隐约约地，似乎是“来吧，来吧”……突然想起他们都已死去，心里陡然一骇，吓得出了一身大汗，内衣全湿透了。然而，就在这一瞬间，他将身子落到了地面。……

沈从文慢慢睁开眼来，发现自己躺在军部会议室的床上，几个朋友正焦急地看着他。“从文，从文，你感到怎么样了？”满振先一脸愁云。“天保佑，已经过了七天，大约不太要紧了。”郑子参长长吁了一口气。

他终于想起，几天前感到身子不适，头痛发热，不思饮食，请医生来看，说是伤寒。自那以后，病情急转直下，来得十分凶猛，再没吃一点东西，脑子时而清醒，时而糊涂，在虚实捉摸不定的状态中，也不知过了多久。他听人说过，伤寒难过七天。七天不死，劫关已过，苍白消瘦的脸上，浮起一丝柔弱的笑意。

这是沈从文从报馆回司令部以后的事。在报馆做校对三个月后，因军部缮写缺人，陈渠珍觉得这比校对更重要一点，于是将沈从文重新调回。没日没夜地傻干，一个晚上抄写 100 件命令，又正值春夏之交，气候变化无常，不久就病倒了。

近一段时间，身边那些仿佛很有志气的朋友，正忙着互相联络，召开同乡会，组织联谊会，几次找沈从文参加，沈从文都婉言谢绝了。几个月来，因沈从文的行为令人费解，过去许多朋友都疏远了。只有满振先、郑子参、田杰、陆弢四个人仿佛明白并体谅到沈从文的心事，依旧维持着从前的友谊。这一病，先后在床上支撑了40天，亏得这几个朋友照看和守护。尤其是回族同乡郑子参，有段时间与沈从文在一间办公室办公，同住一间房子，感情特别好，亏得他端屎接尿，煎药熬汤。陆弢、满振先、田杰也不断地来探望。这时正值五、六月，是山上桃李成熟的季节。有位熟人给沈从文送来了一堆李子，危险期刚过的沈从文望着红光诱人的时令水果，抓起一枚正想往口里放时，恰被陆弢撞见。他一把抢过沈从文手里的李子，着急地说："你是伤寒，怎么能吃这个！你不要命了！"说着，就把那些李子全都抢着吃了。望着他们一个个关心自己替朋友担心的样子，沈从文眼角噙起了两粒泪珠。

他终于逃脱了死神的魔掌，病一天天好了起来。

沈从文的病刚刚脱体，一件意想不到的灾难又降临到了这几位青年朋友中间。

雨后新晴。刚露脸的初夏阳光火辣辣地照着，每个人身上起着燠热。许多人都已下河游泳了。这天，陆弢、满振先、田杰几个人跑来，邀沈从文去泅水。因疾病刚刚脱体，沈从文不太想去，陆弢说："走，走，不下水到河边走走也好！"好说歹说，拖着沈从文来到石楼洞下的河岸边。河里已经涨了水，河水淹平了长滩，水声失去了先前的响亮，发出沉闷的吼声。河边高崖下，水流冲击石崖，形成一股洄水，旋起晒簟大的漩涡，像石磨一样不停地转，直让人看得头晕目眩，无形中仿佛有一股吸力，使人不由自主地要向它扑去。

陆弢大声嚷着："下水，下水，比比看谁先泅过河！"

见几个人有点胆怯，没有响应，陆弢邀满振先。满振先说："这水太大，太危险，我看莫下水算了。"陆弢转身对田杰说："田杰，我两个来！"

田杰赶忙说："老弟，别拉上我，我不敢，有胆量你就先去！"

陆弢略略起了点气，不再做声。他飞快脱去衣服，独自爬上河边高崖，大喊一声："我来！"飞身向河中跃去。

沈从文见陆弢正对着那个巨大的漩涡，心里起了一惊，张口刚想喊陆弢另寻地方下水，只见陆弢身体如离弦之箭，转瞬间已射入漩涡之中。

谁知这一入水，就不见陆弢浮出水面。大家替陆弢捏起一把汗，却又怀着一丝希冀，陆弢平时水性好，也许扎猛子向远处游去，让大家起一点小小的惊讶。大家便用眼睛在河面上各处搜寻。时间一分一秒过去，好久，大家各处都看不到有人头从水中钻出时，不约而同地起了惊慌。一个"死"字飞快掠过脑际，沈从文意识到陆弢已从这个世界消失，一个活泼泼的生命已被眼前的恶水吞噬。

"命运"猛地掴了沈从文一个巴掌，他被击蒙了，呆呆地站在河边，头脑里顿时一片空白。他想哭，却没有眼泪；想喊，又发不出声来。不知过了好久，他的意识才恢复过来。他想起陆弢过去和满振先、田杰三人结伴从贵州前行过云南，又徒步到广东，再向西从宜昌抵成都，天不怕地不怕各处飘游的往事。田杰为人精明多机心，路上远远看到有土匪守坳，就往陆弢身后躲，一碰到危险掉头就跑。陆弢为人大胆直爽，遇事总是走在前头，又一身抱负，对这个强者得意弱者受欺的世道充满怨愤，立志要剪除邪恶，替好人伸张正义，身体又健壮结实，性情豪放如同一只猛虎。可是现在……虽说死亡谁也无法规避，但摊到自己年轻朋友身上的这份命运，实在太不公平！

但这只不过是沈从文许多青年时代朋友一连串遭遇不测之祸链条上的一环。已经死去的不去说他，就连现在和他一起仍站在岸边的另外三个好友，在这以后短短的几年内，都将接受各自的一份命运安排。那位为人忠厚的满振先，和沈从文既是朋友又是亲戚——沈从文的小姑许配给了他，那位小姑在后来看电影时，居然被影片中血淋淋的战争场面活活吓死，满振先自己也在 1929 年以一个小军官身份带兵打仗，在桃源攻城时被捷克式自动步枪打死；郑子参后来从黄埔军校第四期骑兵科毕业，参加北伐战争，在东江作战牺牲了；田杰终于做了一名蒋介石总统府警卫连连长，娶了一个中学生做姨太太。几年后，沈从文从北京写信给他，劝他不要在那里混，最好来北京读点书。田杰却回信说："老弟，世道太乱了，读书我是不行了，就让我得一天混一天吧……"

三天后，有人在几里外的下游发现陆弢的尸体，并打捞了上来。第四天，由沈从文主持，将陆弢埋葬在白河岸边。

自己好容易从病魔手里逃脱，陆弢又猝然被死神攫去，这一生一死两件事，接踵来到面前，使沈从文乱了方寸。埋葬陆弢以后，他做事打不起精神，吃饭也失去了滋味，整天闷闷的，心海间却掀起了轩然大波。

他又一次走出军部会议室，独自走到陆弢的坟前。坟上的新土还没有改变颜色，没一丝儿遮盖，孤零零地蹲在河岸上。他想起去年年末，请假回凤凰路过马鞍山堂兄沈万林被害的长亭处，周围一片寂静，只有枯草衰杨，在冬日的瑟瑟寒风里颤抖，忍不住伤心，泪水从眼眶中簌簌跌落下来。现在陆弢又独自留到了这里。由陆弢、沈万林、文颐真，直至前前后后亲眼见到的那几千无辜被杀的苗人和乡下农民，组联成自己五年来的人生旅程，仿佛是一场噩梦。人生中那些美好的人事就在眼皮底下消逝，而丑恶的东西正慢慢支配着一切。各样长字号人物，凭借手中的权力随便杀人，到头来这些杀人者又常常被人所杀，形成一种恶性生死大循环。在这循环中，生命被视同儿戏。各人都把生命押到“命运”上去，生与死只是转眼间的事，死得悲惨，活得糊涂。而自己也是心甘情愿在这种人生浪涛里不由自主地沉浮。——“我”在哪里？

沈从文回过头来，望望保靖城街和山上军部会议室那座房子。这时正是晚饭时候，炊烟拖着一条条白色带子，沿河谷逶迤飘去。河边影影绰绰有人下河泅水。军部大大小小的军官，此时一定正有人打牌赌博，有人吸鸦片烟，也有人急急忙忙进出军需处、参谋处、秘书处。忙的闲的，似乎都正在等候机会，一展胸中抱负。几年来，自己不正和他们一样，寻找人生的转机？可是，这抱负是什么？其实，讲穿了，还不就是冀望沿军中那几十个阶级，一级一级爬上去？眼下，这机运正来到自己身边，前途大有希望。自己的才能正得到陈渠珍的赏识，几年来经历的种种磨难正培养着自己能吃苦的傻干劲头，只要忍耐下去，承认这个现实，并好好利用它，可以一步步做到科长、县长、厅长。可是这支军队的所作所为，过去自己依习惯觉得合情合理，而现在，自己终于明白，这不过是一支半匪半军的队伍。一个军部上下就有几十条烟枪在那里吞吐。陈渠珍的“保靖息民”，也不过是要维持少数人在湘西十多个县称王称霸。他们不以天下百姓为念，保守一隅，不思进取。即或自己终于获得了权力，到头来也会被腐烂了灵魂！何况，还得甘心忍受自己上面几十个不同等级“长”字号人物的压迫。过去在军阶制度下所受一切委屈，在龙潭差点遭受的奇耻大辱，随时都可能在身边出现。到那时，自己怎么办？

沈从文心里一阵烦躁。他用力一脚将面前一粒石子踢去，那小小石头在空中划起一道弧线，然后沿河岸斜坡滚下去，终于汇入水边砾石里不见了。白河的流水正不休止地流向远方，流向山外。它要流入沅水，汇入洞庭，再转入长江，扑向大海。山外的山外另有一个同一日头照耀的世界。那里正有许多人燃烧起对新的社会的理想和冀望。一群和自己上下年纪的人正通过那些新的书刊，检讨人生的价值，一场新的文学运动对新价值的确立所具有的长远意义，把自己的生命黏附到“文学革命”的努力上。在遥远的山那边隐隐约约滚动着雷鸣，扑闪着炫目的闪电。好像有一个声音在说：“沈从文，你得离开这里，往山外走，到一个新的地方去，到北京去！”他怦然心动，几乎被自己吓住了。这是一种很好的选择，沿着这条路走，可以获得知识，用来疏解身边这迷乱眼目的人生。可是，这是一条怎样的路啊？前面没有任何预约和期许，它通向的是一个自己毫无所知的世界，前途吉凶难卜。在目前的处境里待下去，风险要少得多，而且可以获得权力。然而权力又有什么用？没有知识，缺少理性，只能用来滥杀无辜。在这世界上，谁也无权随便杀人！而且，历史上那些为官做宦有权力的人，虽然显赫一时，终于一个两个都消失了。“尔曹身与名俱灭，不废江河万古流！”——杜甫的诗句悄悄爬上了心头。只有那些献身于人类智慧创造的人，他们人虽死了，生命却永生不灭！知识和权力相比，自己愿意获得知识，放下权力。

望着几片菜叶在水面上从容流去，沈从文心里仿佛也从容了许多。他转过身来，凝视着陆弢的坟墓，眼前浮起这位朋友那天从水里捞出时浑身浮肿的样子。这样死去与死在外面有什么不同？陆弢的淹毙，自己前不久差点病死，堂兄沈万林、秘书官文颐真被人砍死，许多别的人被流弹打死，实在了无意思，毫无价值。自己有幸活下来，实在是一种偶然，一种奇迹。与那些死去的人相比，自己这条命算是白捡来的！与其在这半匪半军队伍里糊糊涂涂混下去，还不如拿这条白捡来的命走出去赌一注看看！

…………

一连几天，沈从文或是躺在床上，或是来到河边，或在山头，或在马房，独自一人秘密地想来想去，他终于得出一个结论，作出了自己的选择：

> “好坏我总有一天得死去，多见几个新鲜日头，多过几个新鲜的桥，在一些危险中使尽最后一点气力，咽下最后一口气，比较在这儿病死或无意中为流弹打死，似乎应当有意思些。”到后我便这样决定了：“尽管向更远处走去，向一个生疏世界走去，把自己生命押上去，赌一注看看，看看我自己来支配一下自己，比让命运来处置我更合理一点呢还是更糟糕一点？若好，一切有办法，一切今天不能解决明天可望解决，那我赢了；若不好，向一个陌生地方跑去，我终于有一时节肚子瘪瘪的倒在人家空房下阴沟边，那我输了。”[1]

这时，湘西各县为了实施“乡自治”决议案，正在筹办各种学校。为造就师资，决定派送学生出省或去本省学习。凡学棉业、蚕桑、机械、师范及其他适应建设专业的学生，通过相应考试，都可由公家补助外出读书。凡已在本地军队任职而又愿意去本省军官学校的，可以临时改授一个少尉衔送去。沈从文虽然已决定去北京读书，可究竟学什么，却没有明确具体目标。当他鼓起勇气，嗫嚅着向陈渠珍述说自己的打算时，还担心陈渠珍不会答应。因为他明白陈渠珍的为人：自己虽然好读书，却从不鼓励部下读书，他害怕部下夺权，正援用孔夫子“民可使由之，不可使知之”的老例。可是这次，陈渠珍却立即同意了。也许是这时他

[1] 见《从文自传·一个转机》。沈从文．沈从文散文选 [M]. 北京：人民文学出版社，1983.

听从了老师聂仁德的劝告，要想振兴地方，必须选送人才外出求学。他答应让沈从文领三个月的薪水，还鼓励说：

“你到那儿去看看，能进什么学校，一年两年可以毕业，这里给你寄钱来。情形不合，你想回来，这里仍然有你吃饭的地方。”

于是，沈从文拿着陈渠珍写的手谕，到军需处领了27块钱，独自离开了保靖。

沈从文终于跨出了对于他一生具有决定性意义的一步。这一步跨出去，开始了他此后无法逆转的生命历程，同时意味着他即将摆脱生命的自在状态，从一般的“乡下人”中间脱蜕而出，汇入“五四”开始的中国新文化、新文学的历史洪流。

离开保靖，沈从文坐船沿沅水而下，到达沅陵，去探望此时住在沅陵的父母。大约在1921年，沈宗嗣已从东北返回湘西，在陈渠珍部做了一名上校军医官。先是随那位张司令官驻龙潭，不久随司令部迁返沅陵。沈从文的母亲和九妹也赶到沅陵，与沈宗嗣同住。这一心想当将军的将军后裔，终于只能在一个上校虚衔上走完自己生命的后一段路程。到他在凤凰逝去，沈从文再没能同他见面。这次沅陵相会，是沈从文与父亲的最后一次见面。

在沅陵停留的几天里，沈宗嗣向沈从文叙述了关于那位可怜嫡亲祖母的故事，关于她的苗人身份，关于她的最终被远远卖去，关于黄罗寨乡下树林里的那座假坟……

……仿佛十分遥远了。那是黄罗寨乡下。按规矩在大年三十这一天，各家都要给死去的亲人上坟“点亮”。[1]……自己随了姨婆到各处坟间乱转。……一片密林，林子间一处隆起的坟墓，几茎枯黄的茅草在坟头

[1] 腊月三十，在死去的亲人坟前点燃香烛，焚烧纸钱，在湘西被称作“点亮”。

摇动。坟上一块墓碑，上面依稀可辨几行字迹。

姨婆说：“岳焕，这是你婆，快磕头！”

按习惯，凡本家祖父辈都称“公”，祖母辈皆称“婆”的，那时自然还不曾起过怀疑。现在终于明白，原来那就是自己嫡亲祖母。嫡亲祖母是被远远卖去的，那座坟原来是座假坟！

父亲的话，就像河中长潭里的流水，静静地在空中缓缓滑过。沈从文仿佛在听一个十分切近而又十分遥远的故事，没有悲哀，也没有愤怒。只是凤凰城周围山头上的残碉，长宁哨古堡黄昏时呜咽的号角，因“苗人造反”遭到屠杀的成千累万的无辜，古史上屡遭征伐的南方“蛮族”，白河边矗立的立约铜柱，为征讨湘西“蛮族”困死的汉伏波将军马援……此时却连成一气，再也无法从沈从文的心头挪移开去。

60多年以后，我在北京沈从文寓所，向他问起父子俩当时讲述这件往事时各自的心境，意在从中获得类乎“痛说家史” 一类的戏剧情节，用于这本传记的写作，可是沈从文的回答大出我的意料之外。他说：

“讲的人十分平静，听的人也十分平静，仿佛在听一个极平常的故事。因为在我们那个地方，这类随便买卖苗人的事情实在太多了。”

几天后，沈从文辞别父母，背起一个小小包袱，从常德乘船，越过八百里洞庭湖，经武汉，到达郑州。因黄河涨水受阻，遂转徐州，经天津，在离开保靖19天后，到达北京。

北京前门

走下火车，站在前门广场上，沈从文举目四望，只见川流不息的人群，巍然高耸的前门城楼。

——“北京好大！”

他知道，自己“开始进到一个使我永远无从毕业的学校，来学那课永远学不尽的人生了”[1]。

[1] 见《从文自传•一个转机》。沈从文．沈从文散文选 [M]. 北京：人民文学出版社，1983.

第五章

卑微者之歌

一、学路茫茫

一个“乡下人”，从偏处一隅的蛮荒之地，突然置身于这百万人口的大都市，精神难免不失去平衡。沈从文站在北京前门广场上，傻头傻脑地东张西望，眼前的一切都使他感到新奇。同时，又有点手足失措，心里空落落的。他知道眼下第一步，是寻一个住处将自己安置下来，却计划不出在这片新的土地上，如何跨出这第一步。他需要有一个熟悉的人，或熟悉的事，即便是一种熟悉一点的方式也好，来供他攀援。然而，眼前一样也没有。

正当沈从文感到困惑为难的时候，一辆排子车停到了他的面前。

“先生，您想去哪儿？要不要车？我可以拉您到您想去的地方。”高个儿拉车的十分客气地问沈从文。

在北京，这排子车不是供人坐乘，而是专门用来拉猪的。拉车的大约一眼看穿了眼前这个年轻人是个可以骗骗的乡巴佬。而沈从文这个初来乍到的“乡下人”，还来不及入境问俗，此时又正需要有人来帮助解决眼前的难题，见拉车的主动问起，便急忙说：

“有没有房钱便宜一点的小客店？”

“有，有。咱们这就去西河沿，只两块多车钱。先生您上车。”

于是，沈从文将身体和随身携带的小小包袱搁上车去，在一种旁人看来极可笑的情形中，听凭车夫将自己拉到西河沿，在一家小客店里住了下来。

那时，沈从文的大姐沈岳鑫和姐夫田真一（田真一，据沈从文原作）正在北京。几天后，沈从文打听到他们的住处后，就立即找上门去。

听到敲门声，田真一出来开门。一见是沈从文，他便吃了一惊。等沈从文一进门，他便关心地问：

“你怎么到这里来了？你来北京，做什么的？”

“我来寻找理想，想读点书。”

见沈从文一副天真烂漫神气，田真一苦笑起来：“嗐，读书。你有什么理想？怎么读书？你可知道，北京城目下就有一万大学生，毕业后无事可做，愁眉苦脸不知何以为计。大学教授薪水十折一，只36块钱一月，还是打拱作揖联合罢教软硬并用得来的。大小书呆子不是读死书就是读书死，哪有你在乡下做老总有出息！”

“可是我怎么做下去？六年中我眼看在脚边杀了上万无辜平民，除了对被杀的和杀人的留下个愚蠢残忍印象，什么都学不到！做官的有不少聪明人，人越聪明也就越纵容愚蠢气质抬头，而自己俨然高高在上。被杀的临死时的沉默，恰像是一种抗议：‘你杀我肉体，我腐烂你的灵魂！’灵魂是个看不见的东西，可是它存在，它将从另外许多方面能证明存在。这种腐烂是有传染性的，于是大小军官就相互传染下去，越来越堕落，越变越坏。你可想得到，一个机关300职员有150支烟枪，是个什么光景？我实在待不下去了，才跑出来！……我想读点书，半工半读，读好书救救国家。这个国家这么下去实在要不得！”

听了沈从文一番话，田真一心里一动，不觉重新打量起沈从文来。

几年不见，他隐隐感到沈从文身上起了重大变化。——他不再是那个淘气逃学的小顽童，不再是在芷江干出丢掉一千块钱一类荒唐事的“败家子”了。不曾料到的，是这个偏处一隅的行伍里的小兵，竟成了新思潮的俘虏，这简直是个奇迹！在他身上理想燃烧透出的热力，和为着这份理想独自跑到北京来的勇气，不能不令人惊讶。——他开始理解沈从文的心思了。

沉默了一会，田真一微笑着，极诚恳地对沈从文说：

“好，好，你来得好。人家带了弓箭药弩入山中猎取虎豹，你倒赤手空拳带着一脑子不切实际的幻想入北京城做这份买卖。你这个古怪的乡下人，胆气真好！凭你这点胆气，就有资格来北京城住下，学习一切，经验一切了。可是我得告诉你，既为信仰而来，千万不要把信仰失去！因为除了它，你什么也没有！”

不久，大姐和姐夫离开了北京，转回湘西去了。留给沈从文的，除了第一次见面的这番嘱咐，只有两条棉被。

这时，沈从文已经从西河沿的小客店搬到酉西会馆住下了。

酉西会馆位于前门外杨梅竹斜街，是由清代上湘西人出钱修建，专为湘西读书人入京应试考进士举人或候补知县落脚准备的。在会馆附近还置办了一些不动产业，其收取的租金作为会馆的修缮费用。会馆有大小 20 个房间，除湘西 13 县在北京任职的低级公务员在这里长住外，平时有一半房间空着，让初来北京考学校的湘西同乡居住。会馆的管事姓金，是沈从文的一位远房表哥。因此，沈从文跑去一说，便立即应允，住这里的好处是可以不出租金。

沈从文来北京的本意是求学，想找机会进一所大学读书。然而，读大学必须通过入学考试，这对只有高小毕业程度的沈从文，无疑是一道难以逾越的难关。也有无需经过考试就可入学的。当时被认为最有前途的清华大学，入学读两年“留学预备班”，就能依例去欧美留学。但沈从文不久就听人说，进清华全靠走门子。有熟人，凭一纸介绍信，即可注册入学；没有关系的，学业再好也难如愿。

沈从文便不再做正式升学打算，他只好独自在酉西会馆里，开始来北京后第一阶段的自学。每天早上吃三两个馒头、一点泡咸菜，就出酉西会馆，进宣武门，一头扎进京师图书馆，直到闭馆时才返回住处。有时来得早了些，图书馆还没开门，他就在外面候着，门一开就拥进去。到了冬天，北京气温降到零下十几度，最低到零下二十几度，沈从文仍然穿着薄薄单衣。所幸图书馆里有火烤，有水喝，使他得以坚持下去。在这里，沈从文读了许多杂书，如《笔记大观》《小说大观》《玉梨魂》等等。逢图书馆不开门的日子，他便待在会馆里。冬天屋里没有火炉，他就钻进被窝，看随身带来的那本《史记》。

他一面阅读能够到手的用各种不同文体写成的新旧文学作品，又一面充满热情和耐心，阅读用社会人事组成的那本内容无比充实丰富的“大书”。一段时间耳濡目染的结果，沈从文对北京的社会情形有了一个总体印象。

从酉西会馆向西走 15 分钟，就到了闻名于世的琉璃厂——这是中国古代文化的一个窗口。两条十字街上，排列着几十家大小古董店，小胡同里不标店名出售古董的更多。所有铺子分门别类，给人以包罗万象的印象，不上价的唐宋元明历代破旧瓷器，宋元明清“黑片”画轴，使沈从文心醉神迷。由于一身寒碜，他不敢走进任何一个店铺，便常常在各家店铺门口徘徊，看他能看到的各种古董。向东走 20 分钟，就是北京著名的繁华闹市之一的前门大街。那里依旧保留着明清两朝的规模，各种铺子门前柜台斑驳陆离，各具特征。临街摆有各种饮食摊子，金、石、竹、木各种响器一齐鸣奏，与招揽生意的叫卖声汇成一种稀奇的大合唱。从会馆到前门大街有三条不同道路，即廊房头条、二条、三条。廊房头条，有许多店铺出售珠宝冠服，过去一时专为明清两朝中上层阶级服务。店铺门面上陈列有展开径长三尺、彩绘各种人物故事图画的大扇面，店内罗列着万千团扇、纨扇、折子扇。二条则出售珠玉、象牙、犀牛角首饰佩件，还到处可见小小玉器作坊，一些满头白发老工匠，正使用简陋圆轮车床加工各种玉器；过前门大街入东骡马市大街，又别是一番景象。“共和”已经十余年了，许多店铺前，还高高悬挂着发黑少光的旧金字招牌，上书“××镖局”字样，令人发古道侠客之想。每当看到这些镖局，触景生情，沈从文总要想起几年前哥哥万里寻父到赤峰，就是在这种镖局里，花钱取得一纸凭证，而后坐骡车从古北口出关的往事。眼前，就有两峰骆驼一棚轿，参差上路远行。再向南就是天桥，是沈从文去得最多的地方。这里更令人眼花缭乱，到处都是卖旧货的地摊。这里是旧官纱和过时缎匹，正用比洋布稍贵的价格叫卖；那里是成堆的旧皮货，中间夹有外来洋货，如羽纱、倭绒、哔叽、咔叽、过时的衣裙。一件狐皮袍子，几块钱就可以成交。过去为清朝大官用的白色芝麻点的雕翎扇，原先要二百两官银，时下三五元就可以买一把。过去卖八百两银子的翎管，现在四块钱就可到手。过去用于官场执事的号、鼓，凡属晚清遗物，都卖得烂贱。若是早市、夜市，还听凭买主用手去摸，摸到什么是什么，常常几块钱就可买到极讲究值钱的东西。

沈从文感到自己正置身于一个巨大的历史瓦砾堆里，依稀听到了封建王朝分崩离析的声响。

处处都在说明延长三百年的清王朝的覆灭，虽只有十多年，粘附这个王朝而产生的一切，全部已报废，失去了意义。……

……北京在变化中，正把附属于近八百年建都积累的一切，在加速处理过程中。[1]

旧的已成废品。然而，新的又在哪里？

历届军阀政府，在自己到北京后的三五年间，凭借手中武力，一个接一个粉墨登场，黎元洪任大总统时，“双十”节在新华门前张灯结彩，让市民入总统府观光。这“第一公仆”有时还走出门外，假惺惺地和观光者点头、谈话，表示民主国家元首风度。曹锟、吴佩孚出门，则净街断绝行人，车过处必抛洒黄土。张作霖外出时，士兵用枪对着沿街人家窗口，作预备放姿势……各种把戏玩过，终不免倒台，失败后带一群姨太太、保镖、马弁往租界一躲，万事大吉。支撑这些“大帅”统治、代表“民意”的是国会800议员。这些人在社会上被讥讽为“猪仔”，他们倒自认为“罗汉”，各以不同军阀派系做靠山。议会开会时，常常大打出手，将墨盒做法宝，相互飞来掷去。扭打成伤后，先上医院再上法院。大军阀与外面小军阀乃至土匪搭伙，膨胀势力；执政武夫与国会文人打亲家，稳定与扩大局面。高级官员追求的，只是逛窑子、上馆子、听乐子、讨几个女戏子、找一个好厨子，来它个“五子登科”。统治者从上到下只知有己，对人民作威作福。北京市面的繁荣全靠大帅、少帅、800国会议员支撑。前门大栅栏几个最大铺子，经常出入的只有三种顾客：大官和姨太太，办军需的，妓女。北京各大饭庄和八大胡同妓院，生意兴隆，无数官僚、议员、阔佬在那里应酬，挥金如土。可是，政府许多机关职员，却积年不发薪水，全靠典押公产应付；各大学多年无人过问，听其自生

[1] 见《二十年代的中国新文学》。沈从文 . 沈从文文集：第 10 卷 [M]. 广州：花城出版社；香港：三联书店香港分店，1984.

自灭。于是，管市政的卖城墙，管庙坛的卖柏树，管宫殿的因偷窃过多，担心难于搪塞，索性一把火将大殿烧掉，来它个死无对证。教育部长将京师图书馆善本书抵押给银行，用来给部员发薪水。住西苑的大兵，也上行下效，撬起圆明园附近路面大麻石，卖给周围学校、人家造墙起房子。然而，北京各公众场所，就连极不起眼的小饭馆里，都写上了“莫谈国事”四个大字；辛亥革命过去十多年了，街上许多行人的头上，仍旧高高地盘着辫子……这一切，似乎都安排错了，等待人从头做起，这个社会必须重造，凡事需重新安排！

沈从文牢记着在保靖时从新报刊上获得的“文学革命”的印象。他认定，要重造社会，必须先从“文学革命”入手，通过文学作品，在国民中注入新的理想和热情。可是，眼下自己连标点符号还不会使用！一切得从头学起，在忍苦耐劳中慢慢求得进展。他坚信注重目前努力对自己、对国家将来的意义。

然而，这种独居会馆，去图书馆自行摸索的自学方式，给沈从文带来了难以忍受的孤独和寂寞。他需要有人来听他倾诉自己的人生经验，也渴望从别人身上获得一些启发。在酉西会馆住了半年后，他的一位就读于北京农业大学的表弟黄村生来看他，担心他独住会馆，时间长了，于学习、身心两不利，继续下去不是办法。于是特意替他在沙滩附近的银闸胡同一个公寓里，找了一个房间，并介绍了一些朋友。

新的住处是由原先一个贮煤间略加改造而成的。房间很小，仅可安膝容身，地面潮湿，临时在墙上开了一个窗口，窗口上纵横钉上四根细木条，用高丽纸糊好。房内搁上一张小小写字桌，装一扇旧门。沈从文坦然泰然地搬来住下了，还特地为这个房间取了一个名字，叫作“窄而霉小斋”。

这次搬迁对沈从文的学习具有重要意义。他居住的银闸胡同公寓，是以北京大学红楼为中心，附近几十个大小公寓之一。在这些公寓里，住满了全国各地来北京求学的年轻人。这时，正值蔡元培担任北京大学的校长。由于他的远见卓识，北京大学向一切人开放。虽然，北京其他大学也有旁听生，却都有一定名额限制，唯独北京大学对不注册的旁听生，毫无限制。因此，北京大学的旁听生比正式注册的学生多几倍。他们之中，有等下年再考的，有本科毕业准备再换系学习的，有等相熟同学毕业一道去就业的。这些人龙蛇不一，成分复杂，一些官僚、军阀、地主、买办子弟，打扮得油头粉脸，一如文明戏中拆白党小生，读书成绩极劣，打麻将、逛戏院、泡土娼，却事事高明在行。沈从文的湘西同乡中，就有读书数年，回去后只会唱《定军山》的；也有刻意仿效西洋人做派的，西装笔挺，双手插在胸前，仿拜伦、雪莱样子，作多愁善感、忧国忧民状，其实腹中空空。有一个南方人张仪端，风度翩翩，随时夹几本烫金外文书，其实并不看；跟一个瞎子学弹三弦，学了三年，还没学会定位，瞎子气极，将三弦摔在地上说："我教了 20 多年，还没见过你这么笨的学生！"也有急功近利，寄望过高，最终不免失望，住不多久便折身回家的。但是，另一方面，"五四"开始的新文化运动在青年学生中已发生明显作用，扩大了他们对社会重造的幻想和信心。在他们中间，正聚集起一支新的生力。英文系的陈炜谟、德文系的冯至、哲学系的杨晦，都是学生中著名的高材生。沈从文先后结识的朋友，除陈炜谟，还有刘梦苇、黎锦明、王三辛、赵其文、陈翔鹤等人。因缘时会，沈从文也成了北京大学不注册的旁听生。他领过国文讲义，听过日语课，也间或去听历史和哲学。此外，蔡元培始终坚持学术自由原则，取兼容并包主义，选聘教师不拘一格，只以能力学识为标准。梁漱溟当年参加入学考试，未被录取，不久却被聘为哲学教授；陈独秀、胡适、李大钊、刘师培可以同时在北大任教，连著名保皇党人辜鸿铭也被邀请讲学。蔡元培倡导的“门户开放”和“学术自由”，酝酿成一种巨大社会动力，对中国社会后来的发展产生了极为广泛而深刻的影响。它对于中国现代文化学术史的意义，决不亚于黄埔军官学校之于中国现代军事史、战争史。

沈从文后来这样回忆辜鸿铭来北京大学讲学时的情景：

> 辜先生穿了件细色小袖绸袍，戴了顶青缎子加珊瑚顶瓜皮小帽，系了根蓝色腰带。最引人注意的是背后还拖了一条细小焦黄辫子。老先生一上堂，满座学生即哄堂大笑。辜先生却从容不迫地说，你们不要笑我这条小小尾巴，我留下这并不重要，剪下它极容易。至于你们精神上那根辫子，据我看，想去掉可很不容易！……这句话给我留下十分深刻的印象。……这句话对当时在场的人，可能不多久就当成一句“趣话”而忘了。我却引起一种警惕，得到一种启发，并产生一种信心：即独立思考，对于工作的长远意义。[1]

尽管有了听课的自由和权利，沈从文仍想成为正式学生，获得一张大学毕业文凭。这一年的秋天，他曾参加过燕京大学二年制国文班的入学考试。可是，考试时却一问三不知，得了个零分，连预先所缴的两块钱报名费也被退回。从这时起，沈从文对正式入学死了心。于是，他一面时断时续地在北大听课，一面在公寓那间“窄而霉小斋”里，开始无日无夜地伏案写作。文章写成后，就壮起胆子分别向北京各杂志和报纸

[1] 见《二十年代的中国新文学》。沈从文．沈从文文集：第 10 卷 [M]. 广州：花城出版社；香港：三联书店香港分店，1984.

文学副刊寄去。然而，这些文章却如同石沉大海，毫无回音。后来他听说，当时《晨报副镌》的编辑在一次聚会上，将他投寄该刊的十数篇文章连成一个长条，摊开后当众奚落说：“这是某大作家的作品！”随后把文章揉成一团，向字纸篓里扔去。虽然文章无发表机会，沈从文却没有气馁。这个“乡下人”，虽温良柔弱在外，却顽强倔强于内。他确信别人能办到的，没有理由认为自己就办不到！他明白自己在通向文学之园的路上，根底极差，又毫无派系可供自己攀援，应该比别人要多受些磨难。今天没有希望，只要明天还可望办到，自己就没有中途罢手的理由。

我于是依照当时《新青年》《新潮》《改造》等等刊物所提出的文学运动社会运动原则意见，引用了些使我发迷的美丽词令，以为社会必须重造，这工作得由文学重造起始，文学革命后，就可以用它燃烧这个民族被权势萎缩了的情感，和财富压瘪扭曲了的理性。两者必须解放，新文学应负责任极多。我还相信人类热忱和正义终必抬头，爱能重新粘合人的关系，这一点明天的新文学也必须勇敢担当。我要那么从外面给社会的影响，或从内里本身的学习进步，证实生命的意义和生命的可能。[1]

二、窘困与“独立”

1923 年 12 月，鲁迅在北京女子高等师范学校的文艺会讲里，发表了题为《娜拉走后怎样》的讲演。在这次著名演讲里，他说：“自由固不

[1]《从现实学习》。沈从文. 沈从文文集：第 10 卷 [M]. 广州：花城出版社；香港：三联书店香港分店，1984.

是钱所能买到的，但能够为钱而卖掉。”[1]

鲁迅所说的危机，其时正降临到沈从文身上。

在沈从文寻求知识、实现理想的路上，远不只是“入学无门、旁听有份”那样简单轻松，他付出的是比这沉重得多的代价。他是为着生命的独立，争取自己支配自己的权利而来北京的。可是，他的双脚一跨入北京，就立即面临经济来源断绝的巨大威胁。还在他来北京的路上，车过武汉时，从保靖军需处支取的二十七块钱就已花光。亏得在车上遇见一位陆军部的小科长，攀谈中对方得知沈从文原为行伍中人，刚刚脱出军籍。大约是出于同类相怜，借给他十块钱做路费（当然是不做沈从文归还打算的）。当他和姐夫田真一第一次见面后，摸摸身边，只剩下七块六毛钱。他竟大着胆子在北京住下来了。也许，最初他还寄望于陈渠珍提供资助，这希望到后却成了泡影。或者陈渠珍原先的承诺不过口头说说而已，或者是沈从文离开保靖后不久，陈渠珍自己就陷入了政治、财政方面的困境。其时，沈从文的大舅正在北京香山，帮助熊希龄筹划香山慈幼院的建设，但也没有能力给沈从文提供长期援助。最初两年半，沈从文就是在这种经济来源完全断绝、无望无助情形中度过的。冬天零下十多度的严寒，无论是在西西会馆，还是在银闸胡同公寓，住处都没有火炉。一身单衣、两条棉被，就是沈从文的全部过冬之物。吃饭更成问题，常常在有一顿无一顿情形中，支持着最初阶段的学习。

从今天看来，这简直是一个令人无法想象的奇迹！在这种情形下，坚持十天半月虽然也不容易，尚不难想象。可是，这种日子前后竟持续了两年半！他是怎样坚持下来的？这个问题一直困惑着我。1984 年，当我在北京向沈从文问及这段往事时，就立即提出了疑问。他回答说：

---

[1] 鲁迅 . 鲁迅全集：第 1 卷 [M]. 北京：人民文学出版社，1981.

“第一是靠朋友的帮助。当时住北大附近公寓的相熟同学间，几乎过着一种原始共产主义生活，相互接济是常事。陈炜谟、赵其文、陈翔鹤对我很关心，我常和他们一起在沙滩附近小饭馆里同座共食；燕京大学也有熟人。董景天（即董秋斯）是我在那里最先认识的朋友。他是姐夫田真一中学时的同学，后来成为共产党员，解放后当过周恩来总理的外交秘书。由于他的介绍，我先后认识了张采真、司徒乔、刘廷蔚、顾千里、韦丛芜、于成泽、焦菊隐、刘潜初、樊海珊等人。当时，董景天是燕京大学学生会主席，按惯例兼任校长室秘书。我去燕大时，晚上就睡在他独住的小楼地板上。他曾当掉自己的西装，特地为我买了一双新鞋。在北京农业大学，因表弟黄村生关系，认识了30来个湖南同乡。表弟住处，两个房间共16个床位，只住8人，他们联合自办伙食。每人每月可得25元公费，农场自己栽种的蔬菜瓜果，收获时每人可分到一份。那里的大白菜种得极好，每人每年可得200斤。到手后，齐埋在宿舍前沙地里。千八百斤卷心菜，可供几个人三四个月消费。农场里的鸡蛋，凡属园艺系的学生，每月按人分配一定数额，可以市场一半价格购买。每到无可奈何的时候，我便成了他们的‘不速之客’，在那里留宿三五天是常事。……8个朋友毕业后返乡，北伐高潮期间，其中6人做了县农会主席。随后‘马日事变’一来，在国民党‘清党’时一同牺牲了。燕京大学的朋友，除董景天，后来也陆续死于中国社会的各样变故里。

“第二是靠当时的环境。照清廷规矩，举子入京会试，没有钱，可以赊账。到民国初年，虽然科举制度已经废除，其遗风犹存。凡住北大附近公寓的穷学生，在公寓和小饭馆吃饭，照例可以欠账。汉园公寓附近，有一个卖煤油的老人，为人善良，极富同情心。我们不仅可以向他赊煤油，还时常跑去对他说：‘我们是学生，没有钱，能不能借给我们一点？’

老人手头方便时，也总借我们一块两块。……到30年代，我从上海返回北京，到沙滩附近走走时，还看见我们当时常去的那个小饭馆的欠账牌上，写着‘沈从文欠 ×× 元’。”

我问他：“那您有没有去归还欠账？”

他有点不好意思地笑着说：“当然没还。”

“也许我生活里遇到的好人太多。在我走投无路时，总是得人相助。北河沿一个公寓，1924年我在那里住了三个月。公寓的主人十分喜爱文学，知道不少文学知识，对弄文学的朋友有着十分古怪的同情。与他熟悉后，便拉你到他房间里去，看墙上挂着的许多著名中外文学家的照片或画像，如拜伦、高尔基、陶渊明、李长吉……还能一一说出这些作家的根底。他总是想方设法和住在公寓弄文学的人接近。如果某报副刊上，登上某位房客的一首诗或一篇小说，他一发现，就赶紧拿了这份报纸，向公寓里各位生熟房客报告。

“‘先生，你瞧，这是咱们院子里某号某先生作的。这是一首诗，写北河沿儿大树、白狗，写公寓中抽苗的茨菰、天空中带哨的白鸽、厨房中大师傅油腻腻的肥壮，七个韵脚，多美的诗！’

“他从这种行为中得到快乐，似乎比一时得到房客一个月的租金还要多。每到某位房客应交房租饭钱时，他就走到那人房间去。虽不说话，对方已经明白他的来意。只要你同他说起古今中外文学家遭受厄运，而后又在危难中如何遇到一位贤主人的轶事，他就会从古来世界上的事情，联想到眼前的事，总不免叹一口气，不仅不再启齿要钱，反倒在吃晚饭时，特意将菜开得丰富一些，尽你把账欠下去。他开公寓的本意，是要赚一点钱的。可是如此一来，到后终于折本倒闭了。”

原先无法想象的奇迹成为似乎可以理解的现实了。然而，所有的日子并非全像上面所述那样充满中世纪的浪漫。沈从文仍然经常处于没有饭吃的境地。饿急了，他就扎紧裤腰带，到现在的儿童剧院对面——当时那里扎着布棚子，有各种吃食出售——看别人吃饭；或者带着极羡慕的眼光，看着一些北大教员乘坐私人黄包车从学校出来，而后渐渐远去。……他也曾想到过半工半读，跑到各个小工场去打听，或是写信寄到各处去询问，措辞极其谦卑，条件也极为低廉，结果却总是失望。

深秋的北京，起了大风，尘沙遮天蔽日，昏黄的阳光在空中凄惨惨地闪烁，沈从文独自彳亍街头，又是一天没有吃东西了。他漫无目的地沿街走着，冀望能遇上一个熟人，或是碰上一个意外机会，得到一顿饭吃。他穿过前门，走过东骡马市大街，来到天桥附近。然而，幸运之神这次特别吝啬，沈从文所冀望的全没有出现。这时，一支奇怪的队伍正从他身边走过。最前面的是一个军人模样的人物，手里摇摇晃晃举着一面小白旗，身后跟着七八个面黄肌瘦、衣衫褴褛的同胞。

沈从文紧走几步，傍近那个举白旗的人，问："你们是干什么的？"

拿旗的人打量了一下沈从文，无所谓地笑笑，回答说："跟我们走，有饭吃。"

沈从文心里一动，也许可以试一试运气，临时混一顿饭吃，便跟到队伍后面。队伍在天桥杂耍棚附近转了几圈，便在一处停了下来，然后依次到一张桌子前画押按手印。快轮到沈从文时，他瞧见了放在桌子上供人画押的表格，一下子明白了就里，赶紧悄悄地离开了队伍，带着失望转回他的"窄而霉小斋"。

一个月后，沈从文又出现在天桥附近，情形一如前次。同样的一支队伍又从沈从文身边走过。沈从文已经明白，那个举白旗的人物，是直系或奉系军队的招兵委员，跟在他身后的同胞正预备去卖身当兵。他当然清楚，自己正是为了寻求知识和理想，才脱离军籍的。现在怎能走回头路？可是，饥饿的压迫这时正产生了一股力量，推着他不由自主地又一次跟在队伍的后面。他晕晕乎乎地走着，心里起着悲愤，同时缠夹着理不清的混乱。……又快轮到他填志愿书、按手印领饭费了，沈从文心里突然起了一个回音：“既然为信仰而来，千万别要把信仰失去！”他吃了一惊，将一双饿得昏花蒙眬的眼睛，看定远处，镇一镇神，终于从混乱无主的情感里逃了出来，又一次转身离去。

1924年冬，沈从文于百般无奈中，怀着一丝希望，写信向几位知名作家倾诉自己的处境。这时，郁达夫正受聘在北京大学担任统计学讲师，沈从文也想到了他。11月13日，在接到沈从文的来信后，郁达夫到公寓里来看望沈从文了。这一天，外面正纷纷扬扬下着大雪。郁达夫推开那间“窄而霉小斋”的房门，屋内没有火炉。沈从文身穿两件夹衣，用棉被裹着两腿，坐在桌前，正用冻得红肿的手提笔写作。听见门响，沈从文回过头来。一位年约三十的年轻人，身体瘦削，面庞清癯，下巴略尖，正眯缝着双眼站在门边。

“找谁？”

“请问，沈从文先生住在哪儿？”

“我就是。”

“哎呀，你就是沈从文……你原来这样小。我是郁达夫，我看过你的文章。……好好写下去。”

默默地听着沈从文倾诉自己来北京的打算和目前的处境，郁达夫感到脊梁一阵阵发冷。公寓大厨房里，正传来炒菜打锅边的声音。

“你吃包饭？”郁达夫问。

“不。”

瞧瞧沈从文的神色，郁达夫一切都明白了。他站起身来，将脖子上一条淡灰色羊毛围巾摘下，掸去上面的雪花，披到沈从文身上。然后邀沈从文一道出去，在附近一家小饭馆吃了一顿饭。结账时，共花去一元七毛多钱。郁达夫拿出五块钱会了账，将找回的三块多钱全给了沈从文。一回到住处，沈从文禁不住伏在桌上哭了起来。

半个世纪以后，郁达夫的侄女郁风拜访沈从文时，两人谈及了这件往事。

> 沈先生对我说这话时已是 70 多岁的老人了，但他笑得那么天真，那么激动，他说那情景一辈子也不会忘记："后来他拿出五块钱，同我出去吃了饭，找回来的钱都留给我了。那时的五块钱啊！"[1]

当时，郁达夫在大学任教，经济上也极窘涩。月薪名义上是 117 元，实际上只能拿到 30 多元，也正处于"袋中无钱，心头多恨"时期。大冬天身上穿一件用了多年的旧棉袍，不得不变着法子应付目前。沈从文的遭遇引发着他对社会黑暗的强烈不满。从沈从文住处回去的当天晚上，他便挥笔写下了那篇题为《给一位文学青年的公开状》的著名文章。在文章里，他称赞了沈从文"坚忍不拔的雄心"，也诧异于沈从文的"简单愚直"。末了，还给沈从文献了摆脱目前困境的上中下三策。上策是到外面找事做；或者去革命，去制造炸弹。中策是想法弄几个旅费，返回湖南故土。下策又有两种办法，一是应募当兵，二是做贼去偷。最好先从熟人偷起，如沈从文有钱亲戚老 H 家（H 即熊希龄）。如慑于 H 慈和笑里的尖刀，

[1] 郁风．三叔达夫 [J]. 新文学史料，1979（5）.

就先到自己这儿来试“破题儿”。[1]——这当然是郁达夫一时的愤慨之辞。他当时还并不深知沈从文，只看到沈从文生活上的困顿，却不明白沈从文是在什么情形下走出湘西，又是为着什么而自甘如此忍苦。

郁达夫探望沈从文三个月后，沈从文以“休芸芸”为笔名，在《晨报副镌》上发表了散文《遥夜——五》。文章叙述沈从文乘坐公共汽车的一段经历，在将自己与有钱人的对比中，倾诉自己窘迫处境和内心感受到的人生痛苦和孤独。

这篇文章被北京大学教授林宰平看到了。有感于青年学生的艰难挣扎，这位生活素朴、自律甚严、富有同情心的学者，写了一篇署名“唯刚”的文章。在引用沈从文《遥夜——五》的一段文字后，文章说：

> 上面所抄的这一段文章，我是做不出来的，是我不认识的一个天才青年休芸芸君在《遥夜——五》中的一节。芸芸君听说是个学生，这种学生生活，经他很曲折的深刻的传写出来——《遥夜》全文俱佳——实在能够感动人。然而凄清，无聊，失望，烦恼，这是人类什么生活呢？[2]

随后，林宰平托人找到沈从文，邀他到自己家去谈天。这陌路相逢的一老一少，谈了整整一个下午。从沈从文的谈话中，林宰平明白了眼前这个年轻人，并非大学生，而是一个入学无门、在逆境里自学的文学青年。沈从文不平常的经历，心中的打算和目前的处境，使他深深地感动了。末了，他语重心长地对沈从文说：

---

[1] 见《给一位文学青年的公开状》。郁达夫文集：第3卷 [M]. 广州：花城出版社；香港：三联书店香港分店，1982.

[2] 唯刚. 大学与学生 [N]. 晨报副镌，1925-5-4.

“要找事做，可以替你想想办法。一个人仅仅活下来，容易；可是活下来，抱着自己的理想不放，坚持下去，却很难。”

1925 年 5 月，得林宰平和梁任公的介绍，沈从文终于得到了一份工作——去香山慈幼院图书馆做了一名办事员，月薪 20 元。在这期间，沈从文曾去北京大学专门学过一阵子图书管理。这时，熊希龄正在北京主办慈善事业，香山慈幼院即由他开静宜园所建，收容因水灾无家可归的儿童，并被推为理事长。令人奇怪的是，沈从文在那样艰难的处境中，为什么不曾得到与自己有亲戚关系的熊希龄的帮助？去香山任职反而要通过林宰平和梁任公的介绍？对此，沈从文一直不愿直叙其详。也许，他曾经找过熊希龄，而熊希龄不愿背上这个“包袱”。郁达夫文章中所说熊希龄“慈和笑里的尖刀”，曾伤透了沈从文的心；也许，沈从文有着自己的打算。在沈从文终于上山以后，熊希龄曾不止一次将沈从文叫去，两人议论国家大事直到夜深，但两人最终有了隔膜。

事情起因于沈从文发表的两篇有关香山慈幼院的小说——《第二个狒狒》和《棉鞋》。香山慈幼院这时由一个新化县人当教务长，此人是宵小势利之徒。对上极尽巴结之能事，对下则颐指气使、作威作福。因不满于他的为人，沈从文在《第二个狒狒》里，专为他画像，并连带讥讽了慈幼院十八般武器俱全的“武库窖”。文章还叙及自己和这个“第二个狒狒”一道在香山看戏，走进剧场大门，见前面第五排正中一个座位空着，就走去坐下了。而“第二个狒狒”却只在后面靠左拣了一个座位——他不敢趋前，因为他知道前面座位是留给“老爷”坐的。到了晚上 9 点钟，“老爷”果然引了两个“小玩物”到前排来了，前排的空座上即刻就填上了“两个奇丽肉体”。[1]

[1] 沈从文．第二个狒狒 [N]. 晨报副镌，1925-8-22.

这文章在《晨报副镌》上发表后，立即得罪了那位教务长。1925年8月的一天，沈从文由于身上衣物无法换季，踢拖着表弟黄村生早两年给他买的一双旧棉鞋，正低头走出香山图书馆，突然一根木棍敲打在他的脚上。沈从文抬头一看，见那位教务长戴一副墨镜，脸上悻悻然，用手杖指着自己的鞋子说：

“哼，原来是沈从文。你这鞋子——”

“鞋底烂了，没有钱买新的，所以——”

手杖第二次敲到沈从文的脚面上：“你看，你看，这成什么样子？”

沈从文的自尊心受到极大伤害。他联想起古时韩信所受胯下之辱故事，心里充满屈辱。但他终于忍下心头的气愤，一声不响地走开了。事后，他立即写了《棉鞋》，实叙这件事的始末。[1]

文章在这一年9月发表以后，进一步激化了沈从文与教务长的矛盾。他被教务长叫去，当面大骂了一顿，还发出种种威胁。《第二个狒狒》里的两个“小玩物”，也在背地里运动熊希龄，要对沈从文作出一种使其难堪的处置——她们认为沈从文侮辱了自己人格的尊严。虽然沈从文并不知道她们的具体计划，却已预感到一种严重威胁正逼近自己。在他自己，也正无法忍受教务长对自己无理的欺侮。虽然来香山对自己正是一种难得的幸运，但他不愿用自己人格的独立换取这份幸运。终于在这一年的秋天，沈从文没有向慈幼院任何人打招呼，自己解聘了自己，收拾起身边一小网篮破书，默默地一口气跑到静宜园门口，雇了一头秀眼小毛驴，如同当年鲁智深一样，下山返回了“人间”，依旧住进那间“窄而霉小斋”，过那种前路茫茫的穷学生生活，继续他的自我教育。

1927年，沈从文在一首题为《给璇若》的诗中，以一位关心他却不

---

[1] 沈从文．棉鞋 [N]. 晨报副镌，1925-9-27.

理解他的熟人口吻写道（下面选诗中两节）：

难道是怕旁人底“施恩”，
自己就甘做了一朵孤云，
独飘浮于这冷酷的人群？

竟不理旁人的忧虑与挂念，
一任他怄气或狂癫，
——为的是保持了自己的尊严！[1]

这首诗透露了沈从文当时保守在心中的一个秘密：他是为了保持自己的尊严和人格独立，拒绝了作为亲戚的熊希龄的“施恩”。他不去向熊希龄“乞怜”，就是下决心割断自己与湘西上层社会的联系，取得自己支配自己的自由。美国一位学者金介甫 1980 年访问沈从文时问他：

“您为什么 1922 年来北京？”

“我想独立。”——沈从文深知以联姻方式建立和巩固起来的湘西上层错综复杂的统治网络：熊捷三是自己的姨父；大姐沈岳鑫嫁给了熊希龄的外甥田真一；田应诏的妹妹差点嫁给沈从文父亲，后来终于成为熊希龄的弟媳；弟弟沈岳荃到底和田应诏女儿结了婚；而熊捷三曾一心想要沈从文做女婿。……这种关系弄得金介甫头晕目眩，他感到实在太复杂了。沈从文对他说：“不过并不真复杂。因为等你深入下去，也不过是那么几个人在当地十来个大小县份管辖中称王称霸！我早就对于这种关系十分厌恶，所以一离开就不至于重新进入这个富贵囚笼。”[2]

---

[1] 沈从文．给璇若 [J]. 现代评论，1927，6（139）. 署名菌。璇若是沈从文使用的笔名之一。

[2] 金介甫．沈从文论 [J]. 海内外，1981（31）.

为了应付目前，在离开香山前后，由于杨振声在《现代评论》任编辑，郁达夫应邀做该刊撰稿人，并帮助编辑部看稿，赵其文担任该刊经理、会计一类职务，沈从文应邀担任过《现代评论》的发行员。北京政变以后，有人介绍沈从文去找冯玉祥的秘书长薛笃弼——薛笃弼在冯玉祥部驻防常德时，曾任常德县知事——于是他又在冯玉祥部秘书处做过事；那时，沈从文的哥哥正在东北教学生绘画，得知沈从文在北京的处境，便写了信来，要他去东北，他又短期离开过北京。

1922 年至 1927 年间，北京正处于政治斗争极为尖锐复杂时期。除了各军阀派系之间争夺大总统宝座之外，先后发生了北京政变、孙中山进北京及其病逝、“西山会议派”事件、“三一八”惨案、鲁迅和陈源等人的激烈论战……这期间，沈从文曾在中山公园听过孙中山演讲，感受过因孙中山进京而出现的崭新热烈气氛；“三一八”惨案发生前，学生到处散布传单，沈从文曾跟着满街乱跑。可是政治斗争呈现的复杂形态，却又使得沈从文眼目迷乱。反军阀政府的政治力量中，成分极复杂，相互间的矛盾斗争也十分激烈，却都一律在“革命”名义下进行活动，出现了庄严与猥亵的稀奇混合。这可把沈从文这个“乡下人”弄糊涂了。他虽然充满兴奋地跑来跑去，却弄不明白谁左谁右。他对鲁迅和陈源之间的论战也感到迷惑不解。他知道，鲁迅支持的学生运动正是军阀政府的眼中钉，而《现代评论》也是国民党地下党员主持的刊物，是反军阀政府的。既然大家都要“革命”，为什么还要相互斗争？——这种迷乱使得沈从文心里起了一种警觉，他担心卷入这场斗争，会将自己追求的“独立”失去。他相信自己追求的“文学革命”，需要的是一种沉默的努力，这与醉心于政治斗争是难以两全的。这时，北京大学学生也形成了许多集团和派别，一些相熟的人曾跑来动员沈从文参加。

"老弟，不用写文章了。你真太不知道现实，净作书呆子做白日梦，梦想产生伟大的作品，哪会有结果？不如加入我们一伙，有饭吃，有事做，将来还可以——只要你愿意，什么都不难。"

"我并不是为吃饭和做事来北京的！"

"那为什么？难道当真喝北风、晒太阳可以活下去？欠公寓伙食账太多时，半夜才能回住处，欠馆子饭账三五元，就不大能从门前走过，一个人能够如此长远无出息的活下去？我问你。"

"为了证实信仰和希望，我就能够。"

"信仰和希望，多动人的名词，可是也多空洞！你就呆呆地守住这个空洞名词拖下去、挨下去，以为世界有一天忽然会变好？老弟，世界上事不那么单纯，你所信仰希望的唯有革命方能达到。你出力参加，你将来就可作委员，作部长，什么理想都可慢慢实现。革命是要推翻一个当前，不管它好坏，不问用什么手段，什么方式。这是一种现实。你不参加，那就只好做个投稿者，写三毛五一千字的小文章，过这种怪寒伧的日子下去了。"

"你说信仰和希望，只是些单纯空洞名词，对于我并不如此。它至少将证明一个人由坚信和宏愿，能为社会作出点切切实实的贡献。譬如科学……"

"不必向我演说，我可得走了。我还有许多事情！四点钟还要出席同乡会，五点半出席恋爱自由讨论会，八点还要……老弟，你就依旧写你的杰作吧，我要走了。"[1]

[1]《从现实学习》。沈从文．沈从文文集：第 10 卷 [M]．广州：花城出版社；香港：三联书店香港分店，1984.

这个“乡下人”，对他所认定的东西，有一种难以改变的固执。1926年4月，冯玉祥部受直奉军阀排挤，撤离了北京。沈从文在冯玉祥部秘书处做事时，认识了一位姓赵的秘书。此人北大毕业，对沈从文十分关切。离开北京后，他随部去了甘肃，在省政府任秘书。他曾给沈从文写了一封信，邀他到甘肃一道共事，并寄来40块钱做路费。沈从文回信谢绝了他的好意，同时将40块路费退回。不久，甘肃发生回民事变，姓赵的秘书在这次事变中死去。这一年，随着南方北伐战争轰轰烈烈进行，燕京大学方面沈从文认识的许多朋友，如董秋斯、司徒乔等，也先后到了武汉。他们也写了信来，邀沈从文南下。沈从文终于也未成行。这时，他的作品已经较多地获得了发表的机会，他舍不得丢掉这个刚刚打下的基础。

三、相濡以沫

沈从文以不名一文的无名学子之身，在陌生的大都市熬过最初几个年头，终于没有如鲁迅所说的“不是堕落，就是回来”，到底是一个奇迹。也许这是他个人的幸运——“遇到的好人实在太多”，却也证明了即便在那昏天黑地的污浊社会里，中国的国民性也并非完全堕入“酱缸”。当然，也决不能据此作出逆向的推论。沈从文的奇迹，是多种因素综合而成的结果，决不仅仅是他在生命路途上所获得的长辈、朋友的同情。沈从文不是同情与帮助的被动承受者，在他身上，具有一种获得周围朋辈激赏的生命魅力。正是这种魅力，将“赐予”转变成一种人格平等的友谊。正如郁达夫与沈从文会面时所感受到的，沈从文具有一种“坚忍不拔”的气质——憨劲十足，任何情况下都不气馁，生活上穷困潦倒，精神上却虎虎有生气，竟能在有一顿没一顿情形中坚持学习。一听到有什么好书，不管路有多远，都会立即跑到有这书出售的书摊边，装出买书神气，傍近卖书人聊天。人一熟，就坐在旁边小凳子上，将书看完。这全得力于沈从文青少年时期在行伍中获得的人生磨砺。穷困不是耻辱。当时北京风气，在学生圈子里，穷困正是一种普遍现象，不会因此遭人耻笑。那时，沈从文大冬天穿一身单衫裤，不仅没有被朋友看不起，反而获得身体好的赞誉。况且，他终于脱离了家乡那支半匪半军队伍，挣脱了自己头上不同等级的压力，尝到了摆脱人身依附、获得个人“自由”的禁果，没有屈辱感。即使遇到如同在香山的遭遇也能及时摆脱。更重要的是他拥有的那份奇特的人生经历，这是他的多数青年朋友所没有的。他们欣羡沈从文的这份财富，沈从文也从这种欣羡中，意识到自己拥有的优势。他是在朋友的相互依傍中，获得精神上的支撑，走过了这一段不易想象的人生道路。

到北京后不久，沈从文去燕京大学拜访董景天时，曾睡在董景天独住小楼的地板上，与董景天作长夜之谈。两人天上地上谈了一整夜，说话最多的还是沈从文。他向董景天讲述自己的经历和湘西种种民情风俗，在董景天面前展示了一个特异的世界，听得他倦意全失。由于通宵未眠，第二天白天，董景天就有些招架不住。可是到了晚上，董景天禁不住这种谈话的诱惑，两人又继续谈下去。就这样一连谈了三个晚上。这次夜谈改变了沈从文留给董景天的最初印象，让董景天对沈从文发生了浓厚兴趣，因为沈从文又一次让他吃惊。他想起沈从文第一次来燕大，自己带他去看电影的情景：走进电影院的大门，沈从文便急急忙忙抢到前面，选中前排一个座位坐下了，神气间还有几分得意。——这个“乡下人”，是有生以来第一次看电影，还以为看电影如同看戏，座位越靠前越好。——董景天见状，不禁发愣，他不解沈从文何以抢别人不屑一顾的座位，当他默过神来，忍不住在肚子里面笑了起来。

没想到，在这个对都市生活缺乏常识、憨态可掬的山里人身上，竟藏着那样一个有血有肉、被细腻感觉到的人生世界。倘若终于有一天，他能将这感觉到的一切，艺术地组织成一个文学世界，不知会发生怎样的奇迹！最初，沈从文来找他时，他只是因田真一的关系，尽一个同学应尽的义务，而现在，他感觉在自己心里，正滋生着一种属于朋友才有的那种贴近与温情。

1925 年 5 月，沈从文上了香山，住进香山饭店前山门新宿舍里。这栋房子原是清初所建的四大天王庙。当香山寺改为饭店时，慈幼院便以“破除迷信”为理由，捣毁了庙里的彩塑神像，将庙堂改装成几间单身职工临时宿舍，沈从文便是搬进去住的第一位活人。傍近香山半山亭的，除这座天王庙，还有一系列大大小小院落，泥菩萨被拆除后，尚无人居住。院前院后荒草野树之间，大白天也有狐兔不时出没。到夜里，周围更是空虚荒凉，令人想起蒲松龄《聊斋志异》里描述的情景。

有一天，陈翔鹤得知这一消息，竟独自骑了一头毛驴，摇摇晃晃上了香山，成了沈从文的不速之客。

陈翔鹤是个城里长大的青年，平时读书，深受陶渊明、嵇康等人影响，羡慕这些古人洒脱离俗的胸襟。从沈从文写来的信中，得知沈从文新居的情景，羡慕这个“洞天福地”；沈从文却是个来自偏陬之地的乡巴佬，对大都市一切正感到新鲜，虽然并不喜欢城市，也还没有厌恶城市，正以独住荒凉新居感到寂寞。虽然两人心境各异，这次会面却都各适其意。

陈翔鹤在山上一连住了三天。每天早晨，两人来到“双清”旁山溪沟里，用搪瓷缸将一线细流舀进脸盆，或是走 50 级台阶，到半山腰小池塘旁石龙头口，挹取活泉水洗漱。到了吃饭时候，就由沈从文下山到慈幼院取来，常常是几个冷馒头、一碟子水疙瘩咸菜，另提一洋铁壶开水，供两人解渴。生活虽然简陋清苦，却难得环境清幽。周围古松的清香里，沁入双清荷花池飘来的荷花淡香，充满离世脱尘的野趣。两人的精神状态都极好。从沈从文住处出天王庙大门，走下一段陡石阶，就到了香山著名的两株“听法松”旁，晚上，沈从文和陈翔鹤就坐在这两株名松旁的石头上，谈文学，谈人生，谈天说地，谈神仙狐怪，做那时的文学青年所能做的浪漫之梦。到了夜半，四下里一片静寂，冷冷的月光从松枝间筛下，星星点点洒在两人身上。谈倦了，沈从文就从屋里抱来一面琵琶，用他刚学到手的蹩脚透顶技法，为陈翔鹤弹奏“梵王宫”曲子。——后来，沈从文再也记不起这面琵琶何所来又何所去，连同他那一手蹩脚的琵琶弹奏功夫，都一并丢到爪哇国去了。

这不过是沈从文与朋友交往的两个小插曲。只有他与胡也频、丁玲作为朋友一场的结识、交往，直至30年代初期与二人的“死别”“生离”，前后长达近10年的悲欢哀乐，才是一曲动人情思的长歌。

胡也频

丁玲

1925年初，沈从文处于生活最困难的时节，正以休芸芸为笔名，做着每个月得20块钱稿费的白日梦，将写成的文章向各处投去。其中一篇，出乎意料地被登在了1月13日的《京报·民众文艺》上。在这之前，只有《晨报副镌》发表过他的两篇短文，得过五毛钱的书券。一天，《民众文艺》的两位编辑，到沈从文寄身的西城庆华公寓探望文章的作者。谈话中，沈从文得知这两位编辑就是名字经常见于《民众文艺》的项拙和胡崇轩（即胡也频）。胡也频曾就读于天津大沽海军预备学校，1920 年学校解散后，流落到了北京。1925 年初，胡也频与项拙一起在西单堂子胡同内牛角胡同 4 号，以每期 200 份单张周刊作报酬，为《京报》编辑《民众文艺》。

大约过了一个星期，胡也频再次来看沈从文时，身后跟了一个年轻女子，圆脸，长眉，短发，上穿一件灰布衣，下着青色绸布短裙，正站在门边望着沈从文笑。她就是丁玲，原名蒋伟，字冰之。因听说沈从文“长得好看”而特意跑来看看的。

沈从文却以乡下人特有的生硬方式，直截地问道：“你叫什么名字？”

“我姓丁。”

沈从文心想：“你长得像个胖子，却姓丁，真好笑咧。”

从谈话中，当沈从文得知她的家乡在安福县（今湖南临澧县），而丁玲知道沈从文是凤凰县人时，两人都起了一点惊讶。待到谈话深入下去，陌生人之间固有的那种距离便在两人之间缩短了。

——1914 至 1916 年间，南方起了护国战争。湘军曾以援鄂名义，经岳州开过湖北。那时我哥哥在筸军中做一名军佐，随队在安福县城住过一夜。住处是当地蒋姓大户的小姐绣房。房里挂了一幅赵子昂的白马图，给我哥哥留下了极深的印象。

——那就是我伯父家，那张白马图是我伯父的一幅宝画。

——我父亲死后，我就随母亲离开安福搬到了常德。由母亲集资，办了一个女子小学。小学毕业后，我就去桃源第二女子师范读书。女友中有个姓杨的，就是凤凰得胜营人。

——哈，我认识。六年前我还替她传递过情书，现在已做了我的大表嫂了。

…………

丁玲在桃源读书时，五四运动的影响已到了湘西。“自觉”与“自决”“独立互助”与“自由平等”的思潮，燃烧起一群青年女学生的热情。丁玲不问家里意见如何，便和另外三个同学跑到长沙，转入男子中学，后又受上海“工读自给”的影响，又一同冒险跑到上海，进了平民学校，并在上海大学认识了瞿秋白、邵力子、陈独秀、李达、陈望道、沈雁冰、施存统等教师。由于后来同伴中的王剑虹与瞿秋白同居，丁玲与瞿秋白一个弟弟过从甚密，遂闹得流言四起，丁玲就独自跑到北京，因朋友曹孟君和钱女士关系，住在西城辟才胡同一个补习学校的宿舍里。她与胡也频相识，是由于和胡也频住同一公寓的朋友左恭的介绍。其时，左恭正与曹孟君恋爱，三位女友常常结伴到胡也频所住公寓来看左恭。

由于沈从文和丁玲的原籍同是湖南，故乡又傍近同一条沅水，两人便有了许多共同的话题。加上都漂流在外，共同的“怀乡病”将他们的友谊弄得密切了。

沈从文由胡也频陪同，第一次回访丁玲时，丁玲已从补习学校宿舍搬出，独自住在通丰公寓的一个小房间里。睡的是硬板子床，地面霉湿发臭，墙上糊满破破烂烂的报纸，窗纸上用粉墨勾画了许多丁玲熟人、朋友的脸谱——她对艺术发生着兴趣，正为投考艺专而做准备。

见丁玲和时下穷学生一样，住这等简陋房间，沈从文心里生出不少感慨。在这之前，他与新的女性缺少接触，总以为女子天生情感脆弱，气量狭窄，又怕累，又怕事，动不动就会流眼泪，喜怒哀乐全放到一些细微小事上。可是眼前这位女子，却能与许多男子一样，虽然无法正式上学，只能自己读点书，外出时学习欣赏北京街景，无钱时没法敷衍公寓主人，却仍能从从容容坐在这样的房间里看书写字，真是一个了不起的人物！

这个圆脸长眉的女孩子，第一面给我的印象，只是使我温习了一番旧有的感想。她同我想象中的平凡女子差不了多少。她也许比别的女子不同一些，就因为她不知道如何料理自己，即如女子所不可缺少的穿衣扑粉本行也不会。年轻女子媚人处也没有，故比起旁的女人来，似乎更不足道了。

不过第二天我被那海军学生拉到她住处时，观念改变了些。我从她那儿明白了女人也是同男子一样的人。[1]

这时，胡也频已经爱上了丁玲。由于长期漂流在外，眼下生活又毫无希望，丁玲常常想起母亲和夭亡的弟弟。加上正值青春期，对早年夭亡弟弟的思念，潜意识正发生着替代性的对异性爱的渴求，于是，她常常独自跑到僻静处痴坐痛哭。一天，胡也频一早用一个纸盒子，装了一束黄色玫瑰，花上系了一张写有“你一个新的弟弟所献”的小小字条，托公寓伙计送给了丁玲。可是花送去后，半天没有回音，胡也频心里忐忑不安，有点手足失措，就跑到沈从文住处，拉着他出去散步。

“她有个弟弟死了，她想起她弟弟，真会发疯。”

沈从文早从胡也频神色间估到了他的心意，就说：“要个弟弟多容易！她弟弟死了，你现在不是正可以做她的弟弟吗？”

不想这无意中的一句打趣的话，正与胡也频早上的行为暗合。胡也频脸红了一下，似乎想分辩什么，却又无从分辩，便猛地在沈从文肩上拍了一掌，就跑开了。

可是有一天，丁玲突然回转湖南去了。这一下急坏了胡也频，一个人关在房间里生闷气。沈从文跑到《民众文艺》编辑处去看他，只见房

[1] 沈从文.记丁玲[M].上海：良友图书印刷公司，1934.

间里满地都是撕碎的报纸和书页。

> 这海军学生，南方人的热情，如南方的日头，什么事使他一胡涂时，无反省，不旁顾，就能勇敢的想象到另外一个世界里的一切，且只打量走到那个新的理想中去。把自己生活，同另一个人的生活，在少少几回见面里，就成立了一种特殊的友谊，且就用这印象，建筑一种希望，……人既一离开，如今便到了使他发狂的时候了。[1]

于是不久，北京城的公寓里便不见了胡也频的踪迹。——他抑制不住胸中高涨的爱的潮汐，赶到湖南找丁玲去了。

5月，沈从文上了香山；9月，因《第二个狒狒》和《棉鞋》事件，沈从文受到训斥和威胁。正当他感到孤独时，阴历八月十五那天，吃过晚饭，沈从文回到住处，见门上留有一张字条：

> 休：你愿意在今天见见两个朋友时，就到碧云寺下面大街××号来找我们，我们是你熟悉的人。

有熟人来访，沈从文十分高兴。他立即按纸条上所留的地址寻去，一路上胡乱猜测这两人是谁。等到一见面，没料到竟是胡也频和丁玲。见沈从文找来，胡也频一面拉着沈从文往屋里走，一面叫着：“有客来了，你猜是谁？”

走到门边，沈从文朝屋内看去。一个熟悉的圆圆黑脸，睁着一双大

---

[1]见《记胡也频》。沈从文．沈从文文集：第9卷[M]．广州：花城出版社；香港：三联书店香港分店，1984.

眼睛朝外看人，脸上挂着几分羞赧腼腆。房内只有一张双人床。沈从文已经明白发生了什么事，心想："新鲜事咧。"他一边笑着，一边朝屋内唯一的一张藤椅坐下去，说：

"这是新鲜事情。"

胡也频说："这不是新鲜事情。"

三人一齐笑了起来。随后，他们走到见心斋池边，坐上一只无桨无舵方头船划水，互相说着分别后各自的情形。这时，慈幼院的孤儿们正联欢庆祝节日，箫鼓声从山上悠悠飘来，头上悬着一饼晕晕乎乎的圆月。返身时，他们各人买了一片糖含在嘴里，算是没有辜负这一年一度的中秋佳节。

起初，胡也频和丁玲的生活得到湖南方面的接济，所住房间虽不很大，地面却很干爽，屋前屋后都是枣树；又有井，用水也很方便，两人自己动手办伙食。一份新鲜的生活加上新婚的缠绵，日子过得十分兴奋。沈从文时常跑到他们那里吃晚饭，饭后便一起天南海北聊天。但过了不久，湖南方面的汇款便不能按时寄来，胡也频和丁玲的生活就有点狼狈起来。到欲炊无米时，两人就结伴下山进城，或找朋友告借，或出入当铺典当衣物。到不便进城时，就跑到沈从文住处，三人一起吃慈幼院大厨房里的粗馒头。

即便在这时，三人仍互相说着大话——假若每人每月写三万字文章，得 30 块钱，就可以自己办一个小小刊物，每周出版一次，还十分认真地商量刊物该取什么名字。每到这时，丁玲必说：

"先生们，别把我拉进去，我不作文章。你们要我来，我就当校对，因为可以占先看你们写出的文章。"

"没有你我们办不下去。"沈从文诚恳地说。

“有了我就办得下去吗？我又不会写什么，派我充一角有什么用处？”

“把你写情书的那支笔来写……”胡也频笑嘻嘻地说，随后望着沈从文做鬼脸。

丁玲有点急了：“得了，得了，频，你为什么造谣言？我跟你写过情书吗？不能胡说八道，这一行你们男人才是高手！”

胡也频打趣说：“你并不写给我什么情书，但我看你那样子，是个会写情书的人，不相信只要我们一离开就可明白了。”

“你自己不害羞，我为你害羞。你们刊物我不管！”

可是争论过后，丁玲反倒重新拟定计划，并笑着征求沈从文和胡也频的意见，口气早就软下来了：

“文章我不会作，作了你们能高兴改改，那我一定作。”

古诗云：贫贱夫妻百事哀。在胡也频和丁玲之间，烦心的事正随着经济的拮据逐渐增多，两人终不免为着一点小事发生争吵。每到这时，其中一人必定跑到沈从文那里诉说心中委屈。到后，又总是由沈从文充和事佬，两边跑来跑去进行调解。考虑到目前境况，在这种每月九块钱房租的地方长住下去不是办法，沈从文建议两人搬到可以多欠一点钱的公寓里去。胡也频和丁玲听从了这个建议，终于搬到北河沿公寓——即那个上山前沈从文住过三个月，主人极好结识弄文学的朋友的那座公寓里住下了。

虽然三人见面已不如先前方便，但只要沈从文一下山，总要到胡也频和丁玲所住公寓里去。并且，每次见面总离不开如何想法筹钱，用自己力量办刊物的话题——那时，他们共同感到青年作者所受的冷遇。尽管按当时北京物价，办一个类似《语丝》规模的刊物，每期印一千册，有十二三块钱就可办到。但这时，沈从文和胡也频的文章，按最低稿费标准索酬，也无法找到固定地方发表，寄出的稿件常常一去无消息。当时，《语丝》正支配着北方文学空气，只要能在该刊上发表作品，很快就会引起人们注意。这年5月，沈从文一篇题名《福生》的小说，由胡也频通过一位熟人转给周作人。当这篇小说在《语丝》上发表后，胡也频拿了这期刊物，告诉沈从文时，沈从文见到目录上文章的标题，感动得只想抱着胡也频哭泣。但这种幸运只能偶尔降临到他们头上。于是，那个自办的刊物只能在他们的想象里诞生，旋即又在想象里夭折。

这期间，胡也频和丁玲住处，常有一些知名青年作家来访，谈起自办刊物，总有人说自己已与某报接洽好，正准备办一个什么周刊。待客人走后，丁玲总是说："频，这些人要办什么，天生就有那种好运气，一下子就可以弄好了。"

胡也频总不放过任何努力的机会："休，休，我们赶快也去问问，不要他们稿费也行吧。我们写一封信去问问，还是亲自去问问？你说。"

沈从文也总是苦笑，却不做声。他想起自己和胡也频到处接洽，给别人办一个副刊，却总是毫无结果的事，心想：假如我们对文学事业有一种信仰，不必和别人计较一时的得失。眼下，只能在沉静中支持。

可是，胡也频只要一认为有机会，就会立即伏到桌上，给编辑朋友写信。写完后怕丁玲抢去，总要退到墙角里，然后念给另外两人听。末了，总是由沈从文签个名。丁玲说：

"频，得了，你们不是文学团体中人，你们文章人家还不肯登载，何苦又去做这种可笑事情？"

胡也频却不觉得可笑，并硬拉着丁玲作陪，顺北河沿走到北大第一院门前，将信塞进邮筒。

当然不会有什么结果。不久，胡也频和丁玲实在待不下去，便一起返回湖南去了。两人前脚走出北河沿公寓，沈从文因和慈幼院方面闹翻，又后脚搬进这公寓。这之后，胡也频不时从湖南写诗寄给沈从文看，沈从文这时正在《现代评论》当发行员，便将这些诗转给《晨报》和《现代评论》发表。由于这些诗的形式和原稿字迹，都与沈从文相近，编辑都以为这些诗是沈从文作的。他俩都喜欢用硬笔头，在窄行稿纸上，写密密麻麻的小字，字间的疏密及涂抹勾勒方式，几乎没有区别。《现代评论》方面以为“也频”是沈从文的另一笔名。丁玲也继续着同一书写方式。以至1927年，丁玲《在黑暗中》的各篇章开始发表时，《小说月报》编辑叶圣陶见到原稿，也以为不出沈从文和胡也频二人之外。

想不到因三人的这同一习惯，在1925年4—8月，在丁玲、沈从文和鲁迅之间，惹起了一场严重的误会。

1925年4月30日，鲁迅收到了一封署名丁玲的来信——那是丁玲独自离开北京返湖南之前，因上学无望，处境艰窘，就写了此信向鲁迅求援。

> 信的大意是说：一个女子在现社会上怎样不容易活下去，她已经在北京碰过许多钉子，但还是无出路，想要求鲁迅代她设法弄个吃饭的地方，哪怕就是报馆或书店的印刷工人职位都可以。[1]

---

[1] 艾云．鲁迅所关怀的丁玲[N]．新华日报，1942-7-22．艾云，即荆有麟，当时是鲁迅家中常客，后成为国民党特务，解放后被枪决。

鲁迅收到丁玲来信后，因不知丁玲其人，就托几个熟人帮他打听一下。

次一天晚上，孙伏园就来报告消息了，说，岂明先生那里也有同样的一封信，而且笔迹很像休芸芸（沈从文当时的笔名，曾有稿给周岂明看，故岂明记得他的字）。于是在座的章衣萍便说，不要又是什么琴心女士与欧阳兰的玩意罢。[1]

鲁迅信以为真，认为沈从文以女人身份和他开玩笑，并因此生了气。7 月 12 日，他在给钱玄同的信中，这样写道：

这一期《国语周刊》上的沈从文，就是休芸芸，他现在用了各种名字，玩各种玩意儿。欧阳兰也常如此。[2]

7 月 20 日，鲁迅在给钱玄同的信中，又就此事作了进一步发挥：

且夫“孥孥阿文”，确尚无偷文如欧阳公之恶德，而文章亦较为能做做者也。然而敝座之所以恶之者，因其用一女人之名，以细如蚊虫之字，写信给我，被我察出为阿文手笔，则又有一人扮作该女人之弟来访，以证明确有其奴。然则亦大有数人“狼狈而为其奸”之概矣。总之此辈之于著作，大抵意在胡乱闹闹，无诚实之意，故我在《莽原》已张起电气网，与欧阳公归入一

[1] 艾云 . 鲁迅所关怀的丁玲 [N] . 新华日报，1942-7-22.

[2] 见《74 致钱玄同》。鲁迅 . 鲁迅书信集：上卷 [M] . 北京：人民文学出版社，1976.

类也耳矣。[1]

后来，荆有麟从胡也频那里证实了确有丁玲其人，而且在北京无以为生，已回湖南老家去了，便将这情况告诉了鲁迅。鲁迅心中的疑团和误会，遂涣然冰释。鲁迅很抱歉地说：

那么，我又失败了。既不是休芸芸的鬼，她又赶着回湖南老家，那一定是在北京生活不下去了。青年人大半是不愿回老家的，她竟回老家，可见是抱着痛苦回去的。她那封信，我没有回她，倒觉得不舒服。[2]

1979年，景山在《新文学史料》上钩稽考证了这段往事后，这样说：

沈从文和丁玲二位，现均健在。可是他们二位对一九二五年鲁迅书信中提及的这一公案，恐怕都毫不知情吧！[3]

---

[1] 见《75 致钱玄同》。鲁迅．鲁迅书信集：上卷 [M]．北京：人民文学出版社，1976. 欧阳兰，当时北大学生，曾以女人名字发表文章，孙伏园曾认定是“一个新起来的女作家”。“琴琴阿文”，指沈从文。奺，鲁迅戏造的字，强调其为女性。1925 年 7 月 12 日，《国语周刊》第 5 期刊登了沈从文所录一首镇筸方言民歌。歌曰：

六月不吃观音斋，
打个火把就可以跑到河边去照螃蟹：
“耶哧耶哧——琴琴唉！
今天螃蟹才叫多，
怎么忘记拿篓篓？”

“琴琴阿文”即据此而来。欧阳公即欧阳兰。以丁玲之弟的名义拜访鲁迅的，是胡也频。丁玲回忆说：“这一天，他（胡也频）又去看鲁迅，递进去一张‘丁玲的弟弟’的名片，站在门口等候。只听鲁迅在室内对拿名片进去的佣工大声说道：‘说我不在家！’他只得没趣的离开，以后就没有去他家了。”（《鲁迅先生于我》，载《新文学史料》1981 年第 3 期）

[2] 艾云．鲁迅所关怀的丁玲 [N]．新华日报，1942-7-22.

[3] 景山．鲁迅书信部分人物事件考释•十五 “琴琴阿文”和丁玲 [J]．新文学史料，1979（4）.

景山以为鲁迅的谈话是私下进行的，而给钱玄同的信又未公开发表，沈从文当时可能不知情。其实，这些谈话和信件的大意，沈从文几乎立即就知道了。这很可能与知道这些情况的人到处传话有关。1931年，沈从文在《记胡也频》一书中，这样说：

> 丁玲女士给人的信，被另一个自命聪明的人看来，还以为是我的造作。[1]

当时，沈从文得知这一消息后，也同样生了气。人总有自己的尊严，以至在鲁迅生前，沈从文始终不愿与鲁迅见面。1922至1926年，这两位作家同时住在北京；1928至1931年，他们又同时住在上海，应该是不少见面机会的。在这件事上，鲁迅和沈从文都未能冷静地抑制自己的感情。但无论鲁迅还是沈从文，却没有因此影响各自对对方文学成就的评价。沈从文在他后来所写的一系列论述中国新文学成就的文章中，始终将鲁迅的创作放在最重要的位置；而鲁迅在1935年与斯诺的一次谈话中，肯定沈从文是自新文学运动以来“出现的最好的作家”[2]之一。这些，当然都是后话了。

这年冬天，胡也频和丁玲第二次返回湖南不久，胡也频一个人回到了北京。但他一离开丁玲，便感到分离的痛苦，不久又借钱赶回湖南。丁玲同样不能忍受这种离别的考验，几乎在胡也频南下的同时，从湖南向北京出发。两人乘坐的船却在洞庭湖里错过了。于是，胡也频再从湖南赶回北京与丁玲相会。这以后，两人在北京不断调换公寓，一会儿银

---

[1] 沈从文．沈从文文集：第9卷[M]．广州：花城出版社；香港：三联书店香港分店，1984.

[2] 尼姆•威尔士．现代中国文学运动[J]．新文学史料，1978（1）.

闸胡同，一会儿孟家大院，一会儿景山东街，一会儿北河沿，最后又搬入汉园公寓。在银闸、景山东街，到汉园，沈从文都是和他俩住在同一个公寓里。

当胡也频、丁玲听从刘梦苇的建议，第二次迁入北河沿公寓时，一些在北京的朋友，见他们二人重回北京，就有人建议成立一个文学社，办一个刊物，由丁玲牵头；并从“未名社”社名得到启示，取名为“无须社”。但最终也没有取得什么结果。

1926年，南方革命蓬勃发展。7月，国民革命军出师北伐，同月北伐军进入长沙；8月攻克岳州；继而在汀泗桥击溃吴佩孚主力；10月，攻克武昌。随着北伐战争取得进展，南方出现了蓬勃生气。沈从文在北京的一些朋友，已纷纷南下；胡也频在海军预备学校时的一批同学，也投身到南方的北伐战争。这两方面的朋友都先后写了信来，要他们去武昌看看。当他们商量这事时，三个人都没有去武昌意思。

> 理由又简单又切实的是丁玲女士。……她的意思只是：“若想做官，可过武昌；若想做文章，不应当过武昌。”[1]

——这时，丁玲正开始酝酿写短篇小说；胡也频文章也有了出路，每月可得25元钱稿酬，生活刚刚稳定，不愿意另作安排；沈从文先因《晨报副镌》改组，由刘勉己、瞿世英继任编辑，文章获得了在《晨报副镌》上发表的机会，后又因徐志摩负责《晨报副镌》，文章得到赏识，有了较多发表机会，也不想放弃刚刚打下的基础。因此，三人在这个问题上

[1]《记丁玲》，上海良友图书印刷公司1934年版。日本的高畠穣在他的《丁玲传》中，据丁玲在《一个真实人的一生》里所说“那时形式上我很平静，不大讲话，或者只像一个热情诗人的爱人或妻子。但我精神上痛苦极了！”推断丁玲正酝酿着向革命方向转变，并认定“这句话并非出自丁玲之口”。

意见完全一致。

三人住进汉园公寓后，有于赓虞、许超远、黎锦明、徐霞村、王森然等人经常与他们过从；女朋友中有凌叔华、黄庐隐等，却不常来。

四、卑微者之歌

1927年底，随着第一阶段北京生活的结束，沈从文走完了最初阶段的创作历程。他的作品最先见于报刊，是1924年12月。《一封未曾付邮的信》，是至今能见到的沈从文的处女作。1925—1927年，他的作品越来越频繁地见于《晨报副镌》和《现代评论》，1926年，他的小说开始在《小说月报》上发表。三年间，先后发表各类作品170余题。1926年，北新书局出版了他的散文、小说、戏曲，诗歌合集《鸭子》。1927年，他的小说集《蜜柑》由新月书店出版。

关于这一阶段的创作，沈从文在《致唯刚先生》[1]一文中，曾有过极明确的告白：

> 我只想到写自己生命过程所走过的痕迹到纸上。

凡属真诚的创作，不管作者声称如何忠实客观，都不能不在最广泛的意义上，渗透作家的主体意识。然而，对于沈从文的早期创作，这种生命的痕迹几乎可以作最狭义的理解。这些作品，在极大程度上，合成了一部沈从文的"自叙传"，是可以当作他的传记材料来读的。正如1984年沈从文亲口告诉笔者的，"早期作品写的都是真事，那时还不会虚构"。这里，有着郁达夫将文学当作作家"自叙传"的显明影响。

[1] 沈从文.致唯刚先生[N].晨报副镌，1925-5-12.

事实也确实如此。这些以叙述亲身经历为主的作品，按所述事件发生的时间，可以分为“往事回忆”和“目前遭遇”实录两部分，而它们又分别由许多小系列组成。如那些篇末标明或未标明的《一个退伍兵的自述》的作品，是他行伍生活的回忆；有关北京西山的一组，是他任职香山慈幼院时经历的叙写；公寓生活一组，则是他来到北京后最初两年穷困处境的实录，如此等等。只是到了1927年，一部分以都市人生为题材的作品，才开始逸出“自叙传”的范围，进入他的都市讽刺。

在《从边城走向世界》一书中，我曾将这些早期作品按题材分两大类：一是关于湘西生活的回忆和描摹；二是关于都市生活的见闻与感慨。

> 1928年以前，沈从文有关故乡生活回忆的文字占据着压倒的比重。这些作品将人带进一个奇异的世界。不消说春天采蕨、捡菌子，秋天摘八月瓜，冬日里赶山围猎，大街上男子汉一对一的单刀决斗，单是临溪而立的巨大水车，因溪流冲激飞快转动时扬起的雪白水花，碾坊里终日不停转动的碾石，就够令人心醉。秋夜里，一群人高举葵藁或旧竹缆做成的火把，照得溪流上下一片通明，人人腰悬鱼篓，手执镰刀或小网，混合着吃惊、兴奋、相互埋怨的嚷叫，起劲地罩鱼、砍鱼；晴朗的白天，在静寂而深幽的山谷里，随着砍樵人的刀斧起落，霎时间满谷都是“它它它它”的响声。从对山望去，一棵树连枝带叶颓然倒下，老半天，才传来山崩似的巨大响声。腊月里，人们将小米、赤豆、枣、栗、白糖、花生仁和在一起，熬着又香又甜的腊八粥；正月里，人们便围着炭盆，煨板栗、烤糍粑、吃白绵蒸肉；月夜里，一个山村小姑娘在深山里，正独自奋力捕捉钻进窝棚里的小野猪；

黎明时分，一个小哨兵在哨位上，怯怯地听着山坡上“鬼撒沙子”发出的音响；一个患“失心癫”的小伙子，山鬼似的四处游逛，连续几天夜宿专供岩鹰砌巢的老虎峒；一位被逼落草的山大王既强讨恶要、又大排场地娶商人的女儿做压寨夫人，事情既荒唐又缠绵……作者表现的是偏处一隅湘西的动人风情。这场面，这景象，这情境，对当时的多数读者，简直是闻所未闻。它使人感着新鲜，感着一种刺激、一种兴奋，便是可以想见的了。

文学到底不只为着猎奇，不能止于社会生活的简单记录。沈从文这个阶段的小说创作，终究不过是一种特殊世界民情、风俗、自然风光的表象展览，——一种素朴而简陋的忆往的记实，多数甚至算不得小说。自然主义的印象捕捉构成它们的基本特色。虽然在作品的某些细部描写上，能够传达出事象特有的那份神气，显示着作者对事象特具敏感的潜在能力。可是，从作品内容的基本倾向看，除了自然景物、民情、习俗的外在风采，实在看不出什么深一点的蕴含。一条温情脉脉的感情细流在这些回忆里流动——一种对孤独的、为人情冷漠挫伤的都市生活经历的心理反应现象。诚然，少数作品显示出一定的社会意义：《福生》《在私塾》《我的小学教育》是对扼杀儿童生机的旧私塾教育的抨击；《移防》《船上》揭露出旧军队的腐朽；《老魏的梦》（后改名《上城里来的人》）是湘西农村惨遭旧军队烧杀奸淫历史的忠实记录；《入伍后》写出了一个聪明可爱的青年农民，遭到有钱有势的仇家卑鄙陷害与谋杀的悲剧，等等。有的作品也蕴含着作者对人生某些问题思考的萌芽，如《在别一个国度里》（后更名为《男子须知》），采用书信体，叙述一个被逼落草的山大王娶讨一个商人的女儿做压寨夫人的故事。在外面人的传说里，这个山大王简直是青面獠牙、杀人不眨眼的恶魔，作品却通过后来成为他的妻子的商人女儿的亲身感受，叙说出这个穷苦人家出身的山大王，其实是一个既懂得恨、也懂得爱，有血性也充满温情的年轻英俊的男子汉。显然，作品反映了作者反世俗观念的倾向——在道德领域内替那些被统治者视为罪恶化身的具有反抗精神的下层人民翻案。作品的更名，也寄托着作者在道德问题上的某种审美追求。然而，即使上述作品，内容仍嫌单薄，主题也过于直露，粗略的叙述淹没了某些必要的精详描写。

这种情况同样反映在以都市经历与见闻为题材的创作中。这部分作品包括两种基本类型：一、暴露都市中上层阶级生活的空虚、庸俗与无聊；二、一个痛感孤独、渴求人间同情与温暖（包括男女之间温爱）的凄苦灵魂的内心独白。前者如《晨》《岚生和岚生太太》《蜜柑》等，后者如《篁君日记》《长夏》《老实人》《看爱人去》等。一是企图鞭挞与讽刺，一是着意抒写都市苦闷。但由于题材缺乏典型化的提炼，作者尚无法把握讽刺艺术的规律，结果鞭笞翻成展览，尤其是第二类作品，带有郁达夫小说影响的明显痕迹。男女关系描写的自然主义倾向为时人诟病，便不足为奇了。[1]

或许，这些早期作品蕴含的另一个侧面，即更为内在一点的，是刻画在这些作品里作者的心理轨迹。从这一侧面，我们看到了一个焦灼不

---

[1] 凌宇．从边城走向世界［M］．北京：三联书店，1985.

安的痛苦灵魂，一个属于初入都市“乡下人”卑微的身影。

这首先表现为沈从文对“乡下人”（沈从文“自我”的代称）与“城里人”在物质生活状况及由此派生的精神状态的对比。

> 日来的风也太猖狂了，我为了扫除我星期日的寂寞，不得不跑到东城一友人校中去消蚀这一段生命。诅咒着风的无聊，也许人人都一样。但是我同你在车上并排的坐着时，我却对这风私下致过许多谢忱了。风若知同情不幸的人们，稍稍的——只要稍稍的因顾忌到一切的摧残而休息一阵，我又哪能有这样幸福？你那女王般骄傲，使我内心里生出难堪的自惭，与毫不相恕的自谴。我自觉到一身渺小正如一只猫儿，初置身于一陌生锦绣辉煌的室中，几欲惶惧大号。……这呆子！这怪物，这可厌的东西！……当我惯于自伤的眼泪刚要跑出眶外时，我以为同坐另外几个人，正这样不客气的把那冷酷的视线投到我身上，露出卑鄙的神气。
>
> 到这世上，我把被爱的一切外缘，早已挫折消失殆尽了！我哪能再振勇气多看你一眼？
>
> 你大概也见到东单时颓然下车的我，但这对你值不得在印象中久占，至多在当时感到一种座位宽松后的舒适罢了！你又哪能知道车座上的一忽儿，一个同座不能给人以愉快的平常而且褴褛的少年，心中会有许多不相干的眼泪待流？[1]

这类作品在沈从文的早期创作中，占极大比重。有时，一声鸡啼、

[1] 沈从文．遥夜［N］．晨报副镌，1925-3-9.

一辆水车、一个花瓶、几茎小草、几叶浮萍，都能勾起沈从文对自己卑微人生的感喟，折射出当时一般小知识分子的内心苦闷与人世的坎坷不平。“一个陌生少年，在这茫茫人海里，更何处去寻同情与爱？”[1]——摆脱人生卑微处境和都市冷漠，获得人间温暖与人生平等的内心欲求溢于言表。曾有人说，这是一个穷家子急欲爬进上流社会的心理反映。话虽说得刻薄，却也源于同一现象。这种人生无所依凭的卑微感，必然生长出对社会的敌视：“眼前的一切，都是你的敌人啊！法度，教育，实业，道德，官僚，……一切一切，无有不是。”[2]其实，这就像对处境优裕的人们的欣羡，这是未能获得社会确认的青年人极易产生的心态，也难以从中得出否定社会一切、具有彻底变革现实精神的结论。

甚至，就连这种极度卑微心理本身，也常常同时表现为强烈的自尊。在《第二个狒狒》和《棉鞋》里，一方面，字里行间充满了遭遇屈辱与压抑的卑微感，另一方面，又同时流露出抗拒这种屈辱与压抑的桀骜不驯。自卑与自尊在这里实现着奇妙的统一。在更多的场合，由这种人生卑微感激发的内心痛苦，又透过往事与现实、故土与陌路、乡村与都市的对立表现出来。在占有一半比重的乡村题材作品里，沈从文扯起了故乡风情绵绵不断的回忆，企图从往事中寻找由友谊和亲情构成的人间温暖与同情。即便在那些往事不堪回首的行伍生活里，似乎也渗透着一种甜蜜。这多数的往事回忆，与其说是沈从文在发掘蕴含其中的社会人生意义，或是着意反映另一个世界的真实（事件本身也确是真实的），不如说是一串连绵的情绪的珠子。那种脉脉温情的细流，恰恰是这个乡下人在都市人生里生活败北的另一种心理反映形式。在这种情绪的笼罩下，一些

[1] 沈从文．一封未曾付邮的信 [N]．晨报副镌，1924-12-22.

[2] 沈从文．狂人书简——给到 × 大学第一教室绞脑汁的可怜朋友 [N]．京报 • 民众文艺，1925-5-5.

在沈从文实际经历中难以想象的可怕人事，反倒一律充溢着某种天真妩媚的情趣。——实际人生在作者笔下作了陌生化的处理。这种感觉有时是极细腻的，并被置于同都市人生直接对比的框架之中。

至少有两年以上，我没有听到过鸡声了。乡下的鸡声，则是民十时在沅州的三里坪农场中听过。也许还有别种缘故吧，凡是鸡声，不问它是荒村午夜还是清阴白昼，总能给我一种极深的感动。

…………

我到菜市场去玩时，看到那些小摊子下面竹罩里，的确也又还有些活鲜鲜（能伸翅膀，能走动，能低头用嘴壳去清理翅子但不做声）的鸡。它们如同哑子，挤挤挨挨站着却没有做声。它们之所以不能叫，或者并不是不会叫，因为凡鸡都会叫，就是鸡婆也能“咯咯咯”，只是时时担惊受怕，想着那锋利的刀，沸滚的水，忧愁不堪，把叫的事都忘怀了吧！好比我们人，到忧愁无聊时，不是连讲话也不大愿开口了吗？

然而我还有不解者：北京的鸡，固然是日陷于宰割忧惧中，难道别地方的鸡，就不是拿来让人宰割的？为什么别的地方的鸡就有兴致引吭高歌呢？我于是觉得北京古怪。[1]

乡村雄鸡与都市公鸡，同样面临宰杀的威胁，在沈从文的感觉里，却出现了两种截然相反的情状。这“古怪”，是作者的感觉捣的鬼。

早期创作沿着乡村回忆与都市写实两条线索展开，已经透露出沈从

[1] 沈从文．怯步者笔记——鸡声 [J]．现代评论，1925（38）．

文在乡村世界与都市人生，或者乡村文化与都市文化相互参照中透视人生这一整体创作格局的萌芽。但这并不是有意为之，它只是一种情绪的产物，不是也不可能被置于具哲学意味的理性之光的烛照之下，还没有形成属于成熟期的沈从文的两相比较。那种成熟的比较，不仅需要理性的成熟，还需要伴随理性成熟而来的那种“乡下人”在都市文化面前拥有的心理优势。因为成熟期形成的沈从文在对立与交流的格局中建造的艺术人生的整体构架，是少不了“乡下人”对自身精神优势的确认的。

然而此时，支配着这个“乡下人”的，却是在都市中因生活败北而产生的卑微感。他正“感到金钱和女人两方面的压迫”[1]。在叙写自己都市遭遇的作品里，有相当一部分涉及对异性的强烈欲求，以及对自己在异性面前胆小怯懦性格的反省，这是沈从文坦率的内心独白。这些作品，真实地表露了主人公内心里的情欲冲动，几乎就是沈从文自己心理活动的摹写。这并不奇怪，一个二十四五岁的青年，不可能摆脱异性的诱惑，他逃不出自然法则的制约。《第二个狒狒》叙述他在剧场看戏，当“老爷”带了两个小玩物坐上前排，在他身边空座上填上两个“奇丽肉体”时，他禁不住想起《圣经·雅歌》里赞颂女王大腿“圆润好像美玉”“颈项好像象牙台”的诗句，心里起了波浪。

迦密山只在他面前不过三寸间隔，但给了他欢喜也给了他忧愁：因巴特拉并门旁的水池时时回过来，牵引他几回想伸过手去摩抚一次那莹然如玉的象牙台。苹果的香味，使他昏迷如痴……

[1] 见《焕乎先生》。沈从文. 沈从文文集：第2卷[M]. 广州：花城出版社；香港：三联书店香港分店，1982.

这位不幸的少年，终于犯了许多心的罪孽——同时一个膝盖骨在巴特拉并水池的鉴照下，也成了一个卑劣东西了！[1]

因这种对异性的欲求无法获得满足，这种“心的罪孽便屡屡发生，也常常因此翻爱为仇，将女人视为自己的‘敌人’”，因为“每一个少年女人擦身边过去时，却能同时把他的心带去一小片儿”。[2]

这当然不是爱情，它只是一种本能的生理反应。他也感到这种本能冲动排泄造成自己的心理病态。“呵呵，这成什事？我太无聊了！我病太深了！我灵魂当真非像景天那么找人去修补一下不可！”

——灵与肉的冲突折磨着他的灵魂，肉欲驱迫他下地狱，他竟产生了用钱买欢的念头；理智又牵引他走出迷途，他自省到要摆脱纯粹情欲的纠缠，去寻找真正属于人的情爱：

我所需要于人，是不饰的热情，是比普通一般人更贴紧一点的友谊，要温柔，要体谅。我愿意我的友人脸相佳美，但愿意她灵魂还超过她的外表更美。[3]

重要之处似乎不在如何率真表现了作者对异性爱的欲求，也不在交织在这个乡下人身上的灵与肉的冲突——这在郁达夫等人的小说中表现得更为突出有力——而是在这种追求中，晃动着的那个心理自卑、性格怯懦的乡下人的身影。《老实人》《焕乎先生》等小说，就是对这种怯

[1] 沈从文．第二个狒狒 [N]．晨报副镌，1925-8-22.

[2] 沈从文．到北海去 [N]．晨报，1925-8-25（文学旬刊）.

[3] 沈从文．lao mei, zuo hen！[N]．晨报副镌，1926-8-30. 题意为“妹子，真美啊！”苗语。

懦性格的自剖。《老实人》中那位叫自宽的穷困学生，在公园里游荡时，见两位年轻漂亮女子，正在议论自己的小说，于是想入非非，企望能得其中一位做自己的妻子。内心的欲求驱使他与那女子攀谈，却反而弄巧成拙，被人视为疯子、流氓，引起警察干预，最后关进了派出所。究其失败的原因，是他预先就被感觉中女人可望不可即的“高贵”所慑服，自惭形秽，缺少那份必需的自信与勇气。这故事的某些情节可能是虚构的，人物的心理真实却是作者自身的心理真实：“这汉子（可以说是无用的汉子），‘勇敢’二字不知在什么时节就离开他身体而消失到不可找寻的地方去了。”[1]

自然，这些早期创作，在艺术上是幼稚的。对一个只有小学毕业文化程度的文学青年——他没有由中学而大学以及出国留学那份福气——在一种不易想象的艰难处境里实行自我教育的“习作”，自不必责之过切。正如他自己所说：“我从事这工作是远不如人所想的那么便利的。首先的五年，文字还掌握不住。”[2]所谓“文字还掌握不住”，当然不只是形式与技巧问题。最主要的，是他尚无力向生活的深处开掘，刻画缺乏必要的深度、广度和力度。例如，偶然事变完全改变生命进程的人生现象，早就引起过沈从文的关注。这也许来源于他行伍中的好友，如文颐真、沈万林、陆弢等人，在意想不到的灾难中猝然结束了生命这类事件的刺激。《初八那日》写一个即将娶亲的乡下小伙子，被突发的大风吹塌的积木压毙；《石子船》叙述一个深明水性的水手下河摸鱼时，手被石缝卡住，活活憋死。这些偶然事变带来的人生命运的陡然转折使沈从文感慨不已。他朦胧地感到了其中蕴含着的人生哲理和“诗”，但他无力提取出来，

---

[1]见《焕乎先生》。沈从文．沈从文文集：第3卷[M]．广州：花城出版社；香港：三联书店香港分店，1982.

[2]沈从文．二十年代的中国文学[J]．海内外，1980（11、12）．

只能复述这些事件的表层现象——他无法将人物的悲剧命运置于一种内涵深广的人生哲学的烛照之下。而文字的粗疏显示他还不善描写，即便某些细部描写捕捉到事象的特有风韵，却也无力展开，只有借助似曾相识的生活经验与感受加以补充，读者才能感觉到作者所欲表现的风貌全景。

尽管如此，这些作品仍以情感的真挚和天真的自然之趣，诞生了沈从文独有的风格，而这，正是《遥夜——五》获得林宰平的称赞，《市集》得到“志摩的欣赏”的原因。

> 这是多么美丽、多么生动的一幅乡村画。作者的笔真像是梦里的一只小艇，在波纹瘦绯绯的梦河里荡着，处处有着落，却又处处不留痕迹，这般作品不是写成的，是“想成”的。给这类的作者，批评是多余的，因为他自己的想象是最不放松的，不出声的批评者；奖励也是多余的，因为春草的发青、云雀的放歌，都是用不着人们的奖励的。[1]

虽然，沈从文称这是使他“背膊发麻”的赞语，却也并非没有根据的吹嘘。

[1] 徐志摩．志摩的欣赏 [N]．晨报副镌，1925-11-11.

第六章

海上的漩流

一、一个配角

1927 至 1928 年间，中国的政局发生了重大变化。1927 年 4 月，蒋介石策动“清党”事变，开始了对共产党人和工农群众的屠杀，并在南京成立国民政府，取代北洋军阀政府的统治。7 月，汪精卫背叛国民革命，与蒋介石实行“宁汉合流”，第一次国共合作至此完全破裂。

随着中国政治重心的南移，出版业的盈虚消长也出现了变化。上海的新书业获得了发轫勃兴的机运。

这一变化直接影响到沈从文在北京的去留。这时，已分别出版过沈从文的《鸭子》和《蜜柑》的北新书店及新月书店，已先后迁往上海，有较多机会发表作品的《现代评论》也已离京南下；而原先在上海的《小说月报》，因叶圣陶负责编辑的缘故，沈从文的作品在上面获得了一席之地。

生活对沈从文依然严峻。1927 年，母亲和九妹从湘西来到北京，和沈从文住在一起，一家三口的生活全靠沈从文的稿费收入。北京原有的基础既已失去，上海又依稀闪露出谋生存、求发展的虹彩幻影，于是，沈从文决定离京南行。去留取舍的结果，决定了沈从文随后几年的人生际遇。

1928年1月，沈从文让母亲和九妹暂留北京，独自先行到了上海，住进法租界善钟里一个托上海的朋友预先租定的亭子间。随后，再由亭子间迁入正楼大房。

1929年，上海时期的沈从文

3月的一天，胡也频和丁玲突然出现在沈从文面前。由于二人不准备在上海长住，故来这里寻一临时歇脚之处。房里除一桌一椅一木床，别无他物，于是，二人在地板上摊开被盖住了下来。

他们一来，沈从文就发现，这两位朋友的言辞间就发生着不明所以的龃龉。第二天一早，两人便爆发了激烈的争吵。对此，沈从文不再感到突兀。这呆子，以为这争吵不过是两人在北京时的旧戏重演，属于年轻情侣间常见的为一点小事的斗气任性。那时，每逢沈从文在场，总是极力从中转圜、劝解，让两人平静下来。从已有的经验中，他知道这是青年夫妻间容易发生的事，当双方稍稍冷静下来，又会重归于好。因此，他常常一边劝解，一边心里想：

我若是懂事明理的人，我会看得出这是用不着救济的事。一分凝固生活有时使人厌倦了，一点点新的发现照例就常常使人眩目。然而这眩目决不是很久的事，一时的幻觉必不至于使人永远胡涂。同时，这过失若不过是由于过分热情而成的多疑与多嫉，则只需要一分稍长的时间，一切误会就弄明白了。[1]

[1] 沈从文.记丁玲[M].上海：良友图书印刷公司，1934.

沈从文常常将主要责任归于胡也频，以为两人发生误会的原因，一定出于胡也频的偏执热情与不必要的疑嫉。然而这次争吵，似乎有点不同了。

男的说："我知道你不爱我，已爱了别人。"

女的就说："你不爱我你才那么不信任我。"

男的又说："我就因为太信任你，你就去会他。"

女的又说："你那么多疑自私，还说在爱我！"

男的又说："我信任你，你就成天到他住处去……"

女的又说："我到他那儿去，你不是明知道为了什么事情吗？"

话说得再重一点时，于是女的就把大衣脱去，把皮夹中所有的货币倒出，一面哭泣一面十分伤心的说：

"频，频，你莫说了，你瞧，我一个钱不要，空着这两只手，我自己走了，你不必再找我！"

男的也仿佛有理由十分生气，接着就说：

"好，美美，你走你的，我知道你离开我就到什么人的身边。"

女的气得脸色发青，一面开门答着：

"是的，我就是去他那里。我爱他，我讨厌你。"

"我早知道你是……"

"那你为什么像疯子一样追我赶我？"

男的见女的尽哭，尽把我送她那副美丽羊毛手套用牙齿咬得破碎不成样子，又见我守在门边，女的并不出门，就十分生气的说：

“你要走你走你的，我不留你！”

女的自然就极力推我，想攫取我衣袋中的钥匙，见我不让她走，就说：

“从文，你这是怎么？你让我走！我绝对不再留在这个房中！你不许我走，我就生你的气！”

那男的于是也说：

“休，休，你尽她走，她有她的去处！"

我让她走我才真是傻子！因为我已经有过了很好的经验，这一个抖气走了，另外一个等会儿还是得坐了车辆各处去找寻，把熟人处，公园，影戏场，无处不找到。我还得奉陪来作这种可笑的事情。当天找不着时，我又得用一切话语来哄着这一个，且为那一个担着心。日光下头的事全是旧事，这一次自然还同上一次差不多，上海地方那么宽，要我放走了这个，又去陪那一个向各处做捉迷藏的玩意儿，一面还时时刻刻捏着一把汗，以为一个假若因为怄气跳水服毒，一个就会用小洋刀抹脖子自杀，简直是一种无理取闹小孩子的行径，这种行径也真够麻烦人！

女的既不能走，男的后来便又想走了。这海军学生虽然体力比我好些，但到了这些时节，自然不会把我屈服得下，我决不能把手中钥匙尽他抢走。

于是三个人支持下来，两人皆如莎士比亚戏剧中名角的风度，用极深刻精粹的语言，互相争辩同诘难，我则静静的倚定在房门边，看这充满了悲剧与喜剧意味的事件自然发展。[1]

[1] 沈从文．记丁玲 [M]．上海：良友图书印刷公司，1934.

原来，还是住在北京汉园公寓时，沈从文、胡也频、丁玲的文章都有了出路，三人却打算依靠稿费的收入，将来到日本去读书。要去日本，需先学日语，而要学日语，又需教日语的人。起初，这只不过是挂在三人口头上的梦想。可是，在沈从文离开北京前后，丁玲已开始实行这个计划，已由王三辛介绍冯雪峰来教丁玲的日语。然而如此一来，在胡也频和丁玲原先表面平静的生活里，掀起了极为尴尬的情感波涛。

> 自然的，这先生上课一礼拜后，两人之间便皆明白了这种学习有了错误，她并不适宜于跟这个人学习日文，他却业已起始跟她在学习爱情了。[1]

沈从文显然被蒙在了鼓里，丁玲自己并不以为这是什么错误。她在后来回忆说：

> 我认识雪峰是在一九二七年冬天，王三辛介绍他来教我的日文。那时，留在北京的左倾知识分子较少。我们都因种种关系，限于条件，未能到火热的革命的南方去，既感到寂寞，又十分向往。特别是在国民党反共的“四一二”事变以后，经常听到一些使人沉痛的消息时，我们象飘零在孤岛上的人，四望多难的祖国，心情无限愤慨、惆怅。因此我们相遇，并没有学习日语，而是畅谈国事、文学，和那时我们都容易感受到的一些寂寞情怀。不久，一九二八年春天，雪峰到南方去了；我和也频也随即到了南方，我们是各自奔忙。[2]

[1] 沈从文 . 记丁玲 [M]. 上海：良友图书印刷公司，1934.

[2] 见丁玲《悼雪峰》。丁玲等 . 作家的怀念 [M]. 成都：四川人民出版社，1979.

当然不只是谈革命，也谈爱情。由于两人之间爱情的火焰愈燃愈炽，冯雪峰准备继续留在北京。丁玲不同意这么做。于是，冯雪峰先到了上海，并去杭州葛岭为丁玲、胡也频租了房子。随后，丁玲和胡也频也赶到上海。在胡也频与丁玲发生争吵的第二天，两人又一起去了杭州。而沈从文却以为他们去杭州，是“为了逃避这种感情纠纷”。——他又一次被蒙在鼓里。

在他们去杭州后大约第六天晚上，胡也频又独自形色匆匆地跑到了沈从文的住处。沈从文问他为什么一个人返回上海时，胡也频脸上露出凄惨的微笑，只说自己不再回杭州。等两人在床上躺下后，沈从文详细地询问了事情的前因后果。胡也频怒气冲冲地申述了因冯雪峰在杭州的介入所出现的难堪局面，以及自己和丁玲虽同居数年，却仍在某种“客气”情形中相处的种种情形。沈从文想起几天前两人发生争吵时，胡也频粗暴地用腕力挟持丁玲，并晃起拳头威胁她时，争着吵着的丁玲反倒安静下来的情景，以为一个女性固然需要男子的柔情，有时也需要一点“粗暴”——他觉得自己找到了问题的症结，遂将自己所知道的有关夫妻生活的科学知识，说给胡也频听，并劝他回到丁玲身边去。第二天，胡也频听从沈从文劝告，重返杭州去了。不久，发生在胡也频、丁玲、冯雪峰三人间的风波，终于以冯雪峰离开杭州平息了下去。得到消息，沈从文以为是自己的建议起了作用，还颇为自得。这个呆子，又一次以主观臆测代替了事实——他将胡也频与丁玲之间的冲突，单纯地归因于男女间生理上的不相谐和。

事实上，在丁玲与冯雪峰之间发生的，是一种双方在灵与肉两方面都感到满足的爱情，丁玲所自称的“伟大的罗曼史”。而在当时，丁玲既不可能将自己的真实感情告诉胡也频，更不会向沈从文吐露，这是可以理解的。几年后，她向尼姆·韦尔斯谈及当时的情形时说：

……随即我有了一个“伟大的罗曼史”。我从未和胡也频结过婚，虽然我们住在一起。一天，有一个朋友来到我们家里，他也是诗人，他生得很丑，甚至比胡也频还要穷。他是一个乡下人的典型，但在我们许多朋友之中我认为这个人特别有文学天才，我们一同谈了许多话。在我一生中，这是我第一次看上的人。这人本来打算到上海去的，但他现在决定留在北京。我不同意这个，而要他离开，于是，他离开了。两星期后我追了去——胡也频也追了来。我们一同在上海只不过两天时间，我们三个决定一同到杭州那美丽的西湖去，这在我是一个非常复杂的局面。虽然我是深深地爱着另外那个人，但我和胡也频同居了许多时候，我们彼此有一种坚固的感情的联系。如果我离开他，他会自杀的。我决定不能和我所爱的人在一起，对他说：虽然我们不能共同生活，我们的心是分不开的；又说，世界上只有一个人是我所爱的，无论他会离开多么远，这个事实可永远不会改变。所以我们的爱只能是“柏拉图式”的了。这决定使他非常悲哀，所以我终于不得不拒绝和他见面，把关系完全切断。我仍然和以前一样爱他，但把这个连他都保守了秘密，退回了他的全部的信。关于这个人我不再多说了，虽然这故事现在已是一个公开的秘密。[1]

丁玲从冯雪峰那里，获得的是一种灵与肉相统一的真正爱情。他们三人之间风波的平息，是丁玲理智战胜情感的结果，同时也由于冯雪峰的退避与胡也频对丁玲的体谅。这理智，当然不是对传统道德观念的信守，

[1] 见尼姆·韦尔斯《丁玲——她的武器是艺术》。孙瑞珍，王中忱．丁玲研究在国外[M]．长沙：湖南人民出版社，1985.

而是出于丁玲不忍破坏自己与胡也频之间“坚固的感情的联系”。既然丁玲对冯雪峰的爱具有不可他移的性质，那么她与胡也频之间的这种感情，似乎与爱情并非一回事。丁玲对尼姆·韦尔斯的谈话，是关于三人间关系的坦率的自白，应当是可信的。这在丁玲写于1931和1932年的两封《不算情书》里，已有过同样的表白。——《不算情书》也不算经过艺术虚构的小说，应当是丁玲当时感情的真实记录。

在过去的历史中，我真正的只追过一个男人，只有这个男人燃烧过我的心，使我起过一些狂炽的（注意：并不是那末机械的可怕的说法）欲念，我曾把许多大的生活的幻想放在这里过，也把极小的极平凡的俗念放在这里过，我痛苦了好几年，我总是压制我。……我不否认，我是爱他的，不过我们开始，那时我们真太小，我们象一切小孩般好像用爱情作游戏，我们造作出一些苦恼，我们非常高兴地就玩在一起了。我们什么也不怕，也不想，我们日里牵着手一块玩，夜里抱着一块睡。我们常常在笑里，我们另外有一个天地。我们不想到一切俗事，我们真象是神话中的孩子们过了一阵。到后来，大半年过去了，我们才慢慢地落到实际上来，才看出我们是一个男人和一个女人，是被一般人认为夫妻关系的；当然我们好笑这些，不过我们却更相爱了，一直到后来看到你。使我不能离开他的，是因为我们过去纯洁无疵的天真；……在和也频的许多接吻中，我常常想着要有一个是你的就好了。我常常想能再睡在你怀里一次。[1]

[1] 丁玲. 不算情书 [J]. 文学，1933，1（3）.

显然，丁玲这里所说的对胡也频的爱，不是男女间的情爱，而是类乎密友或兄妹之间的爱。只有这种解释才能与丁玲对尼姆·韦尔斯的谈话相一致。如果这一推断不算错误，那么三人间关系最后处理的结果，对每个人都只能是一场悲剧。但在生活的表层上，胡也频和丁玲的关系恢复了以往的平静，“像一对度蜜月的伴侣”，在西湖边度过了三个月的时光。这在沈从文看来，当然是一种喜剧结局。以至在8月间他去西湖灵隐石笋峰时，由胡也频和丁玲陪同，参观了两人在葛岭的住处，还兴致极高地听胡也频指点自己所写的《来了客的黑夜》里的那个“贼人”，当真从某处爬入、某处逃走。——这个蒙在鼓里的配角，不能不又一次地在《记丁玲》中陷入主观推测。在《记胡也频》里，他自己也承认“这问题，结束到什么情形里，我依然是没有明白的”。

然而，就在胡也频、丁玲、冯雪峰三人间的风波平息下去不久，一些关于沈从文和胡也频、丁玲的“三角恋爱”的传闻，开始在上海滩不胫而走，随后还变成文坛艳闻出现在上海的小报上。例如刊登在《雷雨》创刊号上的《丁玲小传》，就这样写道：

> ……她的第二部作品《莎菲女士的日记》也受到广大读者的好评。此后连续发表的小说无论在风格还是在阐明支那精神方面都显示了深刻而重要的发展。胡也频在二个月后从北京南下，沈从文也接着来了，他们三人在法租界的僻静地同居。这种三角恋爱事件受到全国的诋毁。但他们并不以为虑。有时为妒嫉，或为经济问题、思想问题他们激烈争斗过，但总的来说，他们这段生活是繁忙而愉快的。他们作诗写小说，还绘画，出版了各种杂志。但结果都遭到失败或被封禁。

沈从文听到有关传闻是在1931年1月。那是他从武汉大学返回上海的寒假期间，一些热心的熟人朋友当面向他提及的。这在《记胡也频》里有过隐隐约约的透露：

> 那时还有一些属于我的很古怪的话语，我心想，这倒是奇异的事情，半年来上海一切都似乎没有什么改变，关于谣言倒进步许多了。[1]

丁玲将这种传闻的起因归于《记丁玲》一书中所说的三个人的“同住”。在《胡也频》一文中，她谈及《记丁玲》在海内外引起的种种猜测后说：

> 上述所谓的“同住”就是问题之一，国内外来信询问的也颇不乏人。[2]

在《记丁玲》里，沈从文在叙述胡也频拿丁玲想当电影演员而终于失望的往事和丁玲开玩笑一事后，说：

> 说到这些事情时，已在几人同住上海的时节。[3]

在另一处，沈从文写道：

> 两人皆觉得非迁个住处不可，恰好我住在新民村也正需要

[1] 见《记胡也频》。沈从文文集：第9卷[M].广州：花城出版社；香港：三联书店香港分店，1984.

[2] 胡也频.胡也频选集[M].福州：福建人民出版社，1981.

[3] 沈从文.记丁玲[M].上海：良友图书印刷公司，1934.

搬家，故商量去找一相当房屋，预备三人同时可以住下。[1]

同样的说法，在《记胡也频》里，沈从文谈及三人在北京时的往事时，也曾出现过。

> 在银闸一个公寓里，我们是住过同一公寓的，在景山东街一个住宅里，我们也住在同一公寓里，到后在汉园公寓，仍然又一同住到那个公寓的楼上。[2]

“同住”并非“同居”，二者的区别，在汉语的习惯用法里，应当是明确无误的。“同住”二字引起的一些海内外人士的疑问，大约是受了有关传闻的影响，企图从当事人那里寻找佐证的一种联想。沈从文用不着以有意的含糊来混淆视听，以损害丁玲的名誉。至少，贬损别人同时也脏污自己，即便对沈从文自己，也不是什么聪明之举。丁玲在“同住”二字上产生的未曾明言的惊讶，似乎同她直到80年代才读到《记丁玲》一书时的整体心境有关。其实，早在1931年，她就看过有着同样提法的《记胡也频》。由于时间过去了50年，她大约是早已忘却了。

实际上，这“同住”，在上海期间，指的是沈从文、胡也频、丁玲三人共同租赁萨坡赛路204号一事。当时，胡也频、丁玲及丁玲母亲住二楼，沈从文和母亲、九妹住三楼；在北京汉园公寓的“同住”，也曾引起过一些猜疑。当时是这座公寓小主人的美籍华人黄伯飞，在他的一篇回忆文字里，作过这样的说明：

[1] 沈从文．记丁玲 [M]．上海：良友图书印刷公司，1934.

[2] 见《记胡也频》。沈从文文集：第9卷 [M]．广州：花城出版社；香港：三联书店香港分店，1984.

这几位住在汉园公寓的青年，我虽然只是个十三四岁的孩子，不知怎的却都知道他们在搞创作。我和沈从文所住的房间只是一墙之隔。沈从文的房间是楼房后坐二楼左角的一间。我的房间正对着围绕着天井的左边的走廊。沿着左边走廊的两个房间，一间是胡也频的，一间是丁玲的。这两个房间里边彼此相通，他们两个只用靠近楼梯的一个门口出入。

这三个人我常见的是沈从文。他每次从外面回来差不多总是挟着一些书籍和纸张，脚步迅捷地走到我的房门前边就向左一转走到他的房间去。胡也频总是一早就出去，很晚才回来。有时几天都看不见他。丁玲则多半的时间躲在她的房间里。[1]

关于那种传闻究竟是否确有其事的问题，沈从文和丁玲的回答都是否定的。1984 年，笔者曾当面向沈从文提及这个问题。对这个持续了半个多世纪的传闻，沈从文带着几分难以理喻的厌烦。沈夫人玩笑似的插话说：“不必回避，有什么就说什么吧。”沈从文摇摇头，以不容置疑的口气说：“没有这回事，那是上海小报造的谣。”

尽管如此，作为对事实确证的要求，当然不能仅以本人的证言为准。然而，倘若承认男女间的性爱，并非仅仅是一种生理欲求，它还需要情感与精神（包括双方的人格、气质）的相互吸引，那么，一贯被丁玲看作“软弱”“动摇”“胆小”的沈从文，是不会引起丁玲情感和精神上的共鸣的。她与沈从文的关系，即便在当时，也不会超出朋友之间的范围，应该是可以相信的。

[1] 黄伯飞 . 确实有缘 [J]. 海内外，1981（28）.

二、萨坡赛路 204 号

天气渐渐热起来。西湖已不适宜久住。7 月，胡也频和丁玲从杭州来到上海，住永裕里 10 号。这时，上海《中央日报》的总编辑彭浩徐（学沛）——前《现代评论》的编辑，与胡也频在北京时相熟，听说胡也频到了上海，遂邀请他担任该报副刊的编辑，每月可得 200 元的报酬。[1] 其时，沈从文正陪母亲去北方看病。等他重新返回上海，胡也频、丁玲与他三人商量将这副刊定名为《红与黑》。[2] 又由这副刊，激活了三人在北京时萌发的自己办刊物的幻想。——这时，新书业已成为上海商业赢利的时髦行业，由于眼红北新书局的兴旺，现代、春潮、复旦、水沫、开明、华通、金屋等一批新书店相继开张。新书业的勃兴，无意中为作家的作品开通了出路。沈从文、胡也频、丁玲三人的作品也获得了相应的发表与出版的保障。这一情势直接刺激了三人的冒险——三人又商定了编辑出版《红黑》《人间》杂志的计划。

在接手《中央日报》副刊的编辑后，胡也频和丁玲搬到了萨坡赛路 196 号。这时，沈从文住马浪路新民村，为商量与筹备《红黑》《人间》杂志的出版，沈从文几乎每天都到他们那里去，连伙食也包在了一处。一个多月后，由于沈从文的出现，煽起了房东青年妻子微妙的感情欲望，胡也频感到在那里继续住下去已不合适，而沈从文也正需要搬家，于是，三人共同租赁了萨坡赛路 204 号。胡也频、丁玲及丁玲母亲住二楼，沈从文和母亲、九妹住三楼，开始了其后一年间共同的紧张而忙碌的编辑与写作生活。这时，胡也频父亲恰好来上海，答应为他们转借 1000 元筹

[1] 据丁玲回忆，胡也频编《红与黑》副刊，每月可拿到七八十元的编辑费与稿费。

[2] 谈到胡也频编《红与黑》副刊的起因时，丁玲说："正好彭学沛在上海的《中央日报》当主编，是"现代评论派"，沈从文认识他，由沈从文推荐胡也频去编副刊。也频当时不了解报纸是国民党的，……但因沈从文的关系，便答应到《中央日报》去当副刊编辑。"——见丁玲《胡也频》。胡也频．胡也频选集 [M]．福州：福建人民出版社，1981.

办刊物和红黑出版处。于是，三人商定，由胡也频负责《红黑》杂志，沈从文和丁玲负责《人间》月刊，并在各书店出版，三人取名为《二百零四号丛书》。

1929年，《红黑》与《人间》两个月刊的创刊号，分别于1月10日和20日出版发行，三个人酝酿了长达四年之久的梦想终于变成了现实。

《红黑》月刊封面

《红黑》第一期出版发行后，三个人一起赶到集中了上海各书店的四马路和北四川路，去看刊物出售情况。他们从一家书店溜入另一家书店，每人既紧张又兴奋。各家书店橱窗里都陈列了这本新刊物，在他们眼里，由刘既漂设计的刊物封面，"红黑"二字显得既极醒目，又格外厚重大方。看着读者正拿着这期刊物翻阅，三人你看看我，我看看你，脸上都露出了会心的微笑。几天后，他们又分头跑到各处去打听销路，所得的情况比他们预料的要好——《红黑》第一期仅在上海就卖出了近1000本，这在当时，是一个极可观的数目。北京、厦门有朋友愿意为他们帮忙发行，武汉、广州也有朋友陆续来信，希望他们能够多寄一些。种种情况使他们高兴得脸上发红，预备各期增印到5000份。

一份迅速增长的信心成为推动他们生活与工作的动力。虽然，以三人之力，支持两个刊物，是一种极为沉重的负担——最初的稿件，几乎全部出自三人之手，编辑、出版、发行各种繁杂事项，均得自己动手。然而，这是他们自己的刊物，是用自己心血孕育、催生的婴儿。在沈从文看来，它是三个文学青年在社会压迫的困境中，实证生命价值的象征。

于是，在胡也频身上，迸发出惊人的实干精神。他既要负责编辑，又要跑印刷所，送稿，算账，购买纸张，接洽书店；沈从文和丁玲则待刊物印出，便忙着抄写订户名单，然后按名单将刊物分寄各处，或付邮到外埠，或亲自送刊物到上海各书店。虽十分忙碌，精神却十分愉快。

《红黑》和《人间》是他们争取文学“独立”的产物。——在与文坛其他作家的关系上，他们渴求自主，避免卷入不必要的门户之争；在文学与商业的关系上，又希望不俯就商业赢利的趣味。其时，在上海文坛上，无产阶级文学运动正开始勃兴，在创造社、太阳社的作家和鲁迅、茅盾等人之间，正爆发着关于“革命文学”问题的激烈论争，国民党政府正着手实施“党治文化”，制定“三民主义的文艺政策”，开始酝酿所谓“民族主义文艺运动”，以便同无产阶级文学运动相抗衡。而上海各书店的老板，又正以商业赢利为目的，迎合读者趣味，竭力使文学作品商品化。虽然，沈从文和胡也频三人对文学与政治的关系，无形中开始出现了并不完全一致的理解，却共同不满意于掺杂着某些意气用事的无休止的理论论争，对文学商品化倾向又怀有共同的不满与厌憎。正如丁玲后来所说，他们出版《红黑》，是“几个又穷又傻的人，不愿受利欲熏心的商人的侮辱，节衣缩食想要改造这种唯利是图的社会所进行的共同冒险”。“所有事务主要是也频一个人去做。[1]”——共同的认识成为维系三人关系和《红黑》《人间》刊物的纽带。在《红黑》发刊词《释名》里，他们这样写道：

红黑两个字是可以象征光明与黑暗，或激烈与悲哀，或血与铁……这红和黑，的确是恰恰适当于动摇时代之中的人性的

[1] 见丁玲《胡也频》。胡也频．胡也频选集 [M]．福州：福建人民出版社，1981.

活动。……我们取用红黑为本刊的名称，只是根据于湖南湘西的一句土话，例如“红黑要吃饭的！”这一句土话中的红黑，便是“横直”意思，“左右”意思，“无论怎样都得”意思。……因为对于这句为人“红黑都得吃饭的”土话感到切身之感，我们便把这“红黑”作为本刊的名称。[1]

发刊词流露出沈从文一贯坚持的不从外部形式上俯就“时代兴味”的思想倾向，和坚持刊物独立地走自己的路的决心。《释名》代表着三人当时的共同心声。

我们在起始写文章的时节，希望的只是尽我们的力，给这个渐趋寂寞的新文学重新再能够兴奋一次。

…………

那时节正是新的创造社派在上海方面酝酿到“文学为争斗工具之一”的主张时代，对立而作意气抗辩的为《奔流》一派人物，《新月》有梁实秋《骂人艺术》，是一本销路最好的书。为了方便起见，出版界译了许多新书印出，上海方面还有几个讲“都市文学”的作家，也仿佛俨然能造作一种空气，[2]我们是除了低头写作，什么意见也没有的。在乱糟糟的热闹空气里，镇静并不从我们身边离开。我们自己知道一切从东方或西方转贩而来的意见和主张，出于许多人的口中，似乎已经很多了，当时却很少人来努力写一点作品，故很希望自己做一点自己能

[1] 沈从文．释名[J]．红黑，1929（1）．

[2] 指20年代末出现在上海的“新感觉派”作家，如刘呐鸥、穆时英、叶灵凤等。

够作到的事。[1]

虽然在这期间，沈从文不愿、也没有卷入文坛的论争，但文学论争所涉及的一些实质问题，却不能不促使沈从文思考。他反对文学成为单纯的政治斗争的“工具”，因为那样一来，文学就会成为政治的副产品或点缀物。他看到了因此而出现的文学创作中的弊端：

> 因为有“思想”，他们就借一个厨子的口来说明“国际联盟”以及不下于国际联盟那种与二十世纪中国某公馆厨子毫不相干的问题。他们想到革命，就写革命，……他们能得大众的了解和同情，是他们把习惯的一套给了时代，不像是时代真正给了他们什么。[2]

然而，沈从文也清醒地意识到，文学又不能不在宽泛的意义上与社会政治问题发生联系。这种文学与政治关系的矛盾统一现象，现实地摆在沈从文的面前。倘若将文学作为社会变革的一个手段，并非为着追赶政治时髦，而是出于作家严肃的选择与真诚的追求，——他不否认这是一种客观存在，那么，又当如何？

> “说明这个社会这个民族的堕落与腐败，修正这个社会制度一切不能继续下去的错误”，把文学凝固于一定方向上，使

[1] 见《记胡也频》。沈从文．沈从文文集：第9卷[M]．广州：花城出版社；香港：三联书店香港分店，1984.

[2] 见《序》。沈从文．一个母亲[M]．上海：合成书店，1933.

文学成为一根杠杆，一个大雷，一阵风暴，有什么不成？[1]

沈从文一面在心里这样问，又一面在心里回答说：

文学原许可作这种切于效率的打算。文学虽不能综合各个观点不同的作者于某一方向，但认清楚了这方向的作者，却不妨在他那点明朗信仰上坚固顽强支持下去。[2]

文学是用生活作为根据，凭想象生着翅膀飞到另一个世界里去的一件事情。它不缺乏最宽泛的自由，能容许感情到一切现象上去散步。什么人他愿意飞到过去的世界里休息，什么人他愿意飞到未来的世界里休息，还有什么人，又愿意安顿到目前的世界里：他不必为一个时代的趣味拘束到他的行动。若觉得在“修正这个社会的一切制度”的错误，而把意识坚固，做一点积极的事情，他仍然不缺少那个权利。他有一切的权利，却没有低头于一时兴味的义务。[3]

沈从文不反对文学为修正社会制度的错误作出努力。相反，他自己的文学创作，实际上也从未脱离修正社会制度的错误，向人类远景凝眸这一总的追求。然而，他却宁愿走一条在他看来虽不“切于效率”，却更带长远影响的文学创作道路。这是与他对文学相对于政治的“独立”

[1] 沈从文 . 记丁玲 [M]. 上海：良友图书印刷公司，1934.

[2] 沈从文 . 记丁玲 [M]. 上海：良友图书印刷公司，1934.

[3] 见《记胡也频》。沈从文 . 沈从文文集：第 9 卷 [M]. 广州：花城出版社；香港：三联书店香港分店，1984.

性的确认分不开的：

> 我不轻视左倾，也不鄙视右翼，我只信仰“真实”。……文学实有其独创性与独立价值。[1]

既不屑充当国民党政府的喉舌，以获取政府的津贴；又不愿效法商人，迎合读者的一般趣味以赢利，他们的努力不能不是一次天真的冒险。其结果，他们不得不一面为刊物而奔忙，一面应付沉重的生活压力。自1928年来到上海以后，沈从文不得不为一家三口的吃饭问题而挣扎。在北京时，沈从文最大的奢望就是每月能有30元的固定稿费收入。眼下，虽然每月的稿费收入已超出这个数目的几倍，可是，按上海的生活标准，每月20元房租，10元水电费，加上三口人吃饭，每月支出至少在100元以上。这时，母亲的肺病正逐渐加重，成天咳嗽、咯血，九妹又要上学。治病、上学的开支也得靠卖文筹措。而上海各书店的惯例，10万字左右的集子，只能拿到100元左右的稿酬。除办刊物外，沈从文几乎将全部时间用于写作。虽然，一些新开张的书店，如光华、神州国光、华通等，出书时都要沈从文给他们打头炮，为得到他的书稿，正慷慨大方地赠予他“名家”“天才”各种名头，可是一到需要支付稿费时，却极尽敷衍、拖欠、赖账之能事，常常让沈从文失望而归。1928至1929两年间，几乎上海所有的书店和大型刊物都有沈从文的作品发表和集子出版，现代、新月、神州国光、北新、人间、春潮、光华、中华、光华各书店，就分别出版了沈从文的十多个作品集。可是，书出来后，沈从文却总是不能按时得到应有的报酬，常常不得不亲自上门索取，他解嘲似的称自己为“文

[1] 沈从文.记丁玲[M].上海：良友图书印刷公司，1934.

丐”。尽管如此，也不能每次如愿。1928 年 10 月，光华书店一次就出了沈从文的两个小说集——《山鬼》和《长夏》，可是吝啬的书店老板给了 100 块钱就再也不给了。

由于手头窘迫，沈从文从法租界动身到四马路去，请求书店从他应得的份额中支出几十块钱，以应付家里的燃眉之需。

他走进书店，在柜台边找到办事人，向他说明了自己的来意。

“这不行。”办事人回答说。

沈从文说：“手头紧，等着用钱，房租、水电费要钱，家里病人等着看病。你们譬如做好事。……不给可不行。”

那办事人望望沈从文，却不做声，那神气仿佛在说：“怎么不行？”

“凡是我应该得的钱就要，别的无话。”

办事人笑笑，带着“一个钱也不行，别无可答”的神气，嘴里却这样说：

“经理有话，说还有人一个钱也没拿呢。”

沈从文嗫嚅着，再也无言以对。他只感到全身软了下去，似乎四周都有眼睛盯着他，好像不是书店欠他的钱，倒是他跑上门来无理取闹。他站在柜台边，不说话也不走，只呆呆地看着到书店来买书的人进进出出。有的人正拿起沈从文写的书，翻看，付款，离去；又有人以为沈从文是书店的伙计，要他取书来看。沈从文心里想：一些人买书，一些人赚钱，而作者却两手空空。所谓新文学运动的扩张，意思就是把这种关系显明地维持而已。

书店的办事人不再理会沈从文，已经忙别的去了。沈从文知道等下去不是办法，空手来还得空手去，便离开柜台，走出书店大门。他感到十分疲乏，便在门口石凳上坐了下来，漫无目的地望着街景。进进出出的购书读者，不时有人有意无意地望了沈从文一眼。他们中正有着沈从文作品的热心读者，但谁也不会想到，这个呆头呆脑坐在石凳上的人，正是被书店老板和刊物编辑廉价地赠予“天才”桂冠的沈从文。想到10年来新文学作者受着官商的压迫，单靠写作几乎难以为生，如同自己一样，在旁人难以想象的情形中挣扎，一些小报却正在造谣说自己发迹买了一幢大房子；然而，也正由于这些书店老板的竞卖，无意中将新文学作品向读者普及，已形成不可逆转之势，沈从文不由得流露一丝苦笑。

又一个小时过去了，沈从文仍然呆坐着。大约是坐得书店的人有点不好意思，——他们以为沈从文正在生书店的气，赖在这里不肯走。终于走出一个熟人，客气地对他说：

“等经理回来，我们再同他说说，你明天再来看结果，如何？”

这一来，沈从文不走不行了。他的精神结构里，缺少鲁迅赞扬过的上海“青皮”气质，面皮太软，无法与人争斗翻脸。门槛极精的上海书店老板们，大约正摸透了他的脾性，才这样软硬兼施地与他敷衍、搪塞。、

沈从文走出四马路过东新桥时，夜幕已经落了下来，路灯放射出的惨黄的光芒，照得苏州河面泛起一片黯淡的回光。

唯一的办法还是伏案写作，再将写成的新作廉价地卖出去。然而贫与病似乎是孪生兄弟，生活的压力，工作的劳累，使沈从文的身体十分虚弱。不知是不是他在保靖那场大病后留下的后遗症，每当他坐在斗室里，面对一堵白色粉墙伏案写作时，三天两头会突然头痛难禁，接着便是不停地流鼻血。那情景十分骇人，常常弄得嘴角、下巴、衣襟、稿纸以及用来揩拭的毛巾上全都血迹模糊。一次，在复旦大学读书的程万孚夫妇来看沈从文，当他们推开门一看，眼前的情景使他们惊呆了，只听得“啊呀”一声，程万孚夫人竟吓得昏倒过去。结果，累得大家忙着去请医生，反过来抢救这位夫人。

每当这时，沈从文的心境总是十分悲凉，绝望的阴影不时掠过他的心头。在这两年间他所写的文字中，“自杀”“死亡”以极高的频率反复出现。那些带自叙传色彩的小说，如《一个天才的通信》《呆官日记》《不死日记》里的主人公，在贫病和社会黑暗的两面夹击下，常常免不了自杀的悲剧结局。这自然是沈从文心理情绪的反射。沈从文自己并没有试图自杀，他还冀望通过艰难的挣扎，去证实生命的价值。他常常想：

> 我还是应当把命运扔给我的一切，紧紧捏在手上，过着未来许多日子的。我还应当看许多世界上的事情。[1]

由于不忍心看着自己连累儿子受苦，沈从文的母亲终于在 1928 年年底（或 1929 年初）离开上海，独自返回湘西去了。

1929 年春，沈从文、胡也频、丁玲三人所办的刊物，已开始险象环生，《人间》月刊出到第 4 期便不得不宣告终结，以便集中资金办好《红黑》。然而，他们的这一场冒险，似乎从一开始就预定了悲剧结局。到 8 月，终因资金周转难以为继，《红黑》也成了商业竞争的牺牲品。从最初的筹备，到《红黑》最终停刊，一年的经营，他们非但未能赚钱赢利，一结账，甚至连原先的本钱也赔了进去。但也就在这一年，他们编辑出版了 4 期《人间》，8 期《红黑》，各自写了许多作品。除《红黑》《人间》上发表的以外，还以红黑出版处及《二百零四号丛书》的名义出版了 7 种小说单行本。胡也频的《光明在我们前面》，在萨坡赛路起首，丁玲的《韦护》在这里诞生，沈从文的《龙朱》《旅店及其他》《神巫之爱》等小说也在这里完成，他们终于以共同的努力，刻下了各自的生命痕迹。

---

[1] 沈从文 . 一个天才的通信 [J]. 红黑，1929（3）.

为谋今后的出路和偿还所欠债务，三人商议分头去找事做。沈从文决定去上海中国公学任教；这时，恰好济南方面正托冯沅君、陆侃如——两人也在中国公学兼课——帮助物色合适的中学教员，于是，由冯沅君、陆侃如介绍，胡也频决定去济南教书。8月，沈从文将九妹寄住在董秋斯夫妇家里（董秋斯夫人蔡咏棠，正担任史沫特莱的秘书），独自搬到吴淞去了。1930年初，胡也频离开上海去了山东。一个多月后，丁玲也从上海动身，赶到济南去了。

三、黑凤

1928年，当沈从文仍在生活困境里挣扎时，徐志摩曾写信给他说：“还是去北京吧，北京不会因为你而米贵的。”

沈从文没有因此重返北京。后来，他又对徐志摩谈及自己想进上海美术专科学校，跟刘海粟学绘画的念头。徐志摩说：“还念什么书，去教书吧！”

其时，胡适正担任上海中国公学校长，由徐志摩介绍，胡适同意聘用沈从文为中国公学讲师，主讲大学部一年级现代文学选修课。沈从文以小学毕业的资历，竟被延揽为大学的教师，这即便在当时，也不能不说是一种大胆而开明的决断。

第一次登台授课的日子终于来临了。沈从文既兴奋，又紧张。在这之前，他做了认真而充分的准备，估计资料足供一小时使用而有余。从法租界的住所去学校时，他还特意花了八块钱，租了一辆包车。第一次以教师身份跨进大学的门，不能显得太寒酸！按预先约定的条件，讲一个钟头的课，只有六块钱的报酬，结果自然是赔本！

当时，沈从文在文坛上已初露头角，在社会上也已小有名气。因此，来听课的学生极多。今天又是第一堂课，还有一些并不听课，只是慕名而来，以求一睹尊容的学生，故教室里早已挤得满满的了。他们中已有不少人读过沈从文的小说，听到一些有关他的传闻，因而上课之前，教室里有人小声议论着沈从文的长相、性格、文章和为人。——他们知道沈从文是行伍出身，小说里又不乏湘西地域荒蛮、民气强悍的描写，在他们的头脑里，遂不时浮现出想象中的沈从文的形象：一个身材魁伟、浓眉大眼，充溢着阳刚之气的男子汉。

然而，当沈从文低着头，急匆匆走上讲台，与学生对面时，眼前这个真实的沈从文，却与他们想象中的沈从文判若两人：一件半新不旧的蓝布长衫罩着一副瘦小的身躯，眉目清秀如女子，面容苍白而少血色；一双黑亮有神的眼睛稍许冲淡了几分身心的憔悴。

他站在讲台上，抬眼望去，只见黑压压一片人头，心里陡然一惊，无数条期待的目光，正以自己为焦点汇聚，形成一股强大而灼热的力量，将他要说的第一句话堵在嗓子眼里。同时，脑子里“嗡”的一声炸裂，原先想好的话语一下子都飞迸开去，留下的只是一片空白。上课前，他自以为成竹在胸，既未带教案，也没带任何教材。这一来，他感到仿佛浮游在虚空中，失去了任何可供攀援的依凭。

一分钟过去了，他未能发出声来；五分钟过去了，他仍然不知从何说起。……众目睽睽之下，他竟呆呆地站了近十分钟！

起始，教室里还起着人声；五分钟过后，教室里的声浪逐渐低了下去；到这时，

19岁时就读中国公学的张兆和于全校运动会夺冠后

满教室鸦雀无声！沈从文的紧张无形中传播开去，一些女学生也莫名地替沈从文紧张起来，有的竟低下头去；在她们中间，有一位刚从预科升入大学部一年级的学生，名叫张兆和，时年十八，面目秀丽，身材窈窕，性格平和文静，学生中公认为中国公学的校花，因肤色微黑，沈从文后来称之为“黑凤”。这时，她见沈从文行状狼狈，一颗心也憋得极紧，怦怦直跳，血潮直朝脸上涌去，竟不敢抬头再看沈从文……——这些心地善良而富同情心的年轻女性啊！

这十分钟的经历，在沈从文的感觉里，甚至比他当年在湘川边境翻越棉花坡还要漫长和艰难。但他终于完成了这次翻越。他慢慢平静下来，原先飞散的话语又开始在脑子里聚拢组合。……他好容易开了口。这第一句出去，就像冲破了强敌的重围，大队人马终于决城而出。他一面急促地讲述，一面在黑板上抄写授课提纲。

然而，他又一次事与愿违。预定一小时的授课内容，不料在忙迫中，十多分钟便把要说的话全说完了。他再次陷入窘迫。最终，他只得拿起粉笔，在黑板上写道：

我第一次上课，见你们人多，怕了。

下课后，学生们议论纷纷。消息传到教师中间，有人说：“沈从文这样的人也来中公上课，半个小时讲不出一句话来！”这议论又传到胡适的耳里，胡适却不觉窘迫，竟笑笑说：“上课讲不出话来，学生不轰他，这就是成功。”

不知具体起于何时，选修沈从文所授课程的那只“黑凤”的身影，飞进了沈从文大脑的屏幕，而且愈来愈鲜明，愈来愈深入，再也无从抹去。张兆和的美貌和沉静，强烈地摇动着他的心旌，使他目眩神迷。丘比特的神箭射中了他的心窝，生发起爱情的潮汐。这时，沈从文已经 26 岁，早已过了一般人婚娶的年龄。可是，自从离开湘西，混入都市人群以来，他面临的最紧迫的问题，莫过于吃饭问题，性爱的欲求不能不被求生存的挣扎压抑着。加上在他的人生路上，也未能碰上恰当的机遇，天下女子虽多，似乎全都与他绝缘。尽管同大多数青年一样，沈从文免不了被青春期的苦闷折磨，一切却无从谈起，对性爱的欲望，只能在虚幻的想象中生成，旋又在想象中破灭。

这次似乎有点不同了。眼下，如何活下去已经不再构成最紧迫的威胁，爱的对象又是那么现实，她已不是想象中的幻影，而是活生生的生命具体。爱的潮汐来得又是那样猛烈，他常常被弄得寝食不安，坐卧不宁。饭后课余，他在校园里散步，常常情不自禁地朝张兆和住的学生宿舍跑去。他渴望着再见到她，并当面向她倾诉点什么。可是，他在人前却是个不健谈、口齿朴讷的人，每当他来到张兆和面前，总是愣愣地站在房间中间，不知说什么好。他本想向张兆和倾吐自己的爱恋之情，即便是一点模糊的暗示也好。可是及至说出来时，却成了问她的功课，读什么书，以及家里的情况。到后见她喜欢什么话题，就谈什么。看他站着说话，张兆和请他坐下，他却不坐也不走。见他这副呆相，张兆和心里觉得有点好笑，又从他的神色中，隐隐约约感到几分蹊跷，反倒有点不安起来。

笔谈远胜于言谈的沈从文，终于用他那支笔，给张兆和写起情书来了，而且一发而不可收。据说那第一封情书，“仅只一页，寥寥数语而分量极重”[1]。虽然，它连同随后而来的一大堆情书，在经过长达半个多世纪的漫长岁月后，早已荡然无存，可是在《新废邮存底》中仅存的一封，从中依稀可见这些情书的大致轮廓。

---

[1] 张充和．三姐夫沈二哥 [J]．海内外，1981（28）．

我还要说，你那个奴隶，为了他自己，为了别人起见，也努力想脱离羁绊过。当然这事作不到，因为不是一件容易事情。为了使你感到窘迫，使你觉得负疚，我以为很不好。我曾做过可笑的努力，极力去同另外一些人要好，到别人崇拜我愿意作我的奴隶时，我才明白，我不是一个首领，用不着别的女人用奴隶的心来服侍我，却愿意自己作奴隶，献上自己的心，给我所爱的人。我说我很顽固的爱你，这种话到现在还不能用别的话来代替，就因为这是我的奴性。

××，我求你，以后许可我作我要作的事，凡是我要向你说什么时，你都能当我是一个比较愚蠢还并不讨厌的人，……一个月亮不拘听到任何人赞美，不拘这赞美如何不得体，如何不恰当，它不拒绝这些从心中涌出的呼喊。××，你是我的月亮。你能听一个并不十分聪明的人，用各样声音，各样言语，向你说出各样的感想，而这感想却因为你的存在，如一个光明，照耀到我的生活里而起的，你不觉得这也是生存里一件有趣的事吗？

…………

一年内我们可以看过无数次月亮，而且走到任何地方去，照到我们头上的，还是那个月亮。这个无私的月不单是各处皆照到，并且从我们很小到老还是同样照到的。至于你，“人事”的云翳，却阻拦到我的眼睛，我不能常常看到我的月亮！一个白日带走了一点青春，日子虽不能毁坏我印象里你所给我的光明，却慢慢的使我不同了。“一个女子在诗人的诗中，永远不会老去，但诗人，他自己却老去了。”我想到这些，我十分忧郁了。生命都是太脆薄的一种东西，并不比一株花更经得住年月风雨，用对自然倾心的眼，反观人生，使我不能不觉得热情的可珍，而看重人与人凑巧的藤葛。在同一人事上，第二次的凑巧是不会有的。我生平只看过一回满月。我也安慰自己过，我说，“我行过许多地方的桥，看过许多次数的云，喝过许多种类的酒，却只爱过一个正当最好年龄的人。我应当为自己庆幸，……”这样安慰到自己也还是毫无用处，为“人生的飘忽”这类感觉，我不能够忍受这件事来强作欢笑了。我的月亮就只在回忆里光明全圆，这悲哀，自然不是你用得着负疚的，因为并不是由于你爱不爱我。

…………

我现在，并且也没有什么痛苦了，我很安静，我似乎为爱你而活着的，故只想怎么样好好的来生活。假如当真时间一晃就是十年，你那时或者还是眼前一样，或者已做了某某大学的一个教授，或者自己不再是小孩子，倒已成了许多小孩子的母亲，我们见到时，那真是有意思的事。任何一个作品上，以及任何一个世界名作作者的传记上，最动人的一章，总是那人与人纠纷藤葛的一章。许多诗是专为这点热情的指使而写出的，许多动人的诗，所写的就是这些事，我们能欣赏那些东西，为那些东西而感动，却照例轻视到自己，以及别人因受自己所影响而发生传奇的行为，这个事好象不大公平。因为这理由，天将不允许你长是小孩子。“自然”使苹果由青而黄，也一定使你在适当的时间里，转变成一个“大人”。××，到你觉得你已经不是小孩子，愿意作大人时，我倒极希望知道你那时在什么地方做些什么事，有些什么感想。“萑苇”是易折的，“磐石”是难动的，我的生命等于“萑苇”，爱你的心希望它能如“磐石”。[1]

这封信写于1931年，距第一封情书已经两年有余了。而在最初，张兆和收到沈从文的情书时，紧张得有点不知所措，还稍稍起了一点反感：一个老师，给学生写这种东西，真稀罕！可是，一个少女的羞怯心理，却使她害怕这事张扬出去，弄得满校园飞短流长。她只得听任沈从文一封接一封给她写那没完没了的情书，却一概置之不理。

张兆和的不予理睬，真差点要了沈从文的命。他当然希望能得到一个明确的答复，可是结果非但不能得到她的只言片语，连再去看她也不能够。他爱她到了快要发狂的程度，一想起她，全身的血就奔窜得快了许多，浑身发热作寒，十分痛苦，仿佛人生的一切都与他作对，爱情、幸福都与他无缘。他真想从自己所住的楼上一跃而下，在死亡里求得人生烦恼的解脱。

沈从文的烦躁不安，不知怎样一来，很快在校园里沸沸扬扬传播开去，说是沈从文爱上了张兆和，张兆和却不予理睬，沈从文急得要自杀。张兆和的一位女友，听到这消息后，赶紧找到张兆和，对她说：“你赶紧给校长讲清楚。不然，沈从文自杀了，要你负责。”张兆和也紧张起来，她带着沈从文给她的一摞情书，急忙找到校长胡适，怯怯地说：

“你看沈先生，一个老师，他给我写信……我现在正念书，不是谈这种事的时候。”

她希望得到胡适的支持，出面阻止这事的进一步发展。

可是，结果与她预期的相反。在听过她的陈述后，胡适却微笑着，

[1] 见《新废邮存底》。沈从文．沈从文文集：第12卷[M]．广州：花城出版社，香港：三联书店香港分店，1984.

带着这事不值得大惊小怪的神气，对她说：

“这也好嘛，他的文章写得蛮好，可以通通信嘛。”

听了胡适的话，张兆和脸上不免有些尴尬。与胡适谈了一会儿其他事情后，就告辞走了。

自此以后，她既无从拒绝沈从文的来信，心里又没有作出回应的欲望。只好抱定你写你的，与我无干的态度，听任这事的自然发展。

张兆和对沈从文的冷淡反应，并不涉及她对沈从文值不值得她爱的估价——这个问题还压根儿没有被她放在心里掂量过。这既与她当时的年龄还小有关，也与她所受的家庭教养相联系。

张兆和出身名门贵族，原籍安徽合肥。张家为本地声势赫奕的大族，拥有良田万亩，在肥西筑成围子，人称“张家老围”。曾祖父张树声，为同治年间李鸿章统率的淮军中著名将领，曾领兵辗转江苏浙江一带，与太平天国起义军作战，为清王朝立下了汗马功劳。1879年至1884年间，出任两广总督和直隶总督，于淮军中称儒将。祖父也曾做过管司法的四川臬台。父亲张武龄，字绳进，是过继给祖父的。祖父死后，承继了一份厚实的家产。由于受近现代新思潮的影响，嫌自己名字太封建，自改名为冀牖，又叫吉友。最初，想投资办实业，因不知如何经营，遂迁居苏州，独资创办平林中学和乐益女中。后因苏州男校太多，便结束平林，专办乐益。凡贫寒人家和工人女儿，一律不收学费。聘用教师也不拘一格，教师中很有几个著名共产党人，张闻天、侯绍裘、匡亚明等，都先后在乐益女中任过教。张兆和有兄妹十人，在她十岁那年死了母亲。张武龄不准自己女儿穿戴耳环，在张氏家族中，张兆和与二姐允和、妹妹充和也是最先进新式学校读书的女孩子。在乐益女中读书时，张兆和兄妹就喜欢新文学，家里订有《小说月报》《新月》等刊物，还自办了一个刊物，取名为《水》。可是，由于母亲去世较早，张兆和从小又是保姆带大的，一份旧的家庭教育反由家里的保姆实行，逐渐培养起张兆和一份大家闺秀气质，雅静、平和、沉稳。长大后也接受了时代的洗礼，向新思潮认同，却终不能成为大胆、泼辣、热烈、敢于向一切传统挑战的“新女性”。

因此，写情书一事，反倒在她与沈从文之间筑起一道无形的高墙，使她时时像山羊躲虎似的避开沈从文。当时，新月书店的会计肖克木，身材长相酷肖沈从文。一次，张兆和去买书，一走进新月书店大门，猛然间见到肖克木，以为沈从文在店里，吓得她掉头就跑。

然而，在她眼里，沈从文的情书写得实在是好！一方面，她害怕这骤然而来的求爱；另一方面，一份秘密的好奇，又使她无法推开这些充满情感的文字的诱惑。她从头到尾读完每一封情书，随后轻轻吁一口气，将这些信藏进一口小箱子里去了。可是，信中那些充满爱慕、混合着忧郁的言语，层积在她的心里。时间一长，却被沤热、发酵。不知不觉中，她已习惯于那些起初让她脸红生气，微嫌鲁莽的文字，并且不再怕它。——一份她并未明确意识到的爱，在她的下意识里，正悄悄萌芽。

张兆和的沉默与退避，对沈从文无异于一种间接的鼓励。他以乡下人的憨劲，继续着这场马拉松式的求爱过程。

在这种不即不离状态中，日子一晃就是四年。

1932 年夏，张兆和已从中国公学毕业，回到了苏州家中。其时，沈从文正在山东青岛大学任教。他想四年来与张兆和的关系，现在已到了有个了断的时候。他决定亲自去苏州看望张兆和，企望能得到她一个明确的答复。一放假，他便取道上海，乘火车再转苏州。

这天，苏州九如巷三号张家门堂里，来了一位戴眼镜面色苍白的客人，说他从青岛来，姓沈，来看张兆和的。可是张家没有一个人认识他。

当他得知张兆和这时在公园图书馆看书时，以为张兆和是有意躲着自己，神态窘迫而羞涩，十分不安。正当他进退无策之际，张兆和的二姐张允和出来了。问清了，他原来就是沈从文——他给张兆和写过许多情书一事，对张家姐妹已不是秘密。于是，张允和请他进家里坐坐，等张兆和回来。沈从文不肯，终于回转他下榻的中央饭店去了。

张兆和回到家里，张允和劝她去看看沈从文。在兄弟姐妹面前，张兆和脸上有点挂不住，悻悻然说：

“没有的事！去旅馆看他？不去！”

张允和说：“你去就说，我家兄弟姐妹多，很好玩，请你来玩玩！”

回到旅馆，沈从文很懊恼，独自躺在床上生闷气：自己坐了30个钟头的火车，特意来看她，却不想吃了闭门羹。想象中，张兆和收到自己来苏州的信后，似乎漫不经心地对自己说：“你的信我收到了，想来你就来吧。”他在心里自问：我为什么那么傻？为什么人家对我那么冷淡，我反而热情到不成样子？我把这次见面看得那么郑重，人家却看得那么随便！

他咀嚼着想象中出自对方之口的“你就来吧”这几个字，心里涌起一阵奇特的情绪，似乎十分快乐，又似乎十分愤怒。

他的眼前又浮现出两人见面时，可能出现的各自碍难开口、言不及义的情景：

她的心里一定想说：“你的信我看过了，那些话我全不懂。我以为你不必那么倾心。我不是你想象中那种人。”

自己却想说：“你想想吧，我是想透了，只有你嫁我一件事，能使我幸福，也使你幸福。我想不出还有什么人能象我那么爱你。”

她一定明白自己这次来苏州所抱的希望。她或许会想：“我向他说一点什么好呢，真有点难于对付。”

如果自己对她说：“我为难得很，因为我爱你”，她会怎样回答？或者说：“不，这是不必要的事”，或者说：“这不新鲜，你信上不止说了一百次”。

如果我说：“你应当告诉我你对这件事的感想和意见，答应还是不答应？”她会说：“我没有什么感想，也没有什么意见”，或者说：“我已经告诉你不必要了呢”，或者因为我愚蠢的发问，她生气了，哭了呢？

——而我真敢说“你自己决定，或可或不可，当面作一个决断”吗？

我若真敢，她如果说：“不行”，我又敢说“好，照你的意思办，这是你的自由”吗？

…………

正当沈从文胡思乱想之时，有人来敲门了。他起身打开房门，见张兆和正站在门外，仿佛背书似的说：

“沈先生，我家兄弟姐妹多，很好玩，请你去玩玩？！”

说完了，再也想不起该说什么。一切沈从文想象中的纷乱，在现实中竟是这样简便。于是，沈从文随了张兆和，一同回转九如巷三号。

沈从文拿出送给张兆和的礼物：一大包书籍，其中有两部英译精装本俄国小说，以及托尔斯泰、陀思妥耶夫斯基和屠格涅夫的作品集。这是沈从文途经上海时，听从巴金建议，并由巴金代他选购的。另外又买了一对十分精致漂亮的书夹，上面饰有一对有趣的长嘴鸟。为买这些东西，沈从文卖掉了一本书的版权。见送的礼物太重，张兆和退还了大部分书籍，只收下屠格涅夫的《父与子》和《猎人笔记》及一对书夹。

其时，张兆和的父亲和继母正住在上海。她的五弟张寰和，从自己每月两元零用钱中拿出一份，买了一瓶汽水，打开了请沈从文。对此，沈从文大为感动，当面许下诺言：“我写些故事给你读。”后来果然写了以佛经故事为题材的小说《月下小景》里的诸篇章，每篇末尾，都附有“给张家小五”字样。

张兆和的二姐允和，是一个心性宽和、厚道的姑娘，专爱成人之美。沈从文对她十分信赖。返回青岛后，他写信给张允和，托她征询父亲对这件婚事的意见。同时写信给张兆和说：“如爸爸同意，就早点让我知道，让我这个乡下人喝杯甜酒吧。”

其实，这反倒是多虑。张兆和的父亲头脑开明，对儿女的恋爱、婚姻，从不过问和干涉。儿女自己中意了，告诉他，他笑嘻嘻接受，不追问对方如何如何，更遑论门户了。张家一位邻居，曾遣媒向他求大女儿，他哈哈大笑说：“儿女婚事，他们自理，与我无干。”从此无人向张家提亲。张家的保姆常对外人说：“张家儿女婚事，让他们‘自己’去‘由’，或是‘自己’由来的。”

在张兆和的婚事上，他自然不持异议。在得到父亲明确意见后，张允和与张兆和姐妹俩，一同去邮局，分别给沈从文拍发了一个电报。张允和的电报上，只从自己名字上取了一个字“允”，张兆和的电报则说“乡下人，喝杯甜酒吧”。电报员觉得奇怪，问张兆和是什么意思。张兆和不好意思地说：“你甭管，照拍好了。”

这以后，张兆和方始与沈从文通信。至此，这场马拉松式的求爱过程，总算可以望见了它的终点。

四、“生离”与“死别”

然而，1929 年至 1932 年，恋爱并非沈从文生活的唯一内容。在这期间，正有一些重大事变在他身边发生。

1930 年 5 月，去山东教书的胡也频和丁玲突然回到上海，在环龙路住了下来，并写信给沈从文，要他去看他俩。

从胡也频和丁玲的口里，沈从文得知二人离开山东的原因：由于那里风潮闹得厉害，他们不愿受人利用，又不愿让人暗算，所以回来的。胡也频又独自告诉沈从文，他们简直是逃出来的。可是听了半天，沈从文仍然弄不通他们一定要“逃”回来的理由。过了几天，他又从冯沅君那里听说，他俩是为另一件事跑出来的。这另一件事具体是什么，沈从文依然感到模糊。

关于这“另一件事”，丁玲后来有过极明晰的回忆：

> 等我到济南去时，也频完全变了一个人。我简直不了解为什么他被那末多的同学拥戴着。天一亮，他的房子里就有人等着他起床，到夜深还有人不让他睡觉。他是高中最激烈的人物，他成天宣传马克思主义，宣传唯物史观，宣传鲁迅与雪峰翻译的那些文艺理论，宣传普罗文学。我看见那样年青的他，被群众所包围所信仰，而他却是那样的稳重、自信、坚定，侃侃而谈，我说不出地欣喜，我问他：“你都懂得吗？”他答道：“为什么不懂得？我觉得要懂得马克思也很简单，首先是要你相信他，同他站在一个立场。”
>
> ……后来他参加到学校里的一些斗争，他明白了一些教育界的黑幕，这没有使他消极，他更成天和学生们在一起，有些

同学们在他的领导下成立了一个文学研究会，参加的有四五百人，已经不是文学的活动，简直是政治的活动，使校长、训育主任都不得不出席，不得不说普罗文学了。我记得那是五月四日，全学校都被轰动起来了。一群群学生到我们家里来。大家兴奋得无可形容。[1]

事情闹大了，大家感到了问题的严重。这时，校长张默生给胡也频送来了路费，并说，省政府已下令通缉他，要他赶紧离开济南。

对胡也频和丁玲的行动，沈从文并不感到吃惊。

他们把别人认为已经稍过了时的问题，重新来注意，来研究，来认识，推动他们的不是别的，却只是他们几年来对于社会现象认识的结论。……且明白一个民族一个社会的翻身，也皆得在某种强健努力中与勇敢牺牲中完成他的职务，故毫不迟疑，他们把这显然落后的工作捏捉在手，再也不放松了。[2]

不久，胡也频和丁玲加入了中国左翼作家联盟，胡也频被选为执行委员，并担任工农兵文学委员会的主席。3月间，武汉一个新出刊物《日出》，刊登了胡也频的《光明在我们前面》，立即被国民党当局扣留。这以后，胡也频和丁玲的稿件，一时都有了“问题”，半年间，都不见两人有什么文章发表，他们又连着几次搬家。可是，生活的风雨，并未使他们颓唐。相反，在沈从文眼里，胡也频变得更加忙碌，也更加精神了。

---

[1] 见丁玲《一个真实人的一生》。胡也频 . 胡也频选集 [M] . 福州：福建人民出版社，1981.

[2] 沈从文 . 记丁玲 [M] . 上海：良友图书印刷公司，1934.

这个人每日所需要的粮食，已和我的稍稍不同了一点。或者这仍然应说是那个南方人性格的特征，耳朵所听到的，眼睛所见到的，有了一些新的机会，给他一些新的注意，因为另外一种营养，显然的，慢慢的在改造这个人的灵魂，表面消瘦了许多，灵魂却更健康许多了。

…………

我常常心里想：这人比我年轻了许多，光阴在摧毁我，却成全这个人。[1]

转变后的胡也频，没有忘却曾与他同过患难的朋友，他希望沈从文能和他在同一个方向上前进。一次，他告诉沈从文：你的一个老乡想见你。并同他谈及这个人的情形。[2]末了，他劝沈从文也参加左翼作家联盟。

对胡也频的劝告，沈从文没有作出直接的回答。对此，他心里有着太多的顾虑。——这时，随着“左联”的成立，始于1928年的以太阳社、创造社为一方，以鲁迅等为另一方的激进作家间的论争已告结束。对这场论争突然间的剧烈爆发，又突然间的沉寂，沈从文感到不可思议。他向胡也频提出了自己心里的疑问。

“使一个理想从空虚到坚实，沉默是心愿的一种预备，因此他们沉默了。”胡也频回答说。

然而沈从文仍有些想不通——当初他们的争论是不是出于真诚的信念？如果是，为什么突然间又会言归于好？如果不是，当初为什么又要那样做？——这个乡下人的心里，生出一份深深的疑惧。这一切，在他看来，

[1]见《记胡也频》。沈从文．沈从文文集：第9卷[M]．广州：花城出版社；香港：三联书店香港分店，1984.

[2]系陈赓，这次会见并未实现。直至20年后，陈赓才在北京派车接沈从文见面。

似乎全起因于文学与政治的结缘。政治更多地需要目前；而文学，在注意目前外，似乎更值得向人类的远景凝眸。何况，人生的宽泛似乎不能全部被政治所涵盖。文学对于政治，既有其互相错综的一面，又有相对独立的一面。如果文学与政治完全结缘，文学的相对独立性就会遭到破坏。

他对胡也频说："文学方向的自由正如职业选择的自由一样，在任何拘束里我都觉得无从忍受。我却承认每一个作家，都可以走他自以为正当的途径，假若这方面不缺少冲突，那解决它、证明它的是非得失，还应当是他的作品。"

胡也频不想同他就这个问题继续争论，只是充满自信地说："过半年看，我也不敢自弃，会写一点东西出来。"

沈从文的疑惧，并不涉及对共产党人的评价。虽然，他觉得共产主义理想与中国目前现实"太相悬隔"，但他佩服那些始终忠实自己的理想，为社会翻身目不旁瞬的共产党人的雄强精神。在他的朋友中，并不缺少这种人。甚至就在这时，他与共产党员董秋斯等人的交往仍然十分密切。见面时，董秋斯等人也是对他什么话都说，从不回避。然而，在他自己，却只想走自己选定的文学道路。他是为了摆脱人身的依附，取得人生的"独立"，才走出湘西的。因而，他担心任何一种新的"依附"，都会使这种"独立"失去。——他挣脱不了过去噩梦般的经历的羁绊。

> 尽管我从来不觉得我比那些人有丝毫高尚处，而且居多还感觉到自己充满弱点性格的卑微庸俗，可很难和另一种人走同一道路。我主要就是在任何困难下，需要充分自由，来使用我手中这支笔。[1]

[1]见《记胡也频》。沈从文．沈从文文集：第9卷[M]．广州：花城出版社；香港：三联书店香港分店，1984.

持有这种态度的沈从文，在丁玲看来，自然是“一个常处于动摇的人，又反对统治者，又希望自己能在上流社会有些地位”。而胡也频“也常常感叹他与沈从文的逐渐不坚固的精神上有距离的友谊”。但“他怎样也不愿失去一个困苦时期结识的知友”，因为他和沈从文“曾象亲兄弟过”。[1]

正如沈从文对左翼文学运动不免“隔膜”，胡也频与丁玲对沈从文的了解也有了些“隔膜”。这三个朋友间的友谊，出现了一条看不见的裂痕。这裂痕，使沈从文和胡也频再也无从在各人的行为方式上完全相互理解。

> 另外一些时节，到他那里去，也常见到他躺在床上，似乎生着一种气，问他“写了什么”时，总说“什么也不写”。也似乎是在为人类的愚蠢生气，为自己同这愚蠢作战而疲倦了，也不能不生气。我明白那个，我一定明白的。但在他那一方面看来，我却是个连自己也不明白自己的人；对于自己的缺少自信，对于自己的稿件随意卖去，证明我是不能明白自己的。可是一个不明白自己的人，却并不失去了了解别人的权利。所以由我这一面看来，似乎觉得他也有些自己不明白处。他不大赞同我那种“自苦”，我也不大赞同他那种“自苦”。[2]

1930年，由于胡适预备离开中国公学，而沈从文在个人生活上又太不会“独立”，常常弄得一塌糊涂。胡适便对沈从文说：“你还是去武汉大学，让凌叔华管管你的生活。”这年秋天，沈从文离开上海，去武

[1] 见丁玲《一个真实人的一生》。胡也频．胡也频选集[M]．福州：福建人民出版社，1981.

[2] 见《记胡也频》。沈从文．沈从文文集：第9卷[M]．广州：花城出版社；香港：三联书店香港分店，1984.

汉大学担任现代文学史的教学。在武汉大学期间，凌叔华对他十分关切，家里凡有好菜都要叫他。陈源还劝他学点英文：“学好了，保证介绍你去英国读书。”沈从文也作过这种尝试，其结果，却连26个英文字母也念不准，只好作罢。

其时，武汉正不时有战争发生。沈从文外出时，总要碰上一队队士兵，有时还遇见杀人。每当这时，他就像一个无业游民，傍到街墙脚下去，或被卷入人群，看那不可避免的一幕发生。——时间仿佛将他拉回到十多年前的岁月里去。看到那颗被砍下的血淋淋人头，和杀人士兵脖子上的肮脏人头，他感到一种灵魂的战栗和至深的痛苦。十多年来，自己从湘西跑到都市，却依旧无从挣脱过去的现实，还始终得生活在这种可怕的人生景象中。

他感到极度愤懑，觉得自己也要杀人，杀那些滥用权力无端杀人的人。在偶尔写给胡也频的信中，他毫不隐讳地说出自己的感想。胡也频却在给他的回信中说：

> 休，你说的全是空话，同你做文章差不多！你受的苦永远是你自己想象的苦，这种苦却毫无可疑，同时在你生活方面，却是不能离开的一种东西。你想到的比别人都多，比别人都危险而且野蛮，同时也比别人更显得少不更事。你想的都不是你要做到的或你能做到的，干吗你不想一点象比文章还切实一点的事情？[1]

1931年1月，在学校放寒假期间，沈从文回到上海，住在北京路清

[1]见《记胡也频》。沈从文．沈从文文集：第9卷[M]．广州：花城出版社；香港：三联书店香港分店，1984.

华同学会的宿舍里。

这时，胡也频已经加入中国共产党，并被推选为全国苏维埃区域代表会议的代表。丁玲生下他们的儿子也有了两个月，胡也频更见忙碌了。由于种种原因，胡也频和丁玲正酝酿再次搬家的事。

1 月 17 日中午，胡也频来到沈从文住处，说他正想搬家，却到处借不到一个钱，而房东的小儿子又死了，总得送一点礼。他想送一副挽联，要沈从文替他想好挽联的措辞，下午到他那里去写。然后又和沈从文谈及有人建议成立作家协会的事。胡也频希望能有这样一个机构产生，形成一支与商人对抗的力量，以争取作家的权益，并指导和监督向国际文化发展的工作。

沈从文担心作家中龙蛇不一，人心难齐，所寄的希望又是那么大，末了又要落空。

胡也频说："干吗你知道做不好？希望大一点不妨碍事业的完成。做不到的我们总要去做，没做过的我们去试做做看，这是应当的。用较生疏的较艰难的事，来训练我们的组织协作能力，即或失败，也比因为畏难苟安的保持现状好些。何况我们又明明白白知道保守现状太吃亏了一点，希望政府同希望商人同样是不可能的事，那么，我们的事，我们自己不来办，谁还来办？中国现代文学的局面，既然是几十个人撑持到它，因为本身的艰难，不由我们自己来解决，还等到另一个时代的人来为我们呼冤，这种做人的态度，也是不合理的。我们不是为我们自己打算，需要一种使个人权利保障稳固一点的组织，我们为时代稍后力量较弱的人，也应当打算一下，做一点对他们有益的事情。"

> 我望到那个瘦脸，什么话也不能说，因为他的话说得极对，而我的对一切不抱希望的心情，却似乎同我生活十分习惯。我

心里想说：你也许比我“作得认真”，我也许比你“想得透彻”，但我当时什么也不说。[1]

因一个同事约沈从文去四马路吃饭，12点30分，两人便一道出去。因天气寒冷，见胡也频身上单薄，沈从文便把自己刚做好的一件海虎绒棉袍让他穿上。两人走到惠罗公司前面，胡也频说他要先去先施公司买作挽联的白布，于是就分手了。

下午，沈从文去万宜坊写对联，胡也频还没回家；晚上再去，胡也频仍然没有回来。

原来，胡也频与沈从文分手后，便先买了白布，然后去参加中共江苏省委负责人何梦熊主持召开的会议。这时，正值中共六届四中全会召开之际。在这次中央全会上，共产国际的代表米夫，不顾代表的异议，强行将王明选入中央委员会。罗章龙、何梦熊等人不服，联合成立非常委员会，并于1月17日这天，分别召开全国总工会和江苏省委会议。不料被国民党军警察觉，江苏省委全体成员以及包括胡也频在内的中国现代文学史上著名的“左联五烈士”全部被捕。

沈从文从胡也频住处看对联回来，已是深夜。刚回到住处，就急匆匆走来一个穿着破烂的老头，说自己是管监的，受胡也频之托，来送信的，并随手递过一张胡也频亲笔写的便条：

我因事到××饭店，被误会，请赶快与胡先生[2]商量，保我出来。

[1]见《记胡也频》。沈从文．沈从文文集：第9卷[M]．广州：花城出版社；香港：三联书店香港分店，1984.

[2]胡先生，即胡适。

第二天，沈从文赶紧找到胡适。胡适说：“那不行，我们想办法。”晚上，沈从文将消息告诉了丁玲，并找到李达及夫人王会悟、施存统、朱谦之，大家一起在西门里李达家里商量营救办法。最后议定请胡适、徐志摩写信给蔡元培，设法放人。先是沈从文一人到了南京，其时正是蔡元培在国民党内无从说话的时候。又找到邵力子，邵力子说这事无从措力，却同意写信给上海市长张群。事情未得结果，返回上海。第二次再同丁玲一起来到南京，住在左恭（左恭这时正担任国民党中央宣传部文艺处长，与中共地下组织有联系）家里。大家要沈从文去找陈立夫，以作家身份要国民党当局放人。

通过熟人从中斡旋，沈从文终于见到了陈立夫，并向他说明来意。陈立夫说：“这事不归我管，我可以调查一下。”

虽然在实际上，逮捕胡也频等人，是由国民党军统特务一手经办的，但沈从文看出陈立夫同他也不过是虚与委蛇。不想陈立夫反过来劝他到国民党中央宣传部来做事。沈从文也照样虚与委蛇，故意含糊其辞，引开话题，和陈立夫谈了三个小时的“唯生论”。

此路不通，沈从文和丁玲返回上海。丁玲反复说：“我老早就知道，没有希望，白跑了一趟。”于是，大家又商量请律师，并找到张仲石。律师说，“这官司不好打”，婉言谢绝了。

天阴沉沉的，空中飞飞扬扬地飘着雪花，门外人行道上一片泥泞，天气极冷，这是指定探监的日子。沈从文陪着丁玲，一大早就赶到了龙华监狱。丁玲带了一包预备送胡也频的食物和衣服，穿一件灰布棉衣，如同一个在纱厂做工的乡村女子。

他俩同几百名探监者一道，伫立在凛冽的寒风里，焦急地等候着登记。两人相对默然无语，各人心里凄惨惨的。

等了半天，送上条子，却不准进去。幸亏人越来越多，到后两人随了人流，一拥就进去了。好容易通过了一道道警戒森严的关卡和岗哨，进到里面排队等候。看守收下送给胡也频的东西，打了收条，却仍不准见面。看守说，唯一可办到的，是让他送一点钱给胡也频，这样可以从远处看到胡也频走过。两人只得照办了。

终于，沈从文听到房子另一头小铁门内，响起了铁镣的声音，赶紧循声看去，胡也频果然在小铁门口出现了，于是便大声喊了起来。丁玲也跟着呼叫着：“也频，也频，我在这里！”

听到两人的喊声，胡也频在门口停住了脚步，转过身来，举起戴着手铐的双手，似乎很有力地扬了一下，随即被管监的一推，便在铁门背后消失了。

这一次见面，不料就是沈从文、丁玲与胡也频的永诀。2月7日，胡也频终于被国民党当局秘密枪杀于龙华。

几天后，沈从文找到邵洵美，打听胡也频的消息时，得到了胡也频的死讯，并通过邵的关系找到上海警备处，看到了胡也频被害时的照片。

胡也频被捕后，李达和王会悟将丁玲接到自己家里住了一段时间。后来，丁玲又搬到沈从文兄妹的住处。

这时，丁玲在上海的处境已很危险，带着孩子在身边十分不便，便决定将孩子送回湖南，交给母亲抚养。

1931年沈从文护送丁玲母子返常德途经武汉时合影，左起：陈西滢、凌叔华、丁玲、沈从文

4月初，沈从文带

回郑振铎借给丁玲的两百块稿费，沈从文自己另从徐志摩那里借了一笔钱作路费，随后陪同丁玲乘车返回湖南。那时，国民党军队正对江西红军根据地实行军事“围剿”，路上风声极紧。车到长沙时，因长沙军政当局对外地旅客盘查极严，要有保人方能在长沙留宿。沈从文和丁玲不敢出站，只好在候车室等车。直等了大半夜，方才上了去武汉的火车。到武汉后，两人再转乘小火轮，由长江入洞庭，转沅水，抵达常德。

船过洞庭时，因天寒水枯，轮船曾一度搁浅。船上派人去拉时，沈从文忽听得外面有人大声骂娘，一口湘西话，声音似乎有点耳熟。走下去看时，见一黑大汉子，正指手画脚咒人骂天。近前问时，黑大汉子说："老子身圆姓方。”——沈从文笑了起来，原来是十多年前在芷江认识的凤凰人方季庵。那时，芷江有座建于明万历年间的大佛寺，寺内一尊大佛，耳朵可容八人盘旋而上，佛顶能摆下四桌酒席。1920 年，本地“维新派”绅士召集各界代表议决打倒大佛，当时任警察所长的方季庵，率先用锹头去掀佛头。本想从佛肚里掏出金银发笔横财，不料将大佛砸倒后，佛头、佛肚里藏的却是一批手写经卷、绢画及数百斤茶叶。一怒之下，将这些东西同大殿里的 500 多卷手抄经卷、大批五彩壁画版子和若干漆胎佛像，一把火烧了个精光。事后，还觉得了不起，碰到熟人就说：

“今天真做了一件平生顶痛快的事，打倒了一尊 500 年的偶像。佛胎里的东西，狗肏的，一把火烧完了，痛快！”

沈从文没想到今天竟与这位“好汉”在这种情形下见面。这也算是这次行程中一段小小插曲。

到达常德后，下船时又被检查了七次，才终于被放行，回到丁玲家中。

在常德住了几天后，沈从文陪同丁玲，又一起回到了上海。

因营救胡也频及帮助丁玲料理后事，沈从文延误了返校日期。虽然，他曾写信去武汉大学，续假一个月，待到从湖南返回上海时，学校开学已颇有时日，已不便再去。沈从文只好留在上海，继续自己的写作。

八、九月间，沈从文怀着对死难朋友的沉痛哀思，写下了长篇回忆散文《记胡也频》。在文章的结尾，沈从文写道：

> 一个活人，他倘若愿意活下去，倘若还能活下去，他应当想到的，是这个人怎么样尽力来活，又为了些什么因缘而死去。他想到那些为理想而活为理想而死去的事，他一定明白“镇定”是我们目下还活着的人一种能力。这能力若缺少时，却必需学习得到的。一个人他生来若就并不觉得他是为一己而存在，他认真的生活过来，他的死也只是他本身的结束。一个理想的损失，在那方面失去了，还适宜于在另一方面重新生长，儿女的感情不应当存于友朋之间，因为记念死者并不是一点眼泪。
>
> 我觉得，这个人假若是死了，他的精神雄强处，比目下许多据说活着的人，还更象一个活人。我们活在这个世界上的，使我们象一个活人，是些什么事，这是我们应当了解的。[1]

文章写成后，沈从文拿给丁玲看，并对她说：“有什么不妥处，你就改吧。”开始，丁玲觉得沈从文“太主观”，及至付印时，丁玲仍保留了文稿原貌，并未修改。

1931年秋，沈从文应杨振声之邀，去山东青岛大学重执教鞭。其时，丁玲正主编左翼文学刊物《北斗》，她写信给沈从文，约他给《北斗》写稿。沈从文写了《黔小景》寄去，发表在该刊一卷三期上。

---

[1] 见《记胡也频》。沈从文．沈从文文集：第9卷[M]．广州：花城出版社；香港：三联书店香港分店，1984.

1932 年夏，沈从文去苏州看望张兆和时，曾顺便去上海看望丁玲。这时，丁玲已和曾担任过史沫特莱秘书的冯达同居。在沈从文最初印象里，冯达只是个“小白脸”，觉得他的气质与丁玲不相配，并猜想丁玲与他并不一定有真正的爱情。临别，他曾单独向丁玲问及此事，并说了自己的意见。丁玲向他作了解释，大意是：自己已是过来人，已将此事看淡，只好如此，云云。

面对眼前的现实，沈从文想起人生的偶然与必然、人的主观愿望与现实可能的种种关系，一丝忧郁浮上心头。他想：

> 爱的，谁不怀了一种期待？憎的，谁不极力回避？但所要的何尝是可以自然而然得到的，近在身边的又何常不恰恰是这讨厌的？[1]

自此以后，直到丁玲被捕，再于 1934 年在报刊上复出后，沈从文去南京探望她为止，两人不仅没有再见面，同时也断绝了通讯联系。

五、海边的孤独

国民党的政治独裁夺去了胡也频的生命，丁玲继续胡也频的道路，全身心投入左翼文学运动。自胡也频、丁玲从山东回上海后，沈从文曾一度萌发的恢复《红黑》的希望，至此完全落了空。“生离”与“死别”结束了这三个朋友间长达七年的密切交往与合作的历史。1931 年秋，沈从文独自来到青岛。

然而，1931 这一年，仿佛注定沈从文必须经受接二连三的亲友死亡

[1] 沈从文．记丁玲 [M]．上海：良友图书印刷公司，1934.

的打击。就在他在青岛大学任教两个月后，又一个挚友死亡的现实，降临到他的面前。

11 月 21 日，沈从文正同几位同事，在校长杨振声家里聚会，一面喝茶、一面聊天的时候，有人从济南给杨振声打来了长途电话。接过电话，杨振声转身回来，以低沉的语调告诉大家：徐志摩因飞机失事，已于两天前不幸遇难。

“志摩死了！”当沈从文意识到这消息的含义时，心弦好像立时被一股巨力绷紧，又旋即被飓风猛然摧折。经过这瞬间极度的张弛之后，他觉得浑身没有了一丝儿力气。看看在座的诸人，全被这突如其来的消息惊愕得说不出话来。

他终于对大家说：“我想搭夜车去济南看看。……”

22 日一早，车抵济南。沈从文按约定地点，赶到齐鲁大学，与各地赶来的徐志摩的亲友会齐。这时，张奚若、金岳霖、梁思成等人刚从北京赶到。过不久，张嘉铸陪着穿了一身孝服的徐志摩的长子；郭有守、张慰慈等人也分别从上海、南京赶到。

吃过早饭，一行人冒雨去徐志摩停灵处——福缘庵瞻看死者的遗容。福缘庵是一座小庙，坐落在济南城一条偏僻小街上，现已成为堆放供出售日用陶器的货栈。庙前空地上已是泥水斑驳，院坪两边和庙内，全堆满了大小水缸、砂锅、土碗及各类坛坛罐罐。在入门左侧贴墙临时腾出的一点空间里，停放着徐志摩的棺木，棺木四周只容得下三五人周旋。

棺盖上安放着一个用铁树叶编成、类古希腊雕刻图案的花圈——显然出自梁思成、林徽因夫妇之手。徐志摩戴了顶瓜皮小帽，浅蓝色绸袍上，罩一件黑纱马褂，脚上穿一双粉底黑色云头如意寿字鞋，安静地躺在棺木里，消失了生前生命的奔放与骚动，脸上没有丝毫不安，不留一点痛苦痕迹。

望着徐志摩穿了这么一身与他平时性情爱好全然不相称的衣服，沈从文心里反倒泛起一抹苦味。这时，外面的雨逐渐大起来了，檐前淅淅沥沥的雨声，使眼前景象更显得凄清寂寞。从小就过多地经受了亲友突然死亡打击的沈从文，照例在沉默中接受眼前的现实，一句话也没说。然而，这位才华横溢的诗人生前种种和他对自己的关切，正慢慢爬上沈从文心头。当初自己投稿无门时，恰恰是徐志摩，对一个尚不相识的初学写作者的作品，写下了难得的“志摩的欣赏”，坚定自己走上文学道路的信心；在后来自己为应付生活而艰难挣扎时，每逢紧要关头，总能得到他热情关切和帮助。假若没有他和其他朋友的帮助，自己也许早已成了北京某人家屋檐下的饿殍。虽然这一切在徐志摩自己，由于生命的脆弱倏忽，如今都化为南柯一梦，然而，诗人生命的热力，已转接到活着的挚友身上，在未来的日子里继续燃烧。

但志摩到底走了，想起人生路上结识的挚友一个接一个死去，自己将不免在孤独寂寞中继续前行，热泪禁不住模糊了沈从文的视线。

…………

青岛大学的生活，同北方冬日一样寂寞。上课写作之余，沈从文常常独自坐在房间里出神。转眼又是年末。在这一年的前后十个月里，沈从文就有四个最熟悉的朋友遇难的事实，沉重地压在他的心头。他的眼前不时地浮现出他们死难的情景：胡也频在龙华被人秘密地用排枪攒射，张采真在武汉一座欢迎“伟人”的牌楼下被斩首示众，满振先在桃源被捷克式机枪扫倒在地，徐志摩从济南上空的云雾里坠毁。……人为什么死去？这突如其来的死亡，偏偏降落到他们头上，又是为什么？虽说“天有不测风云，人有旦夕祸福”，这份命运摊派到他们头上，实在太不公平！何况他们的死，虽有天灾，却更多人祸！虽然他们生前所走人生道路并不尽相同，其毁其誉，也各有所属，却一例守住各自的理想，多力，强健，勇猛精进，活得虎虎有生气，到头来生命竟结束到不易想象的情景中。而社会上那些阉鸡、懦夫、狡猾的狐鬼，却在白日下吃喝、听戏、开会、说谎、著书。一个个活得有滋有味！在自己近十年的都市经历中，这种人几乎遍地皆是。……一个浮着虚假笑容的书商走了过来，又打着哈哈离去；几个风度翩翩的大学教授联袂而至，他们中，正有人标榜“清心寡欲”，却离不开“保肾丸”“鱼肝油”，有人一面大谈“道德名分”，一面目不转睛地盯着眼前裸体塑像胴体凸起凹下部分；又来了一个世家名媛，气度不凡，衣着入时，志趣似乎也十分高雅，一来便傍一个教授身边观看一册人物手卷，津津有味地数起画面上人物的数目来；北京某议员居住的深院大宅里，三姨太正与少爷偷情，报上同时登着这位少爷与另一位名门闺秀订婚的消息。而那位议员此刻正在议会大厅里，因与同僚争持不下，正抄起手中的墨盒，朝对方头上飞去；未庄的阿Q，西门庆门下的清客应伯爵，大观园里佩花荷包的傻大姐。……民族的怯懦、虚伪、自私、愚蠢的病症，正假都市文明之风，在这些人中蔓衍。而他们都是“衣冠中人”，正被社会目为“栋梁”。在他们的生活中，有笑也有泪，有忧患也有忙碌，交织成都市上流社会五光十色的人生。

> 人与人关系变得复杂到不可思议，然而又异常单纯的一律受“钞票”所控制。到处有人在得失上爱憎，在得失上笑骂，在得失上作种种表示。……一切人事在我眼前都变成了漫画，既虚伪，又俗气，而且反复继续的下去，不知到何时为止。但

觉人生百年长勤，所得于物虽不少，所得于己实不多。[1]

这些人，生命已经只剩下一个空壳。那些最初使自己感到卑微、惭惶不安的绅士淑女，原来只是空有一副皮囊。而这几年来，自己的灵魂同样被都市生活揪住，无从挣扎。那个来自山野的沈从文，不知何时已经失落。……虚空中，渐渐凸浮出湘西的山水。荒蛮的边陬之地飞扬起雄健的生命旋律，一个声音在高喊："魂兮归来！"……

血管里流着你们民族健康血液的我，二十七年的生命，有一半为都市生活所吞噬，……所有值得称为高贵的性格，如像那热情、与勇敢、与诚实，早已完全消失殆尽。[2]

我总是梦到坐一只小船，在船上打点小牌，骂骂野话，过着兵士的日子。我欢喜同《会明》那种人抬一箩米到溪里去淘，我看见一个大奶肥臀妇人过桥时就唱歌。我羡慕《丈夫》们在好天气下上山做呆事情。我极其高兴把一支笔画出那乡村典型人物的脸同心，如像《道师和道场》那种据说猥亵缺少端倪的故事。我的朋友上司就是《参军》一流人物。我的故事就是《龙朱》同《菜园》，在那上面我解释到我生活的爱憎。我的世界完全不是文学的世界；我太与那些愚暗、粗野、新犁过的土地同冰冷的枪接近、熟习，我所懂的太与都会离远了。

……我爱悦的一切还是存在，它们使我灵魂安宁，我的身体，

---

[1] 见《水云》。沈从文．沈从文散文选 [M]．北京：人民文学出版社，1983.

[2] 沈从文．写在《龙珠》一文之前 [J]．红黑，1929（1）.

却为都市生活揪着，不能挣扎。两面的认识给我大量的苦恼，这冲突，这不调和的生命，使我永远同幸福分手了。[1]

沈从文悚然而惊。自己的爱憎感情与“城里人”——那些都市上流社会的男女竟是如此不同，原来自己灵魂深处依旧潜藏着一个山野的精灵。这精灵，正在战胜一个进入都会的“乡下人”无从规避的人生卑微感，它哈哈大笑着，将都市上流社会的道德标准和人生价值准则，踩在脚下，支配着自己固执地走一条孤独的人生之路。几年来，别人在“生活”里存在，自己却在“想象”里“生活”。自己在都市“生活”方面的败北，似乎正是一种命定的结局。然而，这是无法遁避、也无需后悔的。

青岛的五月，天气渐渐暖和，自然界也热闹起来。青岛大学周围的林子里，已有了啄木鸟活动的踪迹，清脆的黄莺的啼音到处可闻。各处公园里，梅、桃、兰、李、棠、樱，仿佛约定了日子，挤在北方短暂的春日里一齐开放。与往日一样，沈从文又一次走出校门，独自沿着海岸，朝东走过浴场、炮台、海湾石滩上当年属俄国某公爵的大房子，来到太平角海边的礁石群上。

选定一块礁石，沈从文面朝大海坐了下来。眼前，大海一抹蔚蓝，灰色的水灵山岛的圆影在远处波光里浮动。紫色的天际，刚过身的船只留下一缕淡烟。身后是一片马尾松林，宛如一把把绿色扫帚，扫拂天云。树下的野花，连缀成淡蓝、黄、白各色间杂的图案。

沈从文在礁石上仰面平躺下去。距脚跟八尺以外，一壁悬崖笔直地插入海里。海面有时平静不波，如一面巨大蓝色光滑玻璃；有时又涌起两三丈大浪，直向崖下撞击，溅起带咸味的雨雾。沈从文凝望着空中飘

[1] 沈从文 . 生命的沫 • 题记 [J] . 现代文学，1930（1）.

浮的白云，在静默与孤独里，一面从海边阳光里获取热能，一面与自然对面，在抽象里默会生命的力量。仿佛已经没有了悲伤，对生命的自信正在一份寂寞里迅速增长。

“名誉、金钱或爱情，什么都没有，这不算什么。我有一颗为一切现世光影而跳跃的心，就很够了。这颗心不仅能够梦想一切，而且可以完全实现它。一切花草既能从阳光下得到生机，各于阳春烟景中芳菲一时，我的生命上的花朵，也待发展，待开放，必有惊人的美丽与芳香。”

然而，当他从礁石上坐起时，在自己心灵深处响起另一种声音。那声音含着一点世故，一点冷嘲，带着被社会人事蹂躏过的印记：

“一个人心情骄傲，性格孤僻，未必就能够做战士！应当时时刻刻记住，得谨慎小心。你到的原是个深海边。身子纵不至于掉到海里去，一颗心若掉到梦想的幻异境界去，也相当危险，挣扎出来时并不容易！”

沈从文重新躺了下去。那个对生命充满信心的自我回答说：

“为什么挣扎？倘若那正是我要到的去处，用不着使力挣扎的。我一定放弃任何抵抗愿望，一直向下沉。不管它是带咸味的海水，还是带苦味的人生，我要沉到底为止。这才像是生活，是生命。我需要的就是绝对的皈依，从皈依中见到神。我是个乡下人，走到任何一处照例都带了一把尺，一杆秤，和普通社会总是不合。一切来到我生命中的事事物物，我有我的尺寸与分量，来证实生命的价值和意义。我用不着你们名叫‘社会’制定的那个东西，我讨厌一般标准，尤其是什么思想家为扭曲人性而定下的乡愿蠢事。”

“好，你不妨试试看，能不能使用你自己那个尺和秤，去量量你和人的关系。”

“你难道不相信吗？”

“你应当自己有自信，不用担心别人不相信。一个人常常因为对自己缺少自信，才要从别人相信中得到证明。政治上纠纠纷纷，以及在这种纠纷中的牺牲，使百万人在面前流血，流血的意义就为的是可增加某种人自己那点自信。在普通人事关系上，且有人自信不过，又无从用牺牲他人得到证明，所以一失恋就自杀的。这种人做了一件其蠢无以复加的事，还以为是追求生命最高的意义，而且得到了它。”

“我只为的是如你所谓灵魂上的骄傲，也要始终保留着那点自信。”

“那自然极好。不过你得注意，风不常向一定的方向吹。我们生活中到处是‘偶然’，生命中还有比理性更具势力的情感。一个人的一生可说即由偶然和情感乘除而来。你虽不迷信命运，新的偶然和情感，可将形成你明天的命运，决定你后天的命运。”

“我自信我能得到我所要的，也能拒绝我不要的。”

“这只限于选购牙刷一类小事情。另外一件小事情，就会发现势不可能。至于在人事上，你不能有意得到偶然凑巧的，也无从拒绝那个附在情感上的弱点。”

沈从文再次坐了起来，眺望面前的大海。他知道，在眼目所及的前面，一定有可供候鸟迁移时栖息的海岛，再一直向前，最终可以到达一个绿芜无垠的海岸。但若缺少航海经验，是无从用想象去证实的。这也正与一个人的生命相似。这地方云彩的奇异变化，在这种变化中显现的海市蜃楼，就曾唤起过秦皇汉武长生不死青春长驻的梦想，到头来终不过是水中捞月。可是，一个人如果有了航海经验，沿着某个既定的方向一直向前，是一定能够到达彼岸的。固然，人生中偶然与情感的乘除，会使一切改观。可是，人生除了偶然和情感，还应当有点别的什么。

“难道我和人对于自己，都不能照一种预定计划去做一点……”

“唉，得了。什么计划？你意思是不是说那个理性可以为你决定一件事情，而这事情又恰恰是上帝从不曾交给任何一个人的？你试想想看，能不能决定三点钟以后，从海边回到你那个住处去，半路上会有些什么事情等待你？这些事影响到一年两年后的生活，可能有多大？若这一点你失败了，那其他的事情，显然就超过你智力和能力以外更远了。这种测验对于你也不是件坏事情，因为可让你明白偶然和感情将来在你生命中的种种，说不定还可以增加你一点忧患来临的容忍力——也就是新的道家思想，在某一点某一事上，你得有点信天委命的达观，你才能泰然坦然继续活下去。”

晚上，想起“偶然”和“情感”，一个对生命有计划对理性有信心的沈从文，好像被另一个宿命论不可知论的沈从文战败了。可是，前者虽然战败却不服输。十年来，自己从湘西走入都市，在一种不易设想的艰难中，终于按照自己预定的理想走过来了。而且，终能运用手中一支笔，写自己要写的故事，来证实生命所能达到的传奇。

夏天，暑气将人们赶到海边去了，沈从文却留在山上，独自在一列梧桐树下散步。太阳光从树叶间隙滤过，印在地面。望着纵横交错的光影，他俨然有所憬悟，觉得自己又分裂成两个对立的人格。

“什么是偶然和情感？我要做的事，就可以做。世界上不可能用任何人力材料建筑的宫殿和城堡，原可以用文字做成功的。有人用文字写人类行为的历史，我要写我自己的心和梦的历史。我试验过了，还要从另一方面做试验。”

依旧是一个冷冷的回音：“这不是最好的例，若用写作作例，倒恰好证明前次说的偶然和情感决定你作品的形式和内容。你偶然遇见几件琐碎事情，在情感兴奋中黏合贯串了这些事情，末了就写成了那么一个故事。你再写写看，就知道你单是‘要写’，并不成功了。文字虽能建筑宫殿和城堡，可是那个图样却是另外一时的偶然和情感决定的。”

“这是一种诡辩。时间将为证明，我要做什么，必能做什么。”

“别说你‘能’做什么，你不知道，就是你‘要’做什么，难道还不是由偶然和情感乘除来决定？人应当有自信，但不许超越那个限度。”

“情感难道不属于我？不由我控制？”

“它属于你，可并不如由知识堆积而来的理性，能供你使唤。只能说它属于你，它又属于生活上的‘性’，性又属于人事机缘上的那个偶然。它能使你生命如有光辉，恰恰如一个星体为阳光照及。你能不能知道阳光在地面上产生了多少生命，具有多少不同形式？你能不能知道有多少生命名字叫作女人，在什么情形下就使你生命放光，情感发炎？你能不能估计有什么在阳光下生长的生命，到某一时原来恰恰就在支配你，成就你？这一切你全不知道！”[1]

…………

沈从文陷入了人生的必然与偶然、理性与情感、可知与不可知的二律背反。他感到这种辩难实在太虚泛了一点，仿佛在漫无边际的抽象领域里游泳，游来游去，却不能与任何具体的人生理想或事实接头，一切都超越于具体感觉之上。——不能让自己沉溺于自己的抽象思辨之域！无论如何，人生应当由理性来驾驭，偶然与情感固然具有影响人生的力量，在可能的范围内，人终能凭意志和理性去实践自己选择的道路，到达理想的彼岸。

人生为追求抽象原则，应超越功利得失和贫富等级，去处

[1]以上属沈从文内心论辩文字，均参照《水云》。沈从文．沈从文散文选[M]．北京：人民文学出版社，1983.

理生命和生活。我认为人生至少还容许将来重新安排一次。[1]

在一种旧观念下我还可断定我是一个坏人，这坏处是在不承认一切富人专有的“道德仁义”。在新的观念下看我，我也不会是好人，因为我对一切太冷静，不能随到别人发狂。……我除了存心走一条从幻想中达到人与美与爱的接触的路，能使我到这世界上有气力寂寞的活下来，真没有别的什么了。已觉得实在生活中间感到人与人精神相通的无望，又不能马虎的活，又不能决绝的死，只从自己头脑中建筑一种世界，委托文字来保留，期待那另一时代心与心的沟通，……[2]

---

[1]以上属沈从文内心论辩文字，均参照《水云》。沈从文 . 沈从文散文选 [M] . 北京：人民文学出版社，1983.

[2] 见《阿丽思中国游记 • 后序》。沈从文 . 沈从文文集：第 1 卷 [M] . 广州：花城出版社；香港：三联书店香港分店，1982.

第七章

南风北雨

一、“丁玲事件”前后

1932年底，沈从文收到张允和、张兆和姐妹俩发来的有关婚事已获应允的电报。长达四年之久的耐心与期待终于有了预期的回响，沈从文心里蓄满了莫可名状的喜悦。一俟学期结束，他便立即动身赶往苏州。

> 第二次来苏州，是同年寒假，穿件蓝布面子的破狐皮袍。我们同他熟了些，便一刻不离地想听故事。晚饭后，大家围在炭火盆旁，他不慌不忙，随编随讲。讲怎样猎野猪，讲船怎样在激流中下滩。形容旷野，形容树林。谈到鸟，便学各种不同的啼唤，学狼嚎，似乎更拿手。有时站起来转个圈子，手舞足蹈，像戏迷票友在台上不肯下台。可我们这群中小学生习惯是早睡觉的。我迷迷糊糊中忽然听一个男人叫：“四妹，四妹！”因为我同胞中从没有一个哥哥，惊醒了一看，原来是第二次来访的客人，心里老大不高兴。“你胆敢叫我四妹！还早呢！”这时三姐早已困极了，弟弟们亦都勉强打起精神，撑着眼听，不好意思走开。真有“我醉欲眠君且去”的境界。
>
> 那时我爸爸同继母仍在上海。沈二哥同三姐去上海看他们。

会见后，爸爸同他很谈得来。这次的相会，的确有相亲的意思。[1]

这次见面，决定了沈从文与张兆和婚约的成立。随后，张兆和便伴随沈从文一同来到青岛，在青岛大学图书馆内编英文书目，和她在一起工作，编中文书目的，有一位后来改名江青的年轻女性。其时，江青一边在学校做点事，一边读点书，沈从文所教的写作课是她选修的科目。后来，江青对外国记者说，那时，沈从文每每要她一周写一篇文章。她年轻时最喜欢的教授就是沈从文。不料 30 多年后，这个女人在中国政治舞台上，扮演了一个不可一世的角色，并直接导演了中华民族的空前大悲剧，而她与沈从文这一人生的“偶然”，还播下了沈从文人生道路上后来一段传奇的因子。

自沈从文给张兆和写了第一封情书以来，两人到这时才真正进入相互恋爱的阶段。这时，“乡下人”有了进一步期待，萌生了结婚的念头。两人在一起时，沈从文试探着对张兆和说：那些信已快写完了，所以天就让她和他来一处做事。倘若她不十分讨厌他，似乎应当想一想，用什么方法使他那点痴处保留下来，成为她生命中一种装饰。

张兆和笑着对他说：“我实在不大懂这个问题，因为问题太艰深。倘若当真把信写完了，那么就不必再写，岂不省事？”

沈从文感到自己的心被刺了一下，神气间有点不高兴。这神气被张兆和感觉到了，她随即问他：

“为什么有好多很好看的女人你不麻烦，却老是缠着我？我又不是什么美人，为人老实不中用，实在很平凡。”

沈从文说：“美是不固定无界限的，凡事凡物对一个人能够激起情绪，

[1] 张充和．三姐夫沈二哥 [J]．海内外，1981（28）．

引起惊讶，感到舒服就是美。我认识许多女子，但能征服我，统一我，只有你有这种魔力和能力。”

这一类相互间的辩难与究询，原是一对恋人常有的节目。偶尔无意间作成的对方自尊心的受损，似乎反倒是增加爱情甜蜜的一种佐料。无涯的大海和海边的阳光放大了沈从文的人格，增加了生命的热能；张兆和来到青岛减轻了沈从文的孤独与寂寞，爱情的泉流滋润着干渴与受到伤损的灵魂，沈从文正把一颗心停泊到一个幸福与宁静的港湾。

1933 年 5 月 14 日，与丁玲同居的冯达被国民党特务逮捕后，旋即供出了丁玲的地址。同日，丁玲在上海寓所和潘梓年一道被秘密逮捕，不久，同冯达一起被转移到南京囚禁。

丁玲失踪的消息，很快被上海、北平、天津的报刊披露了出来。沈从文从报上看到的这一消息，又被上海方面的朋友来信证实后，他被惊呆了。

又一个作为前进作家的朋友落入了国民党政府当局有意设计的圈套！在虚空中，沈从文仿佛望见了两年前胡也频的身影，想起胡也频过去的种种，心里有了一点隐痛，隐隐约约地感到丁玲与胡也频二人共同的命运！……当年在北京农业大学交往的六个朋友，张采真、胡也频等人的行列里，似乎又加入一个丁玲，他们的命运结成一个必然的环链，各人接受着黑暗社会里一份无法规避的命运。……一个朋友的声音：“我亲眼见过，在江西，‘剿共’的军队，用一大桶石灰，解决二百余名厌弃内战的逃兵！”……仿佛在一个黑沉沉的夜里，丁玲在被几个凶恶的大汉，强行塞进一个麻袋，向黄浦江里投去……

一股愤火从丹田升起，他要向社会控诉国民党秘密逮捕、屠杀进步作家的非法行径。5 月 25 日，即在丁玲失踪 11 天后，沈从文奋笔疾书，写下了《丁玲女士被捕》一文，并在6月4日出版的《独立评论》上公开发表了出来：

丁玲女士只是一个作家，只为了是一个有左倾思想的作家，如今居然被人用绑票方法捕去，毫无下落。政府捕人的方法既如此，此后审判能不能按照法律手续，也就不问可知了。国民党中近年来对于文艺政策是未尝疏忽的，从这种党治摧残艺术的政策看来，实在未敢称赞。像这种方法行为，不过给国际间有识之士一个齿冷的机会，给国内青年人一个极坏的印象，此外就是为那政策散播一片“愚蠢与不高尚”的种子于一切人记忆中而已。……

如今丁玲女士究竟押在何处，无人明白，所犯何罪，也不明白。且据传说，则其人又有业已为某方害死的消息。这传说我希望它不是事实，但政府也应当用别的方法证明这是个不实谣言，且应当即刻公开审讯。人若当真已死去，活埋也好，缢杀也好，仿照别一处处治盗匪方法套石灰袋也好，政府既只知道提倡对于本国有知识青年的残杀，所用方法，即如何新奇，我也绝不至于因其十分新奇，另外提出抗议，因每个国家使用对知识阶级的虐杀手段时，行为的后面，就包含得全个的愚蠢。这种愚蠢只是自促灭亡，毫无其他结果。

在极愚蠢的政策下，死者死矣！然若果稍能自强不息，知对现状有所不满，敢为未来有所憧憬的作家，皆如此一去无踪，生存的，则只是剩余下来的一群庸鄙自熹之徒，当全个民族非振作无以自存的时节，还各装模作样，以高雅自居，或写点都市文明浮面的光色，或填小词造谣言以寄托其下流感情。阳充清流，以文学作消遣，于政府官办各刊物中，各看手腕之修短，从所谓党的文艺政策下会计手中，攫取稿费若干，无事可作便聚处一堂，惟高谈希腊罗马以送长日。即由此二三上海小有产者与小游民兴味与观念，支配国内年青人兴味与观念。政府于积极方面既杀尽有希望的作家，于消极方面，则由政府支出国库一部分金钱，培养这种闲汉游民，国家前途，有何可言？[1]

自丁玲被捕以后，上海文化界知名人士联合发起了营救丁玲、潘梓年的活动。在这些活动中，沈从文皆列名其中。6月，营救丁玲最得力者杨杏佛，遭到国民党特务暗杀。同时，报纸和社会上盛传丁玲已被杀害。

在确信这一传言的前提下，沈从文于同月创作了小说《三个女性》，以寄托对死难朋友的哀思。

这是一篇以丁玲死难消息为背景的纪实小说。主人公实际上是那个没有直接出场的“孟轲”。作品通过另外三个女性——黑凤、仪青、蒲静的议论，从侧面赞扬了孟轲“不俗气”“革命、吃苦”“切实工作”“朴素”而“不把那点经验炫人”“不矜持”“有些地方男子还不如她”的优良气质和品格。当黑凤收到未婚夫“璇若”拍回的孟轲已经被害的电报后，小说这样描述黑凤的反应：

她努力想把自己弄得强硬结实一点，不许自己悲哀。她想：“一切都是平常，一切都很当然的。有些人为每个目前的日子而生活，又有些人为一种理想日子而生活。为了一个远远的理想，

[1] 沈从文 . 丁玲女士被捕 [J]. 独立评论，1933（52、53）.

去在各种折磨里打发他的日子的，为理想而死，这不是很自然么？倒下的，死了，僵了，腐烂了，便在那条路上，填补一些新来的更年青更结实的人，这样下去，世界上的地图不是便变换了颜色么？她现在好象完了，但全部的事业并不完结。她自己不能活时，便当活在一切人的记忆中。她不死的。”

她自己的确并不哭泣。她知道一到了明天早上，仪青会先告她梦里驾驭小船的经验，以及那点任意所为的快乐，但她却将告给仪青这个电报的内容，给仪青早上一分重重的悲戚！她记起仪青那个花圈了，赶忙到食堂里把它找得，挂到书房中××送她的一张半身相上去。[1]

六、七月间，围绕丁玲失踪事件，社会上谣传纷纭。说丁玲已被杀害者有之，说丁玲向国民党当局自首者亦有之，事实真相被掩盖了，使人感到扑朔迷离。国民党当局慑于国内外舆论压力，拒不承认逮捕了丁玲。一方面，文化界民主、进步人士坚持向国民党政府要人，并澄清事实真相；另一方面，一些别有用心者则利用报刊编织、散布谣言，对丁玲实行人身诬陷。其时，一个名叫张铁生的燕京大学学生，在报上著文，渲染丁玲正和一个姓马的特务在莫干山同居。沈从文痛恨这些没人心者的造谣，并坚信丁玲已被国民党当局逮捕，6月4日，他再次执笔，写下《丁玲女士失踪》，于6月12日发表在《大公报》上。文章援引了丁玲托人带出的口信“我已被诱捕，不自由”和上海公安局否认捕人的消息，坚持认为“事实上则人业已被捕，且非法律手续捕去”，对国民党政府的暗杀政策提

[1] 孟轲是丁玲小说《孟轲》的主人公。璇若，为沈从文用过的笔名。丁玲在1980年第4期《诗刊》上发表《也频与革命》一文，很伤沈从文的心，遂在这以后出版的文集和选集上，一律改用“××”取代小说中的“孟轲”与“璇若”。此处引文见《如蕤集》，上海生活书店1934年5月版。

出抗议。末了，沈从文愤怒地写道：

为这件事抗议的作家，人已不少，其他暂时沉默的，也正在等候政府一个合理的处置。这个人不能用“失踪”作为结论，她若因此失踪，我的预言是，将来还会有若干作者，相信除了年轻人“自卫”且指示自卫方法外，别无再好的话可说。

沈从文的辩护招来了张铁生的攻击和谩骂，并极为下流地编造有关沈从文和丁玲的谣言在《庸报》上发表，文章充满了不堪入目的污秽语言。张铁生的卑劣行径激起了沈从文周围人们的愤怒。《大公报》里的中共地下党员鼓励沈从文向法院起诉，同张铁生打官司。王芸生也对沈从文说：我们出钱，你去法院告他。《庸报》得知这一消息，赶紧派人向沈从文道歉，事情才算作罢。

7月，沈从文写下长篇回忆文字《记丁玲女士》，在《国闻周报》上连载。在《记丁玲女士·跋》里，沈从文这样写道：

他们的努力，只是为了“这个民族不甘灭亡”的努力，他们的希望，也只是“使你们不作奴隶”的希望，他们死的陆续在沉默中死掉了，不死的还仍然准备继续死去。他们应死的皆很勇敢的就死，不死的却并不气馁畏缩。只是我想问问：你们年青人，对于这件事情，有过些什么感想？当不良风气黑暗势力已到一个国内外知名的文学家可以凭空失踪，且这作家可以永远失踪，从各方面我们皆寻不着一个能为人权与法律的负责者，也找寻不着一个为呼吁人权尊严与法律尊严的负责者时，你们是不是也感到些责任？

…………

一个前进作家他活下来时，假若他对于人生还有一点较遥远的理想，为了接近那个理想，向理想努力，于生活中担受任何不幸，他是不至于退缩的。他看准了他应取的方向，他对于他的牺牲便认为极其自然。他相信光明与正义所在，必不至于因为前面怵目惊心的牺牲了，就阻止了后面赴汤蹈火的继续。他明白一页较新的历史，必须要若干年青人的血写成的。（同这个社会种种恶劣习气作战，同不良制度作战，同愚蠢作战，他就不能吝惜精力与热血！）他们力尽气竭后，倒下去，僵了，腐烂了，好象完事了。在一般人记忆中，初初留下一个鲜明活跃的影子，一堆日子也慢慢地把这些印象弄模糊了，拭尽了。可是，他们却相信，他们强悍的生，悲惨的死，是永远不会为你们年轻人忘掉的！[1]

1934 年，《记丁玲女士》结集为《记丁玲》交上海良友图书印刷公司出版时遭到国民党中央宣传部图书审查委员会严重删削。书末的《编者话》说：

沈从文先生所著《记丁玲》一稿，原文较本书所发表者多三万余字，叙至 1932 年为止，因特种原因，目前未克全部发表，特志数语，以告读者。

[1] 沈从文 . 记丁玲女士 • 跋 [J]. 大公报，1933-9-23（文艺）.

《记丁玲》出版的当天，鲁迅在致赵家璧的信中，这样写道：

《记丁玲》中，中间即有删节，后面又被截去这许多，原作简直是遭毁了。以后的新书，有几部恐怕也不免如此罢。[1]

自然，丁玲事实上没有被杀害，而是被秘密囚禁于南京。1933 年 10 月至年底，曾转移至莫干山，随后复被软禁于南京。因丁玲写了“回家养母，不参加社会活动，未经过什么审讯”的字条，监禁较前略见松宽。1936 年 1 月，丁玲开始在《大公报》《文季月刊》上发表文章，冀望透过作品，向外界发出信号。于是，丁玲的住址立即为沈从文所知。（《大公报 · 文艺》这时虽然已由萧乾署名主编，沈从文仍是实际上的“顾问”）不久，沈从文便去南京苜蓿园探望丁玲。

可是，丁玲心里，对沈从文却有了芥蒂。

沈从文也来这里看我了，但我们两个人的心里，都隐隐有一点芥蒂。原来在 1933 年我被秘密绑架后，社会上传说纷纭，国民党却拒不承认。左联同志不能出面，为营救我，想方设法托王会悟和他商量，拟用他的名义，把我母亲从湖南接到上海来，出面同国民党打官司，向国民党要人；因为他同我母亲也熟。1929 年我们两家曾经同住上海萨坡赛路 204 号，他同他的母亲、妹妹住三层楼，我和我母亲住二层楼。1931 年也频牺牲后，我送孩子回湖南，他曾陪同我去，住在我家中，这次我被绑架后的第 11 天，即 5 月 25 日，沈从文还写了一篇短文，题为《丁

[1] 鲁迅 . 鲁迅书信集：上卷 [M] . 北京：人民文学出版社，1976：621.

玲女士被捕》，抗议政府当局的非法，为我鸣不平。文章发表在6月4日出版的《独立评论》第52号、53号合刊上。但发表时，刊物编者胡适写了一则附记，说是沈文“排成后，已校对上版了，今日得着上海市长吴铁城先生来电，说‘报载丁玲女士被捕，并无其事。此间凡关于一切反动案件，不解中央，即送地方法院。万目睽睽，决不敢使人权受非法摧残’。此电很使我们放心。因版已排成，无法抽出此文，故附记此最近消息于此，以代更正（胡适，6月1日）”。可能就是因为有了这一大有来头的更正，沈先生这时回信给王会悟说，丁玲并未被捕，而且她同我早已没有来往了。此后1934年他返湘西，路过常德，住在第二师范学校，有师生建议他应该去看一看我母亲，但他不去；第二师范的同学们就自行去我家看望我母亲，并在我母亲前面说了一些不平的话。原来那时沈从文正以挚友的身份在报纸上发表《记丁玲》的长文。我母亲是饱经人情冷暖、世态炎凉的过来人，对此倒没有什么很多的感慨，只觉得这是一件很平常的事，值不得大惊小怪，她曾经把这些事当成别人的事那样讲给我听。而我心里却有点难受。我对这个人的为人是知道得很清楚的，在那种风风雨雨的浪涛里，他向来胆小，怕受牵连，自是不必责怪的。我理解他并且原谅他。只是再次见面时，总有一丝不自然。他呢，可能也有点不自然，他现在来看我总算很好，也是同情嘛，我是应该感谢他的，只是我们都没有敞开心怀，谈的很少。[1]

关于借用沈从文的名义接丁玲母亲到上海一事，丁玲显然把后来的

[1] 丁玲．魍魉世界•春暖待花开[J]．新文学史料，1987（1）．

印象提前了。沈从文去南京看望丁玲，是1936年初的事。在同一篇回忆录里，丁玲叙述她得知此事是在1936年5月去北京见到王会悟以后。

> 我很奇怪为什么她（指王会悟——笔者注）对沈先生有那么深的意见。后来才知道，就因为1933年我被绑架后，王会悟仍在上海，她写了好多封信到湖南安慰我母亲，说我平安无事，说有许多人在营救我。她怕我母亲不相信而难过，便今天写信用这个人的名字，明天又用那个人的名字，用了沈从文的名字。哪里料到，后来沈从文却不愿借用他的名义接我母亲到上海向国民党要还女儿。[1]

丁玲提及的两件事，究竟是否属实，已无从确证，因为这两件事都是由第三者转叙的。沈从文是否轻信了吴铁城的电报？就在《独立评论》刊登胡适“附记”的当天，沈从文写了《丁玲女士失踪》，驳斥国民党上海公安局否认逮捕丁玲。如果说，沈从文不愿以自己的名义写信要丁玲母亲来上海，是出于沈从文的“胆小，怕受牵连”，又何来《丁玲女士被捕》等文章？又何至于在营救丁玲活动中署名？难道后者的风险比前者要小？至于路过常德不去看望丁母事，丁玲是听母亲转述的，丁母又是听第二师范学生转述的。若确有其事，沈从文的原话如何？在纪实性散文《湘行散记》里，沈从文叙述他那次路过常德时，是住在那个戴水獭皮帽子的朋友曾芹轩的旅馆里的。而这次返乡的原因，是沈从文母亲病危。到凤凰后，沈从文在家里只住了三天，便匆匆返回北平。过了不久，沈母即病逝。即便有第二师范学生要沈从文去看丁母事，沈从文

[1] 丁玲．魍魉世界•探索[J]．新文学史料，1987（1）．

因急于返乡探望病危的母亲，而未能去看望丁母，从人情上也说不上有“人情冷暖、世态炎凉”之嫌。既然不怕牵连来看望仍被软禁的丁玲本人，难道还怕因看望丁母受牵连？至于说沈从文对丁玲心存芥蒂，不大自然，似乎也出于丁玲的主观感觉。既然心存芥蒂，又何必老远跑来自讨没趣？——人世极为复杂，这些自然都是些难以索解之谜，只能交付后来者根据各自的人生经验去判断了。

然而，终因丁玲心存的“芥蒂”——无论起自何时，基本上埋葬了她与沈从文的友谊。沈从文与胡也频、丁玲的友谊，实在是中国现代文学史上动人的一页。我们惋惜这一友谊的终结。可是，一种友谊的维持与了结，原是当事双方的权利，是不能勉强，也无可奈何之事。历史以它自身的固有逻辑，将这友谊最终撕毁给人看，本不足奇。然而，若从深处咀嚼这种变化，却不免勾起人们淡淡的惆怅和无言的叹息。

二、叩开幸运之门

丁玲事件卷起的热浪，随着秋天的到来，已开始降温，并逐渐沉寂下来。但是，较之丁玲事件远为重大、关系到中华民族命运的浓重阴云已经弥漫在华北上空。自 1931 年“九一八”事变，东北三省沦陷于日军之手以后，日本侵略者进一步染指华北，发动侵占热河之役，打开了通向华北的门户。严峻的形势摆在每个中国人面前：日军侵占华北只是早晚间事。凡爱国者都已意识到，在年轻一代身上注入爱国的民族感情与做人勇气，增强儿童与少壮抵抗忧患的能力，已成为民族文化工作的当务之急。

1932 年夏，杨振声接受了为华北学生编写中小学教材和基本读物的使命，甘愿辞去青岛大学校长职务，来到北平，着手组织编撰教科书的班子。

应杨振声之邀，沈从文也在学期结束之后，辞去青岛大学教职，与张兆和、九妹沈岳萌一起到了北平，和朱自清等人一道参与其事。此后数年间（直到卢沟桥事变为止），他们通力合作，从小学教材起始，循序渐进，并亲自把编成的教材陆续带到师大附小去做实验。在沉默中，他们担负起中华民族儿女应尽的责任。

自然界的果实有收获的季节，这时，沈从文与张兆和的爱情也到了成熟的时候。在去北平之前，沈从文与张兆和已商定了结婚的时间，并征得了张兆和父亲的同意。到北平后，他们就着手筹办婚事，可是沈从文身上不名一文。本来，在青岛大学任教期间，沈从文月薪100元。按说，这笔钱供他和九妹二人花费已经足够。但沈从文不会安排生活，钱一到手，兄妹二人就上剧院看电影，下馆子吃西餐，很快就花得精光，常常弄得半个月没有饭钱。九妹岳萌成天无所事事，也不上学，说是没钱交学费。张兆和到青岛后，见此情形，带着哭笑不得的神情，摇了摇头，赶紧安排九妹上学读书。想起沈从文到上海去见父亲时，身上穿一件蓝布面的旧狐皮袍，衣襟上满是油渍的情形，张兆和心里起了怜惜之意。这个“乡下人”，实在太不知道如何管顾自己，身边正需要一个人替他照料一切。她本想去北平后再读几年书，而后考虑结婚的事，看来也只好放弃了。

到北平后，张兆和将自己一只纪念性的戒指，拿给沈从文当掉。这时，他们正暂时寄居在杨振声家里。一次，杨家大司务拿沈从文换下的裤子去洗，发现口袋里的那张当票，立即交给了杨振声。于是，杨振声给沈从文预支了50块钱的薪金作应急消费。后来，杨振声对张兆和的四妹张充和说：“人家订婚，都送给小姐戒指，哪有还没有结婚，就当小姐戒指之理！”

本来，张兆和是可以结婚为由，向家里要钱的。她的二姐结婚时，父亲就曾给了 2000 块钱。沈从文却不愿意这样做。他写信给张兆和父亲，表示结婚不要家里给钱。张武龄见信后十分高兴，向家里人夸奖了这个未婚女婿。当初，张兆和读书成绩好，父亲十分欢喜，送了她一本王羲之的《宋拓集王圣教序》作为奖励。最后，这本字帖成了张兆和唯一的嫁妆。

沈从文与夫人张兆和于 1934 年

1933 年 9 月 9 日，沈从文与张兆和在北平中央公园水榭宣布结婚。婚事办得极为简单。没有仪式，也没有主婚人、证婚人。沈从文穿一件蓝毛葛夹袍，张兆和穿一件浅豆色绸旗袍——还是张兆和的大姐在上海给他们赶制的。赶来祝贺的，大多是沈从文在北方几所大学和文学界的朋友。双方家里，张家有大姐元和、四妹充和、大弟宗和及三叔晴江一家；沈家则由沈从文表弟黄村生、九妹岳萌代表。

新居在西城达子营。这是一个小院落，正房三间外带一个小厢房，院子里有一棵枣树，一棵槐树，沈从文称它为“一枣一槐庐”。新房内没有什么陈设，四壁空空，婚后才由沈从文选购的书籍和收罗的陶瓷漆器逐渐填满。两张床上，各罩一幅锦缎百子图罩单，是梁思成、林徽因夫妇送的，才微显喜庆气氛。

还是婚前刚把几件必需物件搬入新居的一个晚上，张充和发现一个小偷正在院子里解网篮，便大声呼喊：“沈二哥，起来，有贼！”沈从文闻言亦大叫：“大司务，有贼！”大司务也应声吆喝。呼叫声里，一阵脚步响，小偷早已爬树上房一溜烟走了。一阵虚张声势过后，大家才发现沈从文手里紧紧抓着一件武器：牙刷。

对沈从文而言，这一婚姻是圆满的。他得到的，不仅是生活上的忠实伴侣，而且还是一个事业上的得力助手。

孔子曰：三十而立。这时沈从文正步入“而立”之年。命运仿佛有意证明这一“圣人”之言似的，沈从文不仅家立，而且业立。就在他结婚的同一个月里，沈从文应《大公报》之聘，从当年“学衡派”吴宓等人手里，接编了该报的文艺副刊。这不啻为沈从文从事的文学事业插上了另一只翅膀。在此后数年间，沈从文以一人之力，主持《大公报·文艺》。当时，《大公报·文艺》的稿件由沈从文在北平编成，而后寄天津报社发排。在这过程中，看稿、改稿，都少不了张兆和。这自然得力于她的文学修养——她自己也能写小说。有一个不为人知的事实：沈从文小说中的《玲玲》，就出自张兆和的手笔。后来谈到这件事时，张兆和笑着说：“他有点无赖，不知怎么就把我的小说收到他的集子里。”王西彦回忆自己当年刚刚走上文学道路的情景时说：

> 后来我从佘家胡同的“学会”搬到西单辟才胡同的南半壁街去住，沈从文先生的家也搬到附近的北半壁街（？），彼此的距离更近了。有时，连《文艺》周刊上的稿费也由兆和先生给我送来。[1]

对自己的婚姻，沈从文是十分满意的。他不无得意地说：

---

[1] 王西彦. 梦想与现实——《乡土·岁月·追寻》之五 [J]. 新文学史料，1984（4）.

关于这件事，我却认为是意志和理性作成的。恰如我一切用笔写成的故事，内容虽近于传奇，由我个人看来，却产生于一种计划中。[1]

在人类的爱情、婚姻生活中，当一个生命真正让另一个生命浸入时，常常会出现不可思议的奇迹。这时，沈从文的生活与生命都进入了稳定时期，又人当盛年，他的创造力获得了充分的发挥。在编撰教科书，编辑《大公报·文艺》的同时，沈从文仍没有放弃作品创作。仅1931至1937年，他就有20多本小说、散文、文论集出版。

进入30年代以后，沈从文在中国文坛上的地位迅速上升。他的文学创作，不仅走过了早期的不成熟阶段，也走完了1928至1930年的过渡阶段，进入成熟时期，成为中国文坛上引人瞩目的重要作家。1934年，《人间世》向国内知名作家征询“一九三四年我爱读的书籍”的意见，老舍和周作人不约而同地以《从文自传》作答。[2]由中国人民的朋友埃德加·斯诺编译的第一次向西方读者介绍中国新文学成就的作品集《活的中国》里，收入了沈从文的《柏子》。在该书的《编者序言》里，斯诺说：

后来我又去物色并得到几位中国主要作家的合作，他们协助我挑选同时代人有代表性的作品。……通过萧乾，还得到沈从文和巴金的协助，这两位对现代中国文学的发展都有过巨大影响。

…………

[1]见《水云》。沈从文.沈从文散文选[M].北京：人民文学出版社，1983.

[2]《人间世》第19期（1935年1月）。

我还发现中国有些“杰作”篇幅太长，无法收入到这样一个集子里去。许多作品应列入长篇，至少也属于中篇，然而它们的素材、主题、动作及情节的范围，整个发展的规模，本质上只是短篇小说。鲁迅的《阿Q正传》就属于这一类。还有茅盾的《春蚕》和沈从文那部风行一时的《边城》。[1]

鲁迅在与斯诺谈及中国新文学代表作家时，也说：

自从新文学运动以来，茅盾、丁玲女士、张天翼、郁达夫、沈从文和田军是所出现的最好的作家。[2]

沈从文在文坛上的地位上升，不仅主要取决于他在文学创作中取得的成就，也得力于他所主编的《大公报》文艺副刊。朱光潜后来回忆说：

他编《大公报·文艺副刊》，我编商务印书馆的《文学杂志》，把北京的一些文人纠集在一起，占据了这两个文艺阵地，因此博得了所谓“京派文人”的称呼。[3]

姚雪垠也在他的《学习追求五十年》里追忆说：

在北京的年轻一代的“京派”代表是沈从文同志，他在当

[1]《新文学史料》1978年第1期。

[2] 尼姆·威尔士．现代中国文学运动 [J]．新文学史料，1978（1）．据新近发现的斯诺与鲁迅谈话的记录稿，这次谈话的时间为1933年2月。

[3] 朱光潜．从沈从文的人格看沈从文的文艺风格 [M]．花城，1980（5）．

> 时地位之高，今日的读者知道的很少。他为人诚恳朴实，创作上有特色，作品多产，主编刊物，奖掖后进，后来又是《大公报》文艺奖金的主持人，所以他能够成为当时北平文坛的重镇。[1]

朱光潜和姚雪垠回忆所提及的“京派文人”和“京派作家”，是30年代中国文坛出现的一个特有的文学史现象。自1930年中国左翼作家联盟成立以后，国民党政府卵翼下的一批文人，曾一度发起“民族主义文学运动”与之抗衡。前者以上海为中心，后者以南京为据点。而在北平，却聚居着当时游离于二者之外的一大批民主主义作家。他们既厌憎国民党的专制独裁政治，又对中国共产党领导的革命抱有程度不一的隔膜与怀疑。这批作家当时被称为“京派作家”。实际上，“京派作家”没有固定的组织，只是一个自由主义的松散的作家群体。《大公报·文艺》和后出的《文学季刊》（郑振铎、靳以主编，1934年创刊）、《文季月刊》（巴金、靳以主编，1936年创刊）、《文学杂志》（朱光潜主编，1937年创刊），成为这个作家群发表作品的共同阵地。《大公报·文艺》是其中起步最早、时间最长而又最具连续性的一面旗帜。

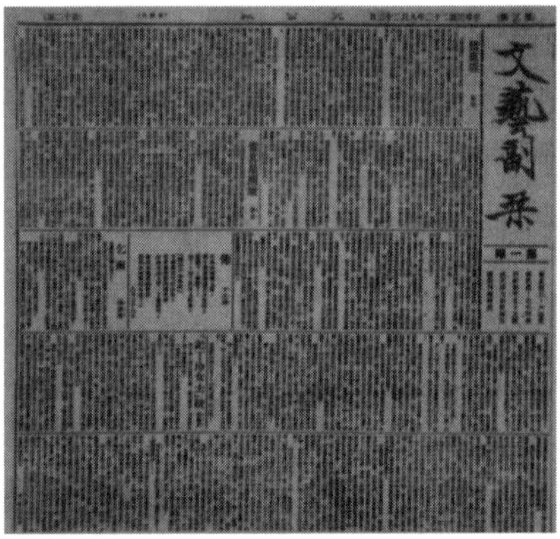
文藝副刊

1933年9月23日由沈从文主编的《大公报》文艺副刊第一期

《大公报·文艺》第一期于1933年9月23日问世，每周出两期，由沈从文一人主编。从1935年9月起，由沈从文和萧乾署名合编，每周出四期，星期一、三、五三期，每期半个版面，由萧乾负责，改刊名为《文艺》；

[1] 姚雪垠. 学习追求五十年[J]. 新文学史料，1980（3）.

星期日一期，一个版面，由沈从文主持。1936 年 4 月起，全部改由萧乾署名，但沈从文仍参与编辑与组稿，是萧乾事实上的“顾问”。

《大公报》文艺副刊拥有实力雄厚的作家阵容。经常在该刊上发表作品的，不仅有“五四”时期即已著名的如朱自清、冰心、蹇先艾、废名、许钦文、王鲁彦、杨振声、周作人、冯至、凌叔华、俞平伯等人，有和沈从文差不多同时出现的巴金、张天翼、朱光潜、李健吾、陈梦家、老舍、林徽因、林庚、靳以等，还有 30 年代崭露头角的新进青年作家如何其芳、李广田、卞之琳、丽尼、陆蠡、沙汀、艾芜、萧乾、荒煤、严文井、田涛、王西彦、芦焚、方敬、陈敬容、辛笛、孙毓棠、高植等，其中，左翼作家与进步的民主主义作家占有压倒的优势。

《大公报》文艺副刊以注重文学自身的特性为办刊宗旨，提倡作品的艺术性和创作的严肃性，既反对游戏、消遣的“白相文学”，又反对空有血泪叫喊的纯粹宣传品。在侧重创作的同时，评论、翻译与外国文学的评论同时并举。该刊尤其重视对青年作者的培养。上述大部分新进作家的初期之作，就有相当一部分是在这个刊物上发表的。这些作家中的大部分，都成为此后中国文学运动的中坚。

自然，沈从文在北平的寓所，就成了作家往来聚会的重要场所。1933 年秋，巴金刚来北平时，就在沈从文家里住了半年。那时，沈从文每天在院子里的老槐树下写作《边城》,巴金则在客室里着手中篇小说《雪》的创作。直到沈从文大姐一家来京，家里无法住下，巴金才迁居北海三座门。朱光潜、靳以、李健吾、卞之琳、萧乾等，更是沈从文家的常客。来得更多的，还是给《大公报》文艺副刊投稿的文学青年。

在这期间，沈从文将很大一部分精力用于扶植青年作者。看稿、改稿，与作者座谈，成了他生活中常见的节目。

1935年秋的一天，北平东城一家茶馆的餐桌上，沈从文、萧乾正与一些青年作者交谈。

我和这位小说家见了面。当时刚从燕京大学新闻系毕业出来的肖乾同志正在编大公报的副刊，这次是他以主人身份招待一部分在北平的投稿人，被邀参加的有芦焚、刘祖春、严文井、田涛等七八位，连同主人刚好坐满一圆桌。记得沈从文先生的一个描写湘西部队生活的短篇小说《顾问官》正在上海《文学》月刊上发表，当我们称赞肖乾的副刊编得很不错时，他拍拍坐在身边的从文先生的肩膀，笑笑说："喏，有这位顾问官！顾问官！"我所以在事隔半个世纪之后还能记起这个小小情节，是因为当时刹那间浮现在从文先生脸上那副显得异常亲切的笑容。……只在散席时才走到他面前，小声问了他的住址，说明改日要去登门拜访。他拉着我的手点头微笑："好的，欢迎你来，晚上我总在家！"

…………

他和夫人张兆和先生待人都和和气气的，不会给人一种压迫感。那时他的年纪也只有三十来岁，说话的声音虽轻，却有激情，只是土腔很重，三句里我大概只能听懂一两句。担心打扰他，我去拜访的次数不多，每次坐谈的时间也不长。往往是给他送稿子去，听他对稿子的意见，他也总是微笑着说："好嘛，好好写。"他收下稿子，有的转给《小公园》和《国闻周报》，有的就放进他自己编的《文艺》周刊。有时稿子被发表出来了，才发现原来已经由他动笔作了些删改，主要是为了能稍稍精练些。和我同时向大公报文艺副刊投稿的年青人中间，和我比较接近的，有一位是河北的田涛，还有一位是云南的李寒谷。后者是我的同班同学，多写一些边疆家乡的风土，笔名“寒穀”还是从文先生给取的。[1]

沈从文特别留心那些出身寒微、眼下正在困境中挣扎的青年作者的稿件。这类稿件常附有作者来信，向编者诉说自己的艰辛。这些来信勾起沈从文对往事的回忆。十年前，自己的处境正与他们相同。可是，有的编辑却当众讥讽着将自己的稿件揉成一团丢到纸篓里去！他忘不了听到这消息时心灵受到的严重损伤和切骨之痛！现在，因缘时会，自己成了文学刊物的主持人，当年的历史不能在自己手里重演！他也想起那些关心爱护过自己的师友，正是他们给自己以温暖。在这世界上，再没有什么比人与人之间的同情、理解与信任更为可贵的了！

沈从文不敢苟且。眼前的这些青年作者的来稿，有出手不凡的，有略带疵瑕的，有质量稍差的，也有不适宜发表的。对那些略带疵瑕的，他便亲自动笔删削、润色，质量稍差尚不宜在《文艺》周刊上刊发的，便想方设法介绍给其他刊物；实在不得已需要退稿的，也尽可能给作者回信，情辞恳切地指陈作品的缺陷和改进的方法。

回想起来，他对我送去的稿子，总是用极为宽容的态度对待，尽可能使它们得到发表的机会，好象从来没有给我打过退票。……我的第一个短篇小说集《夜宿集》，也是从文先生给取的书名并推荐给上海商务印书馆出版的。就在这个集子里，

[1] 王西彦．梦想与现实——《乡土•岁月•追寻》之五 [J]．新文学史料，1984（4）．

收容了我初期那些幼稚习作中的一部分。直到现在，虽然迭经变乱，我竟奇迹似地保留下一份经过从文先生签字的出版契约，成为自己漫长写作历史上一个值得回忆的纪念。[1]

有一天，我去看望他。谈话的内容照例是关于一些写作方面的事情。他忽然微笑着问道：

“我看你发表的作品不算少了，编得成一本书了吧？怎么样，编它一本好不好？”

能够把写下来的习作编成书出版，对我当然是一个望外的喜讯，刹那间自然也顾不得习作的幼稚粗陋，忘记了对自己的严格要求，不仅立刻表示了同意，而且一回到住处就满怀兴奋地做起编选工作。当时还有种依赖思想，觉得反正还有一位前辈在那里把关，自己只要收集一下就行。过了几天，我就把一大包发表过的稿子送到从文先生家里去，请他再给我看一看，选一选。几天以后，我又性急地跑去找他，他依然微笑着告诉我道：

“书已经给你编起来了，取了其中一篇的题目做书名，就叫做《夜宿集》，好不好？”

不待说，我也马上表示了热切的赞同。

“那么，”他接着说，“我把它推荐给上海商务印书馆，他们正委托我编一套创作丛书，你这个集子就算作中间的一本，好不好？”

商务印书馆是一家全国最大的书店，如果不是有人推荐，

[1] 王西彦．梦想与现实——《乡土・岁月・追寻》之五 [J]．新文学史料，1984（4）．

一般很少接受象我这样初学写作者的稿子，可以想见我对他的感激。[1]

这占去了沈从文的许多时间。他本拟继《边城》之后，进而完成描写湘西小城人生的系列小说《十城记》——分别以王村、沅陵、保靖、洪江、辰溪、芷江等地为背景，终因扶植青年作者而付之阙如。

本拟写十个，用沅水作背景，名《十城记》。时华北闹“独立”，时局日益紧张，编《大公报·文艺》，大部分时间都为年轻作者改稿件费去了，来不及，只好放弃。[2]

沈从文还常常慷慨解囊，帮助那些生活上处于困境的文学青年。卞之琳自费出版第一个诗集时，沈从文就曾提供过资助。编《大公报》文艺副刊，他每月可从报社获取 100 元的报酬，这些钱却大部分被用于请作者吃饭，给青年作者预支稿酬上了。——他经历过无望无助的人生痛苦，能更切身地体会到一个穷困的文学青年，在中国现实环境里所必然遭遇的人生悲哀。

沈二哥极爱朋友，在那小小的朴素的家中，友朋往来不断，有年长的，更多的是青年人。新旧朋友，无不热情接待。时常有穷困学生和文学青年来借贷，尤其到逢年过节，即便家中所剩无多余，也尽其所有去帮助人家。没想到我爸爸自命名“吉友”，

[1] 王西彦．闪烁的灯光——《乡土岁月·追寻》之六 [J]．新文学史料，1985（1）．

[2] 沈从文．沈从文别集·柏子集 [M]．长沙：岳麓书社，1992.

这女婿倒能接此家风。一次，宗和大弟进城邀我同靳以去看戏，约在达子营集中。正好有人告急，沈二哥便对我们说：“四妹，大弟，戏莫看了，把钱借给我。等我得了稿费还你们。”我们面软，便把口袋所有的钱都掏给他。以后靳以来了，他还对靳以说：“他们是学生，应要多用功读书，你年长一些，怎么带他们去看戏。”靳以被他说得眼睛一眨一眨的，不好说什么。以后我们看戏，就不再经过他家了。[1]

三、故乡行（一）

1934 年 1 月，沈从文回到了阔别十余年的故乡。

月初，他收到家里的来信，说是母亲病重，看情形似将不起，很难熬过今冬。母亲很想再见上他一面，倘若这次不能回去，只怕再无见面机会；若能脱身，望尽快作出安排。

将身边的事略作交代，沈从文便匆匆启程。冒着隆冬的严寒，在路上走了将近 20 天，旧历腊月十九日黄昏，他终于踏上了让他心跳眼热的凤凰东门桥头。

到家只有三天，沈从文心如火焚。眼下的处境使他进退失据。——母亲已经病入膏肓，形销骨立，完全改变了旧时模样，成天大口大口咯血，生命已如一线游丝，朝不保夕。他愿意满足老辈人的愿望，守在母亲身边，为母亲送终，以尽人子之道；可是，在邻省江西，红军因第五次反“围剿”失利，根据地日渐缩小，已有了战略转移的意图。相邻几省风声极严，这次返乡，一路上对外来行人盘查已经极严。而家乡的熟人，又都疑心沈从文是“共产党”。这不奇怪，他与胡也频、丁玲的关系，通过报纸

[1] 张充和 . 三姐夫沈二哥 [J]. 海内外，1981（28）.

作媒介，已尽人皆知，不少人还看过他抨击国民党政策的文章。在这种时候，一点犯共嫌疑都会招来杀身之祸。更严重的是，他从亲友的口中，得知陈渠珍对弟弟沈岳荃正心存猜忌——沈岳荃此时已是陈渠珍手下一名团长，陈渠珍害怕他效法自己当年，从自己手里夺权。沈从文这时返乡，难免不犯陈渠珍大忌。一旦事出偶然，便会祸起萧墙。

想起这些，返乡后的几件小事，蓦地闯入心头。

四天前，沈从文到了离家还有一天路程的塔伏，投宿到一家桥头小客店里。黄昏时节，他正在洗脚，忽听桥东人声嘈杂。一队枪兵过后，在另一家客店门口，停下一乘京式三顶拐轿子。沈从文正想叫从沅陵伴送自己返乡的赵祖送去问问来人是谁，不料乘轿人一下轿便径直朝自己走来，跟在他身边的一个挎枪护兵指着沈从文说："你姓沈吗？局长来了！"

来人是高瘦个子，戴一副玳瑁边近视眼镜，一身邪精力，走到沈从文跟前就嚷：

"大爷，你不认识我，你一定不认识我，你看这个！"他指着自己的鼻子大笑起来。

沈从文猛地醒悟过来，这不是当年在保靖说自己鼻子是一条龙、将牛粪当球踢的印鉴远是谁！沈从文早从一些朋友口里，知道了眼前这位朋友十年来的经历。1926 年北伐战争时，印鉴远进长沙党务学校受训，随后卷入革命洪流，志得意满，日子过得狂热而兴奋。还曾写信给困居北京的沈从文说："现在一切不同了，我可以踢许多东西了。"后来，"清党"事起，沈从文许多参加革命的朋友遭到杀害。就在凤凰城里，两个当小学教员的朋友，一个姓韩，一个姓杨，就在这次事变中被请到县里杀了头。这位印瞎子一时间倒失去了音讯。想不到今天在这里见到了他，而且，他居然还成了乌宿地方百货捐局长!

晚饭后，沈从文和他谈起过去的种种。印鉴远派护兵取来一套精致的鸦片烟具。沈从文吃了一惊，问他为什么会玩这个。他说，北伐以后，他对自己鼻子的信仰已经失去了,只有学会吸鸦片,才不会被人疑心为“那个”，胡乱捉住“咔嚓”的。自己不是阿 Q，不欢喜那种“热闹”。

两人天南地北地谈了一夜。第二天大家一同动身时，沈从文约他到城里后，邀几个朋友一道去姓杨姓韩的朋友坟上看看。

> 他仿佛吃了一惊，赶忙退后一步，“大爷，你以为我戒烟了吗？家中老婆不许我戒烟。你真是……从京里来的人，简直是个京派，甚么都不明白。入境问俗，你真是……”我明白他的意思。估计他到城里后，也不敢独自来找我。我住在故乡三天，这个很可爱的朋友，果然不再同我见面。[1]

到家后第二天一早，沈从文走到东门桥上，看望幼时拜寄的干爹干妈。——沈从文小时候害疳疾，得滕回生堂草药医生建议，拜一个吃四方饭的人做他干儿子，并按他开的药方吃习皮草蒸鸡肝，包好。沈从文父亲爽快，当即与他打了干亲家，沈从文被取名为“茂林”。——桥上各处搜寻，都不见“回生堂”牌号。到后沈从文终于从一家小铺子里，认出了干哥哥松林。当他告诉松林自己是谁时，松林将一双小眼睛瞅了沈从文许久，确信无疑后，便慌得只是搓手，赶紧让座：“是你！是茂林……”

---

[1] 见《湘行散记·一个爱惜鼻子的朋友》。沈从文．沈从文散文选 [M]．北京：人民文学出版社，1983.

问起离别十多年来的情形，沈从文方知干爹已经去世，二哥保林在王村当了禁烟局长。

> 他一边茫然的这样那样数着老话，一面还尽瞅着我。忽然发问：
>
> “你从北京来南京来？”
>
> “我在北平做事！”
>
> “做什么事？在中央，在宣统皇帝手下？”
>
> 我就告诉他，既不在中央，也不是宣统手下。他只作成相信不过的神气，点着头，且极力退避到屋角隅去，俨然为了安全非如此不成。他心里一定有一个新名词作祟：“你可是个共产党？”他想问却不敢开口，他怕事。他只轻轻的自言自语说：“城里前年杀了两个，一刀一个。那个韩安世是韩老丙的儿子。”[1]
>
> …………

几天来，家里人也感到了一种无形的压力，都要沈从文赶快返归北平。母亲也说：“守着我不是办法，我又不知哪天死。你已成了家，一切有媳妇照顾，我也就放心了。能见上一面，是我的福气。……”

终于商定了返程的日期。想到明天就要动身，沈从文记起离开北平时，自己与张兆和的约言：每天给她写一封信，记下沿途的见闻，回北平后再拿给她看。（《湘行散记》一书，就是沈从文回到北平后，根据这些信稿综合整理而成）翻检身边记录一路见闻所得，已有了厚厚一叠。望着手头的信稿，沈从文突然感到悲凉，心里沉甸甸的，一份浓重的乡土

[1] 见《湘行散记•滕回生堂的今昔》。沈从文 . 沈从文文集：第 9 卷 [M] . 广州：花城出版社；香港：三联书店香港分店，1984.

悲悯感浸透了全身。

这全不是十年来自己想象和回忆中的湘西！回忆里的湘西是经过自己情感蒸滤过的土地。十年来都市“文明”造成的精神重压，使原先的痛楚也带着一丝甜蜜，染上一种生机活泼的野趣。这次返乡，一入沅水，眼前的景象立即将自己从想象同回忆中拉回现实。一方面，政治高压笼罩着整个沅水流域，桃源城墙上，还依稀可见被杀害的共产党人的血迹；眼下时局的变化正搅得人心惶惶。另一方面，社会的黑暗腐败情况随处可见。繁杂的捐税正以各种名目推行，残害人民灵魂肉体的鸦片明禁暗纵，一些人可以因此砍头，一些人又可以因此发财；国民党政府既制定法律禁止，又设局收税。沿海督办、上海闻人也插手到湘西的鸦片生意中。这两面的情形，正腐蚀着乡村的灵魂。

沉思中，沈从文脑海里浮现出那位近视眼朋友印鉴远的身影。

这个印瞎子，正是政治高压催生的变色龙！而目下，故乡正有许多青年人，被南京那个提倡“打拳读经”的“杀人屠户”的政策所迷惑；有的正感到极度苦闷。未来的时局变动，或者会使他们在生存与灭亡之间作出正确的选择，或者会用颓疲的身心狂嫖滥赌而自杀！

印鉴远的身影里，一瘸一拐地走来沈从文投宿箱子岩时遇见的那位跛脚什长。那人原是一个打鱼人的儿子，三年前被招募当了兵。三个月后随队伍开到江西同共产党打仗，升作什长，不久又在打仗时受了伤。伤愈后领了伤兵证明，跛着腿回到家乡，一边以什长名义受同乡“恭维”，一边又以伤兵名义暗中做鸦片生意。走私赚了钱，再各处跑去玩女人。

同印鉴远一样，又一个溃烂乡村灵魂的人物！他们正从不同方面，寄生到黑暗腐败的社会躯体上。莫非是天假斯人，在这社会的硬性痈疽上，敷上一星一点毒药，到溃烂净尽时，用药物使新的肌肉生长？

想到这里，沈从文不由露出一丝苦笑。

这也就是自己去乡十余年来，历史变迁留下的印痕。当这份新的变化侵入每个凡夫俗子的生活时，那是怎样的一种情景！

他想起那些一路上见到的河船上的水手同吊脚楼上的妓女。那些吃水上饭的人，在恶浪咆哮、滩险流急的长河上，不分寒暑，辛苦劳作，成天吃酸菜同臭牛肉下饭。一个年富力强、多行船经验的舵手和拦头，每天工资八分到一角钱；一个小水手，除吃白饭外，一天只有两分钱收入！因预先立有字据，水手上船后，生死家长不能过问，如果上滩时稍不留神，被手中竹篙弹入乱石激流中，淹死了，船主烧几百纸钱，手续便清楚了。在一条绵延千里的沅水上，这样的水手至少有十万！沿河吊脚楼的妓女，年纪从十三四岁到五十以上，都被迫投入这种求生存的斗争。她们陪客人烧烟、过夜、唱党歌和流行歌曲。有病不算稀奇，实在病重了，或去西药房打几针，或是请郎中配药，朱砂茯苓乱吃一阵。直到毫无希望可言了，就用一副门板抬到空船上孤身过日子的老妇人身边，尽她咽下最后一口气。至于两岸乡村，在各种名目捐税的搜刮下，更是日渐萧条。连浦市地方的屠户，也是那样瘦小，这是谁的责任！沅水上游二十多个县份，在古木掩蔽、岩石林立的幽谷深山里，一群善良纯朴的山民，一个根源古老的残余民族，在两百年来的社会变迁里，正被历史带向令人不寒而栗的方向……

那是1月18日，寒流锁住江面。离沅陵还有约30里，小船到了著名的长滩。滩分九段，段段相连。小船上第二段时，沈从文担心船只安全，提出由自己出钱，增加一个临时纤手。掌舵水手同意后，一个牙齿已脱、满腮白须的老纤夫，便光着双脚蹲在河边大青石上，同掌舵水手讲起生意来。双方大声嚷着骂着讨价还价。一个要一千，一个只肯出九百，互不相让。船上三个水手见话不投机，一面与老头对骂，一面将船向激流中撑去。见船开出，那老头却急忙从大青石上一跃而下，自动将背上纤板上的短绳，缚定小船上的纤缆，躬身向前走去。上完滩，老头赶到船边取钱，又是互相辱骂。接过钱，老纤夫就坐在水边大石头上，一五一十数了起来。问他年纪，说是 77！

> 他们那么忠实庄严的生活，担负了自己那份命运，为自己，为儿女，继续在这个世界上活下去。不问所过的是如何贫贱艰难的日子，却从不逃避为了求生而应有的一切努力。在他们生活爱憎得失里，也依然摊派了哭，笑，吃喝。对于寒暑的来临，他们更比其他世界上人更感到四时交替的严肃。[1]

船到沅陵的第二天清晨，沈从文在河滩上认识了一个名叫牛保的水手。其时，那水手正从河边吊脚楼上相好妓女那里跑下来，手里提了一袋那妇人送他的核桃。

> 他刚走到他自己那只小船边，就快乐的唱起来了。忽然税关复查处比邻吊脚楼人家窗口，露出一个年轻妇人鬓发散乱的头颅，向河下人锐声叫将起来：
>
> “牛保，牛保，我同你说的话，你记着吗？”
>
> 年青水手向吊脚楼一方把手挥动着。
>
> “唉，唉，我记得到！……冷！你是怎么的啊！快上床去！”大约他知道妇人起身到窗边时，是还不穿衣服的。

[1] 见《湘行散记·一九三四年一月十八》。沈从文．沈从文散文选 [M]．北京：人民文学出版社，1983.

妇人似乎因为一番好意不能使水手领会，有点不高兴的神气。

"我等你十天，你有良心，你就来——"说着，彭的一声把格子窗放下了。这时节眼睛一定已红了。[1]

这也就是人生。这些吊脚楼上的妓女，养身虽靠商人，恩情所结却在水手。他们只是"露水夫妻"，其生活方式同一般社会是那么疏远，但是眼泪和欢乐，在一种爱憎得失间，揉进了这些人生命里时，也便同另外一片土地另外一些年轻生命相似，全个身心为那点爱情所浸透，见寒作热，忘了一切。……

当天晚上，小船停泊到一个名叫杨家嘴的小地方。沈从文同一个邮船水手，一同坐在一个人家正屋里烤火。主人正向那水手询问下河的油价、米价、木价、盐价涨跌情形，门开处进来一个年轻貌美小妇人，头上包一块大格子花手巾，身穿葱绿土布袄，腰上系一幅蓝色围裙，胸前绣一朵小小白花。主人要她坐下，她不肯，却把一双放光的眼睛尽瞅着沈从文。当沈从文抬眼去看她时，那眼睛又赶快躲开了。从主人的称呼里，沈从文知道了她叫夭夭。主人同邮船水手谈起牛保的种种行状，众人皆大笑不已，夭夭却长长吁了一口气。

忽然河街上有个老年人嘶声的喊人：

"夭夭小婊子，小婊子婆，卖 × 的，你是怎么的，夹着那两片小 ×，一眨眼又跑到哪里去了！你来！"

小妇人听门外街口有人叫她，把小嘴收敛做出一个爱娇的

[1] 见《湘行散记·一个多情水手与一个多情妇人》。沈从文．沈从文散文选 [M]．北京：人民文学出版社，1983.

姿势，带着不高兴的神气自言自语说："叫骡子又叫了。夭夭小婊子偷人去了！投河吊颈去了！"咬着下唇很有情致的盯了我一眼，拉开门，放进了一阵寒风，人却冲出去，消失到黑暗中不见了。[1]

屋主人告诉沈从文，这小妇人只有 19 岁，却被一个 50 岁的老兵所占有。那老兵是个老烟鬼，虽然占有了夭夭，谁有土有财就让床让位。夭夭年轻，钱对她毫无用处，却好像常常想得很远很远。沈从文明白了夭夭刚才来这里的用意。她虽不能生在爱好的环境里，却天生有种爱好的性格。老烟鬼用名分捆住了她的手脚，那颗心却无拘无束，为一切偶然来到这里、又似乎合于自己想望的人而跳跃！……

…………

记忆如同连轴册页，一幅幅从沈从文头脑里翻过。在这变易不定人世中，依旧留下许多不变的人生图景，复写着这片土地上千载不易百年如一的历史。它们与社会的剧烈变动构成人生"常"与"变"的交织。想起这些，沈从文仿佛触到了生命的脉动。这些平凡人生里倔拗的生的执着，恒常的人性需求，不安于命运安排的憧憬，全出自生命的潜能。生命深处闪射的火花，是那样令人炫目，虽然巨压，仍然没有熄灭。

一抹云雾遮住了沈从文的眼帘，从这酸涩的人生里，他听到了生命的呼喊。可是，这生命又被置于怎样卑屈而痛苦的环境里！一点可怜的希望与憧憬，全是那样无望无助。他们中的大多数，正默默接受着那份摊派到自己头上的命运，安于现状。对自己的处境，既无力改变，也从不想到改变；他们不需要别人怜悯，也不知道可怜自己……

[1] 见《湘行散记·一个多情水手与一个多情妇人》。沈从文 . 沈从文散文选 [M] . 北京：人民文学出版社，1983.

17年前，沈从文和一个名叫赵开明的同伴，随军队移防路过泸溪时，两人一同去县城街上转了三次。一个绒线铺里，有一个和他们年纪相差不多的女孩子，长得十分秀气，赵开明一眼看中了她，便借买草鞋带子去了那绒线铺三次，并赌咒将来要讨这个叫“小翠”的女孩子做媳妇。三年后，他们所属部队在鄂西全数覆灭，留守处遣散后，沈从文和赵开明便各自东西，断了音讯。这次返乡，沈从文又一次踏上泸溪城里的道路，走到那个绒线铺前了。走进铺子大门，眼前的情景使沈从文吃了一惊：“小翠”正站在铺子里，同17年前一个样子，那熟悉的眼睛、鼻子和薄薄的小嘴；辫子上缠一绺白绒绳，依然是那样年轻！——时间仿佛变着魔法，将沈从文拉回到了“过去”。

当沈从文佯称要买鞋带和白糖时，铺子小槅扇门后边响起一个低哑的声音：“小翠，小翠，水开了，你怎么的？”随着话音，门后边走出了一个男子。

“赵开明！”晕黄灯光下，沈从文依然立即认出这男子就是自己当年那位同伴。可是，这个年纪刚过30的汉子，却显得那样孱弱衰老！显然，时间与鸦片烟已经毁了他。这时，沈从文猛然省悟到赵开明同这一家人的关系，明白眼前的这个“小翠”是谁的女儿了。他感到“时间”猛然地掴了自己一巴掌，一句话也说不出来。见赵开明父女给自己度量带子，点数自己给他们的钱，并热心地替自己从另一铺子将白糖买来，是那样安于现状，沈从文默默退了出来，走上17年前踏过的河堤。

为了这再来的春天，我有点忧郁，有点寂寞。黑暗河面起了缥缈快乐的橹歌。河中心一只商船正想靠码头停泊。歌声在黑暗中流动，从歌声里我俨然彻悟了什么。我明白我不应当翻阅历史，温习历史。在历史前面，谁人能够不感惆怅？[1]

砰砰鼓声响起来了，鞭炮“噼噼啪啪”在半空中炸裂。鼓声起处，平时藏在浦市上游箱子岩洞窟里的三只美丽龙船，在人们的呐喊声里，如一支支没羽箭，在平静的长潭上如飞射去。就在这苗蛮杂处的边镇上，清王朝向土民施行过最后一次大规模的杀戮！这次返乡路过这里时，因时节不到，虽不见龙舟竞渡盛况，却看见几只崭新龙船搁在岩壁洞口的石梁上。

这些不辜负自然的人，与自然妥协，对历史毫无担负，活在这无人知道的地方。另外尚有一批人，与自然毫不妥协，想出种种方法来支配自然，违反自然的习惯，同样也那么尽寒暑交替，看日月升降。然而后者却在慢慢改变历史，创造历史。一份新的日月，行将消灭旧的一切。我们用甚么方法，就可以使这些人心中感觉一种对“明天”的“惶恐”，且放弃过去对自然和平的态度，重新来一股劲儿，用划龙船的精神活下去？这些人在娱乐上的狂热，就证明这种狂热能换个方向，就可使他们还配在世界上占据一片土地，活得更愉快更长久一些。不过有甚么方法，可以改造这些人的狂热到一件新的竞争方面去，可是个费思索的问题。[2]

思索着植根于这片土地，自己所属民族的命运，沈从文感到刻骨的

[1] 见《湘行散记·老伴》。沈从文 . 沈从文散文选 [M] . 北京：人民文学出版社，1983.

[2] 见《湘行散记·箱子岩》。沈从文 . 沈从文散文选 [M] . 北京：人民文学出版社，1983.

痛楚，同时也感到了身上的责任。别的自己已无从措力，却能运用手中一支笔，继续写这片土地上的人生传奇，以唤起这个民族雄强做人的意识。想起刚刚起首的《边城》，主人公翠翠似乎已和泸溪城绒线铺里新一代的“小翠”融成一体。——这次返乡所获得的种种人生感慨，对生命的感悟，必将流注于自己的笔端，喊出这个民族长期受压抑的痛苦，并寄期待于未来。

四、京沪之争

同追求生命的独立、摆脱人身依附一样，沈从文也要求文学自身的独立性。因为在他看来，文学在表现各种人生形式的同时，也燃烧起作家个人的生命之火。因此，文学对一切外部力量的依附，一切脱离文学本身特点的功利追求，沈从文都不能忍受。他将损害文学独立性的现象归结为两个基本倾向：文学与政治结缘，文学与商业结缘。沈从文认为，这两种倾向，必然产生两种结果：文学的“清客化”与文学的“商品化”，从而使文学陷入纯粹的政治功利与商业功利的泥淖。前者使文学成为政治的“副产物”或“点缀品”，丧失文学自身的价值，后者则放弃了作家应有的社会责任，“太近于‘白相的’文学态度了”。[1]将这两个方面联系起来的，是沈从文对文学与社会人生既密切又广泛联系的理解。人生既然不可能被政治全部涵盖，文学表现人生也就不限于政治。自然，政治是人生的一部分，沈从文不反对文学为“民主”“社会主义”或任何高尚人生理想做宣传，并且“相信文学可以修正这个社会制度的错误”。[2]但这种宣传不是在作品中“借一个厨子的口来说明‘国际联

[1] 见《废邮存底·给一个写小说的》。沈从文．沈从文选集：第5卷[M]．成都：四川人民出版社，1983.

[2] 见《废邮存底·元旦日致〈文艺〉读者》。沈从文．沈从文选集：第5卷[M]．成都：四川人民出版社，1983.

盟'”“想到革命，就写革命”，[1]而是以作家对现实人生的透彻认识与真切感受为前提。为此，作家必须“贴近血肉人生”[2]，从中发现别人不易发现的东西。

> 我们实在需要些作家！一个具有独立思想的作家，能够追究这个民族一切症结的所在，并弄明白了这个民族人生观上的虚浮，懦弱，迷信，懒惰，由于历史所发生的坏影响，我们已经受了什么报应，若此后再糊涂愚昧下去，又必然还有什么悲惨场面；他又能理解在文学方面，为这个民族自存努力上，能够尽些什么力，且应当如何去尽力。[3]

> 一切作品都需要个性，都必浸透作者人格和感情，想达到这个目的，写作时要独断，要彻底地独断！[4]

在沈从文看来，文学的“独立”与“伟大”，就在于能够因此“于政治、宗教之外”所具有的“一种人类思想感情进步意义和相对永久性”。[5]一部好的文学作品，“应当具有教育第一流政治家的能力”，而文学与

---

[1] 见《序》。沈从文．一个母亲 [M]．上海：合成书店，1933.

[2] 见《论穆时英》。沈从文．沈从文文集：第 11 卷 [M]．广州：花城出版社；香港：三联书店香港分店，1984.

[3] 见《废邮存底•元旦日致〈文艺〉读者》．沈从文．沈从文选集：第 5 卷 [M]．成都：四川人民出版社，1983.

[4] 见《从文小说习作选集•代序》．沈从文．沈从文文集：第 11 卷 [M]．广州：花城出版社；香港：三联书店香港分店，1984.

[5] 见《一个传奇的本事》。沈从文．沈从文散文选 [M]．北京：人民文学出版社，1983.

政治结缘的结果，却使得一部分作家“只打量从第三流政客下讨生活”。[1]因此，一部文学作品无论是“和现实政治作紧密的结合”，还是在更宽泛的意义上表现人生，判断它的标准不只是看它表现了什么，而是那个作品本身！这个认死理的“乡下人”，认定一切理论的辩难都不解决问题，最根本的是要拿出作品说话！

在30年代特定的中国环境中，沈从文的这种文学观，不能不使他置身于左、右两种文学势力的夹击之中，他对文学独立性的要求，在他与胡也频、丁玲办《红黑》时就已经有了的，只是由于他在文坛上的地位，尚不足以引起人们的严重注意。到1933年，随着他在文坛上地位的上升，并被视为北方作家的代表人物，沈从文便被卷入一系列的论争之中。

1933年10月，沈从文在《大公报·文艺》上发表了《文学者的态度》一文，指陈文坛上的一种不良风气：一些从事文学者以“玩票”“白相”的态度从事写作，其意却不在文学。一方面，他们对写作缺少严肃认真态度：一方面，对自己的作品又作文自吹或相互捧场，“力图出名”“登龙有术”。这类人“在上海寄生于书店、报馆、官办杂志，在北平则寄生于大学、中学以及种种教育机关中。这类人虽附庸风雅，实际却只与平庸为缘”。由于这类人“实占作家中大多数”，败坏着文坛风气，以至想望中国产生伟大作品，实近于幻想。真正有志于文学事业的年轻人，应从这种态度中摆脱出来，在“厚重，诚实，带点儿顽固，而且带点儿呆气的性格上，作出纪念碑似的惊人成绩”。

此文发表后，立即引起身居上海的杜衡的不满，并在《现代》上发表了《文人在上海》一文，联系沈从文曾一再提过的“京派”与“海派”

[1] 见《云南看云集·给一个军人》。沈从文.沈从文选集：第5卷[M].成都：四川人民出版社，1983.

之说[1]，为“海派”辩护。他援引鲁迅的话“仿佛记得鲁迅先生说过，连个人的极偶然的，而且往往不由自主的姓名和籍贯，也似乎可以构成罪状而被人所讥笑、嘲讽”作根据，认为北方作家“不问一切情由而用‘海派文人’这名词把所有居留上海的文人一笔抹杀”，有失公道。

针对杜衡的指责，沈从文于1934年1月写了《论“海派”》一文，将“海派”定义为“‘名士才情’与‘商业竞卖’相结合”，并引申为“投机取巧”“看风使舵”，如当时的曾今可等人。他举例说：

> 如旧礼拜六一位某先生，到近来也谈哲学史，也自己说要左倾，这就是所谓海派。如邀集若干新斯文人，冒充风雅，名士相聚一堂，吟诗论文，或远谈希腊罗马，或近谈文士女人，行为与扶乩猜诗谜者相差一间，从官方拿到了点钱，则吃吃喝喝，办什么文艺会，招纳子弟，哄骗读者，思想浅薄可笑，伎俩下流难言，也就是所谓海派。感情主义的左倾，勇如狮子，一看情形不对时，即刻自首投降，且指认栽害友人，邀功侔（牟）利，也就是所谓海派。因渴慕出名，在作品以外去利用种种方法招摇，或与小刊物互通声气，自作有利于己的消息，或每书一出，各处请人批评，或偷掠他人作品，作为自己文章，或借用小报，去制造旁人谣言，传述撮取不实不信消息，凡此种种，也就是所谓海派。

文章还进一步明确将“茅盾、叶绍钧、鲁迅，以及大多数正在从事

[1] 在《文学者的态度》一文中，并未出现“京派”“海派”字样，但沈从文在1931年《文艺月刊》2卷8期上发表的《窄而霉斋闲话》，已提出“京样文学”与“海派文学”。在1933年发表的《记丁玲女士》中，也曾指名批评过“海派”。

文学创作杂志编纂人（除吃官饭的作家在外）”，排除在“海派”之外。同时指出，“海派作家与海派作风，并不独独在于上海一隅”，在北方也同样存在。

沈从文与杜衡的争论，很快引起了京、沪文坛的关注，并受到鲁迅的注意。2月3日，鲁迅在《申报·自由谈》上，以栾廷石署名，发表题为《“京派”与“海派”》的文章，一方面，指出杜衡对沈从文本意理解的不确：“京派”与“海派”“并不指作者的本籍而言，所指的乃是一群人所聚的地域”。——其实，沈从文也并非以居住地域作为划分标准，“海派”只是某种文坛风气的代名词；另一方面，鲁迅将原先的争论加以引申——

> 北京是明清的帝都，上海乃各国之租界，帝都多官，租界多商，所以文人之在京者近官，没海者近商，近官者在使官得名，近商者在使商获利，而自己也赖以糊口。要而言之，不过“京派”是官的帮闲，“海派”则是商的帮忙而已。但从官得食者其情状隐，对外尚能傲然，从商得食者其情状显，到处难于掩饰，于是忘其所以者，遂据以有清浊之分。而官之鄙商，固亦中国旧习，就更使“海派”在“京派”的眼中跌落了。[1]

1月，当《论“海派”》发表时，沈从文正在返乡途中。待他回到北平后，才知道“京派”与“海派”问题的争论已引起许多人注意，一个月之中已有许多文章在各种刊物上刊登。沈从文从朋友处和图书馆里，翻阅了这些文章，结果都使他失望。他起初期望通过这问题的讨论，“或是从积极方面来消灭这种与恶势力相呼应的海派风气”，或是“消极方

[1] 鲁迅．鲁迅全集：第5卷[M]．北京：人民文学出版社，1981.

面能制止这种海派风气与恶势力相结合”，不料事与愿违。2月17日，他写下《关于海派》一文，宣布自己放弃这种论争：

使我极失望的，就是许多文章的写成，都差不多仿佛正当这些作家苦于无题目可写的时节，故从我所拈取的题目上有兴有感。就中或有装成看不明白本文，故意说些趣话打诨，目的却只是捞点稿费的，或有虽然已看清楚了本文意思所在，却只挑眼儿摘一句两句话而有兴有感，文章既不过是有兴有感，说点趣话打诨，或者照流行习气作着所谓只在那么幽默一下的表示，所以对于这类文章，我无什么其他意见可说。[1]

值得注意的，是在这次论争中，鲁迅和沈从文各自对对方的态度：沈从文存心避嫌，将鲁迅等作家、编辑与“海派文人”明确加以区分；鲁迅则未始不含将沈从文归于“官的帮闲”的京派文人之意，这就隐伏下随后而来的论争的因子。

其时，国民党正加紧对左翼文学运动的“文化围剿”。1934年2月19日，国民党上海市党部奉中央党部之令，查禁了149种书籍。其中，大多是左翼作家的著译。

2月28日，沈从文写了《禁书问题》，对国民党当局对于“作家的迫害及文学书籍的检查与禁止”的行为提出批评。针对国民党当局所谓维护“社会秩序”、为“民族精神方面的健康”着想的种种借口，文章表示“难于索解”，要求当局作出“比‘迹近反动’的措词更多一些的说明”，否则，难免使人将这事“与两千年前的焚书坑儒并为一谈”。

[1] 沈从文．关于海派[N]．大公报，1934-2-21（文艺）．

因为这些作品被禁的作家“与目前这个为‘应付事实而存在的政府’当局，意见间或有龃龉抵触，也是十分自然的事情”。他们在贫病交加的处境中，为民族“轻于物质寻觅而勇于真理追求”，指斥时弊，提出民族复兴的意见，“是民族中一种如何难得的东西”。而政府当局却“不断加以压迫与摧残，所用的手段，又是那么苛刻的手段”。

“就三四年来上海一方面作家所遭遇的过去说来，在中外有识者的印象中，所留下的恐怕只是“使人对于这个民族残忍与愚昧的惊异”，其他乃是毫无所得的。如目前这种处置，在当局群彦中，竟无一个人能指出它的错误，实为极可惋惜的事情。……当局方面对于青年人左倾思想的展开，不追求它的真实意义，不欲把这个严重的问题，引用到“社会秩序的混乱”与“农村经济的衰落”及其他情形作为说明，不对于他们精神方面发展加以注意，不为他们生存觅一出路，不好好的来设一全国青年福利委员会，研究这种极其严重的问题，就只装作聪明解事负责办事的神气，移重就轻把这问题胡胡涂涂认为完全由于左翼文学宣传的结果，以为只需要把稍有倾向不健康的书籍焚尽，勒迫作家饿毙，就可以天下太平，这种打算似乎是太缺少一点儿理性，对国事言太近于“大题小做”，对文学言又像太近于“小题大做”了。”[1]

文章一出，立即遭到国民党控制的刊物攻击。上海《社会新闻》第6卷第27、28期连载的一篇文章说：

[1] 沈从文. 禁书问题[N]. 国闻周报，1934，11（9）.

我们从沈从文的口吻中，早知道沈从文的立场是什么立场了，沈从文既然是站在反革命的立场，那沈从文的主张，究竟是什么主张，又何待我们来下断语呢？

显然，《社会新闻》对沈从文作出了站在共产党立场、提倡普罗文学主张的裁决。在当时，这是一款可以置人于死命的“罪状”。针对《社会新闻》的攻击，施蛰存当年6月在《文艺风景》创刊号著文为沈辩护。

沈从文先生正如我一样地引焚书坑儒为喻，原意也不过希望政府方面要以史实为殷鉴，出之审慎。……他并非不了解政府的禁止左倾书籍之不得已，然而他还希望政府能有比这更妥当、更有效的办法。

施蛰存的辩词又引发了鲁迅的批评。7月5日，上海《新语林》半月刊发表了鲁迅以杜得机署名的文章《隔膜》。文章援引古代史实，说明历代统治者是不准人“越俎代谋”的。而进言者由于不明统治者心理，自以为“忠而获咎”，这就是“隔膜”。最后，鲁迅画龙点睛式地点明文章的现实针对性：

施蛰存先生在《文艺风景》创刊号里，很为“忠而获咎”者不平，就因为还不免有些“隔膜”的缘故。这是《颜氏家训》或《庄子》《文选》里所没有的。[1]

[1] 鲁迅．鲁迅全集：第6卷[M]．北京：人民文学出版社，1981.

这“忠而获咎”者自然是指沈从文，里面仿佛晃动着“京派”是“官的帮闲”的影子。在《禁书问题》一文中，沈从文将国民党与政府加以区分，表示对国民党的政策“我不想说什么话”，只希望将被禁书籍提交一个“有远识的委员会重新加以审查”，虽然也不免带几分天真，“忠”则未必，“帮闲”之讥实属太过。施蛰存从朋友安危出发作出的辩护，在当时环境下，虽然是可以理解的，但从“忠而获咎”角度辩护，也难免对国民党抱有幻想之嫌。

一年后，即 1935 年 8 月，沈从文发表《谈谈上海的刊物》，对上海出版的各种刊物进行了综合评述，对幽默小品的盛行提出了较多的批评，指出《论语》给读者以幽默，作者随事打趣，相去一间就是“恶趣”；《人间世》要人迷信“性灵”，尊重“袁中郎”，宣传小品“比任何东西还重要”，文章便慢慢转入“游戏”。沈从文问道：“20 来岁的读者，活到目前这个国家里，哪里还能有这个潇洒情趣，哪里还宜于培养这种情趣？”其次，沈从文还批评了一些刊物为谋求销路，不惜“针对一个目的”，向“异己者”加以“无怜悯不节制的嘲讽与辱骂”的现象。

说到这种争斗，使我们记起《太白》、《文学》、《论语》、《人间世》几年来的争斗成绩。这成绩就是凡骂人的被骂的一古脑儿变成丑角，等于木偶戏的互相揪打或以头互碰，除了读者养成一种“看热闹”的情趣以外，别无所有。把读者养成欢喜看“戏”不欢喜看“书”的习气，“文坛消息”的多少，成为刊物销路多少的主要原因。争斗的延长，无结果的延长，实在可说是中国读者的大不幸。我们是不是还有什么方法可以使这种“私骂”占篇幅少一些？一个时代的代表作，结起账来若只是这些精巧的对骂，这文坛，未免太可怜了。[1]

这篇文章贯串了沈从文两个一贯的主张。其一，作家应有严肃的创作态度。一味提倡“性灵”，只能转入“游戏”，与时代要求不符；为幽默而幽默的结果，难免坠入“恶趣”。这是针对周作人、林语堂等人提倡幽默、闲适的小品文现象而发的。其二，作家应注重文学作品本身的创作。充斥刊物的相互嘲讽与“私骂”，不仅培养读者的不良习气，而且势必影响文学创作的实际成绩。沈从文的批评对象包括了左翼文学刊物，由于未点明具体所指——这“争斗”是为着何事，在谁与谁之间发生，便难免过于模糊，模糊则易引起误解；或者其实也不会误解，因为对文坛上的论争，沈从文从来都感到不满。因为他希望作家能将精力主要用于作品的创作。他以此律人，也以此自律。

正因为此，沈从文的文章再次引起鲁迅的注意。9 月 12 日，鲁迅写了《七论“文人相轻”——两伤》，对沈从文的文章提出批评：

纵使名之曰“私骂”，但大约决不会件件都是一面等于二加二，一面等于一加三，在“私”之中，有的较近于“公”，在“骂”之中，有的较合于“理”的，居然来加评论的人，就该放弃了“看热闹的情趣”，加以分析，明白的说出你究以为那一面较“是”，那一面较“非”来。

至于文人，则不但要以热烈的憎，向“异己”者进攻，还得以热烈的憎，向“死的说教者”抗战。在现在这“可怜”的

[1] 沈从文 . 谈谈上海的刊物 [J]. 大公报，1935-8-18（小公园）.

时代，能杀才能生，能憎才能爱，能生与爱，才能文。[1]

上述三次涉及沈从文和鲁迅的论争，争论的焦点都不在沈从文批评的对象本身该不该批评上。一些“海派”文人借文学以“登龙”，陷友人以邀功，造谣言以攻讦的恶行；国民党推行的禁书政策；文坛论争中往往出现的意气用事、相互间的辱骂与恐吓；周作人、林语堂等人对幽默、闲适小品文的提倡等等，鲁迅同样提出过激烈批评。他的《登龙术拾遗》《中国文坛上的鬼魅》《小品文的危机》《辱骂与恐吓决不是战斗》等著名杂文就是明证。鲁迅和沈从文之间的分歧，显明地反映出左翼作家与民主主义作家在上述问题上，既有相互一致的方面，又有出发点与对问题的具体理解不同的一面。这种分歧与他们同国民党右翼文人的斗争交织在一起，形成30年代极其复杂的文坛局面。随后发生的关于“差不多”的论争，是这种京沪之争更为典型的事件。

1936年10月，沈从文发表了《作家间需要一种新运动》，指陈文学创作中普遍存在的“差不多”现象及其产生的原因。

近几年来，如果什么人还有勇气和耐心，肯把大多数新出版的文学书籍和流行杂志翻翻看，就必然会得到一个特别印象，觉得大多数青年作家的文章，都“差不多”。文章内容差不多，所表现的观念也差不多。……凡事都缺少系统的中国，到这种非有独创性不能存在的文学作品上，恰恰见出个一元现象，实在不可理解。这种现象说得蕴藉一点，是作者大都关心“时代”，已走上了一条共通必由的大道。说得诚实一点，就是一般作者

[1] 鲁迅．鲁迅全集：第6卷[M]．北京：人民文学出版社，1981.

都不大长进，因为缺少独立识见，只知追逐时髦，所以在作品上把自己完全失去了。[1]

文章很快引起了文学界的普遍关注。1937年初，《书人月刊》《月报》转载了沈从文的文章，《大公报·文艺》也于2月21日组织“讨论：反差不多运动”专刊，沈从文在上面发表了《一封信》，重申自己的观点，并进而阐明自己所持的文艺自由主义立场。

我赞同文艺的自由发展，正因为在目前的中国，它要从政府的裁判和另一种“一尊独占”的趋势里解放出来，它才能够向各方面滋长、繁荣，拘束越少，可试验的路也越多。[2]

1937年春夏，“差不多”问题的讨论在北方达到高潮。参加讨论的作家几乎普遍承认文学创作中“差不多”现象的存在，认为沈从文说的是“老实话”，切中当前文学创作不能深入的时弊，形成差不多一致的看法。在南方，却引起不尽相同的反响。1937年7月，茅盾连续发表《新文学前途有危机么？》《关于“差不多”》，对沈从文的观点提出批评。文章认为从新文学20年发展历史的“全体而观”，“矛盾中有发展，时至今日，不曾走过回头路”，而沈从文“单就现有的作品发议论”，“是把范围缩小了”。虽然，“所谓‘差不多’未尝不是文坛现象之一”，但沈从文“无视了‘视野扩大’这一进步重点而只抓住了‘差不多’来作敌意的挑战”，[3]“且抹煞了新文艺发展之过程，幸灾乐祸似的一

[1] 沈从文．作家间需要一种新运动[J]．大公报，1936-10-25（文艺）．

[2] 沈从文．一封信[N]．大公报，1937-2-21（文艺）．

[3] 茅盾．新文学前途有危机么？[J]．文学，1937，9（1）．

口咬住了新文艺发展一步时所不可避免的暂时幼稚病，作为大多数应社会要求而写作的作家们的弥天大罪，这种立言的态度根本不行”！[1]

大概在炯之先生看来，作家们之所以群起而写农村工厂等等，是由于趋时，由于投机，或者竟由于什么政党的文艺政策的发动；要是炯之先生果真如此想，则他的短视犹可恕，而他的厚诬了作家们之力求服务于人群社会的用心，则不可恕。[2]

为了进一步澄清在文学与思想、与时代关系问题上产生的误解，1937年8月，沈从文又发表了《再谈差不多》一文。

近年来中国新文学作品，似乎由于风气的控制，常在一个公式中进行，容易差不多。文章差不多不是个好现象。我们爱说思想，似乎就得思得想，真思过想过，写出来的文学作品，不会差不多。由于自己不肯思想，不愿思想，只是天真胡涂去拥护所谓某种固定思想，或追随风气，结果于是差不多。要从一堆内容外形都差不多的作品达到成功，恐怕达不到。

他以对鲁迅的评价为例说：

最好的回答倒是鲁迅先生的死，被许多人称为“中国最伟大人物”。伟大何在？都说在他性格、思想、文章比一切作家都深刻。……倘若话是可靠的，那鲁迅先生却是个从各方面表

[1] 茅盾.关于“差不多”[J].中流，1937，2（8）.

[2] 茅盾.关于“差不多”[J].中流，1937，2（8）.炯之即沈从文。

现度越流俗最切实的一位。倘若话是不可靠的，那一切纪念文章都说错了，把鲁迅先生的伟大估错了。[1]

显然，沈从文并非反对文学表现“思想”“时代”，而是要求作家有真思想，对人生有深入独到的认识和体验，而不是满足于从某种现成观念出发进行创作。否则，就难免公式化倾向的出现。

这次讨论前后持续了一年多时间，“‘差不多’这三个字在文艺界已经形成了一个流行的名词”。[2]

到 1938 年，余波犹存。其后，随着中日战争的全面展开，“差不多”问题的讨论便被新的文学形势下出现的新问题所代替。

五、“生命”的第一乐章

我要的，已经得到了。名誉或认可，友谊和爱情，全部到了我的身边。我从社会和别人证实了存在的意义。可是不成，我似乎还有另外一种幻想，即从个人工作上证实个人希望所能达到的传奇。我准备创造一点纯粹的诗，与生活不相粘附的诗。情感上积压下来的一点东西，家庭生活并不能完全中和它消耗它，我需要一点传奇，一种出于不巧的痛苦经验，一分从我“过去”负责所必然发生的悲剧。换言之，即完美爱情生活并不能调整我的生命，还要用一种温柔的笔调来写爱情，写那种和我目前生活完全相反，然而与我过去情感又十分相近的牧歌，方

[1] 沈从文 . 再谈差不多 [J]. 文学杂志，1937，1（4）.

[2] 李南桌 . 论“差不多”和“差得多”[J]. 文艺阵地，1938，1（6）.

可望使生命得到平衡。[1]

从故乡返回北平后，每天一早，沈从文就在达子营28号寓所院子里的老榆树下，摆一张八腿红木小方桌，放下一叠白纸，继续写返乡前即已起首的《边城》。残冬的阳光透过槐树的枝叶，细碎地撒在桌面上，空气疏朗而澄澈。沈从文的心也如一泓秋水，少渣滓，无凝滞。虚静中，隐隐约约起了哀伤而悠远的乐音。

茶峒古渡口

检视离京前笔下所得，已完成故事背景和主要人物的构置。那是20世纪的初叶，这苗蛮杂处的边城，尚未卷入近代中国社会的变乱，到处是一片宁静与和平。它是湘西的昨天，也是整个中国更为遥远的过去的象征。在这乡村凡夫俗子的人生里，还厚积着属于那片土地的古老风俗——一个根源古老民族原始而纯朴的人性凝结。同这世界上其他地方一样，因陈新代谢，老一辈正临近人生的终点——碧溪嘴白塔下摆渡的老船夫已年过70，而生命的新枝正在萌发。如新竹豁裂了外箨，老船夫抚养的女儿的遗孤翠翠，转眼间有了15岁。城里管码头的顺顺，儿子天保和傩送也已长成。这地方的阳光与空气，决定了新的一代与他们祖辈根连枝接。属于这地方男子的勇敢、豪爽、诚实、热情，在天保和傩送身上皆不缺少，他们是“自然”的儿子。

[1] 见《水云》。沈从文．沈从文散文选 [M]．北京：人民文学出版社，1983.

> 翠翠在风日里长养着，故把皮肤变得黑黑的，触目为青山绿水，故眸子清明如水晶。自然长养她且教育她，为人天真活泼，处处俨然如一只小兽物。人又那么乖，如山头黄麂一样，从不想到残忍事情，从不发愁，从不动气。平时在渡船上遇陌生人对她有所注意时，便把光光的眼睛瞅着那陌生人，作成随时皆可举步逃入深山的神气，但明白了面前的人无机心后，就又从从容容的在水边玩耍了。[1]

然而，自清雍正年间在这里实施“改土归流”以来，伴随对苗民反抗的武力剿灭，一种无形的东西正慢慢渗透到这片准乎自然的人生天地里。

当年翠翠的母亲——老船夫的独生女，同一个清绿营屯防士兵“唱歌相熟”，肚子里有了孩子，却“结婚不成”。——黄罗寨那片林子里，立着那可怜的嫡亲祖母，一个苗族妇女的假坟，一抔黄土埋藏着一个民族的悲剧故事。——屯防士兵顾及军人名誉，首先服了毒，老船夫女儿待孩子生下后，到溪边故意吃了许多冷水，也死去了。老船夫无从理解这悲剧的前因后果。

> 这些事从老船夫说来谁也无罪过，只应由天去负责。翠翠的祖父口中不怨天，不尤人，心中不能同意这种不幸的安排。到底还像年轻人，说是放下了，也还是不能放下的莫可奈何容忍到的一件事情。摊派到本身的一份说来实在太不公平！

翠翠已经长大了。这一代人面临的，又将是怎样一种命运？——泸

---

[1] 本节《边城》引文均据湖南文艺出版社 2018 年出版的《边城》（纪念版）核校。

溪城绒线铺里的“小翠”，杨家嘴那个爱好、怀着某种期待的夭夭，沅水流域吊脚楼上的牛保和妓女……，正各自接受着摊派到他们头上的一份命运。

正因为翠翠长大了，证明自己已真正老了。可是无论如何，得让翠翠有个着落。翠翠既是她那可怜的母亲交把他的，翠翠长大了，他也得把翠翠交给一个可靠的人，手续清楚，他的事才算完结！

然而，人的良好愿望却不免与事实冲突。边城已不是“改土归流”前的边城，那时，这里的婚嫁，还保留着充分的自由形式。爱情需要的，不是门第，不是金钱，而是从心里流出的热情的歌。而眼下，固有的风俗虽没有完全消失，一种新的变异已经楔入（这种变异在都市现代“文明”的畸形发展里，已占据了主导地位，人已经沦为金钱的奴隶），“常”与“变”在这片土地上，交织成一种复杂的人生形态。老船夫不曾料到，早在两年前的端午节，翠翠与傩送二老在河边第一次相遇，傩送已爱上翠翠，翠翠下意识里已朦胧生出对傩送的爱恋。不巧的是傩送的哥哥天保大老也爱上了翠翠。更严重的，是一座新碾坊又加入了这场竞争——团总将它做女儿的陪嫁，正托人向顺顺放口风，要傩送做女婿！

…………

另一个女人便插嘴说：“事弄同了，好得很呢！人家在大河边有一座崭新碾坊陪嫁，比十个长年还好一些。”

有人问：“二老怎么样？”

又有人轻轻的说：“二老已说过了，这不必看。第一件事我就不想作那个碾坊的主人！”

“你听岳云二老说过吗？”

“我听别人说的。还说二老欢喜一个撑渡船的。”

“他又不是傻小二，不要碾坊，要渡船吗？”

“那谁知道。横顺人是‘牛肉炒韭菜，各人心里爱’。只看各人心里爱什么就吃什么，渡船不会不如碾坊！”

在这同时，天保想到翠翠，托杨马兵向老船夫探口风。老船夫回答说：

等他来时你说：老家伙听过了笑话后，自己也说了个笑话，他说：“车是车路，马是马路，各有走法。大老走的是车路，应当由大老爹爹作主，请了媒人来正正经经同我说。走的是马路，应当自己作主，站到渡口对溪高崖上，为翠翠唱三年六个月的歌。”

——走“车路”与走“马路”（托媒说亲与唱歌求爱），要碾坊和要渡船（追求金钱和忠于爱情），两种不同的文化形态发生着强烈的碰撞。具象为婚姻的不同生命形式、不同的义利取舍，金钱变异人性与人和自然的契合（封建买卖婚姻与原始自由婚姻）在发生着冲突。人类文明的进步，似乎正以道德的退化作代价！这不仅是湘西，而且是整个中国乃至全人类深感痛苦又无法规避的历史进程。——天保当真请了媒人，走车路向老船夫提亲。老船夫要让翠翠满意，问翠翠对这事的意见。翠翠却不做声。

翠翠弄明白了，人来做媒的是大老！不曾把头抬起，心忡忡的跳着，脸烧得厉害，仍然剥她的豌豆，且随手把空豆荚抛到水中去，望着它们在流水中从从容容的流去，自己也俨然从容了许多。

老船夫思前想后，明白了翠翠的心事：

隐隐约约体会到一件事情（指体会到翠翠爱二老不爱大老）。再想下去便是……想到这里时，他笑了，为了害怕而勉强笑了。其实他有点忧愁，因为他忽然觉得翠翠一切全象那个母亲，而且隐隐约约便感觉到这母女二人共通的命运。

事实证明了老船夫的担忧：端午节龙舟竞渡，团总女儿随母亲来看热闹。“其实是看人，同时也让人看”。而且，这母女二人被安排在顺顺家吊脚楼上“两个最好的窗口”——老船夫自然明白一座碾坊对翠翠的威胁：

“十四岁多能干，将来谁得她真有福气！”

“有什么福气？又无碾坊作陪嫁，一个光人。”

为了翠翠的幸福，老船夫愿意让翠翠自己做主，因此没有直接答应天保的提亲。待天保明白傩送也爱翠翠，同意傩送提出的公平解决办法：兄弟俩轮流对翠翠唱歌，谁唱动了翠翠的心，翠翠便归谁。结果，天保自知不敌傩送，赌气乘船下行，不料不小心被竹篙弹入激流淹死了。顺顺家以为这事与老船夫有关，傩送也以为他做事“弯弯曲曲”，不爽快，面子上对他冷淡了许多。为了求得人对自己命运的自主，老船夫陷入了不为人理解的孤独。——提及这点时，一颗受伤的心仿佛被狠狠刺了一下，重复起了隐痛。十多年前，自己的生命处于沉睡状态，一任它在人生浪涛里沉浮，不曾想到自主，也无从自主，任何一种偶然的事变都会将自己带向不可知的方向。为摆脱人身的依附，求得自己支配自己的权利，才走出湘西，进入都市。然而，这“乡下人”的一点愿望，却不为人理解。当自己从深处思索这一生命独立的意义时，终不免与习惯相冲突。自己所属的民族命运，正与自己的相同。千百年来，为争得民族自主的权利，血染红了湘西的每一条官路和每一座碉堡。可是，即使甘愿成为附庸，却不免被视同“化外”。

老船夫说着，二老不置可否不动感情听下去。船拢了岸，那年青小伙子同家中长年话也不说挑担子翻山走了。那点淡漠印象留在老船夫心上，老船夫于是在两个人身后，捏紧拳头威吓了三下，轻轻的吼着，把船拉回去了。

傩送父子的冷淡，中寨人关于傩送决定要碾坊的谈话，翠翠外柔内刚的脾性，当年女儿悲惨的死，全都综合在一起，“命运”仿佛给了老船夫当胸一拳，他终于无力再抵抗，在一个雷雨交加的晚上，伴随白塔的坍塌而死去了。——“偶然”协同“必然”在兴风作浪，它不仅阻碍着人与人心的沟通，而且还隐蔽了事变的内在逻辑。“一切都是命，半点不由人！”“天命”思想障蔽了一个民族理性的进一步觉醒，耗损尽人们抵抗忧患的能力。——老船夫终于再无力继续出航，静静地躺倒在与他一生休戚相关的古老土地上。

——难道翠翠与傩送这一代人，不可避免地重演父辈的命运，任凭必然与偶然带向一个不可知的方向？不！他们应当有主心骨，在关系到自己命运的选择上，自主地把握生命的航线。决定一个民族明天的，与其说是“命运”，不如说是“意志”。

中寨有人来探口风，在河街顺顺家中住下，把话问及顺顺，想明白二老的心中，是不是还有意接受那座新碾坊，顺顺就转问二老自己意见怎么样。

二老说：“爸爸，你以为这事为你，家中多座碾坊多个人，你可以快活，你就答应了。若果为的是我，我要好好去想一下，过些日子再说它吧。我尚不知道我应当得座碾坊，还应当得一只渡船；因为我命里或只许我撑个渡船！”

两人每个黄昏必谈祖父，以及这一家有关系的事情。后来便说到了老船夫死前的一切，翠翠因此明白了祖父活时所不提到的许多事。二老的唱歌，顺顺大儿子的死，顺顺父子对于祖父的冷淡，中寨人用碾坊作陪嫁妆奁，诱惑傩送二老，二老既记忆着哥哥的死亡，且因得不到翠翠理会，又被家中逼着接受那座碾坊，意思还在渡船，因此抖气下行，祖父的死因，又如何与翠翠有关……凡是翠翠不明白的事，如今可全明白了。翠翠把事弄明白后，哭了一个晚上。

翠翠终于独自守在渡口，等待傩送的归来。然而，这最终的结局将会怎样？这个民族的未来将会如何？时代变动的巨力沉重地压在心头，想将它挪移开去，却终于无从移开。我想呼喊，却不知向谁呼喊！……当年，为寻求独立，自己独自来到北平，在不堪想象的困境里挣扎。信守着自己的选择，在任何情况下都不气馁，依靠一点今天没有希望、明天还可望解决的信念，让时间来证实生命的意义，终于走完了十余年挣扎的历程，摆脱了人身依附，赢得了生命的自由，在与命运的较量中，自己终于赢了。唤醒一个民族重新做人的意识，实现人与人、民族与民族间关系的重造，不仅是必须的，而且应当是可能的。在时间的作用下，生命必然循着向上的路程，迎来新的发展机运。

> 到了冬天，那个圮坍了的白塔，又重新修好了。那个在月下唱歌，使翠翠在睡梦里为歌声把灵魂轻轻浮起的年青人还不曾回到茶峒来。
>
> …………
>
> 这个人也许永远不回来了，也许“明天”回来！

写完最后一笔，沈从文感到自己过去痛苦的挣扎和受压抑无可安排的乡下人对于爱情的憧憬在这个不幸故事上得到了完全排泄和弥补。

“你这是在逃避一种命定。其实一切努力全是枉然。你的一支笔虽能把你带回‘过去’，不过是用故事抒情作诗罢了。真正等待你的却是未来。”

“你害怕明天的事实。或者说你厌恶一切事实，因之设法贴近过去，有时并且不能不贴近那个抽象的过去，使它成为稳定生命的碇石。”

“你打算用这些容易破碎的东西稳定平衡你奔放的生命，到头来还是毫无结果。这消磨不了你30年积压的幻想。”

“这是一个胆小而知足且善于逃避现实者最大的成就。将热情注入故事中，使他人得到满足，而自己得到安全，并从一种友谊的回声中证实生命的意义。可是生命真正的意义是什么？是一个故事还是一种事实？”

…………

一连串责备的声音在耳边响起，沈从文悚然而惊。

我要表现的本是一种“人生的形式”，一种“优美，健康，自然，而又不悖乎人性的人生形式”。我主意不在领导读者去桃源旅行，却想借重桃源上行七百里路，酉水流域一个小城小市中几个愚夫俗子，被一件普通人事牵连在一处时，各人应有的一分哀乐，为人类“爱”字作一度恰如其分的说明。[1]

这作品或者只给他们一点怀古的幽情，或者只能给他们一次苦笑，或者又将给他们一个噩梦，但同时说不定，也许尚能给他们一种勇气同信心！[2]

你们多知道要作品有“思想”，有“血”，有“泪”；且要求一个作品具体表现这些东西到故事发展上，人物言语上，甚至于一本书的封面上，目录上。你们要的事多容易办！可是我不能给你们这个。……你们所要的思想，我本人就完全不懂你说的是什么意义。

[1] 沈从文 . 小说习作选集代序 [J]. 国闻周报，1936，13（1）.

[2] 沈从文 . 题记 [N]. 大公报 • 文艺副刊，1934（61）.

提到这点，我感觉异常孤独，乡下人太少了。[1]

《边城》的问世，意味着沈从文建造的文学世界整体构架的基本完成。

这是一曲以乡村人生形式的探索为主旋律的生命之歌。沈从文30年代以乡土为题材的全部创作，展示了一个延伸得很远的人生视野。他从20世纪初叶到抗战时期湘西社会的历史演变里，提取了原始自由、自在蒙昧、自主自为这三种基本的生命形态。《边城》和后来创作的《长河》是生命自为的理想之歌。翠翠、傩送等人物身上，凝聚着这一生命形式的特定内涵：保守着人的勤劳、朴素、善良、热情，在爱情关系上，表现为自然与纯真；但它又是自主自为的，抗拒着封建文明的潜在影响。在关系到人生命运的重大问题上，它有主心骨，信守自己的选择，坚定地把握住人生的航线。然而，《边城》到底只是沈从文笔下乡村世界的一部分，蕴含其中的沈从文的乡土悲悯感和全部人生感慨，只有将它放在沈从文创作的整体构架里，才能充分而明晰地显现出来。

《龙朱》《神巫之爱》《月下小景》《阿黑小史》等，作为一个系列，大多是以苗族和其他南方少数民族的生活习俗为根据加以想象的产物，通过这些故事完成着对生命原生态的考察。这种生命形式，是通过爱情、婚姻、两性关系的具体表现形态而获得它的定性的。这是一种人的自然交往，爱情、婚姻及两性关系具有较充分的自由，作品里的青年男女爱得真挚、热烈、活泼，跃动着原始的生命活力，洋溢着自然之趣。但是，这种自由，并非毫无选择的自由，也并非纯生理上的互相吸引，而是在所有场合，爱必须以爱为前提。“抓住自己的心，放在爱人面前，方法不是钱，不是貌，不是门阀，也不是假装的一切，只有热情真实的

[1] 沈从文.小说习作选集代序[J].国闻周报，1936，13（1）.

歌。”虽然这种爱情并非全是喜剧，也同样受人心隔膜与社会习俗的制约。然而这种限制，也带着原始色彩，不具有封建社会与资本主义时代的特征。——沈从文特别强调了这种生命形式赖以存在的社会环境的原始封闭性。在这里，没有资本主义“现代文明”的影响，甚至封建宗法关系也还没有生根。沈从文从湘西少数民族的特殊历史发展里，获取他的艺术感兴。

然而，随着“改土归流”的完成，封建宗法关系开始向湘西渗透；到20世纪初叶，中国社会的剧烈变动，尤其是30年代都市“现代文明”的侵入，推动着湘西社会朝现代演变。这一历史过程所取的浓缩形式，使湘西社会成为各种文化绳索绞结的产物；因社会变化造成的湘西与外部世界的交流，又造成不同文化的相互撞击。沈从文始终注目着历史的这一变化。《柏子》《萧萧》《贵生》《会明》《虎雏》《夫妇》等在沈从文创作中占有极大比重的作品，真实地表现了在这一历史过程中，乡村生命形式的演变，塑造出“乡下人”的形象系列，完成着他对自在生命形态的考察。

这种“乡下人”，从他们身上表现出来的道德形态和人格气质看，依然保留着与原始生命形式的历史连接，分别表现出南方少数民族特有的勇敢、雄强、热情、善良、纯朴、忠厚的品格和气质。然而，他们所处的环境，已经发生着重大的变化。在其内部，是封建文化与原始文化二者的交织，“乡下人”已经置身于逐渐建立并巩固起来的封建宗法关系——一种人身依附关系之中。童养媳制度、雇工制、卖淫制，如同《柏子》《萧萧》《贵生》《丈夫》所展示的，他们被剥夺了人身自由，不得不接受一份悲惨的人生命运，而伴随他们的雄强、热情、善良和纯朴共生的，是他们主体精神的蒙昧。他们“不曾预备要人怜悯，也不知道可怜自己”，对命运缺乏具理性的自主自为的把握。在表现“乡下人”理性蒙昧方面，最典型的莫过于《萧萧》。萧萧这个纯朴、天真的乡村小女子，12岁便出嫁做了童养媳，丈夫只有三岁。待她长大成人，被雇工花狗大用山歌唱开了心窍，成了一个妇人，并怀了孕。事情被婆家发觉后，照规矩要被沉潭或发卖。只是由于伯父说情，娘家婆家没有读“子曰”的人物，才被议决发卖；又因一时找不到合适的买主，事情被延搁下来；十月期满，萧萧生下一个儿子，“团头大眼，声音宏壮”，萧萧不嫁到别处了。十年后，萧萧与小丈夫圆了房，又生下第二个儿子时，全家又忙着给萧萧的大儿子迎娶媳妇了。当接亲唢呐吹到门前时，萧萧抱着新生的毛毛，在屋前看热闹，“同十年前一个样子”。——在全部事变过程中，萧萧的生命在一种无法预料其结果的人生浪涛里浮沉，任何一种偶然因素都可能使她的命运改观。可是，在萧萧自己，精神世界还是一片荒原，生命处于被人支配的自在状态。除一度曾朦朦胧胧感到要逃走外，没有任何影响自己命运安排的主观努力，生死祸福全凭别人安排。而且，在唢呐声中，又一代萧萧进了门——她们一代又一代地继续着悲凉的人生。

“乡下人”这种精神状态，使他们与变化了的外部世界环境极端不协调。一方面，他们人格本身的优秀部分，使他们在某些特定场合——国内革命战争和民族解放战争中，放射出夺目的光辉，如同《黑夜》《过岭者》《早上——一堆土一个兵》等作品所表现的那样。另一方面，主体精神的蒙昧又使他们无法加入外部世界的竞争，他们的诚实、纯朴反现出“呆”相。《会明》中的老兵会明，十年前是一个伙夫，十年后依然是一个伙夫，尽管和他同时入伍的一些“聪明人”——马弁或流氓，都爬了上去，他始终信守着十年前跟随蔡锷起义获得的战士的责任感和战争的神圣感，随时准备将旗帜插到敌人堡上去。可是，十年后的战争，表面形式依旧，仍然是“打倒军阀”，骨子里却已变了质——会明顶头上司的上司，本身就是一个军阀。而会明对此无从理解。每次战事一起，他当真随着许多样子很聪明的军官“冲上去了”。可是，他对战争的忠诚——始终保留着一面蔡锷反袁战争时期的三角旗，反而成了别人的笑料。只有当他与乡下农民对面，望到对方是诚实人的眼睛时，才从腰间取下那面旗帜：“看，我这个家伙！”看到对方眼里露出吃惊神气，“他得意了”——一方面沈从文感叹着“乡下人”朴素的义利观不为外部世界所理解，另一方面，又为“乡下人”主体精神的蒙昧而忧虑。

在“乡下人”自在生命形式的探索上，凝聚了沈从文对自己所属民族长处与弱点的反省。他渴望着他们理性精神的苏醒，在保留自身长处的同时，以新的姿态投入新的人生竞争。《边城》与《长河》，正是沈从文从深处对民族现状进行反省以后，唱出的生命理想之歌。

然而，沈从文以乡土为题材的全部作品，乃是都市里的田园之歌。他对乡村生命形式的探索，是以都市人生作为参照的。他对乡村世界的叙写，全部都是都市人生思考的反拨。这不仅表现为在他的全部以乡土为题材的作品中，几乎都穿插着对都市文明的批判，而且，他笔下的都市人生，在整体上也与他笔下的乡村世界对立。

这是一个人性失落的天地，是都市上流社会沉沦的人生图景。在《八骏图》《绅士的太太》《自杀》《来客》《烟斗》《大小阮》等一系列作品中，沈从文以讽刺的笔触，抓住都市上流社会的言与行、表与里的分裂，从不同侧面揭露都市“现代文明”培育的虚伪、自私、怯懦、自大、庸俗。人的本质的失落，人性违反自然，是贯穿这些作品始终如一的线索。《绅士的太太》里那些“绅士淑女”们玩着“爱”的游戏，在相互欺骗中进行“没有爱的接吻”，还居然混合了笑与泪；《八骏图》里的大学教授们，外表上的“老成”“庄严”，满口的“道德名分”，却“与人性有点冲突，不大自然”；《大小阮》中大阮一类人物，“自己活得很幸福”，“百事遂心，还是社会中坚”，也正是他们，泯灭了天良，丧失了做人的起码道德。……在所有这些场合，人变成非人。沈从文对都市上流社会的价值估量，除了带有30年代民主主义作家的共同倾向，即从人性角度暴露了都市社会的黑暗，还反映出沈从文独有的特点：以“乡下人”的眼光去看待都市人生的荒谬。

沈从文也写出了这个沉沦的人生天地里，企图摆脱泥淖的挣扎。《都市一妇人》《如蕤》《一个女剧员的生活》，集中提出了沈从文的反庸俗要求，表现了都市男女摆脱庸俗人生的努力。然而，她们的挣扎和结局全都是“末了路”。“新的有什么可以把我从泥淖中脱出？”正是这些人物共同面临的人生苦闷。

将沈从文成熟期的全部创作作为一个整体，便不难看出沈从文笔下人生世界的基本结构。在这个人生结构中，积淀了沈从文的哲学思辨。这种乡村与都市的对立，从文化的构成看，是都市“现代文明”（即20世纪中国社会的封建文化与资本主义文化的混合体）与原始民性（原始文化的遗存）的对立；从哲学角度看，则是“人性的扭曲”和“人与自然的契合”的对立；从时空角度看，它又表现为现在与过去、未来的对立。这里的现在，是人性扭曲的都市人生图景与湘西乡村社会在时代巨压下的人性变异；这里的过去，是人与自然契合的原始人性；这里的未来，是人性向自然的复归（既保留人性的本来，又具有理性精神的觉醒，加入新的世界竞争）。这种思辨的思想来源，是“五四”以后开始的人的独立与精神解放的思潮（西方文化的积极部分对中国封建专制文化的反拨，是中西文化撞击的产物）与中国传统哲学（主要是老庄崇尚自然的人生哲学——它更多地置根于南方文化传统，而这一传统又恰恰在沈从文所属的南方少数民族文化中得到更多的保留——对儒家文化的惰性部分的反拨，是苗汉文化撞击的产物）相互渗透与融汇的结果。

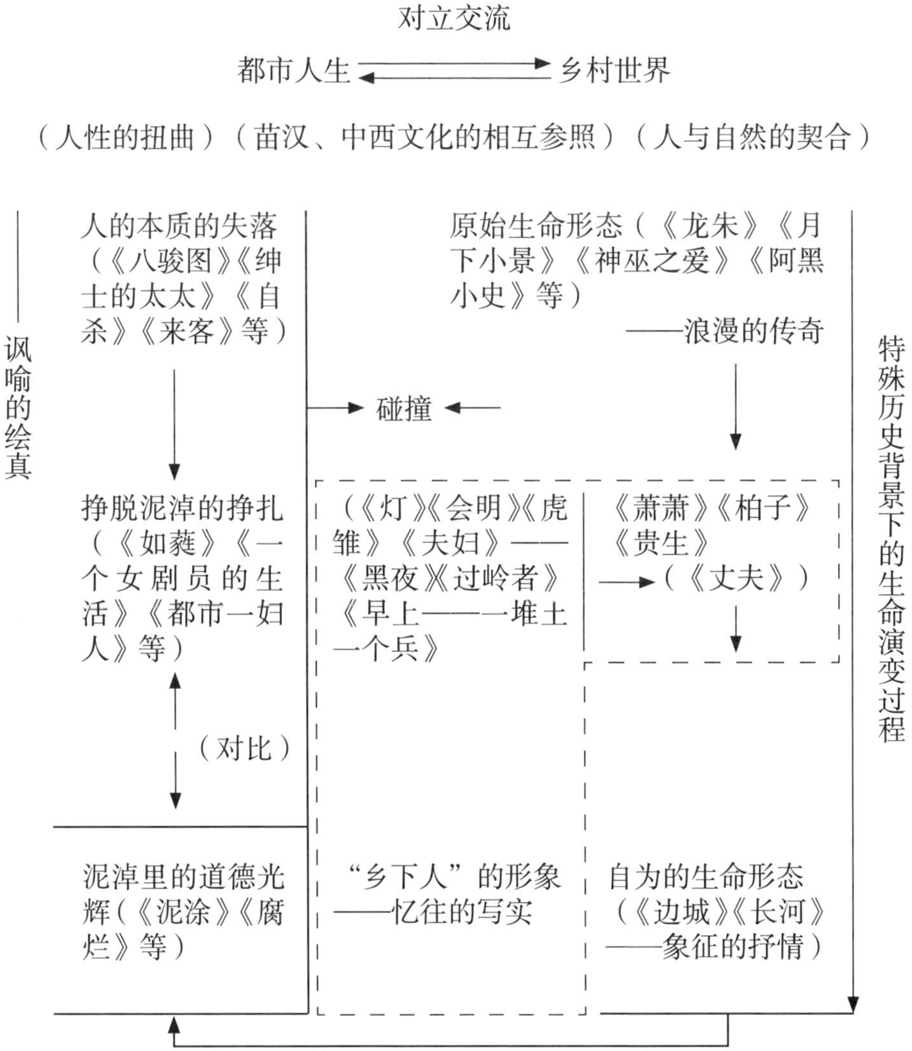

——沈从文对人类进程提出的哲学解释，触及历史行进中伦理主义和历史主义的二律背反。即人类社会的历史进步是以伦理的相对退步为

代价的，而人类的理性精神又恰恰要求在新的历史发展阶梯上的伦理主义复归。“五四”时期，当人们痛感中国面临的生存危机，不能不张扬历史主义，宣告与传统文化的断裂。在这一过程中，鲁迅成为文化思想领域内的伟大旗手。然而，鲁迅很快感到了这种彻底断裂的困难和巨大的精神痛苦，又开始表现出对传统文化积极部分的认同。沈从文的思辨恰恰表现为与鲁迅相反的程序。他的创作更多地从伦理主义角度，强调了都市“现代文明”畸形发展带来的人的本质的失落和伦理沦丧。但他也同时意识到了传统的伦理与民族的封闭性、保守性不可分。在他对“乡下人”——一个原始民族弱点的反省中，提出了如何组织他们到一种新的竞争中去的问题。无论是从历史主义角度，还是从伦理主义角度感到的精神困扰，都是从不同侧面碰到的贯串了整个20世纪的“中国问题”。

第八章

无形的防线

一、逃离北平

微雨淅沥，天空一片灰暗。沈从文站在寓所庭院里，仰面凝视天空。头上，日本侵华军队的机群，撕裂着清晨的宁静，穿过北平市区的上空，向南扑去。不一会，南苑方向传来一声声沉闷的爆炸。——日军出动20多架飞机对北平进行的第一次轰炸。想象着炸弹落地时腾起的黑烟，沈从文心里罩上了一片乌云。

一个月来的局势发展，正把中华民族拖向战争的深渊。在这血与火的冲突中，北平首当其冲。1937年7月7日，卢沟桥事变的发生揭开了中日战争的序幕。

连日来，沈从文和北平的一些同事、朋友，忙着进行撤离北平的准备。他和杨振声、朱自清等人一起，在编写教科书所在大院的一个火炉边，各各默默无言，将几年来积累的文字资料和成果，一一投入火炉。火光摇曳中，跳动着一个简单而又明晰的字句：战争来了！历经明清两朝600年的古都即将沦入日本人之手，一切书呆子的理想，年轻人对生活、事业的温馨之梦，连同高官巨商聚敛的财富，顷刻间都将失去原有的依据。这个民族在倏然降临的灾祸中，开始接受一份新的命运。自己一家人的前途，在战争气浪的冲击下，也将被拔离原先的根基，抛向颠簸不定的人生浪涛之中。

——此时，沈从文正集国忧家愁于一身。1934年底，长子龙朱出生；1937年5月，第二个儿子虎雏又来到人世。眼下，龙朱不满三岁，虎雏出生仅仅两个月。北平已不可留，携家出走又困难重重，因为这是逃难。张兆和觉得，与其一家人相互拖累陷入绝境，不如暂时分开。两人终于商定，沈从文先期离开北平，张兆和随后再带孩子南下，到上海聚会。

8月12日清晨，沈从文和杨振声、朱光潜、钱端升、梁宗岱、赵太侔夫妇、谢文炳夫妇等一批清华、北大两校的熟人、朋友，乘坐第一次平津通车向天津出发。行前，以防不测，各人编造了一个假身份：杨振声是卖花边的，朱光潜为香港洋行打字员，沈从文则是洋行的文书。其时，正是暑热时节，出发时，朱光潜随身带了一把折扇，扇面有沈从文的题字和署名。钱端升一见就说：

“唉呀，什么时候，还带这个；你老兄不要带走，这可危险！”

车到天津，车站气氛十分紧张。沈从文等人下车后，只见车站里到处都是荷枪实弹的日本兵。天桥上架着机关枪，几个矮壮日本兵正守在桥头，严厉盘查过往旅客。沈从文一行通过时，日本兵强令他们举起双手，依次逐个进行检查。

一出车站，他们便直奔法租界。到租界口，却不准通行。梁宗岱去办交涉，才知法国人乘机要钱。磨蹭到晚上，仍无结果。无奈，只好住进一家大旅馆。待安排好房间住下后，大家才觉出这旅馆的气氛似乎有点不对头。留神一看时，众人紧张得一夜未能安睡，原来日军警备司令部就设在这家旅馆里！第二天一早，大家便赶紧离开了这家旅馆，设法进入法租界。沈从文和金岳霖、张奚若等人住到了一起。

按原定计划，沈从文一行取道天津，到南京集中，然后再去上海。

谁知打开 8 月 14 日报纸一看，日军昨日进攻上海，中国军民奋起抵抗的消息已赫然在目，于是进退失据。上海去路已断，天津不能久待，大家急得如热锅上的蚂蚁，只好成天悬着一颗心坐等机会。在天津呆了将近十天，机会终于来了：一艘英国商船正准备从天津开往烟台。眼下，离开天津为第一要着，至于到烟台后怎么办，只能走一步瞧一步了。于是，大家不计后果，匆匆忙忙上了船。这时，日军大白天也随意开炮，在炮声中，船驶离了天津码头。

船到烟台时，只见海上潜水艇正浮出水面，炮口指向烟台市区。此时，中日双方军队正在烟台对峙，战斗一触即发。下船后，沈从文一行住进两军对峙中间地带一家旅馆里。由于这太危险，杨振声赶紧去找熟人，弄来一大一小两辆汽车，载着众人离开烟台。一路上，因受战争影响，胶东半岛已是满目荒凉。到了潍坊，正好赶上当天从青岛开往济南的最后一次火车。上车后，沈从文去餐车吃饭回来时，一个年轻女人在车厢过道上拦住了他：

“沈先生，你可认识我？”

沈从文抬头看时，原来是黎锦晖的女儿黎宪初。她的男朋友是诗人方玮德，两人过去往来的情书，曾交给沈从文保管整理，不想在这里与她见面。——这辆车上，此时正聚集了许多向南方转移的北方文化界、教育界人士，其中，大多是沈从文的熟人，一路虽极狼狈却不寂寞。

火车沿胶济线行驶，不时有日机从列车上空掠过。每当飞机出现时，列车便赶紧停下来，并立时发出警报，车上男男女女便急慌慌跑下车去，在铁路两旁的田头地角隐蔽。望着敌机从头上掠过，远去，在云影间消失，又立即跑回。如此反复多次，车到济南时，已是半夜时分。

因为人多，旅馆多已客满，各处寻找住处皆无着落。其时，正值月明时节。一轮圆月悬在空中，照得各处朗若白昼。沈从文和几个朋友，在月光下沿街逛去，想碰碰运气，看能不能找到旅馆。有人很急，沈从文却不急。——早年在行伍中，一时找不到宿处，几乎算不得一回事。抬头望望空中——月亮好大！

几个人正漫无目的走着，有人跑来告诉他们：山东教育厅长何思源，得知他们到了济南，已代他们联系了济南一家最好的旅馆。

在济南等了两天，沈从文一行又上了开往南京的火车。半路上，朱自清的儿子告别众人，和几个青年一道，下车投奔共产党领导的抗日游击队去了。没有悲壮的告别，没有虚饰的豪言，望着这些年轻人远去的背影，沈从文感到一阵激动。他们勇赴国难的行动，连同他们对民族翻身所抱的坚固的信念，一齐深印在沈从文的脑海里。

到了南京，因战局紧张，南京城正准备疏散，各处找不到一个熟人，大家只好住进沧州饭店。当天半夜，日军出动 100 架飞机，轮番轰炸南京北极阁。沈从文随大家一起爬上饭店屋顶，只见北极阁方向一片熊熊大火，耳边不断传来猛烈的爆炸声。面对眼前的战争景观，沈从文心里反倒是一片稀有的平静——没有惊慌，没有害怕，甚至无所思无所想。后来他才得知，胡适、傅斯年和何应钦等人，当时正在英、法驻南京大使馆商谈援华军火物资有关事宜，差点被日军炮弹炸死。

过了两天，各大学来南京的教育界人士开会，并作出决定，转移湖南衡阳组办临时大学。同来的朋友劝沈从文一起同去武汉。

到南京后的第三天，沈从文和一些熟人、朋友来到码头，准备乘一艘英国商船去武汉。

码头上，人们正纷纷抢着上船，瞩目处一片混乱。沈从文既买不到船票，又无力参加争抢，正束手无策，不知怎么办才好时，亏得在南开大学任教的林同济，奋力将沈从文推上跳板。上船后，林同济拉着沈从文，找到船长说：

“他就是沈从文，中国最大的作家。没买到船票，请多包涵！”

这船长平时读了点文学作品，对沈从文的名字并不陌生。听了林同济的介绍，非但没有对沈从文无票上船提出责问，反让他免票乘船，还在特等舱给他安排了一个铺位。

四天后，船到武汉。沈从文与准备继续南下的北大、清华、南开等校的熟人朋友分手告别，暂留武汉，借武汉大学图书馆工作。

又有20多架日机轰炸汉阳。炸弹不断爆裂的巨响，隔江一片大火……

不久，萧乾、杨振声相继赶到武汉，以30块钱一月的租金，住进东湖边大革命期间军长耿丹住过的那栋房子，继续《大公报·文艺》副刊的编辑工作。

转眼又到年底。这时，南京已经沦陷，国民党的军队主力从南京退向武汉。战火正沿长江向上延烧，武汉的争夺战已成必然之势。战局的发展使沈从文等人不得不考虑下一步的去向。这期间，沈从文得熟人相告，延安共产党方面，拟邀请10位作家去延安，愿意提供写作的方便。沈从文被列入邀请者之列。另外还有茅盾、巴金、老舍、曹禺、萧乾等人，沈从文很想去长沙八路军办事处了解一下有关具体情况。加上这时梁思成夫妇、金岳霖正住在长沙圣经学院，沈从文早就想去探望他们。两件事凑在一起，促成了沈从文的长沙之行。

这天，长沙下起了鹅毛大雪。沈从文和曹禺、萧乾、孙伏园几人一道，从圣经学院去八路军驻长沙办事处拜访徐特立。

在八路军办事处的一个小阁楼里，徐特立这位诚朴、宽厚的长者和老资格的革命家，热情地接待了沈从文一行。沈从文等人说明来意，以及去延安所面临的种种困难。徐特立向他们介绍了延安方面的大略情形后说：

“欢迎大家去延安，那里可以自由写作。如果有固定工作或别的原因，去不了的，就留在后方做团结工作，这也很重要。因为战争不像三两年就能结束，后方团结合作，还值得大大努力。后方得到安定，才能持久抗战。”

正谈着，从外面走进一个人来，一脸严肃地对沈从文等人说：

“现在是什么时候？——全民族生死存亡关头！你们这些人，却还在顾虑这顾虑那，只想在后方苟且偷安，醉生梦死！”

从八路军办事处出来，萧乾告诉沈从文，这人就是两年前以《大公报》记者身份，沿红军长征路线进行旅行考察，后来在《大公报》上连载发表《中国的西北角》一书中考察报告的范长江。

这次与徐特立的会面，给沈从文留下了极深的印象。踏雪归来，沈从文深感作为中华民族一分子，自己身上责任的重大。安定后方，团结合作，这是民族抗战的又一条防线！自己虽然已无法重返行伍，在前线与敌人作战，却应该也能运用手中一支笔，为民族的翻身效力！

这次长沙之行，沈从文还见到了临时大学的一批熟人、朋友，他们正准备向西南转移。与大家商量的结果，沈从文作出了去昆明的决定。在返回武汉，对遗留工作略作交代处理后，沈从文等人再次来到长沙。

战局越来越严重，通向各处的水陆线路濒临断绝。各地向大后方转移的学校、机关汇聚到了长沙，满街都是难民。尽管长沙已经人满为患，市面上东西却是烂贱。这次回到长沙，沈从文得知在军队中做团长的弟弟沈岳荃，因同日军作战负伤，已和一批战场上受伤的官兵，从杭州转移到长沙伤兵医院治疗。这天，沈从文去原属陈渠珍统率的那支湘西军队驻长沙的师部留守处打听有关情况，不期遇到表哥黄玉书。其时，黄玉书正倚在留守处门前看街景。这个一直厌恶当兵爱好艺术的人，此时却穿了一身灰布旧军装，面色憔悴蜡黄。沈从文一走到留守处门前，就立即被他认了出来。黄玉书十分亲热地将沈从文带进办公室。——1922年沈从文离开湘西到北京后不久，就已得知这位曾要自己代写情书的表哥，已和那位杨光蕙小姐结了婚，双双回到凤凰县立第一小学教书。这桩婚姻，却不为杨家父母满意。因为黄玉书所学，在湘西人眼里，同飘乡手艺人差不多，收入既极微薄，又没有什么发展前途，与军队里营、连长或参谋副官相比，已经大大不如。婚后孩子一个接一个出生，境况更形狼狈。……却不曾想到，表哥竟然已经改行入伍。问及时，才知道黄玉书因为与学校年轻同事合不来，被排挤出校门，失了业。为应付生活，不得已，才在师部做了一名中尉办事员，负责散兵和伤兵的收容联络事务。表嫂还在沅陵乌宿附近一个村子里教小学，大儿子黄永玉被送到福建集美一个堂叔那里读书，初中不到两年，便独自不声不响从堂叔家里出走，突然失踪了；老二13岁时便从军入伍，老四、老五、老六还留在母亲身边混日子。

> 事业不如意，人又上了点年纪，常害点胃病，性情自然越来越拘迂。过去豪爽洒脱处早完全失去，只是浓眉下那双大而黑亮有神的眼睛，还依然如旧。也仍然欢喜唱歌。邀他去长沙著名的李合盛吃了一顿生炒牛肚子，才知道已不喝酒。问他还吸烟不吸烟，就说，“不戒自戒，早已不再用它。”可是我发现他手指黄黄的，知道有烟吸还是随时可以开戒。他原欢喜吸烟，且很懂烟品好坏。第二次再去看他，带了别的同乡送我的两大盒吕宋雪茄烟去送他。他见到时，

憔悴焦黄脸上露出少有的欢喜和惊讶，只是摇头，口中低低的连说：“老弟，老弟，太破费你了，太破费你了。不久前，我看到有人送老师长这么两盒，美国大军官也吃不起！”[1]

沈从文心里一阵酸楚。为了让表哥开心，有意提起点旧事和他打趣：

“我倒正想问问，在常德时，我代劳写的那些信件，表嫂是不是还保留着？若改成个故事，送过上海去换20盒大吕宋烟，还不困难！”

提及十多年前的往事，一切如在目前，又恍同隔世。两人相对沉默了一会，又复大笑一阵。随后两人一起去伤兵医院看望受伤同乡官兵。到医院时，伤已痊愈出院的沈岳荃，正在医院前小花园里，召集二十几个即将出院的下级军官训话：不久将回沅陵接收新兵，作为“荣誉师”重上前线。见沈从文到来，便问他临时大学那边有多少熟人，表示愿意以沈从文名义，请大家吃一顿饭，以尽地主之谊，顺便与大家谈谈前方情形。

过了两天，沈从文邀请了张奚若、金岳霖、杨振声、梅贻琦、闻一多、朱自清、黄子坚、李宗侗、叶企孙、梁思成、林徽因、萧乾等共两桌客人。席间，沈岳荃介绍了“八一三”上海战役的种种情形，大家非常满意。在这之前，沈从文邀请黄玉书作陪，他却不好意思，坚决拒绝参加。沈从文只好另约了个日子，陪他一起去城南天心阁坐了两个小时。两人一边喝茶谈天，一边看湘江风景。

望着远处北流的湘江，想起十多年来家乡的人事变迁，从弟弟沈岳荃和身边表哥的不同经历上，他从深处看到了二者之间的联系。仿佛有了一种有关家乡未来命运的预感，沈从文的心里，起了一丝隐忧，一份伤感。

[1] 见《一个传奇的本事》。沈从文．沈从文散文选 [M]．北京：人民文学出版社，1983.

二、故乡行（二）

沅陵城中一个微微凸出的山角上，坐落着两栋一字排列的小小楼房。屋前依地势圈出一个三角形狭长院落，用矮矮的黄土墙围定。院角落里种有紫竹和无花果树，一排绿色花架上，陶盆中盛开的山茶花，如一球球火焰。楼房式样半西半中，与青岛某类房屋建筑相仿佛。

这是沈从文大哥沈岳霖在沅陵修建的新居。这个耳朵有点背、眼睛严重近视的大先生，虽然年龄已过40，却童心未泯，为人天真烂漫。常常满城乱窜，一遇人事冲突，总要插一杠子，居间主持公道，为人排解纠纷。有时，又突然在沅陵失了踪，连家里妻子也不知其下落。几天后，他却突然出现在北平沈从文寓所门前举手叩门，看着弟弟和弟媳开门见面时脸上的惊讶和欢喜，他得意了。

“你们算不着我来看你们，是不是？我就是这种脾气，说走就走，家里人也不曾想到我要作五千里旅行，什么人都不知道，我自己也不知道！”

“住多久呢？住两个月……”

以为沈从文预备扣留自己，他吃了一骇，赶紧说：

“什么？两个月！玩三天我就得回去！家里还有好些事办不清楚，待我回去料理！”

果然三天后他又起身走路。沅陵新居的房屋式样，就是六年前他以同样古怪方式，到青岛、上海瞎跑一气，从一大堆记忆中掏摸出一个楼房印象，自己设计的。修房的本意原是体念母亲一生艰辛，晚年还没有一个属于自己的落脚处。不料房子刚刚落成，母亲就在凤凰病故了。中日战争爆发，见局势越来越紧张，他便将家眷送回凤凰老家，独自留守沅陵，坐等两个在外的弟弟消息。如此一来，这寓所就更显空落冷清了。

可是，到 1937 年底，这里又突然热闹起来。

两辆汽车沿长常公路，将沈从文一行送到了沅陵。接着，向昆明转移的临时大学的师生也步行到了沅陵。闻一多、萧乾、许维遹、浦江清、李宗侗等人，都住进了沈从文家里。

这期间，沅陵河对岸汽车站停放的车辆种类和数量日渐增多。临时大学、政治学校、商学院、艺专、湖南大学、国民党中央军校，30 余所公私中学及无数国家机关单位正陆续经沅陵向上疏散，城区长街上整日走着各种装束的过路人，满街是当地党部、行政官署、商会及社会团体贴的红绿标语，每天都有青年学生和受训民众结队游行，有为伤兵医院募捐的活动和慰劳伤兵举办的游艺会，居然也捕获到汉奸间谍，并押到河边枪决示众。……

一切与战争有关的社会人事活动，都在这边远的山城陆续出现。但这里既处战区炮火两千里之外，地理位置偏僻，透过表面社会人事的变动，仍保留了山城那份特有的宁静。加上连日来，沅陵又下起了连绵大雪，河边渡口一带已被积雪淹没。此时，沈从文正忙着尽地主之谊，或者陪客人站在楼上长廊上，眺望沅水上下清寂景象，或者与众人围炉而坐，一面大吃狗肉，一面谈天。听沈从文谈及湘西历史和眼前人事变迁、边地的民情风俗，闻一多等人都感到新奇有趣。

三天后，闻一多等人告辞，继续步行上昆明去了。

送别闻一多等人之后，伤愈出院的沈岳荃，也从长沙回到了沅陵家里。

这是多年来，兄弟三人第一次取齐聚会，各人心里自然生出许多感慨。一时间，家事、国事、地方事全进入兄弟三人谈话的范围。从哥哥与弟弟的谈话中，沈从文对近几年来湘西的社会变迁和目前情形有了明晰而透彻的了解。

自沈从文第一次返湘后的数年间，湘西连续发生水涝旱灾，生活在屯田制下的苗区民众要求湘西“自治政府”减租，陈渠珍不允。1936年初，龙云飞、石维珍、龙云超等人发动苗民起义，组成湘西民族抗日救国军。起义军提出“革屯抗日”“废屯归民”口号，相继围攻永绥、凤凰、保靖等县。蒋介石从江西急调一个军的兵力，开进湘西，企图一面扑灭苗民起义，一面对陈渠珍所部地方势力进行兼并压迫，达到一箭双雕的目的。对外孤立自守的陈渠珍受内外夹攻，被迫下台。1936年8月9日，苗族起义军攻陷乾城，蒋介石将失败责任转嫁到何键身上，同年11月，撤销何键湖南省政府主席职务，宣布湘西为“匪区”，继续调兵遣将，向苗民起义军进攻，湘西一时陷入极端混乱状态。

陈渠珍下野后，保顾家齐继任师长，自己去长沙担任四路军总参议兼省政府委员闲职。所部官兵被改编为128师，调离湘西，去蒋介石老家奉化驻防，受四路军刘建绪调度指挥。身为128师所部团长的沈岳荃，也随军离开故土。上海“八一三”事变发生，128师奉命守卫嘉善防线。一师人连夜被运送到了前线，在一个县城小站下车时，既无参谋人员指导，又无向导带路，全城人都已走光，留下的一名县长将手中一串编号国防工事地堡钥匙交付清楚就走了。全师官兵不得不在迷蒙雾气中分头搜寻国防工事所在位置。天刚亮，日军大队飞机即来轰炸，地面上日军先头部队也同128师接了火。在枪林弹雨中，沈岳荃终于在一条小河边发现了工事位置，便一面遣一营兵力向前突击进攻，一面提了那串钥匙，顺小河搜索，把已经锈迹斑驳的地堡铁门逐一打开，准备死守。一连五天，大部分官兵牺牲，连排长几乎全部战死，正副团营长半死半伤。沈岳荃指挥的1500名官兵只剩下120余人，直到掩护友军撤退后，才突围而出，自己腰腿也负了重伤。突围后，沈岳荃曾在杭州医院治疗，随后才转到长沙。这次获准回到沅陵休假两个月，一面休养，一面招募补充新兵，准备以“荣誉团”名义重返抗日前线。

从湘西地方的变化中，沈从文看到了民族抗战的内在隐患，他感到深深不安。五个月来，自己由北而南，一路实际所见所闻，已经明白了全国性战争的意义。战争正在向中国腹地蔓延，湘西已成为通向大后方的战略要地。在这决定民族存亡的紧要关头，一方面，蒋介石仍不忘对异己的兼并压迫，顽固推行对湘西少数民族的歧视与镇压；另一方面，湘西地方因历史原因，具有一个传统孤立根子。在近两年的变动中，湘西有数千名下级军官和数万名兵士赋闲在家，上万枪支散布民间。湘西能不能安定、团结抗战，全在交织于湘西的地方与省里、中央与地方、本省与外省错综复杂的矛盾如何发展，以及这些滞留乡土的血性子弟的思想行为走向。目前最要紧的，是湘西地方应从全民族利益出发，以抗战大局为重，当权者也必须放弃将湘西地方民族当成征服对象的错误观念，改变政策，才能从根本上清除危及抗战的隐患。在做地方工作方面，自己或可尽一份力量，至于另一方面的问题，想想却不免使人痛苦……

这时，已出任湖南省政府主席的张治中，为适应抗战形势的发展，正实施某些行政改革。1938年初，开始在湘西地方设沅陵行署，由省政府委员轮流主持，陈渠珍被委任为第一届行署主任。就在沈从文回到沅陵两个月后，陈渠珍也来到沅陵走马上任。由于近两年湘西民众所感到的受蒋介石嫡系军队的欺侮、敲诈和压迫，对陈渠珍重新主持湘西局面抱有某种期待，因此，在陈渠珍抵达沅陵那天，沅陵竟出动了一万多人，在沅水两岸欢呼，迎接陈渠珍的归来。与此同时，国民党军队向苗族起义军的进攻，因连遭败绩，被迫放弃武力解决湘西问题的策略，正软硬兼施，逼压苗族起义军接受改编。于是，龙云飞等人也来到了沅陵。

沈从文这次返乡，与上一次返乡已经大不相同。在陈渠珍、龙云飞这些能左右湘西地方局势的各方头脑眼里，沈从文这时已经颇有分量。这不仅由于他已是全国知名、在湘西更是所有读书人无有不知的著名作家，而且是跑过大码头、见过大世面，对目前国事深有了解的人物。过去，沈从文就已和陈渠珍、龙云飞相熟，其他高级幕僚与沈从文也非亲即友。因此，一时间，沈从文成了大受欢迎的远方来客，时局的变化使他说话也没有了忌讳。

这天，沈岳霖以沈从文的名义，将陈渠珍、龙云飞一批同乡文武大老，请到了沅陵家中，沈从文向他们介绍了北平、南京、武汉、长沙见到和听到的有关时局发展的消息，说明战火已沿长江向内地延烧，洞庭湖泽地带，必将成为下一阶段的主要战场。到那时，湘西将在后方战略物资供应和兵源补充方面，占据特别重要地位，这也为湘西人报效祖国、为民族尽力提供了一个最好机会。他援引 1931 年在上海见到蒋百里先生时听来的一段故实：一个德国文化学者，曾将日本人加以分析，认为强韧坚实足以和中国湖南人相比，热忱明朗却还不如。日本想侵略中国，必须特别小心。近于天然的心理防线，头一道是山东、河南的忠厚朴质，不易克服，次一道是湖南广东的热情僵持，更难对付。日本人反驳那学者，何以见而云然？那德国学者只引了两句历史上的成语作答："楚虽三户，亡秦必楚。"……他希望在座故旧亲友，珍惜这一个千载难逢的机会，为民族争生存，为家乡争荣誉。可是，由于历史的偏见和长久积习，湘西地方在外面一般人头脑中所得，却是"匪区"印象，湘西人也被诬为"土匪"。自己这次回到长沙时，有熟人请去吃饭，席间就有人称自己是"湘西土匪"，话属玩笑性质，虽然无从辩也不足辩，终不免令人痛苦。作为湘西人，应尽力顾全大局，安定后方，以湘西健儿勇于对外流血牺牲，来洗刷尽千百年来强加于湘西地方民族的耻辱。

谈了约两个小时，结论就是“家乡人责任重大艰巨，务必要识大体，顾大局，尽全力支持这个有关国家存亡的战事，内部绝对不宜再乱。还得尽可能想方设法使得这个大后方及早安定下来，把外来公私机关、工厂和流离失所的难民，分别安排到各县合适地方去。所有较好较大建筑，如成千上万庙宇和祠堂，都应当为他们开放，借此才可望把外来人心目中的‘匪区’印象除去。还能团结所有湘西十三县的社会贤达和知识分子，共同努力把地方搞好。”[1]

这次谈话对湘西局势的后来发展，产生了重要影响。不久，龙云飞等人领导的苗族起义军从抗日大局出发，接受了国民党政府的改编，八千苗族起义男儿，被编为新六军暂五师和暂六师，开赴抗日前线，在湘北一带与日军浴血作战，取得著名的“湘北大捷”。然而，沈从文的内心隐忧也变成了现实。——国民党政府与苗族起义军谈判的背后就包藏了祸心：企图假日军之手，消灭苗族生力。龙云飞等起义领袖在识破这一阴谋之后，相继返回湘西。

对那支外出抗日的苗族武装，在贵州境内实行堵截，打算只要他们的器械与士兵，不要苗族自己的干部。因此又把他们逼回苗区。（国民党反动政府对这个事件始终是秘密的，我一九四〇年在重庆得自国民党某君的面叙）[2]

[1] 沈从文 . 沈从文自叙传 [M] . 太原：北岳文艺出版社，2016.

[2] 吕振羽 . 中国民族简史 [M] . 北京：三联书店，1951.

沈从文逗留沅陵期间，沈岳荃已收到了长沙师部拍来的急电，限这位上校团长五天内率领在沅陵的两连伤愈士兵，向常德集中，并接收常澧管区四营兵丁，作为本团补充，再开往南昌与日军作战。次日又来了第二次急电，将五日期限改为三天，算来明天就得出发。

第二天下午，天色阴沉沉的。沈从文来到河滩上，为弟弟送行。

临时雇定的十几只大小空油船，一字排在河边码头边。一些军用品堆放在河滩上，正有人在向船上搬运。一些随沈岳荃同行的下级军官，也陆续上了船。那两连伤愈的家乡子弟兵，都穿着崭新棉袄，早排队到了河边，待装船物资上齐，也分别上了船。几个从河边过路的学生代表，见此情形，知道事出仓促，来不及组织欢送，立即跑到城门边杂货铺，买了两封千子头鞭炮，带到了河边。

眼见弟弟离开自己，走上一只大船，沈从文沉默无语，一种悲壮和肃穆情绪糅合在心里。

鞭炮响起来了，大船已经调转船头，十几只船相继缓缓向下游滑去，沈岳荃和一群下级军官站在船头，默默地向沈从文挥手。

沈从文眼里充满热泪，不由自主地沿河滩跑了起来，心里有一个声音在喊："这不成！这不成！"同时又有一个声音在回答："这是战争，这是战争，这是战——争！"

船队的影子在下游河岸转弯处消失了。河面上慢慢升起的湿雾，逐渐聚拢，并向上升腾，越来越浓。黄昏正在降临，沅陵码头远近房屋和声音，同往日一样，不久就变得一片混沌，包裹在沉沉黑雾里了。

想起在长沙与徐特立的谈话，沈从文感到，要使地方安定下来，一致对外，远不是一次谈话就能奏效；而要消除外来人认湘西为"匪区"的错误看法，还得向人们介绍湘西的实在情形。因此，在送别弟弟以后，沈从文便着手写作以两年来湘西事变为背景的长篇小说《长河》。

小说选取沅水上游水码头吕家坪为故事发生的地点。开篇《人与地》集中展示民国以来20余年间湘西社会变迁的大略情形。时间的长河已从《边城》茶峒流到了吕家坪。由于点缀都市文明的奢侈品大量输入，唯实唯利庸俗人生观无形中正洗刷着乡村正直朴素人性美的最后一点残余。与此同时，自外而来的压力正酝酿着湘西新的社会变乱。伴随那位“家边人”（即陈渠珍）下野、所部军队调离湘西，邻县正“调兵遣将”（苗族起义军对国民党军事进攻作出的反应）而来的，是“新生活”（蒋介石提倡的所谓“新生活运动”）和“中央军”的向上调动。

> 妇人把话问够后，简单的心断定“新生活”当真又要上来了，不免惶恐之至。她想起家中床下砖地中埋藏的那二十四块现洋钱，异常不安，认为情形实在不妥，还得趁早想办法，于是背起猪笼，忙匆匆的赶路走了。两只小猪大约也间接受了点“新生活”的惊恐，一路尖起声音叫下坳去。[1]

“新生活”自然是国民党中央势力的象征。然而，这实在又不是象征。它与向上调动的“中央军”，只是一个东西的两面。它在骨子里是湘西地方民族灾难的根源。“怎么省里又要调兵上来？又要大杀苗人了吗？苗人不造反，也杀够了！”“掌柜的，真是这样子，我们这地方会要遭殃，不久又要乱起来。又有枪，又有人，后面又有撑腰的，怎么不乱？”

——《长河》敲响了历史上屡见不鲜的五溪会猎的开场锣鼓。沈从文从深处触到那个“苗民问题”，他感到一种彻骨之痛。为了冲淡现实

[1] 沈从文．沈从文小说选 [M]．北京：人民文学出版社，1982.

带来的内心痛苦，小说有意作成一种牧歌式的谐趣，涂染变动来临前的乡村宁静，描绘乡村美丽、质朴、天真、善良的灵魂，以及“乡下人”面对人生忧患的镇定从容。

> 他心里想：“慢慢的来吧，慢慢的看吧，舅子。‘豆子豆子，和尚是我舅子；枣子枣子，我是和尚老子。’你们等着吧，有一天你看老子的厉害！”

> 夭夭不作声时，老水手于是又想起“新生活”，他抱了一点杞忧，以为“新生活”一来，这地方原来的一切，都必然会要有些变化，夭夭姊妹生活也一定要变化。可是其时看看两个女的，却正在船边伸手玩水，用手捞取水面漂浮的瓜藤菜叶，自在从容之至。

小说的主干故事就在这一时代大背景下发生。吕家坪那位依权仗势、横行乡里的保安队长（国民党邪恶势力的化身）与葡萄溪滕长顺一家的矛盾，围绕着敲诈橘子与调戏夭夭事件展开并逐渐激化。面对外来邪恶势力的欺压，“乡下人”生命内部已经生长出抵抗忧患的力量。

> 夭夭呢，只觉得面前的一个唱的说的都不太高明，有点傻相，所以也从旁笑着。意思恰恰像事不干己，乐得看水鸭子打架。本乡人都怕这个保民官，她却不大怕他，人纵威风，老百姓不犯王法，管不着，没理由惧怕。

“沙脑壳，沙脑壳，我总有一天要用斧头砍一两个！”

然而，这矛盾发生于中日矛盾激化、战争迫在眉睫之际，而国民党却忙着对内兼并，消灭异己。——“听人说兵向上面调，打什么鬼子？鬼子难道在我们湘西？”一方面，“乡下人”对此感到无从解释的困惑；一方面，一份爱国热情正在身上燃烧。

“船上有个美国福音堂洋人对我说，……日本会派兵来，你们中国明年一定要和他们打仗。……要打鬼子大家去！”

“我明天当兵去打仗，一定抬机关枪，对准鬼子光头，打个落花流水！”

《长河》揭示出湘西地方民族对外的爱国热情与他们自内遭遇压迫、欺侮的矛盾，后者又与湘西特殊的民族问题相联系。这一矛盾不仅影响到湘西地方的安定，也对中国抗战的命运构成威胁。它的发展走向，既关系到湘西地方民族的未来命运，也关系到中国抗战的前途。

在第二次国共合作已经实现，全民族抗日统一战线已经形成的 1938 年，不少文学创作沉醉于盲目乐观氛围的时候，沈从文以他对中国社会实际的深切了解，发现着那个“无可克服的根本弱点”，显示出一种特有的清醒。

《长河》继续着《边城》对自为生命形式的探索。在老水手、夭夭、三黑子等人物身上，不仅依旧保留了翠翠、二老、老船夫的善良、纯朴与天真，而且开始有了染指权力的欲望：“我当了主席，一定要枪毙好多好多人，做官的不好，也要枪毙！”以及对实现社会平等的渴求：“不许倚势压人，欺老百姓，要现钱买现货，公平交易。”他们已经摆脱对“天命”的依赖，生命主体生长出在社会变动中把握世界的信心。虽然《长河》仍不免对现实的沉痛感慨，却一扫《边城》里的伤感。——这一方面，是沈从文受到了湘西苗族迫使何键下台事件的鼓舞，一方面，又来自沈从文对战争或者会“完全净化了中国”的渴望。

《长河》只完成了第一卷。按预定计划，《长河》全篇共四卷规模，打算写到苗族起义军接受改编，蒋介石将其送上抗日前线，企图假日军之手消灭苗族生力为止，完成大时代变动中苗民族和湘西地方悲剧命运的描写。可是第一卷完成后，在香港发表，即被删去一部分；1941 年重写分章发表，又有部分章节不准刊载。全书预备在桂林付印时，又被国民党检查机关认为“思想不妥”，被全部扣压。托朋友辗转交涉，再送重庆复审，被重加删节，过了一年才发还付印。到全书由开明书店出版时，已经是 1948 年了。

《长河》终于以一部未完成的长篇，留在了中国现代文学史上。

三、寂寞之路

1938 年 3、4 月，沈从文搭乘汽车离开沅陵，西行经晃县出湘境，取道贵州玉屏、贵阳，再入滇去昆明。

到达晃县转车时，人多车少，车票十分紧张，沈从文又是一筹莫展。亏得一位中学毕业的售票员，弄清楚他的身份后，热情地对他说：“你就是沈从文？我知道你。别急，我给你弄一个好位子。”其时，由于正处战争时期，汽油匮乏，车辆都自带木炭应急，路况又极恶劣，路上常有翻车事故发生，沈从文乘坐的汽车却一路平安。

经过 20 多天的长途跋涉，终于到达了昆明。先期到达的汪和宗到车站将沈从文接到城里。

临时落脚处，是蔡锷发动反袁战争时在云南的旧居。这是一栋极平凡的小房子，斑驳陆离的瓷砖上，有“宣统二年造”字样。老式的一楼一梯，楼梯已霉朽不堪，走动时便轧轧作响，砖砌拱曲尺形长廊，因风雨剥蚀，早已倾斜。只有院子里两株合抱大的尤加利树枝劲叶茂，勃然有生气。对面是当年五省联帅唐蓂赓公馆。那是一座美轮美奂的建筑，以其花木亭园名贵一时。中日战争爆发不久，便成了美国驻昆明的领事馆。两座建筑隔路相对，形成奇异鲜明的对比。

站在院子里的尤加利树下，沈从文不由想起历史上默不言功的将军冯异。不求生前的虚荣，不计身后的寂寞，一切有益于民族、人类的事功，皆成于一种沉默的努力中。……

自沈从文逃离北平后，夫人张兆和携带两个孩子，留在沦陷的北平，一直到 1938 年初，母子三人同九妹岳萌，才途经香港，取道越南河内，沿滇缅线到达昆明。一家人长达一年多的离散奔波，相互间说不尽的思念、担心、痛苦，至此方告结束。

张兆和到达昆明后，沈从文随家眷住青云街六号，不久迁北门街蔡锷旧居，连同九妹岳萌、四妹张充和，与杨振声及其女儿杨蔚、儿子杨起，刘康甫父女以及汪和宗，组成一个临时大家庭，外加金岳霖寄养的一只大公鸡。

> 杨振声俨然家长，吃饭时一大桌，杨面南而坐。刘左沈右，无人指定，却自然有序。我坐最下首，三姐在我左手边，汪和宗总管伙食饭帐。[1]

---

[1] 张充和．三姐夫沈二哥 [J]．海内外，1981（28）．

这时，沈从文已在西南联大师范学院任副教授，第二年转北京大学（当时，西南联大所属各校上课不分开，编制分开）任教授，担任现代文学、习作课程。除教学和写作外，沈从文和杨振声一起，重新开始战前即已起首的教科书的编撰工作。这工作由杨振声领衔主管，却不常来；朱自清一周来一两次，沈从文、汪和宗、张充和则经常在青云街六号小楼上。沈从文任总编辑，分工选小说；朱自清选散文；张充和选散曲，兼作注解；汪和宗负责抄写。

不久，昆明就有日机空袭轰炸。每当空袭警报一响，大家携家带口，忙匆匆外出躲避空袭。人们都往城外跑，金岳霖却总要跑进城里，去抱他那只大公鸡。后来，由于日机轰炸频繁、躲不胜躲，沈从文一家搬到了昆明附近呈贡县的龙街，距城十余里的乡下。留住城里的九妹岳萌，在一次轰炸中城里起火时，忙着帮助别人救火抢东西，不料自己的全部值钱物品却被歹徒乘乱劫走。因受刺激太深，承受不住，神经有了毛病。不得已，由沈从文托人送往湘西沅陵，嫁给了乌宿地方一个乡下木匠。20年后，在三年困难时期，因缺粮断炊而饿死。

在西南联大任教期间，沈从文和许多热情爱国的学者、教授，成为大受学生欢迎的人物。同战前在北平一样，沈从文一边默默笔耕，一边热情关心、接近那些爱好文学的青年学生，冀望着为文学运动造就一批生力。后来，在文学上取得了出色成绩的汪曾祺、林蒲（美籍华人作家）等人，都是他在西南联大的学生。

记得由西南联大及其他大学爱好文艺的学生所组成的“高原文艺社”，有一次开会，请沈先生演讲。有人曾提到，英国人说，英国能不能保留印度，是次要问题，但英国绝不愿没有莎士比亚。而中国呢？日本占领了中国大片土地。日本人错了，我们中国大后方，甚至沦陷区，始终有如沈从文先生一类明智人士，继续给我们指导。失土的收复，是迟早的事！话说得对，说出了人人心上的话了。在漫长的抗日时期，谁不愿意拿着自己的血和肉，造成新的长城！主要是建立正确的路向。那时候，沈先生等，接近年轻人，处处与抗敌御侮，注射了新生的血液，教学之余，纠合同人，创办杂志刊物，评论时政得失。……结果，沈先生便受到了左的或右的打击。沈从文的路子是寂寞的！他是默默地固执走着他的寂寞的路子。至于接近年轻人，鼓励年轻人，除了为年轻人向国家社会讨回“公平”而不随意磨折之外，就以我个人为例吧，只要你愿意学习写作，无时无刻不可以和沈先生接近。我当时在国内发表的文章，十之八九，都经沈先生润色过的，全篇发回来重写也是常有的事。[1]

在沈从文离开沅陵去昆明时，中华全国文艺界抗敌协会在武汉成立。老舍被推选为总务部主任，主持“文协”日常工作。沈从文到达昆明后不久，收到了老舍的一封来信，请他出任云南“文协”第一任主席。这时，沈从文正痛感文坛龙蛇不一，一些本身没有任何作品，却别有所图的人挤进“文协”来凑热闹。这个认死理的“乡下人”，眼前的现象与他要求于文学运动的“清洁”标准不符，现实总让他失望。世界上任一社会运动都不可能以纯粹的形式进行，合目的性与反目的性总是并存。因此，他在给老舍的回信中问道：

[1] 林蒲．沈从文先生散记 [J]．海内外，1981（28）．

究竟是有了作品才是作家，还是进了“文协”就是作家?

对这样的问题，老舍自然无从作答，沈从文出任云南文协主席一事只好作罢。

然而，沈从文并没有置身于抗战文学运动之外，他始终关心着文坛的风云变幻，并卷入了抗战时期两次影响极大的文学运动的论争。

1939 年 1 月，沈从文发表了题为《一般或特殊》的文章，针对一部分作家放弃文学创作的特殊性，将其等同于一般的抗日宣传工作的现象提出批评。文章从社会技术进步导致社会分工的出现，知识学问趋向“专门化”、“特殊化”的历史规律入手，指出文学创作原是一门复杂的劳动，充满了试验，掌握文学性能很艰难，而现在不少人将文学看作一般的政治宣传品，这就导致人们常说的“抗战八股”的产生。因此，文学创作质量的提高，还得在一般的宣传小册子以外想办法。

这些人好像很沉默，很冷静，远离了“宣传”空气，远离了“文化人”身分，同时也远离了那种战争的浪漫情绪，或用一个平常人资格，从炮火下去实实在在讨生活，或作社会服务性质，到战区前方后方，学习人生。或更抱负一种雄心与大愿，向历史和科学中追究分析这个民族的过去当前种种因果。这几种人的行为，从表面看来，都缺少对于战争的装点性，缺少英雄性。然而他们工作却相同，真正贴近着战争。目的只一个，对于中华民族的优劣，作更深的探讨，更亲切的体认，便于另一时用文字来说明它，保存它。他们不在当前的成功，因缘时会一变而为统治者或指导者，部长或参政员。只重在尽职，尽一个中国国民身当国家存亡忧患之际所能尽的本分。

在说及特殊与一般的关系时，文章指出：

据我个人看法，对于“文化人”知识一般化的种种努力，和战争的通俗宣传，觉得固然值得重视，不过社会真正的进步，也许还是一些在工作上具特殊性的专门家，在态度上是无言者的作家，各尽所能来完成的。中华民族想要抬头做人，似乎先还得一些人肯埋头做事，这种沉默苦干的态度，在如今可说还是特殊的，希望它在未来是一般的。[1]

1942 年，沈从文再写《文学运动的重造》[2]，进一步发挥了他的批评。文章回顾了战前出现的文学与商业和政治两方面结缘，结果随社会流行趣味盈虚消长的现象，指出这种现象在抗战爆发后有了进一步发展。一些“照例是无作品”和才具平庸、钻营有术的作家，到处附庸风雅，作一切热闹场面上的应酬点缀，导致“作品过度商品化”和“作家纯粹清客化”，文学与这些人的活动纠缠在一起，失去了原有的庄严性，与摆脱“流行趣味”，在创作中沉默努力的作家，如鲁迅、茅盾、丁玲、巴金、徐志摩、朱自清、丁西林、废名、李健吾、曹禺、施蛰存、芦焚、艾芜等人，形成鲜明对照。文章希望通过作家的共同努力，将文学从商界和官场解放出来，使文学作品的价值，从“普通宣传品”变成“民族百年立国的经典”。

---

[1] 沈从文 . 一般或特殊 [J]. 今日评论，1939，1（4）.

[2] 沈从文 . 文学运动的重造 [J]. 文艺先锋，1942，1（2）.

沈从文在文章中，集中提出的是这样两个问题：一、抗战时期的文学创作，是满足于一般的抗战通俗宣传，还是深入把握抗战时期的民族精神现实，使其成为“民族百年立国的经典”？二、作家是满足于风云际会，以“文化人”身份猎取一官半职，还是甘耐寂寞，在沉默努力中为民族抗战切切实实尽自己义务？在这两个问题上，沈从文的取舍是明确的。

这两篇文章发表后，相继遭到来自左翼文学阵营的激烈批判。他的观点被概括为“反对作家从政论”，并与朱光潜、梁实秋等人的言论联系起来，视为反对作家抗战的反动文学思潮。

1939年4月，巴人在《展开文艺领域中反个人主义斗争》一文中，有关沈从文的部分里说：

> 在沈从文先生的论点里，是更着重于“专门研究”，那是谁也看得出来的。同时他把一般的工作和特殊的工作，截然分为两截，那在他的题目上，也很分明地揭示了。他不说“一般”与“特殊”，而说“一般”或“特殊”。然而，他却把这“特殊的工作”和抗战牵上了一根线，让做特殊工作者有名义特殊下去，这一毒计，是超过梁实秋之上了。
>
> 再没有比沈从文先生的意见更明白的了。
>
> 中华民族要抬头做人，首先得专门家、作家——多好听的名词啊——埋头苦干，一切一般化的努力，不是中华民族抬头之道。你听：“似乎先还得——”这有力的声音，是表示什么？停止抗战吧，得过50年的埋头苦干以后再说！胡适主义的最好注脚，莫过于这一篇高妙的文章了，如果真的照沈从文先生的办法，那么抗战完结，在敌人的鼻息下，“建国开始”，千秋

万岁，沈从文也就“懿欤盛哉”了。[1]

1943 年，《新华日报》连续发表文章，对沈从文的“反对作家从政论”提出批评。文章指出沈从文缺乏区别，将“外在的政治力量限制作家写作和作家自发地在作品中表现政治意识这完全不同的两回事混为一谈”；“将那牺牲了自由和生命亦在所不惜的正直的作家们，和那般‘朝秦暮楚’‘名利双收’的群丑们混为一谈”。

> 我们认为：以政治的权力从外面去限制作家写作固然得不到好结果；而作家在自己底作品之中表现政治见解（使自己底政治观念成为作品的骨干，作品底血肉，不是附加上去的尾巴），却是当然也是必然的。[2]

> “作家从政”，我们也可能反对，但要看是怎样在“从”，而所“从”的又是怎样的“政”。假使是在军阀统治时代，一个作家要以蝇营狗苟的态度，运动作官，运动当议员，那当然是值得反对的事。旧时代的“八不主义”里面，早有“不做官”一条，那倒不失为清高。然而在抗战时期作家以他的文笔活动来动员大众，努力实际工作，而竟目之为“从政”，不惜鸣鼓而攻，这倒不仅是一种曲解，简直是一种诬蔑！[3]

沈从文的观点，同他一贯坚持的文学独立原则相关。一份“乡下人”

---

[1] 巴人 . 展开文艺领域中反个人主义斗争 [J] . 文艺阵地，1939，3（1）.

[2] 杨华 . 文学底商业性和政治性 [N] . 新华日报，1943-2-17.

[3] 郭沫若 . 新文艺的使命 [N] . 新华日报，1943-3-27.

的倔拗，虽然常常使他陷于偏执，却也保护着他的生命人格的独立，尽管生命人格的独立并不以偏执为前提。这份性格无可避免地造成了他在特定的中国现代文学环境里的孤立。

1940 至 1942 年间，西南联大的教授中间，出现了一个新的文艺派别，即由陈铨、林同济、雷海宗等人组成的“战国策派”。他们先于 1940 年在昆明、上海编辑出版《战国策》杂志，1941 年在重庆《大公报》上开辟《战国》副刊，并在上述刊物上发表文章，宣传以“‘大政治’为‘力母题’”的理论主张。他们以“历史形态学”为根据，将抗战时期的国际形势看作“战国时代的重复”，没有正义人道可言，是“争于力”的时代；从叔本华、尼采的“权力意志”“超人哲学”出发，提出“英雄宇宙中心论”，主张“英雄崇拜”，反对“民治主义”，认为“实际上社会的进步，是靠少数超群绝类的天才，不是靠千万庸碌的群众”。而与“超人哲学”对立的“民治主义”，“就是提高群众的力量，压迫天才领导的行为”。[1] 在上述理论基础上，提出文学创作的“三道母题”：“恐怖”——“人们最深入，最基层的感觉”；“狂欢”——“时空的恐怖中奋勇夺得来的自由力创造”，它“生于恐怖”，“也必归于恐怖去”；“虔恪”——对自我外“可以控制时空，也可以包罗自我”的存在，即“绝对之体”的发现，从而导致的“在神圣绝对体面前严肃屏息崇拜”。[2]

“战国策派”的出现，正是国民党对内制造摩擦，压制民主，颁布限制异党活动办法，向共产党提出军政统一于政府的“统一论”的时候，其理论主张自觉迎合国民党政治独裁的需要。“战国策派”的理论主张在 1941 年至 1942 年间达到高潮，其发端却起于 1940 年。

---

[1] 陈铨 . 德国民族的性格和思想 [J] . 战国策，1940（6）.

[2] 林同济 . 寄语中国艺术人 [N] . 大公报，1942-1-21.

1940年5月，陈铨在《战国策》第4期上，发表了《论英雄崇拜》一文。文章援引叔本华、尼采的“超人哲学”为自己的英雄观张本，认为欧战中英法的败北，是由于欧洲英美的民主传统，而德国的取胜，则是信仰英雄崇拜的结果。中国自“五四”以来，却效法英美传统，提倡民治主义，以至个性主义抬头，使中国读书人太不崇拜英雄。因此，中国要抗战救国，保持自己的生命自由，主要条件便是“英雄崇拜”，否则，是决没有侥幸的。

陈铨的文章一发表，沈从文立即就写了《读英雄崇拜》，对陈铨的观点进行了反驳。沈从文从“英雄”的实际含义，即“真的领袖”的分析入手，指出所谓领袖人物，并非由于“头脑万能”，不过是“有权居势”，居“提纲挈领的地位”。他的“伟大”，并不靠群众单纯崇拜，反倒靠各方面的热忱合作。陈铨的“英雄”观出于尼采的“超人”哲学，这种英雄，“配上拿破仑性格风度倒刚好合式”。“可惜时代已经过去了”，20世纪“神的解体是一件自然不过的事情”。如果说“神之再造”还有必要，也绝不是那种超人英雄，而是对群众中“思想观念手足劳动有特殊成就的人，赋予了一种由尊敬而产生的神性”。文章以国际国内著名领袖人物罗斯福、斯大林、孙中山的思想行为为例，阐述了领袖和群众的关系。

英国封一个戏子作爵士，瑞典给一个电影女演员大勋章，这是国家有意从娱乐群众分子中产生英雄的一例。罗斯福为了表示伟大，有时会为足球比赛发发球，斯太林为了表示伟大，大排场款待从北极探险回来的水手，这又是现代伟大意义不同的另一例子。末后二事值得注意处，便是真的领袖都有意将英雄崇拜情绪转移到娱乐或致用分子方面去，个人却承受了“民治主义”一个对于“人”的原则，“领袖也是一个人，并不是神”，他要人相近。不要人离远。要群众信托爱敬，不要迷信崇拜。[1]

文章还指出了陈铨对“五四”以来中国思想文化传统的曲解，明显地带着“清末民初遗老口吻”。“五四”以来国家的种种流弊的产生，决非提倡民主和科学之过，恰恰在于“统治方式只注重集权”，救治之道，不在“英雄崇拜”，而在“民治主义和科学精神”。

《读英雄崇拜》是抗战时期最早出现的反对“战国策派”的论文，他的反英雄崇拜，提倡民治主义，将领袖看作一个人而不是神的观点，是他一贯反对强权政治、主张政治民主的思想结晶。

可是，由于沈从文与陈铨、林同济同在西南联大任教，彼此又是熟人，在《战国策》杂志创办之际，沈从文在该刊上发表过文章，便有人散布沈从文也是“战国策派”的谣言，沈从文自己也收到过询问这事的来信。1943年，他在《给一个军人》的回信中，这样回答说：

你看过《战国策》，怎么会把我和陈铨先生的主张并提？怎么会以为我是和他同在赞美超人英雄？我只记得陈铨先生写了篇“英雄崇拜”，我写了篇文章驳他。把我和他并提，是一些莫名其妙的人在小刊物上写杂感时的技巧，与事实是完全不相符的。[2]

四、昆明冬景

沈从文又一次开始了每星期往返一次的“周而复始”运动。——自全家迁居昆明呈贡县龙街以后，沈从文每周三天住城里，上课，编教科书，

[1] 沈从文．读英雄崇拜[J]．战国策，1940（5）．

[2] 见《云南看云集•给一个军人》。沈从文．沈从文选集：第5卷[M]．成都：四川人民出版社，1983.

指导青年学生；三天住乡下，写作兼作一点家务。眼下，抗战已到了最困难时期，同昆明大多数教授一样，沈从文一家陷入严重的生活困顿之中，以至常常无钱回家。每到这时，他便先去开明书店借一块大洋做路费，然后坐火车到呈贡，雇一匹老马，走十里路程，回转乡下家中。

此时，沈从文正骑在马上，晃晃悠悠穿越那个必经的宽约七里的大田坪。

沿路一条引水渠道，长年鲜活流水中，无数小虫小鱼，正临流追逐，各尽生命之理；渠道临流处，簇簇野生慈姑，开着的小小白花有如水仙，黄蕊白瓣，成串从中心挺起，勃然有生气；路旁刺蓟科野草丛里，翠蓝色小花清雅脱俗，不远处的蚕豆、小麦田里，到处点缀着浅紫色的樱草，花朵细碎而妩媚。不时有羽毛黑白分明的成对鹡鸰，见人来时始惊飞起；浸水田里，常常立着两三只白鹭鸶，清癯而寂寞，似乎有所等待，有所寻觅……沿路不时有驮面粉和烧酒的小马驰过，赶马人在后面远远地吆喝着“让马！”，行人必照规矩下到田塍让路；忽然有两匹马从沈从文身后超出，随即又慢了下来。马上两个 20 岁左右的女大学生，一面咬嚼酸梨，一面谈笑。前面一个突然回头，将一个湿淋淋梨核向同伴抛去；同伴笑着一闪，那梨核不偏不斜打在沈从文身上。见沈从文吃了一惊，两个女学生却嘻嘻哈哈放马向前跑去了。

这点小小的人事景象，似乎反倒增加了野外的宁静。沈从文再次获得了与自然对面时的单独。

然而，沈从文的心里却不平静。

长住乡下，在与社会场面、家中亲友隔绝的状态下，已经过了五个年头。一家人在极其简朴生活中，送走连续而来的每一个日子。但仍从各种来信中，看到了当前社会的一个断面，明白这个民族在痛苦中如何接受时代所加在他们身上的严酷实验。来信中提到的，有初入社会年轻人与现实生活对面时所感到的灰心失望，有中年人在诚实工作中接受一份寂寞报酬所感到的郁郁不平，也有战争带来的亲友死亡的消息。26岁的小表弟黄育照，一个通信连连长，在同日军作战中，为掩护部属抢渡，在华容阵亡；为写文章讨经验，随部队转战各地六年的表弟聂清，也在洞庭湖边牺牲了……

> 既然是战争，就不免有死亡！死去的万千年轻人，谁不对国家前途或个人事业，有种光明希望和美丽的梦？可是在接受分定上，希望和梦总不可能不在同样情况中破灭。或死于敌人无情炮火，或死于国家组织上的脆弱，二而一，同样完事。这个国家，因为前一辈的不振作，自私而贪得，愚昧而残忍，使我们这一代为历史担负那么一个沉重担子，活时如此卑屈而痛苦，死时如此糊涂而悲惨。[1]

眼下，在这大后方，物价在飞涨。本地小学教员正照米价算工薪，一个大学校长的收入在四千法币左右，大学教授的收入在三千法币上盘旋，竟不如一个堂倌或理发师，一个优秀的图书馆员的薪给不及“资源委员会”的门房。一切近于玩戏法，恰如要一条蛇从一根绳子上爬过，成天为吃饭发愁！为应付生存，闻一多靠出售图章、李晨岚靠卖画、董作宾靠卖字来贴补家用，自己手边还有一批他们托付的图章、字画，正急需代为寻找主顾！……自己家里，日子过得也极窘迫。住处在离滇池五里远近的一个小小村落里，房屋简陋，用作厨房的一间，斜梁接榫处

[1] 见《白魇》。沈从文.沈从文散文选[M].北京：人民文学出版社，1983.

已经开裂，却无钱修理，每逢大雨倾盆时，雨水照例从裂缝处向屋内灌注，即使半夜，也得从床上爬起来，动用盆、桶各种家什，与张兆和轮流接、倒，稍一疏忽，厨房即成一汪水池。不漏雨的两间，因檐口浅，门前水沟常溢水为患，室内常湿漉漉的。最严重的是 7、8 月雨季，每夜都可听见村中远近土墙闷钝的倾圮声。一家人听着这声音传来的方向和次数，坐待天明。因为这种坍塌在自己身边也随时可能发生。家里早已用不起保姆，一切家中大小杂务，都得自己动手。磨刀扛物是自己 20 年前老本行；张兆和则负责烧饭洗衣、照看孩子，同时还要去中学教英语；挑水捡树叶，则全家出动，九岁的龙朱，六岁的虎雏，一律参加。吃饭时，粗的细的，干的湿的，家里有什么吃什么，苞谷红薯做主粮也是常事。数量不够时，先尽两个孩子吃饱，大人半饥半饱了事。

尽管日子过得极为狼狈，全家人精神却极好。“这是战争！”一个朴素而简单的信念支撑全家人渡过眼前的困难。……

想起几年来挂在自己和家人口头上的这句老话，马上的沈从文有了一种从容和镇定。他深明大义，国家在艰难中，前方在流血，流血的并不少自己的亲友，个人生活艰难是预料中事。可是，一想到昆明城里，国民党治下的种种人事，沈从文的心里又不免痛苦起来。

国民党党政机关的大小官吏仗势枉法，颟顸贪得；文化检查机关压制民主、控制舆论，一个月来，自己的文章就有三次遭到扣压，这些自不必去想它，虽令人气愤却不奇怪。可怕的是一座小小山城，到处是钞票在膨胀，在活动，影响到多数人的做人兴趣。一种可怕的庸俗实际主义，仿佛一场无形的瘟疫，在社会各组织各阶层中蔓延流行。每天能看到的，除了报纸上空洞的论文、不通的演讲，似乎就只有“法币”。商人和银行办事员直接为法币而奔忙，自不足奇；最可悲的现象，是大学里的商学院，每到注册上课时，照例人数特别多。这些人学经济，习会计，目的只在毕业后能进银行做事。一些社会研究所的专家，学图书馆的，弄考古的，学外国文学的，只要有亲戚、朋友、同乡牵线，机会一来，就纷纷挤进银行或相近金融机关当办事员。许多优秀脑子，都给有形的法币和抽象的法币弄得昏昏的，失去了应有的灵敏和弹性，以及对“生命”较高的认识。

“我的法币下落了！”

“我的汽油上涨了！”

“我的事业这一年发了 50 万财！”

“我从公家赚了 8 万 3！”

…………

无论走到何处，所遇面孔无论生熟，几乎都可以听到类似的声音。谈话里交织着得意与失望，忧心与亢奋，痛苦与欢乐。人类的全部基本情绪只在“法币”的得失上涨落。

这种只注重目前一己得失的情结，正在人群中蔓延，障蔽了人们的眼睛，忘却了一个中国人身当民族存亡关头做人的责任。

> 我们的眼光注意到“出路”“赚钱”以外，若还能够估量到在滇越铁路的另一端，正有多少鬼蜮成性阴险狡诈的木屐儿，圆睁两只鼠眼，安排种种巧计阴谋，在武力与武器无作用地点，预备把劣货倾销到昆明来，且把推销劣货的责任，派给昆明市的大小商家时，就知道学习注意远处，实在是目前一件如何重要的事情！[1]

[1] 沈从文 . 云南看云 [N]. 大公报，1940-4-12.

更有甚者，一些人追逐金钱的结果，做人的良心标尺，已被压扁扭曲，失去了应有的完整。

沈从文的眼前浮现出不久前，张兆和一位堂姐来乡下看他们时的情景。

…………

“啊呀呀，三妹，你怎么穷到这样子？还教什么书，写什么文章，跟我出去做生意，包你们发财！”

这位堂姐一进门，一面用眼睛四处打量，一面直嚷。

望着这位堂姐身上入时的衣饰和保养得极好的又白又胖的圆脸，沈从文只觉得眼前的来客气概异常大，灵魂却异常小，他无言以对，心里却起了一丝怜悯。

这位堂姐嫁了一位铁路上的工程师，在这国家困难的年头，却利用职务上的方便，大做投机生意，一时发了大财。这位太太每天要烫两次头，家里小孩一天看三场电影……生活虽过得有滋有味，生命却无热无光，金钱扭曲了人性，已失去做人的起码良心。家里有一位因战乱逃亡来投靠的寡嫂，却被视为异路人。那位已经死去的堂兄叫张鼎和，后改名张璋，共产党员，是一个带传奇色彩的革命者。1927 年大革命时，在广州被国民党逮捕，关在戏楼上，半夜从监狱屋顶上越狱逃走。30 年代初，入北平辅仁大学化学系，一边读书，一边从事地下活动，为筹建北平“左联”而奔走，并当选为北平“左联”的执委。后离开北平返老家合肥乡下从事革命活动，曾夺取枪支武装农民，与一位地主绅士的叔叔在一栋房子里隔墙互做武装戒备，以至被“张家老围”视作洪水猛兽。后遭国民党军警追捕，逃亡到了日本，又被引渡回来，关押在合肥监狱里，终于被蒋介石下令枪决。1935 年 4 月，沈从文创作的小说《大小阮》中的小阮，就是以张璋的事迹作为原型的。张璋牺牲后，留下一个寡妻和三个儿女。寡妻是童养媳出身，婚前虽曾随大姑二姑同去张兆和父亲创办的乐益女中读书，不到一年就被家里叫回合肥。抗战爆发后，一个女儿被迫送给了别人。之后，独自带了三个孩子流落到湘西所里（今吉首），靠卖花生、瓜子一类小东西度日糊口，后来又辗转逃难到昆明，寄居在大姑——那位堂姐家里，实际上被当作用人老妈子使唤。而一切用于嫂子身上的开销，全由公费支出。

…………

这种种的黑暗腐败情形，使得许多读书人精神萎靡不振。有些教授之流，终日在牌桌上度过。生命俨然无别的用处，只能用花骨头与花叶子去耗费，在牌桌上争胜负。一时输了，脸上下不来，还要自我解嘲似的自言自语："我输牌不输理！"

想起自己有时也曾劝过一些熟人，不要成天泡在牌桌上，应从大处远处着眼，却常常话不接头，似乎自己反无是处，沈从文不觉皱了皱眉头。

"国家到这样子，全是过去政治不良，不关我的事！我难受，我能干什么！我不玩牌更难受！"——有的照例装洒脱，带着一副聪明又痛苦不过的神情。

"你以为你一个人对国家特别热忱？你去'爱国家'，好！我玩牌不犯法，比贪官污吏好得多！"——又有人恼羞成怒，反唇相讥。

十年前，沈从文在船上遇到一个大学生，谈到个人对国家民族应尽的责任、对人类未来应有的理想时，那位大学生说："这世上一切都是假的，相信不得，尤其是关于人类向上的书呆子的理想。我只见到这种理想和那份理想冲突时的纠纷混乱！我在大学读过四年书，所得的结论，就是绝对不做书呆子！"

望着眼前的虚空，沈从文从这十年前后的联结里，看到了民族中因循堕落的因子，及其传染浸润的连环。将眼前河山的丰腴与美好，与人事上无章次两相对照，从这个无剪裁的人生中，他似乎触到了“堕落”二字的真正意义。

战争已经进行了几年，前方战事虽屡屡失利，整个民族却不气馁。虽然已有万千人民死亡，无数财富被毁，仍然坚持抗战，就因为这背后还有一个庄严伟大理想，使我们对于忧患之来，在任何情况下都能忍受。可是，如果一部分读书人所梦想，所希望的，只是糊口混日子，缺少追求一个伟大道德原则的勇气，并相互浸润传染，战场上尚未完全败北，精神即见出败北趋势，我们这个民族明天怎么办?

这不成！这不成！人虽是个动物，希望活得幸福，但是人究竟和别的动物不同，还需要活得尊贵！……如果真正多数的幸福，实决定于一个民族劳动与知识的结合，就应当从极合理方式中将它的成果重作分配。当前实在需要一场“清洁运动”，将现代政治的特殊包庇性，现代文化的市侩气，以及三五无出息知识分子提倡的变相鬼神迷信，在年轻生命中形成的势利、依赖、狡猾、自私诸倾向，完全洗刷干净，恢复头脑应有的纯正与清朗，认识这个世界，并在人类驾驭钢铁征服自然的才智竞争中，接受这个民族一种新的命运。

这也就是一场战争，一道需要在精神上修复建筑的无形防线。……

离家已经不远了，杨家大院的房舍的轮廓已清晰可见。沈从文知道，家里此时正有来自各处的信件，等着自己拆看。几年来，他的相当一部分精力与时间，就花在给各种生熟朋友的回信上。这些回信传递出沈从文对抗战必胜的坚定信念，既鼓励那些在各方面服务的生熟朋友，其中，有下级军官、士兵、大学生、银行职员、小学教师、文学青年……在艰苦努力中为民族抗战效力，同时也是一种自勉。信中，有对抗战形势和前途的分析，有对身当民族危急时期基本的做人态度的阐述，有对文学运动在抗战中的意义的估价，以及一个文学工作者必经途径的建议……其中的一部分，已结集为《云南看云集》出版。此时，这些信件中的字句又断断续续爬上沈从文的大脑皮层。

> 恶邻加于我们这个民族的忧患，分量虽然不轻，然而近二十年来（也可以说是白话文运动以来），所产生的民族气概，一点自尊心和自信心，却一定担当得起这种忧患。所以“不久胜利”虽近于一个空洞名辞，“招架得住”业已表现于各种事实。既招架得住，争取时间便成为我们胜负的关键。以目前情势说来，乐观是有理由的。一个朋友对于日本人的失败，说得很有意思。他以为日本人的支那通，只懂中国唐宋时代的文学，民初军阀时代的政治，中国方面较深一点的文学作品，所表现这个民族的伟大感情伟大思想，照例看不懂。较浅一点，如近二十年来的白话文，所煽起这个民族的热情，表现这个民族进步的情形，也照例不明白。……只学会用他本国流氓勾搭中国失意军阀和油滑政客，以为可以得到成功，不能不大大摔一个跟头。支那通把近代中国由于文学革命以后，将文学当成工具，从各方面运用，给国民的教育，保有多少潜力这一件事根本疏忽了。[1]

> 你不要因为职务卑微就感到自卑，不要因为事情平凡就感到自轻。国家正在苦难中挣扎，凡有做一个中国国民良心和气

[1] 见《给一个广东朋友》。沈从文 . 云南看云集 [M] . 重庆：国民图书出版社，1943.

概的人，总都明白要国家从困难中翻身，得忍受个人那一分不可免的痛苦，虽事事受挫折，却不丧气，不灰心，更不取巧为个人出路担心或分心。一定明白个人出路得失问题小，民族兴衰国家存亡问题大。……你活下一天，就得好好的尽职。不幸倒下去，就腾出空地，让更年轻勇敢的小朋友填补上去。个人可死去，必死去，国家民族却决不能灭亡，更不应该把四千年来祖先刈草焚林开辟出来的一片土地，听它断送到少数民族败类和少数顽固、糊涂、自私、懦弱读书人的消极颓废行为中！[1]

要紧处或许还是把生命看得庄严一点，思索向深处走，多读些书，多明白些事情，了解人之所以为人，从生物学上说来，不过是一个比较复杂的动物，虽复杂依然脱不了受自然限制。……然而从人类发展史上看来，这生物也就相当古怪，近百年来知识的堆积，工具的运用，已产生不少奇迹。能明白人之所以为人兽性与神性的两方面，就一定会好好地来活个几十年，不至于同虫蚁一样了。[2]

如果文学运动的意义，是要用作品燃烧起这个民族更年青一辈的情感，增加他在忧患中的抵抗力，增加活力，据我私意，若照当前一些文学掮客抢群众方法，是不会有何成就的。他得有好作品，方可望办到。要有好作品就要作家耐得住寂寞，用一个比较诚实素朴的态度来从事工作，三十年还只是个假定，

[1] 见《给一个在芒市服务的小学教员》。沈从文．云南看云集 [M]．重庆：国民图书出版社，1943.

[2] 见《给一个广东朋友》。沈从文．云南看云集 [M]．重庆：国民图书出版社，1943.

事实上是应当终生努力，到死为止的。好的文学作品照例应当有教育第一流政治家的能力，可是如今一部分作家，却只打量从第三流政客下讨生活。我的意见受许多人批评，以为不切实际，也是极自然了。[1]

…………

终于到了屋边那条溪流的长堤上。平时，沈从文一家就是从这条溪流中取水，以供家用的。此时，七岁的虎雏正站在溪边，将竹叶折扎成的小船，放入溪流取乐。这是一位生活孤独性情纯厚的诗人朋友，来乡下沈从文处做客时，带孩子散步所作的游戏的继续。那时，他们常在小船上装饰一点红白野花，一点玛瑙石子，以及诗人朋友心之一隅单纯忧郁的希望，孩子一点天真的痴愿和幻想，望着小船乘流而去。小船去不多远，就一定会被洑流和河岸转弯处的漩涡搅翻。然而，在诗人的想象里和孩子的心中，小船在星光虹影里，正扬帆远去，并终有一天会到达彼岸。

看着眼前孩子游戏的情景，以及滇池上空如焚如烧的晚云，镶嵌在明净天空中一弯淡淡的新月，沈从文不由得轻轻叹了一口气。

五、烛照抽象人生之域

沈从文居住的村落，距云南著名的滇池只五里远近。由长住乡下与外部隔离所产生的孤寂，混合了一份现实引起的痛苦，沈从文常常在写作与家务劳作之余，独自来到村外的小山岗上，看滇池上空的云起云飞。

云南因云而得名，特点之一，就是天上的云变化出奇。——西藏高

---

[1] 见《给一个军人》。沈从文. 云南看云集 [M]. 重庆：国民图书出版社，1943.

原的冰雪融化蒸腾，南海常年吹来的热风，在滇池上空经造化神奇之手制作的产品，色调异常单纯，单纯中反见出伟大。晴日黄昏时节，天上一角有时黑得如一片漆，颜色虽黑得异常，在人的感觉中却十分轻灵，有赵雪松所作《秋江叠峰》画卷神气。在别一地方，“乌云蔽天”照例是“大雨滂沱”征兆，云南傍晚的云越黑，越表示明天晴光满天。它不像河南的云一片黄，似乎抓下一把来就可做窝窝头；不像湖南的云一片灰，长年挂在天空；也不像青岛海面的云，五色相宣，千变万化，引人起轻快感、温柔感，煽起人无涯际的幻想。

各地云的样式和色彩，也影响到人的性情，人与云似乎有一种稀奇的契合。北方的云厚重，人也同样厚重；河南的云粗中有细，人亦粗中有细；湖南的云虽无性格可言，橘子辣椒却在这种云气下成熟，增加了湖南人生命的发展性和进取精神；云南的云素朴，人也挚厚而单纯。

因云及人，沈从文不觉游目四瞩，环顾周围日光云影下的各种生命。

四周是草木蒙茸枝叶交错的绿荫，十丈外的溪流长堤上，松柏作成的一朵朵墨绿色长行排列；稍近处，柿子树疏朗的枝杈间，果实明黄照眼。左侧远处公路上，尤加利树摇摇向上直矗，叶片柳条鱼似的在微风中闪着银光；近处园地土坎边，仙人科植物一直向前延伸，肥大的叶片绿得哑静。身后高地上一片高粱，枝叶已由青泛黄，各顶着簇簇紫色颗粒，见出人力与自然结合的庄严。从前边松柏树间隙处望去，是一片远近浅淡的绿原。

沈从文觉得自己被绿色所包围，所征服。绿色在流动，像一部伟大的乐章，在时间的交替中鸣奏。虽然眼前一切，因绿色分配比例的不同，产生着各种差异，它们却综合成一种比乐律更精微的境界。在这境界中，沈从文觉得没有了对生命的痛苦与愉悦，也消失了对人生的绝望与希望，人仿佛与自然融为一体，谐和中还突出了一份自然的明悟，文字无法表现它，音乐也无从为力。

眼前的景象似乎正与人生契合，绿色是生命的象征，因为生命绿色所占比例分量不同，人生被分割成各种不同等级的样式。——脱去自然与人生的具体形色，沈从文正步入一个抽象的人生之域。

人是特殊的动物，即眼前所谓生物的一种，也吸收阳光雨露，需要吃、喝与种族的繁殖延续，努力在各种环境中适应生存。这是人与其他生物所共有，人终不能完全摆脱谋求“生活”的兽性。“人之所以为人，从生物学上说来，不过是一个比较复杂的动物，虽复杂依然脱不了受自然限制。因新陈代谢，只有一个短短的时期得生存到阳光下。”[1]然而，人又终究不同于一般的动物。除了衣、食、住、行和生儿育女，即“生活”，人之为人，应当还有超越单纯“生活”的神性，一种属于人生高尚理想与情操的精神活动，这才是区别于动物的人的“生命”。“金钱对‘生活’虽好像是必需的，对‘生命’似不必需。”[2]

人不能没有“生活”，否则“生命”便无所附丽。然而，仅仅有‘生活’而无‘生命’，人就与动物无别，是一种生物学上的退化现象。”[3]

极少人能避免自然派定的义务：“爱”与“死”。人既必死，就应当在生存的时候知所以生，故孔子说：“未知生，焉知死？”多数人以为“能吃，能睡，且能生育，即可谓知生。”[4]

事实上我们如今还俨然生存在萝菔田中，附近到处是“生命”，

[1] 见《给一个军人》。沈从文 . 云南看云集 [M]. 重庆：国民图书出版社 1943.

[2] 见《潜渊》。沈从文 . 烛虚 [M]. 上海：文化生活出版社，1940.

[3] 见《烛虚》。沈从文 . 烛虚 [M]. 上海：文化生活出版社，1940.

[4] 见《烛虚》。沈从文 . 烛虚 [M]. 上海：文化生活出版社，1940.

是另一种也贴近泥土，也吸收阳光雨露，可不大会思索的“生命”。[1]

还有更甚者。当前少数人“生活”的幸福，原来完全基于一种不义的习惯。人生受物欲控制，丧失了起码的做人良心，人性因之丧失净尽，“巢许让天下，商贾争一钱”；在争让中就可见出所谓人生的两极。这两极分野，并不以教育身份为标准。换言之，就是不以识字多少或社会地位大小为标准。许多不识字身份低的人，抗战几年来为民族做出的种种牺牲，已尽人皆知。即如一般手足贴地的农民，担负了自己那份命运，为自己，为儿女，从不逃避为了求生而应有的一切努力，努力中也感到了四时交替的严肃和生存的庄严。而许多所谓场面上人，事实上说来，不过如花园中的盆景，被人事强制扭曲成各种小巧而丑恶的形式罢了。一切所为，所成就，无一不表示对“自然”之违反，见出社会的抽象和人的愚心。[2]

由此看来，“生活”与“生命”，是构成人生的既相联系又相矛盾的两个基本成分。人生若从深处看，一切冲突皆由“生活”与“生命”的矛盾而生。

生命具神性，生活在人间，两相对峙，纠纷随来。[3]

人类的历史，若从抽象的角度看，似乎贯穿着“生活”与“生命”的基本冲突。“生命”在它的历史行程中，呈现出不同的演变形态，而“变”中又有“常”。在湘西少数民族原始遗留里，晃动着“生命”的原始影像。

[1] 见《烛虚》。沈从文 . 烛虚 [M] . 上海：文化生活出版社，1940.

[2] 见《长庚》。沈从文 . 烛虚 [M] . 上海：文化生活出版社，1940.

[3] 见《潜渊》。沈从文 . 烛虚 [M] . 上海：文化生活出版社，1940.

这是生命的原生态。它表现为“人与自然的契合”，是非爱憎不为金钱所左右，切近生命的本来。然而，这到底只是一种历史的残余。一方面，它只能与过去的环境相连接；一方面，它虽近“生命”本来，却又“其生若浮，其死则休”，单调又终若不可忍受，缺乏进一步发展的知识与理性。两百年来湘西的历史演变，更见出这种生命形态与变化了的环境的不相协调，是怎样从原始自由陷入蒙昧自在。原始的信天守命观念，限制着人的理性精神的苏醒，无法主宰自己的命运，已陷入怎样一种悲惨的人生境地。如不思改造，就无法在现代世界竞争生存。然而，生命者，只前进，不后退，能迈进，难静止。[1]它应当而且能够挣脱现实的茧缚，从自在走向自为，自外获取知识，激发理性，扩大人格，信守生命本来，掌握住自己的命运，并恢复独立与自由。按照预定的计划，走向理性指引的目的。“生命”的发展还不即此为止。个体生命的自由与独立不是“生命”的发展的终点。“生命”的明悟，使一个人从肉体理解人的神性与魔性如何相互为缘，并明白人生各种型式，扩大到个人生活经验之外，[2]时时刻刻都能把自己一点力量，黏附到整个民族向上努力中，[3]对人类的远景凝眸。生命之最高意义，即此种“神在生命本体中”的认识。[4]

然而，历史的实际发展似乎正与这种“生命”行程取不同的方向。人类知识的堆积，工具的进步，已能驾驭钢铁，征服自然。可是，人类间大规模的相互残杀，一切基于不义习惯的掠取，似乎与人类理性相背离，与愚蠢在情绪上好像又有种稀奇的结合。这大约是“工具”与“思想”

[1] 见《潜渊》。沈从文．烛虚 [M]．上海：文化生活出版社，1940.

[2] 见《长庚》。沈从文．烛虚 [M]．上海：文化生活出版社，1940.

[3] 见《潜渊》。沈从文．烛虚 [M]．上海：文化生活出版社，1940.

[4] 见《美与爱》。沈从文．云南看云集 [M]．重庆：国民图书出版社，1943.

发展不能同时并进的结果。[1]现代文明与“生命”的发展异途，人性被金钱扭曲，正形成一种无章次的人生。

> “蝗虫集团从海外飞来，还是蝗虫”。如果是虎豹呢，即或只剩一牙一爪，也可见出这种山中猛兽的特有精力和雄强气魄！不幸的是现代文化便培养了许多蝗虫。在都市高级知识分子中，特别容易发现蝗虫，贪得而自私，有个华美外表，比蝗虫更多一种自足的高贵。[2]

而且，现代社会的一切有形秩序与无形观念，几乎全都出于对这种现实的适应与认同。

> 所有各种人生学说，无一不即起源于承认这种种，重新给以说明与界限。更表示对“自然”倾心的本性有所趋避，感到惶恐。这就是人生。[3]

> 日月运行，毫无休息，生命流转，似异实同。惟人生另有其庄严处，即因贤愚不等，取舍异趣，入渊升天，半由习染，半出偶然；所以兰桂未必齐芳，萧艾转易敷荣。……凡此一切，智者得之，则生知识，仁者得之，则生悲悯，愚而好自用者得之，必又另有所成就。不信宿命的，固可从生命变易可惊异处，

[1] 见《烛虚》。沈从文．烛虚 [M]．上海：文化生活出版社，1940.

[2] 见《黑魇》。沈从文．沈从文散文选 [M]．北京：人民文学出版社，1983.

[3] 见《烛虚》。沈从文．烛虚 [M]．上海：文化生活出版社，1940.

增加一分得失哀乐，正若对于明日犹可望凭知识或理性，将这个世界近于传奇部分去掉，人生便日趋于合理。信仰宿命的，又一反此种人能胜天的见解，正若认为“思索”非人性本来，倦人而且恼人，明日事不若付之偶然，生命亦比较从容自在。不信一切惟将生命贴近土地，与自然相邻，亦如自然一部分的，生命单纯庄严处，有时竟不可仿佛。至于相信一切的，到末了却将俨若得到一切，惟必然失去了用为认识一切的那个自己。[1]

面对这种现实人生，我们该怎么办？

一只细腰大头黑蚂蚁，此时爬上了沈从文的手背，仿佛有所搜寻。它偏着头，缓慢地舞动两支细长触须，似乎带点怀疑神气，向沈从文发问：“这是什么东西，它对你有什么用处？”

我这个手爪，这时节有些什么用处？将来还能够作些什么？是顺水浮船，放乎江潭？是餔糟啜醨，拖拖混混？是打拱作揖，找寻出路？是卜课占卦，遣有涯生？[2]

沈从文似乎听到自己心灵深处的呐喊：这不成！这不成！难道“生命”的进程与历史的行程异途，是人类不可避免的一种宿命？

沈从文抬眼望去。

远处，新收割不久的田地上，一些绿色点子在白色残余禾株间勃起——庄稼收割后种下的蚕豆新芽，已普遍突破坚壳，解放了生命，已

[1] 见《绿魇》。沈从文．沈从文散文选 [M]．北京：人民文学出版社，1983.

[2] 见《绿魇》。沈从文．沈从文散文选 [M]．北京：人民文学出版社，1983.

变成一片绿芜。近处，一些草木的银白色茸毛种子，在微风中飞扬旅行，一些成熟的豆荚，发出爆裂时轻轻的声响。自然界生命的进化，正在长期的选择与试验中进行，象征着生命所表现的种种意志。

支配人类命运的，是理性还是情感？是意志还是偶然？“生命”的发展，无从离开理性或意志，可是人生中却充满了与之对立的“情感”与“偶然”。非理性的情感与非必然的偶然，是“生命”有计划按理性支配人生的巨大魔障。从消极的角度看，一个人的一生可说即由偶然和情感乘除而来。[1]人生中到处是偶然与情感设下的陷阱，稍一不慎，便不能自拔。而且，如果能依靠理性和意志改变命定，那么，又有什么可供我攀援？

沈从文凝视着眼前的虚空，这个民族历史上留下的儒、释、老种种人生学说，一一从脑海里掠过。顷刻间，沈从文俨若沉溺到一个无边无际的海洋里，把方向完全迷失了。只看见用各式材料作成的装载理想的船舶，已被风浪摧毁，剩下些破帆碎桨在海面漂浮，试伸手有所攀援时，方明白那些破碎板片，正如同经典中的抽象原则，已腐朽到全不适用。[2]“我想呼喊，可不知向谁呼喊！”[3]

沈从文仿佛感到了与中外历史上一些著名文学家心灵的沟通，触到了他们一生追求之后，为何最终自杀的秘密：任何时代一个人脑子若从人事上作较深思索，理想同事实对面，神经张力逾限，稳定不住自己，当然会发疯，会自杀！[4]……百年之后，假若有好事者将我这个已用文

[1] 见《水云》。沈从文．沈从文散文选 [M]．北京：人民文学出版社，1983.

[2] 见《水云》。沈从文．沈从文散文选 [M]．北京：人民文学出版社，1983.

[3] 见《黑魇》。沈从文．沈从文散文选 [M]．北京：人民文学出版社，1983.

[4] 见《长庚》。沈从文．烛虚 [M]．上海：文化生活出版社，1940.

字作成的记载加以检查，一定会说："这个人在若干年前已充分表示厌世精神。"

> 事实上我并不厌世。人生实在是一本大书，内容复杂，分量沉重，值得翻到个人所能翻看到的最后一页，而且必需慢慢的翻。我只是翻得太快，看了些不许看的事迹。[1]

长时间在抽象人生之域探寻，在一大堆抽象法则上，沈从文感到十分疲劳，有点茫然自失，不知如何是好。他不由长长吁了一口气。他站起身来，想向原野尽头的村落，伸出手去——

"给我一点点好的音乐，萧邦或莫扎特，只要给我一点点，就已够了，我要休息在这个乐曲作成的情境中……"

于是，他耳边仿佛真起了一种乐音，使他获得了心灵的平衡。这乐音渐渐淡去，使他重又恢复了与自然对面时获得的静穆。……可是，不多久，那抽象法则的声音重又响起，他觉得心里重又起了一丝躁动。想起受制于"偶然""情感"的人类命运，沈从文的心里又有了不平。

> 一切奇迹都出于神，这由于我们过去的无知。新的奇迹出于人，国家重造、社会重造全在乎意志。[2]

> 种族延续国家存亡全在乎"意志"，并非东方式传统信仰

[1] 见《烛虚》。沈从文 . 烛虚 [M] . 上海：文化生活出版社，1940.

[2] 见《给一个军人》。沈从文 . 云南看云集 [M] . 重庆：国民图书出版社，1943.

的“命运”。[1]

屈原的愤世，庄周的玩世，现在是不成了。理性在活生生的人事中培养了两千年，应当有了些进步。[2]

“意志”的培养从何着手？中华民族既然是个受文字拘束了的民族，进步的希望就依然还建立在文字上。历史遗留下的各种经典既然已全不适用，就应当重造经典。用新的抽象原则，重建民族的自尊心与自信心。由于因缘时会，自己凑巧得到名为“作家”的职业。虽是“职业”，却无从依靠它“生活”。但它束缚住了自己的“生命”，将终其一生，无从改辙，自己不能休息，也无权休息，再过一会儿，就要重新回到“人间”去。到都市或村落，钻入官吏颟顸贪得的灵魂里，中年知识阶级倦于思索，怯于怀疑的灵魂里，年轻男女青春热情被腐败势力虚伪观念所阉割后的灵魂里，来寻觅，来探索，超越通常个人爱憎，去明白“人”，理解“事”，分析人事中那个常与变，偶然与凑巧，相左或相仇，……种种情形所产生的哀乐得失样式。从中剪取可望重新生长的好种芽，即或它是有毒的，如果能加速旧有组织的糜烂，我也要得到它，设法好好使用它。[3]

你这个对政治无信仰对生命极关心的乡下人，来到城市中用人教育我，所得的经验已经差不多了。你比十年前稳定得多，也进步得多了。正好准备你的事业，即用一支笔来好好的保留

[1] 见《长庚》。沈从文. 烛虚 [M]. 上海：文化生活出版社，1940.

[2] 见《长庚》。沈从文. 烛虚 [M]. 上海：文化生活出版社，1940.

[3] 见《绿魇》《黑魇》。沈从文. 沈从文散文选 [M]. 北京：人民文学出版社，1983.

最后一个浪漫派在20世纪生命取予形式，也结束了这个时代这种情感发炎的症候。你知道你的长处，即如何好好的善用长处。成功或胜利在等待你，嘲笑和失败也在等待你。……

成功与幸福，不是仙人的目的，就是俗人的期望，这与我全不相干。真正等待我的只有死亡。在死亡来临以前，我也许还可以作点小事，即保留这些“偶然”浸入一个乡下人生命中所具有的感情冲突与和谐程序。我还得在“神”之解体的时代，重新给神作一种赞颂，在充满古典庄严与雅致的诗歌失去光辉和意义时，来谨谨慎慎写最后一首抒情诗。[1]

可是，这一份痴心幻念，却与目前现实抵牾。追究生命意义时，即不可免与一切习惯秩序冲突。[2]也许，这是自己的长处，同时也正是自己的弱点。或者，终其一生，也无法改变。

我正感觉楚人血液给我一种命定的悲剧性。生命中储下的决堤溃防潜力太大太猛，对一切当前存在的“事实”“纲要”“设计”、“理想”，都找寻不出一点证据，可证明它是出于这个民族最优秀头脑与真实情感的产物。只看到它完全建筑在少数人的霸道无知和多数人的迁就虚伪上面。政治、哲学、文学、美术，背面都给一个“市侩”人生观在推行。[3]

[1] 见《水云》。沈从文．沈从文散文选 [M]．北京：人民文学出版社，1983.

[2] 见《生命》。沈从文．烛虚 [M]．上海：文化生活出版社，1940.

[3] 见《长庚》。沈从文．烛虚 [M]．上海：文化生活出版社，1940.

然而，也用不着绝望。从几年来民族抗战中无数下层官兵的实际表现中，从那些手足贴地与自然为邻的乡村灵魂里，我攀住了一样东西——这个民族在忧患中受试验时一切活人素朴的心，沉默中所保有的民族善良品性，[1]虽经时代巨压，受尽挫折、摧残，终于没有变成死灭，并将重新发芽生根。“生命”的内在潜能，必将引导民族与人类向高处走。眼前的许多事实，虽不免令人失望，民族及人类未来的远景却不会让人灰心，“时间”将会对此作出证明。

唯一的医药还是“时间”。时间使一个时代的人类污点也可以去尽。[2]

[1] 见《黑魇》。沈从文．沈从文散文选 [M]．北京：人民文学出版社，1983.

[2] 见《一周间给五个人的信摘抄》。沈从文．废邮存底 [M]．上海：文化生活出版社，1937.

第九章

飓风孤舟

一、重返北平前后

东方的天边已经泛亮，又一个黎明降临了。

沈从文搁下手中的笔，从书桌前站起，轻轻地开了门，来到屋外，然后径直朝滇池方向走去。

清晨冰凉的空气，直透入沈从文大脑神经中枢，不仅驱除了一夜伏案写作的疲乏，而且头脑反具少有的澄澈清明。一会儿，太阳出来了。野外各种生物一一从睡梦中醒来。到处是朝露。一些知名不知名的野花，在露水朝阳中，显现出一种近乎纯粹的神性、自然的巧慧与生命的庄严。

1945 年沈从文全家摄于昆明乡下

战争终于结束了。8 月 15 日，天皇裕仁正式宣布日本无条件投降。那天夜里，在沈从文居住的这个小村子里，最先得知消息的彼得，一个 60 岁的加拿大老人，提了一个搪瓷面盆，一面发疯似的狂敲，一面满村子里乱转，各处跑来跑去报信。那情形给沈从文的印象十分鲜明，正如同日军飞机第一次轰炸南苑，微雨中从北平上空掠过时所得印象相仿佛。这是位于一场大规模人类战争起点与终点线上，两个并不壮观的微小景象。然而，在这条线起讫点之间，却是长达八年的“时间”。填补这段空隙的，是万千人民的死亡流离，无数名城大都的毁灭，万千人民理想与梦的被蹂躏摧残，万千种哀乐得失悲欢的交替……热泪湿了沈从文的眼睛，心里反有了过去八年战争进行中少有的悲壮沉重。

今天已是9月9日，沈从文与张兆和的结婚纪念日。事有凑巧，从报上载明的消息中，沈从文得知中国战区的日本投降仪式也将于今天在南京举行。几天前，沈从文已邀约了几个在昆明的朋友，来乡下相聚，一则酬答夫人十余年来操持家务的劳累，一则庆贺战争的胜利结束。昨天夜里，他写成了一篇题为《主妇》的小说，作为送给张兆和的礼物。九年前，在结婚三周年时候，他也曾以同样方式，写过一篇同题小说，送给张兆和作纪念。当时张兆和看过文章后，与沈从文打趣说：“你画得很像。可是，你为了词藻美丽，恰恰把我的素朴忘了！”

滇池已在沈从文眼前铺开。水波在阳光中泛亮，一片碧水中，西山群峰在岚气湿雾中如一线黛绿色长眉。大自然的庄严神奇，使沈从文心动神摇。滇池仿佛有一股无形的吸力，要牵引他朝湖中心走去。他又一次触到了“自然”与“生命”。

——“自然的神性在我心中越加强，生命的价值观越转近一个疯子。”

——“你比谁都显得少不更事，就因为你缺少人必需的那点‘平常’！”

耳边响起张兆和责备的声音，沈从文才记起清早出门，已忘了给家里打招呼。这时，张兆和说不定正为自己担心——到了该回去的时候了。想起那个“素朴”，沈从文在路边采摘了一把带露的蓝色野花，然后急匆匆跑回家去。

果然，张兆和正等在屋门口。她感到有点劳累，有点疲乏。结婚十余年来，她不仅要养育孩子，操持家务，应付一家人的“生活”——沈从文是那样不会“生活”——而且要学习驾驭这个耽于幻想的不驯服的山民艺术家，精确而适时地将他从想象中拉回现实，像一个平常人一样去适应“生存”。别人用美丽的词藻去征服读者，他却照例用手中的笔征服自己，常常为想象弄得十分软弱又十分倔犟，在人事上比一个孩子还天真幼稚！时常在幻想中从星光取火，得到后又沉溺于另一个想象，无从挣扎，终于死去……，在一种习惯方式中恐吓自己。对生命的忧患，折磨得他永远不得安宁，却又无从离开这种想象。正如同一团离奇的星云，非得用一种极精微数学公式，才能将他捉住，放入正常的运行轨道。

见沈从文回来，张兆和抱怨说：

“你到什么地方去了？怎么不说一声，孩子们都找你去了！”

瞥见沈从文手里的野花：“为了这个好看，忘了别人的着急。”

“不，正因为想照九年前写篇小说，纪念9月9日。文章还是那个题目，我却取得了那个‘素朴’。你瞧它蓝得多好看！”

回到屋内，张兆和一边将花插入白瓷敞口瓶内，一边说：“你猜我想说什么？”

“你在想：‘这礼物比什么都好！你的故事写完了，好好地睡两个钟头。10点钟我们再去火车站接客人。你太累了！’我将说：‘不，我不过是这一天有点累，你却累了12年！我想起就惭愧难过！’”

“哟，我还是第一次听到你说惭愧！”

从张兆和不甚自然的微笑中，沈从文依稀看见了一点泪光。

1946年夏，沈从文一家离开了云南。因张兆和准备回苏州住一段时间，沈从文送母子三人到苏州后，独自先期回到北平。

当天，沈从文即走到北平大街上散步，寻访阔别九年的古都。一切都十分熟悉，似乎又有点陌生。天安门新油漆的高大门楼前，停放着一堆庞然大物。八个或十个轮子，托着厚厚的钢铁躯壳。一根长长的管子斜斜伸出，霸道地指向天空。外面虽用一层油布罩着，沈从文却明白那是用来屠杀中国人的美国坦克。不时有一辆辆六轮大卡车，满载了新征发来的壮丁，向城外驶去。沿路可见拦路铁网，有武装岗哨守住路口，对往来行人实施搜身盘查。还在昆明时，沈从文就常听人以新八股腔调议论国事说："此后南京是政治中心，上海是商业中心，北平是文化中心。"可眼前的现实却俨然最不留情面的讽刺，政治中心照例拥有权势，商业中心照例拥有财富。目前南京虽有权势，上海也有财富，却一律打上了"美国"标记，两个中心原来与老美不可分！而北平这个"文化中心"，也正在用美国的军事装备来点缀！抬眼望望北平的秋空，有成群白鸽正振翅飞过，与目前现实极不协调。北平沦陷了8年，再加上种种新的政治忌讳，居然还有这种带象征性的生物，敢于在空中自由飞翔。拦路铁丝网前，此时正有两个衣冠齐整的绅士，下车等候检查，样子谦和而恭顺。这两位衣冠人物近10年一定不曾离开北平，在日本人统治下困辱了10年，已成了习惯，对眼前的新现实反倒更容易适应！

街上依然到处都是人。可是许多人一眼看上去，神气间却有相通处。——睡眠不足，营养不足，从台面上的伟人，到羊肉馆掌柜，都显出一种疲倦或退化迹象。还有市侩官僚、下流侦探、改装汉奸混杂其间，正暗中策划从日本人手里抢收某项产业，或以过去一时与日本人打交道的方式，重新加入某种文化活动……

然而从深处看，这种人却又一律有种做人的是非与义利冲

> 突，羞耻与无所谓冲突而遮掩不住的凄苦表情。……我们是不是还有方法，可以使这些人恢复正常人的反应，多一点生存兴趣，能够正常的哭起来笑起来？我们是不是还可望另一种人在北平市不再露面，为的是他明白羞耻二字的含义，自己再也不好意思露面？我们是不是对于那个更年青的一辈，从孩子时代起始，在教育中应加强一点什么成分，如营养中的维他命，使他们生长中的生命，待发展的情绪，得到保护，方可望能抗抵某种抽象恶性疾病的传染，方可望于成年时能对于腐烂人类灵魂的事事物物，能有一点抵抗力？[1]

再看看大街两旁，沈从文始发现满街人家屋檐下，都挂了一面青天白日旗。今天是个什么节日？问问旁边铺子里的人，原来今天是孔子生日，全国教师节，北平正准备举行8年来第一次祭孔大典，全国各地也将于同一天举行典礼。这次苏州之行在平江府见到的那个文庙的影像，此时浮凸于沈从文的脑际。那文庙已是一片荒凉，两廊已变成马厩，几十匹军马，正由一排老兵看守豢养。两相对照，沈从文有了一种滑稽的感觉。这些军马今天要不要牵出，好让一些老教师进庙行礼？军马可以暂时牵出，正殿上那些无法计数的蝙蝠，又如何处理？师道在仪式上被尊重，可是在许多地方，教师却仍在军马与“蝙蝠”中讨生活。现实到处都是喜剧，然而从深处看，却不免令人起悲悯感、痛苦感。

就在沈从文重返北平的同一个月，在美国政府的援助下，国民党撕毁了与共产党达成的停战协定，集结50万大军，在安徽来安至江苏南通的800里战线上，向共产党领导的苏皖解放区大举进犯。由国民党挑起

[1] 见《北平的印象和感想》。沈从文．沈从文文集：第10卷[M]．广州：花城出版社；香港：三联书店香港分店，1984.

的全国内战终于爆发。抗日战争结束不到一年，战争的阴云又一次笼罩在中国的上空。

全国内战的爆发，击碎了多数中国知识分子和平民主建国的梦想。国民党统治区的政治黑暗，因物价飞涨导致的生活困顿，改变着许多人的人生态度。有的拍案而起，投入反内战、争民主的群众运动；有的失去了精神平衡，陷入对现实的绝望。重返北平的沈从文，住在中老胡同北京大学宿舍。同时住在这里的，还有废名、朱光潜、冯至等一大批学者、教授。这时，内心的极端孤寂，已使废名的精神濒临崩溃，试图从宗教中寻求心灵的解脱。每天早晚，他都要打坐参禅，并常常“走火入魔”，在一种近乎迷狂状态中，情不自禁地手舞足蹈，情形十分凄凉。沈从文理解他的心境，并能体验废名心灵深处的创痛，经常去废名处，陪他说说话。这时，沈从文也正阅读道教典籍如《云笈七签》之类。废名一见沈从文，就说：“从文，你不要学什么道，要学就跟我学。‘道’就在我这里！”

然而此时，沈从文并不想悟“道”出世，一回北平，他就成了个大忙人。由于是在抗战胜利后复员归来，加上抗战前在北平所具有的广泛影响和基础，沈从文同许多著名作家、教授一样，正受到青年学生和社会各方面的欢迎。除了继续留在北京大学任教，沈从文还同时担任了四个大报文学副刊的编辑。天津《益世报》的《文学周刊》由沈从文署名主编，北平的《经世报》（由杨振声署名主编）、《平明日报》文学副刊的实际编务由沈从文担任，《大公报》文艺副刊因战前的旧关系，也邀请沈从文参与编辑。于是，教学、写作、编辑文学副刊、指导学生组织的文学团体、接待不断来访的客人，填满了沈从文的生活日程。

> 北大好些教授住在中老胡同北大宿舍，我常常到中老胡同沈家小小的院宅中去。到沈家谈天、吃茶、吃饭的客人很多，有教授，有作家，更多的是年轻人，学生和一些别的人。虽然沈从文是个大忙人，写小说，在北大教课，款待来客，我去时他总找时间同我谈天。虽然他一口湘西土音我只能听懂一部分，我却很喜欢听他谈话。[1]

这一切，在沈从文的主观世界里，都是围绕着一个宏心大愿进行的。即为着复兴文学运动，“重造经典”，以改造民族的精神。为着这个目的，他将文学的社会功用放到极重要的地位，将其视为社会前进的杠杆。“文字犹如武器，必好好用它，方能见出它的力量。诚如康拉德所说，‘给我相当的字，正确的音，我可以移动世界’”，“凡希望重造一种新的经典，煽起人类对于进步的憧憬，增加求进步的勇气和热情，一定得承认这种经典的理想，是要用确当文字方能奏功的”。[2]——在他的全部活动中，都寄托了这一份书呆子的理想。

然而，沈从文的努力仍然结出了果实。他所主编的文学副刊，在平、津一带，产生了较为广泛的影响。一如当年主编《大公报》文艺副刊，沈从文十分注重青年作家的培养。单是诗歌创作方面，经常在这些文学副刊上发表作品的，就有穆旦、郑敏、陈敬容、袁可嘉、杜运燮、李瑛、柯原等人。在40年代中国文坛上，穆旦、郑敏、陈敬容、袁可嘉、杜运燮等人形成的象征诗派，占有重要的地位；而李瑛、柯原等，成为中华人民共和国成立以后的诗坛中坚。对这些文坛生力的出现与成长，沈从

---

[1] 傅汉思．我和沈从文初次相识 [J]．海内外，1981（28）．

[2] 沈从文．谈进步 [M]．文艺季刊，1（3）．

文感到由衷的喜悦。1947 年，他著文评论说：

本刊由我发稿五十期中，载了不少新诗，各方面的作品都用，得到不少读者来信鼓励，也有一二读者来信责备我不懂诗，所以，净登载和编者一样宜于入博物院的老腐败诗作！这些善意读者可想不到在刊物上露面的作者，最年轻的还只有十六七岁！即对读者保留一崭新印象的两位作家，一个穆旦，年纪也还只二十五六岁，一个郑敏女士，还不到廿五。作新诗论特有见地的袁可嘉，年纪且更轻。写穆旦及郑敏诗评文章极好的李瑛，还在大二读书。写书评文笔精美见解透辟的少若，现在大三读书。更有部分作者，年纪都在二十以内，作品和读者对面，并且是第一回！所以读者这种错误责备，对编者言反觉光荣。……这小刊物的明日理想，一定将依然是活泼青春的心和手，写出老腔老气的文章。[1]

可是，这时的中国，一个青年作家的出现与成长，是背负了怎样一种社会重压！政治无民主，生活无出路，许多人都是在艰难的环境里挣扎。对他们遭遇的种种困难与不幸，沈从文都能感同身受，并尽自己所能来帮助他们渡过难关。1947 年 9 月，沈从文收到一位从未识面的青年诗人的来信，信中叙说了自己家中遭到的不幸。沈从文立即在报上登出一则“启事”：

有个未识面的青年作家，家中因丧事情形困难，我想作个“乞

[1] 见《新废邮存底》。沈从文．沈从文文集：第 12 卷 [M]．广州：花城出版社；香港：三联书店香港分店，1984.

醯”之举，凡乐意从友谊上给这个有希望的青年作家解除一点困难，又有余力作这件事的，我可以为这位作家卖20张条幅字，作为对于这种善意的答谢。这种字暂定最少为10万元一张，我的办法是凡是要我字的，可以来信告我，我寄字时再告他如何直接寄款给那个穷作家。这个社会太不合理了，让我们各尽所能，打破惯例作点小事，尽尽人的义务，为国家留点生机吧。

你们若觉得我这个办法还合理，有人赞助，此后我还想为几个死去了的作家家属卖半年字。这些人的作品，可能是你们在作学生时代常常接触，影响到你们很大，他们的工作意义极有助于文学进步和社会重造，却死于工作辛勤或时代变乱中。我们值得从这个方式上表示对于人类的爱和文化知识的尊重。扩大我们的爱憎和尊重，注入于我们工作中，生活中，信仰中，社会明天就会不同得多！

沈从文启 1947 年 9 月

这位未识面的青年作家，就是诗人柯原，时年16，就读于河北高等工业学校，参加进步文学团体，经常在沈从文主编的《益世报》《平明日报》的文学副刊上发表诗作。30多年后，柯原回忆这段往事说：

一九四七年秋，我的长期当小职员的父亲，因年老被裁失业，患了急性肺炎。当时医疗费十分昂贵，如今很普通的一小瓶盘尼西林（青霉素），当时就要十几万法币。我家中只靠姐姐当小学教师的微薄工资，以及亲友的接济度日。父亲的治病及去世后办理丧事，使家中负了一笔债，母亲和姐姐都十分愁苦。

这时，我抱着试一试的心情，给沈老师写了一封信，打算预支些稿费，以偿还部分债务。沈老师对此十分关心，马上写了信来，提出为我义务卖字。接着，就在《益世报》文学周刊上登出了启事，大意是：为一家庭遇到困难的青年作者义务卖字，愿购者可将要求写的规格、内容等寄到沈从文处，由沈按照要求书写后，通知购买者将价款寄到该青年家中。沈老是著名作家，他的书法又是很受人喜爱的，在启事刊出后，就有不少热心人写信购买。当然，这些人大抵也不是什么阔佬，而是凭着同情心来援助一个青年诗人的。记得当时我收到的寄款就有二十来份，每收到一笔钱心中都是热乎乎的，有的人还写来了亲切的问候。这是在当时情况下，沈从文老师对一个无名诗人所能尽到最大限度的捐助了。由于这笔款，终于将家中的债务还清了。母亲得知此事后，一直在叨念和祝福这位没见过面的好心肠的教授。[1]

即便是困居云南期间，他也从未为自己卖过一张字幅。这大约也是在欲助乏术情形下，不得已打破惯例的。在沈从文的生活道路上，他自己也曾陷入困境，并得人之助。因此，他能推己及人，尽其所能慷慨助人，并始终信守着这一可贵的为人之道。为柯原卖字，只不过是许多同类事迹中的一例。这既与他的经历有关，也得之于他所具有的善良热情、慷慨好义的苗族血缘，同时又出自他对人与人之间相互理解与同情的渴求。

然而，这一件本身并无奇光异彩的普通人事，却作成了此后 30 余年的一段人生传奇。1948 年，柯原穿越国民党的封锁线，进入共产党领导

[1] 见《湘西，清清的溪水》。朱光潜等．我所认识的沈从文 [M]．长沙：岳麓书社，1986.

下的解放区，入华北大学学习。1949年又随人民解放军南下，遂失去了与沈从文的通讯联系。在此后长达30余年的漫长岁月里，因不间断的政治运动，一种无形的障碍梗阻在这新老两代作家之间。由于与沈从文曾有过的这段因缘，柯原还受到过政治上的牵连。直到1980年，柯原去北京出席“自卫还击作战征文”授奖大会时，才第一次与沈从文见面。

> 从四十年代末到七十年代末，长长的三十几年啊，在同一块土地上，却形成了长长的生活的、感情的断层。直到八十年代，终于走到了断层的尽头……[1]

二、徘徊于战争抽象与具象之间

1946年，随着内战的全面爆发，战争的飓风愈演愈烈。

7月至8月，苏中战场上，连续发生了7次大规模战役。

8月，美国特使马歇尔和驻华大使司徒雷登发表联合声明，宣布“调处”失败。

10月，国民党一面继续与共产党“和谈”，一面挥兵占领张家口。

在这种现实面前，沈从文感到十分痛苦。大规模的内战可能造成的空前民族灾难，增强着他的内心杞忧，一种强烈的反战情绪在他心里迅速生长。11月，他在《大公报》上发表的长文《从现实学习》[2]，就是这种情绪的集中流露。

这是一份沈从文从湘西进入都市20余年来的自传纲要。在正文前面

---

[1] 见《湘西，清清的溪水》。朱光潜等．我所认识的沈从文[M]．长沙：岳麓书社，1986.

[2] 沈从文．从现实学习[N]．大公报，1946-11-3、10.

的小序里，沈从文写道：

——近年来常有人说我不懂“现实”，追求“抽象”，勇气虽若热烈实无边际。在杨墨并进时代，不免近于无所归依，因之落伍。这个结论不错，平常而自然。极不幸即我所明白的现实，和从温室中培养长大的知识分子所明白的全不一样，和另一种出身小城市自以为是属于工农分子明白的也不一样。

在谈到抗战胜利后，国家陷入内战的形势时，他说：

国家既落在被一群富有童心的伟大玩火情形中，大烧小烧都在人意料中。历史上玩火者的结果，虽常常是烧死他人时也同时焚毁了自己，可是目前，凡有武力武器的恐都不会那么用古鉴今。可是烧到后来，很可能什么都会变成一堆灰，剩下些寡妇孤儿，以及……但到那时，年青的一代，要生存，要发展，总还会有一天觉得要另外寻出一条路的！这条路就必然是从“争夺”以外接受一种教育，用爱与合作来重新解释“政治”二字的含义。

文章认为，这种“争夺”与20年前军阀政客间的“争夺”既相异又相同。与当前相比，军阀间的混战已为陈迹，近于一种“离奇神话”，但“历史上影响到人类那个贪得而无知的弱点”，“30年来的现代政治，8年来的奴役统治”所培养的一切弱点，“却又像终无从消失”。

国家所遭遇的困难虽有多端，而追求现实、迷信现实、依赖现实所作的政治空气和倾向，却应该负较多责任。当前国家不祥的局势，亦即由此而形成，而延长，而扩大。谁都明知如此下去无以善后，却依然毫无真正转机可望，坐使国力作广泛消耗，作成民族自杀的悲剧。

因此，沈从文寄希望于“学术自由”，使青年一代能在“清新活泼自由独立空气中”去掉“依赖”的习惯，检讨现实，敢于怀疑与否定。“且批评凡用武力支持推销的一切抽象”，用“爱与合作”“理性”和“知识”，“粘合”民族新的生机，“重造”民族未来的希望。

沈从文以悲悯的眼光，审视着这场战争。他超越这次战争的具体形骸，试图从民族、人类精神的发展上，提出对这场战争的价值估量。在这种抽象的层次上，这场战争在沈从文眼里，消失了是与非、正义与非正义的界限，而裸现出民族与人类自身的悲剧性质。——战争是人类非理性的产物。在思考现代战争产生的根源时，他说：

好斗与求生有密切关系。但好斗与愚蠢在情绪上好象又有种稀奇结合，换言之，就是古代斗的方式用于现代，常常不可免成为愚行，因此人固然产生了近代文明，然而近代文明也就大规模毁灭人的生命（战胜者同样毁灭）。这成毁互见，可说是自然恶作剧事例之一。

好斗本能与愚行容易相混，大约是“工具”与“思想”发展不能同时并进的结果。[1]

[1] 见《烛虚》。沈从文．烛虚 [M]．上海：文化生活出版社，1940.

他希望人类最终能以“理性”战胜“愚蠢”，使自身摆脱“自相残杀”的战争阴影。

> 你即或相信法国革命大流血，那种热闹的历史场面还会搬到中国来重演一次，也一定同时还明白排演这历史以前的酝酿，排演之时的环境了。使中国进步，使人类进步，必需这样排演吗？能够这样排演吗？你提历史，历史上一切民族的进步，皆得取大流血方式排演吗？阳燧取火自然是一件事实，然而人类到今日，取火的简便方法多得很了。人类光明从另外一个方式上就得不到吗？人类光明不是从理性更容易得到吗？[1]

然而，在具象的层次上，沈从文又看到了依仗强力发动战争一方与不能不承担重负一方的是非区别。在长达 8 年的中日战争中，他充分意识到中华民族抗击日本侵略战争的正义性和神圣性。无论战事如何酷烈，牺牲怎样惨重，都无从顾惜。因为这是争民族生存必须付出的代价。

> 不要因为一些在你眼前的人小小牺牲，就把胆气弄小了。去掉旧的，换上新的，要杀死许多人，饿死许多人，这个数目应当很大很大！综合成一篇血写成吓人的账目，才会稍有头绪！[2]

在国民党首先发动的这场内战中，他也看到了国民党依仗美国援助，

[1] 见《给一个作家》。沈从文 . 废邮存底 [M] . 上海：文化生活出版社，1937.

[2] 见《一周间给五个人的信摘抄》。沈从文 . 废邮存底 [M] . 上海：文化生活出版社，1937.

使用美式装备屠杀中国人的事实真相。他在1946年8月写的《北平的印象和感想》一文中，就叙述过重返北平后在街头所见到的“另外一种事实——用来屠杀中国人的美国坦克”[1]。但他终于无从摆脱战争可能毁灭民族生机这一可怕前景带来的内心痛苦，不能不陷入无从解释的精神困扰。

这种超越战争双方的立场和价值估量，又与他对“现代政治”的不信任紧密相关。他将自辛亥革命以后30余年间的政治归结为“权力争夺”，一种“简化人头脑的催眠”。源于“权力争夺”的战争正是金钱异化人性，导致理性丧失的必然结果。因为“武力与武器能统制这个国家，却也容易堕落腐烂这个国家民族向上向前的进取心”[2]。因此，他将重造民族生机的责任寄托在非党派、非集团的学有专长，有“理性”的知识分子身上。这种知识分子应当“游离”于国内任何政治党派与集团——包括国民党、共产党以及其他政治派别如“第三种”政治势力范围之外。

所谓“第三种”政治势力，是国共两党外其他党派中的一部分人士，超脱于共产党和国民党的政治立场之外，企图走“第三条道路”所形成的一种政治力量。在对国共两党政治不信任这一点上，沈从文与“第三种”力量属同一思潮。但沈从文反对以派别反派别，不愿参加任何形式的派别与集团活动。因此，有人称他为“第四条道路”的鼓吹者。

抗战胜利后，原先与沈从文一同在《大公报》编文艺副刊的萧乾也回到了北平。全面内战爆发后，萧乾参加了“第三条道路”的活动，并四处奔走，与钱昌照等人积极筹办《新路》杂志。这天，萧乾来到沈从文住处，邀沈从文参加刊物的筹办，并在发起人名单上签名。

---

[1] 见《北平的印象和感想》。沈从文．沈从文文集：第10卷[M]．广州：花城出版社；香港：三联书店香港分店，1984.

[2] 沈从文．《文学周刊》编者言[J]．益世报，1946-10-20.

看看眼前的名单，沈从文眉间起了一丝阴云，心里起了一点忧郁，几分怀疑。

“我不参加。”他轻轻地却又断然决然地说。

萧乾只好作罢，告辞而去。此后在这个问题上发生的分歧与矛盾，终于淡化了两人之间的交往与友谊。

政治上不与任何人结盟，一种彻底的非派别、非集团主义，支配了沈从文的人生选择。他对政治派别和集团的“特殊包庇性”怀有根深蒂固的怀疑，挣脱集团拘束和人身依附，争取“生命”独立，构成沈从文20岁后生活道路的主旋律，他的信念来自他特有的人生经验。

这种信念同时深植于他对乡土命运的观照。在这期间，特别影响到他对战争和中国命运问题思考的，恰恰是湘西地方命运的历史演变。

1947年2月，沈从文收到亲友的来信，从信中得知了那支被迫离开乡土的“筸军”（原先由陈渠珍统领的那支军队）的最终归宿：内战爆发后，这支经整编的“甲种师”部队，奉命驻防山东胶济线上。一个星期前，在莱芜战役中全数覆灭，师长也随之阵亡。

沈从文心里刮起了一场急风骤雨。他想起辛亥革命后30余年间，上承清代屯防绿营兵的“筸军”兴衰败亡的历史。

缘于咸同年间组办筸军的黩武主义传统，在辛亥革命后中国大小军阀的战争中，湘西的年轻人大都寄身行伍，企图从军官上找出路。可是，这支地方军队与外界又完全孤立或游离，无所归宿。虽参加过“靖国”“护法”战役，战事一过即退回湘西。后来接手这支军队指挥权的陈渠珍，受“割据自保”心理的支配，满足于保地自雄，对内又沿守旧制，不思改革，终于导致苗民起义。在内外压力下，陈渠珍下野，队伍不得不交给国民党中央势力支配，离开乡土。抗战爆发后，先后参加过淞沪之战、南昌保卫战、反攻宜昌、洞庭西岸荆沙争夺、洞庭南岸据点争夺、长沙会战。每次战役下级军官几乎全部阵亡，中级半死半伤。出于国家民族意识和湘西人的面子考虑，受伤的旅团长一出医院就返回湘西补充兵员。抗战胜利后，多数官兵以为和平来临，盼望不久即能改编退役。那位师长还想退役后去北平读几年书，然后与沈从文合作，写一本关于湘西地方历史的书，却不想内战终于不可避免，这支非蒋介石嫡系，八年抗战剩下的箪军残余，在一种极暧昧情形下，终于被时代的飓风连根拔去，迎来了自身的悲剧结局。

战争的灾难不仅降临到这支身遭覆灭的五千官兵身上，而且在更大范围内落到了湘西民众头上。八年抗战，湘西民众承担了这支军队的全部战争重负。眼前的一份死亡带给五千寡妇万人父母，许多家庭将由孤儿寡妇自作挣扎！

——沈从文悲从中来。他看到的是整个湘西地方的悲剧命运，从历史中发现了一种无从规避的必然归宿。就在得知这支箪军全数覆没消息的同时，沈从文收到了一个十多年不通音讯的朋友寄来的诗集。诗集中用了一些黑绿二色套印的木刻插图。经过打听，才知道这位年龄不到 20 岁的木刻作者，凑巧正是表哥黄玉书的长子黄永玉。沈从文为“命运偶然”吃惊，他由此想起有关黄玉书一生的遭遇，隐隐约约地感到了它与那支外出箪军命运之间的某种必然联系。

3 月 23 日，沈从文在《大公报》上发表长篇纪实散文《一个传奇的本事》。文章以湘西历史变化为经，黄玉书一家的灾难遭遇为纬交织写出，从深处对湘西地方的历史命运作出了思考。

文章以极大的比重，叙述了箪军的历史演变过程后，追究了这支军队胶东一役全数覆灭的原因——既非战术上举措失当，也不是武器装备低劣，而是出于传染浸润在官兵中的厌战情绪。

> 从私人消息，方明白实由于早已“厌倦”这个大规模集团的自残自渎，因此厌战解体。专门家谈军略，谈军势，若明白这些青年人生命深处的苦闷，还如何正在作普遍广泛传染，尽管有各种习惯制度和小集团利害拘束到他们的行为，而加上那个美式装备，但哪敌得过出自生命深处的另外一种潜力，和某种做人良心觉醒否定战争所具有的优势？

沈从文明确意识到战争的胜负，实取决于人心的向背。虽然败亡的一方属于自己乡土那支军队，其中多有自己亲友、熟人，但他并未将历史的过错归于对方，是非界限是分明的。将其与《从现实学习》一文所持观点相比较，见出二者的差别。正是在抽象的层次上，确立了沈从文笼统的反战立场；而在具象层次上，沈从文仍有着虽不曾明言，却不难辨识的是非倾向。因此，他看到这支乡土军队一方面虽厌倦民族内部的自相残杀，人心解体；另一方面，出于长期的习惯制度的拘束和对小集团利益的依附，一经陷入，终无法自拔。于是，悲剧就在这种情形下被铸定了。

> 得到这个消息时，我想起我生长那个小小山城两世纪以来的种种过去。因武力武器在手而如何形成一种自足自恃情绪，情绪扩张，头脑即如何逐渐失去应有作用，因此给人的苦难和本身的苦难。想起整个国家近三十年来的苦难，也无不由此而起。在社会变迁中，我那家乡和其他地方青年的生和死，因这生死交替于每一片土地上流的无辜的血，这血泪更如何增加了明日

进步举足的困难。我想起这个社会背景发展中对年轻一代所形成的情绪、愿望和动力，既缺少真正伟大思想家的引导与归纳，许多人活力充沛而常常不知如何有效发挥，结果便终不免依然一个个消耗结束于近乎周期性悲剧宿命中。

由此，沈从文联想到黄玉书一家的苦难遭遇，正是在这一时代大悲剧下发生。由于长期形成的对武力集团的依赖情绪，许多家乡年轻人便从行伍中讨出路。由这种观念形成的地方风气，一个教师在地方的地位及收入，较之一个连排长就远远不如。一些滞留于乡土的知识分子，由于社会的压力，到末了也只能厕身行伍。学美术出身、生性厌恶当兵的黄玉书，因生活的压力和社会的排挤，也不得不到军队中厮混。1943 年，沈从文从去印度受训路过昆明的沈岳荃口中得知，1937 年与自己在长沙邂逅不久，黄玉书不愿在师部留守处做事，被调到沅水中游的青浪滩，做了一名绞船站站长。表嫂则在乌宿乡下村子里教小学。虽然生活还过得去，却因一生长处无从发挥，始终郁郁寡欢，已经在 1943 年的一场小小疾病中含怨去世了。

亲人赶来一面拭泪，一面把死者殓入个赊借款项得来的小小白棺木里，草草就地埋了。死者既已死去，生者于是依然照旧沉默寂寞生活下去。每月可能还得从正式微薄收入中扣出一点点钱填还亏空。在一个普通人不易设想的乡村小学教师职务上，过着平凡而简单的日子，等待平凡的老去，平凡的死。一切都十分平凡，不过正因为它是千万乡村小学教师的共同命运，却不免使人感到一种奇异的庄严。

在文章的结尾，沈从文写道：

> 这只是一个传奇的起始，不是结束。然而下一章，将不是我用文字来这么写下去，却应当是一群生气勃勃具有做真正主人翁责任感少壮木刻家和其他艺术工作者，对于这个人民苦难的现实，能作各种忠实的反映，而对于造成这种种苦难，最重要的是那些妄图倚仗外来武力，存心和人民为敌，使人民流血而发展成大规模无休止的内战（又终于应合了老子所说的“自恃者威，自胜者绝”的规律），加以“耻辱”与“病态”的标志，用百集木刻，百集画册，来结束这个既残忍又愚蠢的时代，并刻绘出全国人民由于一种新的觉醒，去合力同功向知识进取，各种切实有用的专门知识，都各自得到合理的尊重，各有充分发展的机会，人人以驾驭钢铁征服自然为目标，促进现实一种更新时代的牧歌。“这是可能的吗？”“不，这是必然的！”

三、灵魂的迷乱

内战爆发后的两三年间，历史向中华民族提出了一个绝大题目：中国向何处去？

这是基于无法回避的现实：两种力量、两种前途的生死较量正在全国范围内展开。随着战场形势的变化，中国正处于时代更替的前夜。

文化思想领域内的暴风骤雨与战场上的暴风骤雨相呼应，历史遵循固有的逻辑，无情地为自己选择的胜利者开通道路。1948 年，一场逐渐加强的风暴正降临到沈从文头上，他无从规避自己分定的命运。他的“游离”国共两党政治之外的“中间路线”、超越具象的战争观照、自由主义的文艺追求，受到左翼文艺阵营的批判与清算，正是势所必然。而且，这种批判正从具体观点的驳正演绎成目的性的追究。——沈从文的观点对外，是“为了挽救统治阶级无法避免的没落命运”；于己，是“自命清高而不甘寂寞”，冀望专制帝王的“特别垂青”。一幅幅沈从文的肖像画被描摹出来了:《鸿鸾禧》里的莫季、介于二丑与小丑之间的“三丑”“清客文丐”……

沈从文遭到批判的文章，除《从现实学习》《一种新希望》《〈文学周刊〉编者言》，还有《芷江县的熊公馆》。

熊希龄，时年 36 岁

《芷江县的熊公馆》是一篇回忆性的文字。1947 年，是熊希龄病逝 10 周年。1948 年 1 月，《大公报》发表了以“纪念熊希龄逝世 10 周年”为专栏标题的一组文字，《芷江县的熊公馆》是其中一篇。文章回忆了自己青年时代以亲戚身份做客熊公馆时的所见所闻所感，详尽地描述了熊公馆的形制、陈设，熊希龄参与维新变法及出任民国政府总理的史迹和人格——“实蕴蓄了儒墨各三分，加上四分民主维新思想，综合而成”，“见出人格的素朴和单纯，悲悯与博大，远见与深思”；熊希龄母亲的为人——“自奉极薄”，待下“忠厚宽和”，并以当年“极一时人间豪华富贵”映衬眼前的衰败冷落，从中感悟历史和人生。

这篇文章被指认为歌颂老爷太太们的德行，津津乐道地主阶级的剥削，“粉饰地主阶级恶贯满盈的血腥统治”，是“典型的地主阶级文艺”。而沈从文则是延续“清客文丐的传统”的“奴才主义者”和“地主阶级的弄臣”。[1]

到后，沈从文被界定为“桃红色文艺”的作家，他的全部文学活动被作了这样的描述：

> 特别是沈从文，他一直有意识的作为反动派而活动着。在抗战初期全民族对日寇争生死存亡的时候，他高唱着“与抗战无关”论，在抗战后期作家们加强团结，争取民主的时候，他又喊出“反对作家从政”；今天人民正“用革命战争反对反革命战争”，也正是凤凰毁灭自己，从火中再生的时候，他又装起一个悲天悯人的面孔，谥之为“民族自杀的悲剧”，把我们的爱国青年学生斥之为“比醉人酒徒还难招架的冲撞大群中小猴儿心性的十万道童”，而企图在“报纸副刊”上进行其和革命游离的新第三方面，所谓“第四组织”。[2]

在这期间，战场上的形势已经发生根本转折。1947 年 7 月，人民解放军从战略防御转入战略反攻。1948 年 11 月，辽沈战役结束；12 月，人民解放军完成对北平的战略包围；1949 年 1 月，淮海战役结束；同月，天津解放，国民党傅作义部驻防的北平成了一座孤城。

一时间，亢奋与恐慌，期冀与幻灭，坚定与惶惑，一切人类情绪的两极，在北平城内作成一种稀有的交织。一方面，傅作义部正与解放军方面接洽，准备接受和平改编；另一方面，国民党党、政、特系统正纷纷逃离北平，并试图动员一些著名的作家、教授、学者飞往台湾。于是，在争取知识界知名人士方面，中共北平地下党与国民党北平当局之间的较量，也同

[1] 乃超 . 略评沈从文的《熊公馆》[J]. 大众文艺丛刊，（1）.

[2] 郭沫若 . 斥反动文艺 [J]. 大众文艺丛刊，（1）.

时拉开了序幕。

中老胡同北京大学宿舍，表面上一如既往，然而在暗中，以一些著名教授为对象，围绕着去留问题，两方面的劝说工作正在积极进行，这些教授的寓所里，各种客人来往不断。这种情形也在沈从文家里发生。先是北京大学当局有关人士登门造访，劝说沈从文离开北平去台湾，并送来了直飞台湾的飞机票。与此同时，北京大学的中共地下党员乐黛云、左翼进步学生李瑛、王一平等人也先后来到沈家，希望他不要去台湾，留下来迎接解放，为新时代的文化教育事业出力。其实，在沈从文自己，早就拿定了主意：不去台湾！因为他从来就没有去台湾的打算。国民党统治的覆灭，早就是他预料中的事。他过去不曾依附过国民党政权，即便在抗战时期，湖南省选他为参议员，他也只是一笑置之。如今自然更不会对它心存任何幻想。

然而此时，正有出乎他意料的事情发生。就在北平和平解放前后，北京大学一部分进步学生，发起了对沈从文的激烈批判。一幅幅大标语从教学楼上挂了下来，上面赫然触目地写着："打倒新月派、现代评论派、第三条路线的沈从文！"

沈从文心里起了疑惧，感到一种不平。随着 1949 年 2 月底，人民解放军进入北平和新的政权的建立，这种疑惧与不平逐渐变得强烈起来。

他想起一年来见于报刊的对自己不断升级的批判。

"清客文丐！"

"地主阶级的弄臣！"

"他一直作为反动派而活动着！"

严厉责备的声音，连续不断地在沈从文耳边轰鸣。

他无法接受这些判决。自己不是反动派！反省自己走过的人生道路，似乎找不到支持这些判决的事实根据。沈从文自有他的理由。正是出于对滥用权力、残害无辜，使人民活得糊涂而悲惨的大小统治者的厌憎，他才走出湘西，寻求生命独立的意义与价值。为了改造现实，重造现实，他手中的一支笔，没有停止过对军阀政治及嗣后依靠杀人建立起来的国民党政权的批判，并为此担当过风险。20 多年来，一些身为共产党人的朋友，从来没有视他为异己。虽然基于对一切政治的不信任，对共产党的政治主张有过怀疑，但从来不曾与之为敌。即便在目前仍未结束的内战问题上，出于对民族和人类长远发展的思考，虽在抽象的层次上对这场战争作过笼统的否定，却从未将战争的责任归于共产党。相反，在具象的层次，他所追究的，恰恰是“倚仗外来武力”“屠杀中国人”的国民党政权的责任。他有过对现代政党或集团政治“特殊包庇性”的认识，也有过对“马上得天下，马上治之”的担心，然而，即便这一切全属杞人忧天，到底只是一种思想认识。而且，这种担心恰恰是需要新政权以自身的实践加以澄清的。这自然需要时间，需要一个过程。何况，这种担忧决不为沈从文所独有，而是当时为数不少的爱国知识分子的思想现实。

沈从文自信自己从来不曾与人民为敌。可是，自信无从代替人信。其时，一些与沈从文具有相同思想倾向的人，正以民主党派人士的身份参与国家大事，而沈从文却被视为“反动派”；7 月，全国第一次文学艺术工作者代表大会在北京召开，与会的代表名单上，沈从文也榜上无名。

这似乎是一种无法避免的历史现象。对沈从文这样一个作家，作出恰如其分的政治判断，需要多少精微细致的研究分析！然而，一个新政权建立伊始，国事千头万绪，多少重大的问题急待处理，个人的生命哀乐与之相比，自然算不得什么。而且，社会的除旧布新，常常以快刀斩乱麻的方式进行，只能是一种粗线条的勾勒。一些具体问题的精辨细查，只能留待大局已成定势之后。历史便是在这种情形下，实施它的“四舍五入”法，一些历史的误解也就常常因此发生。

沈从文却解不开这个结，他也缺少解结的必要前提。他并不在意个人的名利得失，但他从中感到一种巨大的政治压力。追究这是为什么时，一个可怕的念头闯进他的大脑：这些不断升级的批判和人事处理，是不是出于上面的示意？是不是即将对自己作出极端政治处理的信号？一念及此，沈从文深心里生长起恐怖的阴影，而且无从驱散了。这也难怪。出于对这个新政权早已在另一片土地上铸形的政治管理形态的隔膜，沈从文自然无法理解舆论的批判与实际政治处理之间，既相联系又相区别的复杂而微妙的关系。

他忧心忡忡，神色不宁。

这种情态使他在亲友间也陷入孤立。他不理解新生政权对他的态度，家人与朋友也不理解他的这种不理解。一个旧的政权的结束，一个新政权的诞生，这一重大历史事变带给张兆和与两个孩子的，是一种新时代预期的欢欣。在这个家庭里，沈从文与妻、子的一喜一忧，两种情绪形成鲜明的对比。依照过去的习惯，张兆和知道他又陷入了一种内心里自我恐吓之中。但这次的自我恐吓不像来自抽象的人生思辨。但究竟是为了什么？张兆和感到了困惑。对这个共同生活了 15 年的“乡下人”，她第一次觉得有点束手无策了。这颗生命的星体的运行轨道正处于严重的无序状态，她想将他拉入常轨，却不知从何着手。问他为什么老是这种样子，他不做声；想方设法让他高兴，也不见效果。张兆和有了一种沉重的负累感。她求助于多年来与沈从文具有挚友兼师长情谊的杨振声，杨振声对此也百思不得其解。在几次劝解仍然无效后，杨振声也感到力不从心，只得对张兆和说：

“你们别管他，随他去！”

有些替张兆和着想的朋友，竟这样劝她：

“看他这样子，丢开他算了！”

在这种内外交攻之中，沈从文完全退缩到自己的内心，感到刻骨铭心的孤独，他在一种悬想的情景中起着大恐怖。

20多年来，自己在旁人不易想象的情形中，追究“文学运动”的意义，学习运用手中一支笔，实证生命的价值，这条路似乎已经走到了尽头。个体生命的独立与自由也即将失去意义。原先那个对生命有理性有计划的自己，正在被那个宿命论的自己战胜。——沈从文有了从来没有过的软弱。

“楚人的血液正给我一种命定的悲剧性。”

“理想与事实对面，神经张力逾限，稳定不住自己，当然会发疯，会自杀！”

几年前留在纸上的这些墨迹，此时已变成一种谶语，一个正逼近沈从文眼前的命运的预言。

他开始足不出户，整天关在房屋里胡思乱想。偶尔拿起身边的旧作，重温自己生命走过的足迹时，故乡的山水便影影绰绰地扑到他的眼前。他沉湎于那个与自己最初的生命相连接的世界，从中获取一缕春温。然而，这种沉湎既不能持久，往事的慰藉转增痛楚。他拿起笔来，在一些旧作的篇后空白处写道：

当时我熟悉的本是这些事，一入学校，即失方向，从另一方式发展。越走越离本，终于迷途，陷入泥淖。待返本，只能是彼岸遥遥灯火，船已慢慢下沉了。无所停靠，在行途中逐渐下沉了。

灯熄了，罡风正吹着，出自本身内部的旋风也吹着，于是熄了，一切如自然亦如夙命。[1]

生命内部起了强猛的旋风，出自生命深处的忧患与恐惧正在加重。灵魂陷入茫茫迷雾之中，前不见灯塔，后不见陆岸，理智开始迷乱，神经在高度紧张与自恐自吓下，承受不了这没完没了的强大张力，终于呈现出病态特征。迷乱中，他仿佛听见远处有人在向他呼喊：转来吧，你这个乡下人！你逃脱不了命运的安排，湘西才是你最后的归宿！

“回湘西去，我要回湘西去！”他不断地念叨着，语调里透着悲哀。

回答他的，只有张兆和莫可奈何的叹息。

他感到极度烦躁。这天，他走进卧室，将门从里面锁起，他不愿再见任何人。突然，他瞥见窗前有人影晃过：“有人在监视我！”及至赶到窗前看时，却又人影全无。但他疑心反而加重，仿佛四面暗中都有窥伺的眼睛。全身的血在身体内飞窜奔突，似乎急欲冲破自身的规范。仿佛有一股强力要将他推出生命的躯壳之外，他感到无从自控的难受。

这种痛苦越来越变得不能忍受。他游目四瞩，急欲找到一种解脱痛苦的办法。突然，他看见了放在书桌上的一把小刀，那薄薄的锋刃正起着一种诱惑，沈从文对它有了一种亲近感，起了一种需要。

他情不自禁地拿起了那把小刀……

这时，在沈家做客的张中和——张兆和的一个堂弟，正从沈从文所

[1] 所引两段文字，分别题写于《沈从文子集》中《建设》《灯》两篇小说篇后。此书为沈从文自存本，“文化大革命”中失落，现藏北京大学图书馆。

在的房间外走过。他听见房内传出一阵轻微呻吟的声音，心里起了疑问，感到有些紧张，赶紧上前推门。

门丝纹不动。张中和急了，返身用力将窗玻璃砸碎，随后从窗口跳入房间。

眼前的情景使张中和吃了一惊。沈从文已用小刀将血管划破，头上手上一片鲜血模糊，正处于半昏迷状态。

张中和失声叫了起来。

沈从文被迅速送进了医院……

从昏迷中醒来，沈从文以为自己置身于牢房，一见张兆和到来，他便急忙说：

"我不在这里，我要回家。——他们要迫害我！"

见此情景，一缕莫可言喻的悲哀涌上张兆和心头。她黯然神伤，眼泪禁不住滚落了下来。

四、生命的复苏

沈从文终于度过了这场危机。

药物的治疗，愈合了肉体与神经两方面的损伤。悬想中降临到自己头上的灾难，在事实上也没有发生。随着神经正常功能的恢复，各种恐怖的阴影和幻象逐渐消失，生命渐次复归稳定。病愈出院后，沈从文的工作编制仍留在北京大学，人已被安排到中央革命大学学习。

中央革命大学是北京解放后建立的一所培训各级各类干部的政治文化学校，地址在北京西郊，学员多达七千。沈从文所属，为中央革命大学研究班，成员多是高级知识分子中的民主人士。创办研究班的目的，是通过学习，帮助这些从旧社会过来的知识分子，适应社会和时代已经发生的巨大变化，在政治上向新生政权认同回归。

按规定，学员必须在学校住宿。因此，沈从文每周星期一上学，星期六回家，前后凡10个月。

在这期间，听政治报告，学习各种政治文件，讨论，座谈，对照自己过去的思想认识，检查、反省、再认识，是学员们每天的课目。这些学习，将沈从文带进一个过去因隔膜而陌生的世界。恰如当年从湘西走入都市，两个世界构成的强烈反差，使精神不易取得平衡。他业已感到，自己过去几十年形成的对世界和人生的认识，已经为变化了的社会观念和社会人事所不需要，而对新的观念和现实的接受认同，只能是一个长期而艰难的课题。在这种学习竞争中，同那些成分不同、年龄不同的学员相比，落伍似乎是注定了的。其时，正有一个近身的例子。一个从小在家乡看牛拾粪的青年农民，小学未毕业便去做了一年银匠，后来辗转来到北京，得沈从文收留，在家里做做饭，并由沈从文帮助读点书。解放后，他进了中央革命大学第一班。毕业后被分配到河北乡村做基层工作，成长为一个新农民的典型——学习文化充满热情，用新的社会观点分析人事得心应手，远非在城市中长大、在学校读书的大学青年所能及。

面对新观念、新人事的茫然若失，大病初愈后人所共有的那种不可解的悲悯心境，加上长期形成的内向性格，综合成沈从文的忧郁。学习之余，学员们由苏联人乌兰诺娃牵头，经常举办舞会，活跃文娱生活。沈从文照例不参加——这个“乡下人”，进入都市将近30年，除了对音乐具有一种出于天性的爱好，对一切场面人际间的交际应酬全没有学会。

于是，便有人说沈从文“不高兴”。

“我有什么不高兴？我不是那种嘻嘻哈哈的人。”沈从文在心里替自己辩解。

他何尝不知道准乎自然的乐天知命，正是一种难得的品格。自己早年那份任性和不忌生冷的脾性，正与这种品格相近。可是，它与自己已经渐离渐远，即便回头寻觅，恰如一点星火，早经风雨反复淋浸，再也不能复燃了。

大约为青少年时期在社会底层长时期挣扎的经历所限定，在沈从文的人际交往中，与都市场面上人，照例不大容易接头，反与普通劳动者容易心灵贴近。在“革大”期间，他在一位炊事员身上，找到了情感寄托。学习之余，当别人去参加舞会的时候，沈从文便默默走到厨房里去，主动做一点力所能及的事。别的事干不了，就在炊事员的指点下，管管炉灶。出于长期养成的凡事耐烦认真的习惯，沈从文帮厨时也能恪尽职守。

炊事员是一个退伍老兵，长期的生活经验，使他对研究班这些学者、教授，保有一种情感上的距离。然而，沈从文帮厨时那份兢兢业业的神气，对普通人所有的平易天真，诚恳、朴实的态度，却使他大为感动。时间一久，他和沈从文便成了好朋友。

一有闲暇，沈从文就与这位老炊事员聊天，常常在晚饭之后，两人坐在厨房旁边的院坪里，交谈各自的人生经验。他们所共有的行伍经历，成了谈话的经常节目。老炊事员曾经参加过卢沟桥保卫战。当他叙说这段战争经历时，既朴素亲切，又生动传神。叙述者在往事追忆中沉醉，沈从文也听得如痴似迷。从华灯初上直到繁星满天，两人往往一谈就是许久。踏着星光返回宿舍时，沈从文感到了生命的充实与愉悦。

老炊事员不独对工作十分认真，对生活也充满温情。身边的一切仿佛都有知觉，有生命。一个锅碗瓢勺的损毁会使他痛惜不已，食堂里喂养的一只黑白两色的花猫，宛如他的朋友和儿子……从这位老炊事员身上，沈从文感到自己正与人类善良、诚实、热情与爱的本性贴近。老炊事员的精神与风貌刺激起沈从文创作的欲望。他拿起笔来，想写出老炊事员的行伍经历，他由锅碗瓢勺组成的世界，以及身边那只通人性、有情感的花猫。可是，写着写着，耳边却响起一个严肃的声音：你这个不安分的乡下人，你可知道，你手中一支笔已经过时，你所欲写的，对目前这个国家、社会，难道不是不仅无益，反而有害？你为何只醉心于与这个伟大时代不相称的人生琐屑？

沈从文感到一种惶惑。思前想后的结果，他将写成的文稿揉成了一团。这篇文章的生命，终于结束在它的摇篮里。

然而，沈从文并没有为此感到委屈。他明白，一个民族、国家的翻身重建事大，个人能不能写小说事小。眼下，人民解放军正在向大西南和西藏进军。国土的统一已成定局。自辛亥革命以来，中国因军阀割据形成的分裂混乱已告结束，历史迎来了中华民族重建国家的契机。从现在开始，将有一番轰轰烈烈的开拓。而这，恰恰是他几十年来梦寐以求的。

这时，沈从文收到了六年前即去了香港的表侄黄永玉的来信，向他询问解放后国内情况。他立即写了回信，以长辈身份，情辞恳切地要黄永玉来北京，以自己所学，为民族的文化建设服务。

接到沈从文的信后不久，黄永玉便赶到北京来探望沈从文了。为了坚定他们回来工作的信心，沈从文和张兆和有意掩盖了不久前发生在沈从文身上的那场危机。

> 我是一个从来不会深思的懒汉。因为“革大”在西郊，表叔几乎是“全托”，周一上学，周末回来，一边吃饭一边说笑话，大家有一场欢乐的聚会。……
>
> 在那一段日子里，从文表叔和婶婶一点也没有让我看出在生活中所发生的重大的变化。他们亲切地为我介绍当时还健在

的写过《玉君》的杨振声先生，写过《莫须有先生坐飞机以后》的废名先生，至今生气勃勃、老当益壮的朱光潜先生，冯至先生。记得这些先生当时都住在一个大院子里。[1]

沈从文自己渴望重新工作。在“革大”时间一久，他便感到学习的安排在时间上不太经济，有时不免流于形式。沈从文是个不愿闲着的人，尤其是在这国家百废待兴的时候。他感到一种难耐的焦渴，身上固有的那份执拗脾性又重新露头了。

一天，他跑去找负责研究班生活管理的那位解放军班长，愁眉苦脸地说：

“请你去上面问一下，改造改造，要到什么时候为止？不要我做事就说明白。”

望着沈从文坦诚的脸，年轻的班长笑了：“我去请示一下。”

几天后，班长对沈从文说：“问过了。上面要你仍然写文章。”

…………

研究班终于结了业。结业之前，按学校统一规定，每个学员都必须结合学习体会，对照自己过去的思想写出一份检查。这份检查沈从文写得很艰苦。别人一个接一个交了卷，他却感到难以下笔，好容易在离校前夕，他完成了这份自我检查。按完成的时间先后，沈从文得了个倒数第一。

1951年，沈从文发表了他写于解放后的第一篇文章《我的学习》[2]（以下文字，除直接引用的外，由笔者按原意作了压缩处理），其中包

[1] 黄永玉．太阳下的风景——沈从文和我 [J]．花城，1980（5）．

[2] 沈从文．我的学习 [N]．大公报，1951-11-14．

括了这份检查的基本内容。

北京城是和平解放的，对历史对新中国都极重要。我却在自己作成的思想战争中病倒下来了。记得二十年前写过一本小小自传，提及三十年前初到北京，在旅客簿上写上了自己名字时，末尾说，从此就来学习一课永远学不尽的人生了。这句话不意用到二十年后的当前，还十分正确而有意义。我在学习。先学习肯定自己得回自己，再否定自己。

向现实学习，明白现实沉重、错综与复杂，也明白一个人肉体和神经在极大挫折超过所能担负重荷后，是种什么情形。也明白个人以外更具体些。对于一己，则深刻认识只不过是千万渺小生物之一，渺小之至。过去似乎还有些思想，有些理想，有些对于国家历史文化和活生生的青春生命，深刻的爱，对于一切新事物充满了天真的好奇和对人对事无比的热情，而反映于工作中时，这一切且照例影响到文字，形成一种强烈气氛，也有我，也有客观存在种种声音颜色与活泼生命，以及对于四时交替节令气候的感触。一病回复，对世事如有知实无知。对自己，作较深一点的认识，通常只是充满一种不可解的悲悯。记得阮籍有两句诗："时变感人思，经冬复历夏"，从住处窗前齐檐的向日葵，扭着个斗大花朵，转来转去，已经三次看到生长和枯萎。我想到我实忽忽倏倏过了三年……

经过学习，我业已认识到，自己过去习作中一部分，见出与社会现实的脱节。由情感幻异的以佛经故事改造的故事，发展成"七色魇"式的病态格局。以及《看虹录》《摘星录》中夸侈荒诞的恋爱小说，再到解放前夕以抽象观念拼合来说明战争——虽出于对和平的渴望，实为知识分子彷徨无主的心理反应。

究其原因，除了读书范围杂，以尼采式的孤立，佛教的虚无主义和文选诸子学，以及弗洛依德、乔依斯造成的思想杂糅混合，全起源于个人与现实政治游离产生的孤立。过去只从历史认识政治二字的意义，政治与统治在我意识中即二而一，不过是少数人又少数人，凭着种种关系的权力独占。专制霸道，残忍自私是它的特征。辛亥革命后十余年的政局变动，更说明这个上层机构，实已腐烂不堪。我 20 岁以前所理会的政治，不过是使人恐怖，厌恶，而又对之无可奈何的现实存在。因此，产生了对一切政治的怀疑与不信任。而又以为文学与文化，宜属于思想领域而非政治领域。一切社会思想著作之所以引人入胜，使世界千千万万读者，能从作品中得到热情鼓舞，实由于这类作品，也是科学也是诗。不断扩大深入到世界上优秀思想家、艺术家、组织家，以及万万千千素朴年轻生命中，作成千万种不同的发展，人类关系才因之完全重造，改变了世界面貌，形成人类进步的奇迹。这种对思想的倚重，一面是不明白流行在文学运动中“政治高于一切”对人民革命的意义，一面却承认共享共有的进步社会理想是哲学也是诗，一面对旧政治绝望，另一面对新的现实斗争又始终少认识，少联系。

这个思想发展，和更长远一些的生活背景有关联，我所生长的凤凰县，多外来商人、屯丁和苗民混合居住。由于习惯上的歧视和轻视，后来被人称作“镇筸苗子”。出于民族压迫，清政府早将土地全部收归官有。辛亥革命失败，城区四郊杀人到数千，牺牲的大部是苗人。这以后，军阀割据火并，大小军阀土匪反复砍杀，贪官污吏恶乡保横征暴敛……我从这种可怕环境中长大，按家庭出身宜有向上爬意识，生活教育却使我向下看。我由于否定这个现实，五四运动的微波余浪，把我推送到了北京城。北来后军阀政治的黑暗，加深了我对政治二字的厌恶，却也妨碍了我对政治深一层的理解。这时，左右思想阵容分化明确。英美系学者正在讨论科学玄学，为一堆抽象名词纠缠得极热闹。我得到一种印象，即这些学者名流对明日社会，怕做不了什么事。因此，生活交往依存于自由主义者群，思想情感见于作品却孤立而偏左。另一方面，社会新旧斗争一系列发展，我都一一见到，越来越复杂尖锐，我却俨然游离于纠纷之外。

政治斗争时有张弛，而文学斗争上随之时而飙举云起，时而灰飞烟灭。两种斗争在曲折发展中又都不免联合复分化，令人把握不定，浸透一种感伤的心情，把历史上一些作者比拟太空诸星，以为各自照耀，各有千秋，还依然是一个整体。古今人虽相去千里万里，恰如万壑争流，彼此终必到达人类进步的大海。因此虽活在20世纪波澜壮阔的中国社会中，思想意识不免停顿在19世纪末的文学作家写作意识领域中。

经过在革命大学10个月的学习，对文学与政治的关系、集体主义和实践的重要性，有了新的理解。惟就个人认识，则《实践论》的伟大意义，却不在乎为扩大阐释此文件而作的无数引申，实重在另外万万人如何真正从沉默无言的工作中的实践，即由此种工作生活的实践，检查错误，修正错误，一切不离乎实践。

在北京解放后的三年中，由于报刊上完全消失了沈从文的踪影——既无作品发表，也没有关于他的消息，引起海内外的种种猜测和谣传。有说沈从文因受折磨死去的，有说他被关进监狱的，有说他被强制劳改的。为澄清谣言，回答海内外亲友的惦念，沈从文写道：

> 这个检讨则是这半年学习的一个报告，也即我从解放以来，第一回对于个人工作思想的初步清算和认识，向一切关心过我的，教育帮助过我的，以及相去遥远听了些不可靠不足信的残匪谣言，而对我有所惦念的亲友和读者的一个报告。

此时，沈从文的工作已经正式转入历史博物馆。从中央革命大学出来后，沈从文曾随工作组去四川宜宾，参加过一段时间的农村土地改革工作。

从四川返回北京后不久的一天，突然有小车来接沈从文去北京饭店，说陈赓约他见面，并请他吃饭。

眼前的事实将沈从文猛然拉回到20年前，耳边响起胡也频的声音："你的一个老乡想见你。"不想这个长达20年的预约，到今天还没有过时失效。想想20年的人世变迁，沈从文不免起恍若隔世之感。

一见面，陈赓向沈从文叙述了自己早年的一段遭遇。20年代，陈赓曾流落到湖南衡阳。正当穷困潦倒、走投无路，不知何以为计时，一个偶然的机会，认识了一个姓曾的湘西人。其时，此人在衡阳当铁路局长。见陈赓处境狼狈，旋即慷慨解囊，送给陈赓30块钱做路费，介绍他去了广州黄埔军官学校。几十年来，陈赓一直感念着这位湘西人。20年前约沈从文见面，20年后仍不忘践约，沈从文知道，爱屋及乌，这是眼前这位开国名将一份感念之情的替代性的寄托。然而，他仍然从这位共产党人身上，感到了人与人之间弥足珍贵的纯真而诚挚的温情。

随后，陈赓关心地询问了沈从文目前的情况。得知沈从文已转入历史博物馆工作，陈赓说："你没有什么问题，不要有什么负担。抗战时期，你的作品在解放区也很流行。现在在博物馆工作，这也很好。"

末了，陈赓拿来一些旧画和其他文物，请沈从文鉴别。其中，一个出自土司的翡翠，为无价之宝。

这次会见，给了沈从文一种难得的精神慰藉。陈赓的话也使沈从文恍然若悟：过去一时将自己当反动派看待，显然不是上面的示意，不是出于共产党的政策。历史的一时误解与历史的真实目的之间，政策执行中的偏差与政策本身，不可免存在着矛盾。然而，这种认识上的不能统一处，又使他隐隐约约地有了一点担忧。

第十章

在历史的瓦砾堆里

一、艰难的选择

当革命大学那位解放军班长请示回来，答复说“上面要你仍然写文章”的时候，沈从文无言以对。

这答复无意中刺中了沈从文的痛处。——写文章，写文章，可是我怎么写下去？如果放弃写作，我又做什么，又能做什么？

沈从文再次面临人生的选择。这选择，与他 20 岁时在保靖的那次抉择有着许多不同处。当年面对的是获得权力与寻求知识，人身依附与人生独立的选择，虽然也有犹疑，有权衡，然而觉醒的生命带来的是义无反顾的决断：放下权力，去寻求知识，割断与湘西上层社会的联系，独立地走自己的路。现在面临的自然是不同了——背景不同，选择的对象也与从前的两样，性质虽不如最初的人生选择那般严重，择取却远比那次为难。——他无法断然决然割断与文学创作的牵连，因为那是注入自己全部生命的事业，早已感到那是“终其一生，无从更改”的。在那上面，有自己 20 多年的心血凝注。现在要最终割弃，不能不使他感到痛苦。——虽然这痛苦不是来自外部的压力，既非有人不准写作，也没有人强迫他一定要写什么，不写什么，而是来自他自己的内心矛盾。唯其来自自身，其痛苦更甚。

他明白，如果继续从事文学创作，自己已经定型的写作方式与已经自觉到的社会要求之间，必不可少地存在着冲突。虽然在那份自我检查里，提到学习中对“政治高于一切”“文学从属于政治”的重新认识，但要在创作中实际体现这一点，并非易事。即便有了朝这方向的明确努力，下意识的长期积习——自己所熟悉的题材范围、审美趣味、处理材料的方式乃至语言词汇，终难保不拖住手中的笔。

他不能不面对现实：在承受了新的社会要求的文学领域内，自己的落伍是注定了的。与其于己于人有害无益，不如避贤让路。既然实证生命价值的途径不只一条，文学创作已经难以为继，尽可以另外的方式为社会服务。

可是，真要改行，对沈从文来说，远不是一般所能想象的那么容易。改行意味着什么？原有的半生经营的事业基础全部报废。新的选择无论是什么，一切都得从零开始，他已经是 50 岁的人了。如果新的选择不只是仅仅获取一个颐养天年的职业，而是用以继续实证生命所能达到的传奇——在沈从文的深心里，这是一种出自生命潜能的人生必需，那么，50 岁实在是一个太过严峻的年龄。

——沈从文陷入了自己作成的两难之境。好在最终的决断还不需要立时作出。离开革命大学后随工作组下乡参加土改，延缓了这一选择过程。

先是抗战结束后，北京大学以韩寿萱为首，筹备建立博物馆专业。沈从文凭着他原有的文物鉴别知识，到处跑去为博物馆买文物。及至从四川土改回京后，他又被抽调去清理整顿北京的古董店。成天跟随军代表，在北京各古董店里出入。当时北京共有古董店 120 个，沈从文亲自参与检查的，就有 89 个，成百万的古代文化珍品从他手中经过。想起 30 年前刚到北京时，自己在这些古董店门前徘徊不敢进门的往事，沈从文心里不免产生出许多感慨，感慨中也慢慢生出一种憬悟：自己的生命与这些古代文物原不可分。

沈从文对文物的兴趣远不是自这时起。它可以一直追溯到1921至1922年沈从文在保靖替陈渠珍整理古籍，管理旧画、陶瓷文物，并为它们编目的时候。刚到北京时，琉璃厂，天桥，廊房头条、二条、三条，各处跑去欣赏古董店和地摊出售的文物，几乎成了他日常必修的功课。到30年代，他的生活终于从贫困中解脱后，便不知节制地购买收藏各种文物。在他于结婚三周年纪念日写给张兆和的小说《主妇》里，依稀可见他当时收罗文物的情形：

> 她一面整理衣物，一面默默的注意到那个朋友。朋友正把五斗橱上一对羊脂玉盒子挪开，把一个青花盘子移到上面去。
>
> 像是赞美盒子，又像是赞美她："宝贝，你真好！你累了吗？一定累极了。"
>
> 她笑着，话在心里，"你一定比我更累，因为我看你把那个盘子搬了五次六次。"
>
> "宝贝，今天我们算是结婚了。"
>
> 她依然微笑着，意思像在说："我看你今天简直是同瓷器结婚，一时叫我宝贝，一时又叫那盘子罐子作宝贝。"
>
> "一个人都得有点嗜好，一有嗜好，总就容易积久成癖，欲罢不能。收藏铜玉，我无财力，搜集字画，我无眼力，只有这些小东小西，不大费钱，也不是很无意思的事情，并且人家不要的我来要，……"
>
> 她依然微笑着，意思像在说："你说什么？人家不要的你

要？……”

停停，他想想，说错了话，赶忙补充说道：“我玩盘子瓶子，是人家不要的我要。至于人呢，恰好是人家想要而得不到的，我要终于得到。宝贝，你真想不到几年来你折磨我成什么样子？”

她依然笑着，意思像在说：“我以为你真正爱的，能给你幸福的，还是那些容易破碎的东西。”[1]

沈从文对文物的爱好从广泛的欣赏逐渐转向专门的搜集。在北京时专收瓷器，还在外国人之前，他就注意到了青花瓷的价值；在云南期间，专门收集耿马漆盒，后来又转向搜集锦缎丝绸。抗战胜利返回北平后，他与朱光潜同住一个院子，他对朱光潜说：“趁二位太太没来，赶快买东西。”及至二位夫人回到北京，两人仍变着法子买各种便宜的文物。

1947年我们又相聚在北平。他们住中老胡同北大宿舍，我住他家里边一间屋中，这时他家除漆盒书籍外，充满青花瓷器。又大量收集宋明旧纸。三姐觉得如此买下去，屋子将要堆满，又加战后通货膨胀，一家四口亦不充裕，劝他少买，可是似乎无法控制，见到喜欢的便不放手……

在那座四合院中，还住着朱光潜先生，他最喜欢同沈二哥出外看古董，也无伤大雅的买点小东西。到了过年，沈二哥去向朱太太说：“快过年了，我想邀孟实陪我去逛逛古董铺”，意思是说给几个钱吧。而朱先生亦照样来向三姐邀从文陪他。这两位夫人一见面，便什么都清楚了。我也曾陪他们去过。因

[1] 沈从文．沈从文小说选[M]．北京：人民文学出版社，1982.

为我一个人，身边比他们多几文，沈二哥说，四妹，你应该买这个，应该买那个。我若买去，岂不是仍然塞在他的家中，因为我住的是他们的屋子。[1]

他大半生都在从事搜寻和研究民间手工艺品的工作，先是瓷器和漆器，后转到民族服装和装饰，我自己壮年时代搜集破铜烂铁、残碑断碣的癖好也是从文传染给我的。[2]

然而，沈从文搜集文物，其意并不在收藏。买来的文物，常常是随后送了人；送了，又再买。

从文表叔一家老是游徙不定。在旧社会他写过许多小说，照一位评论家的话说，“叠起来有两个等身齐”。那么，他该有足够的钱去买一套四合院的住屋了，没有；他只是把一些钱买古董文物，一下子玉器，一下子宋元旧锦、明式家具……精精光。买成习惯，送也成习惯，全搬到一些博物馆和图书馆去。有时连收条也没打一个。人知道他无所谓，索性捐赠者的姓名也省却了。[3]

一批又一批文物，就这样从他手中过去，而有关这些文物涉及广泛的知识——一种真正财富，却在他脑子里留下来了。早在40年代，他就

[1] 张充和 . 三姐夫沈二哥 [J]. 海内外，1981（28）.

[2] 朱光潜 . 从沈从文先生的人格看他的文艺风格 [J]. 花城，1980（5）.

[3] 黄永玉 . 太阳下的风景——沈从文和我 [J]. 花城，1980（5）.

写过《读展子虔的〈游春图〉》一文，比证相传为隋代画家展子虔所作《游春图》真伪，洋洋万余言，叙隋唐以来中国画史，如数家珍，并涉及隋唐以下服饰、装裱、绢素及人物起居方式各代特征，其独到的见解，在30多年后，为不断出土的众多文物提供的资料和后来者的研究所证实；并发表过《收拾残破》等论文，抗战胜利后就如何保护文物大声疾呼过。

然而，这一切，在当时只不过是一时兴之所至而已。沈从文生命发展的潜能，是朝着文学的方向获得升华的。他在文学上所取得的成就，抑制住了生命潜能朝文物研究方面的发展。现在，要重新改由这方面发展，虽是性之所近，仍然还得从头做起。尽管如此，后半生工作的方向，在沈从文心里却逐渐变得明朗起来。

清查北京古董铺的工作结束后，工作去向问题立即摆到了沈从文面前。

当时馆里的人不少，其中有13个教授。大家都不安心，馆领导征询大家意见：如果不愿留下来，可安排到别的单位工作；如果愿意留下来，有什么条件尽可以提出来商量。结果，其余的教授都离开了历史博物馆，转到其他单位工作去了。对沈从文，也提出北京师范大学和中国人民大学供他选择。沈从文终于作出了留下来的决定。他对博物馆领导说：

“工资不要超过馆长，能给我工作提供方便就行了。”

这一决定终于导致沈从文与文学创作的最终告别。

1953年，全国第二次文学艺术工作者代表大会召开，沈从文以美术组的成员与会。会议期间，毛泽东、周恩来等国家领导人在人民大会堂接见了包括沈从文在内的一些文学家、艺术家。见到沈从文时，毛泽东询问了沈从文的工作和身体情况，而后说：

“你还可以写点小说嘛。”

沈从文报以微笑，对毛泽东提出的希望却未能作答。他心里有着难言之隐。——若作否定性回答，岂不辜负了党和国家主席的一片好意；若作肯定的回答，又岂非当面撒谎？因为就在这之前，沈从文已收到上海开明书店来信。信的大意是说：你的作品已经过时，凡在开明的已印未印各书稿及纸型，已全部代为焚毁。——沈从文心里在文学创作方面尚存的一点火星，至此已完全熄灭。

沈从文在历史博物馆的工作，是为陈列的展品写标签。历史仿佛开着玩笑，将他拉回到当年在湘西军队里当文书的位置上。这使得许多亲友大惑不解。从香港回国工作的黄永玉，此时正寄居在北新桥大头条的沈从文家里。见沈从文那份在新的工作上安之若素的神气，心里有了疑问。

> 他的工作是为展品写标签，无须用太多的脑子。但我为他那精密之极的脑子搁下来不用而深深惋惜。我多么地不了解他，问他为什么不写小说，粗鲁的逼迫有时使他生气。[1]

然而，各报刊向他约稿的仍不乏其人，沈从文却不为所动，他开始主动割断与文学创作的联系。

> 办刊物的朋友有时辗转相托请他写点短稿，不是“推”就是“拖”，真如老话说的，好比骆驼穿针眼。总是常用“过时了，过时了”来搪塞。接着他还会说在这方面自己“已下降到接近报废程度”，所以只有“避贤让路”之一途。有时信中也虚晃一枪说：“老朋友来谈谈天，还象满有兴致，问这问那，

[1] 黄永玉．太阳下的风景——沈从文和我 [J]．花城，1980（5）．

也间或煽起一点童心幻念。”但一说到真格的，请他就汤下面地写那么千儿八百字，他就挂出了免战牌，两手一拱，“饶了我吧！”[1]

然而，沈从文并没有心如槁灰，以消极退隐的方式以求自保。一个人活着，就有责任待尽。他的生命之火并未熄灭。只是在一种不做广告，不事声张，旁人迷惑不解，自身也默默无语状态中，开始了向另一片天地的艰难跋涉。当终于有一天，人们在那片新的领地里发现沈从文的身影时，便不能不惊叹生命所能创造的奇迹。

二、进取与退避

从此，沈从文一头扎进博物馆，成年在破旧的金、石、陶、瓷、丝绸——一个历史遗留下来的巨大的瓦砾堆里转来转去，探寻那通向人类真实昨天的迷径。

每天，沈从文都提前赶到博物馆门口，等候开门上班。

北京的三九寒天，气温极低。太阳还没有出来，寒气直浸入人的骨髓里去。每天清晨，天安门前一个稍能避风的墙角落里，瑟缩着一个50出头的矮个老头。穿一件灰布棉袄，一面跺脚，一面将一块刚出炉的烤白薯，在两手间倒来倒去取暖。天安门前过往的早行人，谁也不会料到他就是沈从文。他正在等候博物馆的警卫按规定的上班时间，将门逐一打开。

博物馆设在午门前的五凤楼上。此时，所有文物仍一律按旧规库存。陈列室与库房里，不准生火，也不许装电灯。室内光线极差，成日里黑

[1] 萧离．不倒的独轮车——沈从文侧面像[J]．新苑，1980（4）．

沉沉的。西边拐弯处，有一间小小的展览室，里面陈列着明清两代用以将人犯凌迟处死的各种刑具。剥皮的、抽筋的、剜眼睛、割舌头的，奇形怪状，不一而足。即便是大白天从那儿经过，也不免感到阴气逼人。

沈从文自然并不顾忌这些。成千上万的文物在他眼前展开了一个新奇的世界，犹如阿里巴巴偷得了打开山洞的秘诀，使他有幸置身于令人眼目迷乱的稀世珍宝之间。虽然，过去从他眼中手里经过的文物已经不少，但与眼前见及的相比，不过是沧海一粟。沈从文兴奋不已。一股巨大的贪欲从他心里升起——他不是垂涎于这些文物的金钱价值，而是为深藏在那一履一带、一环一佩、一点一线、一罐一坛之间的巨大的知识财富，以及燃烧其间的永世不灭的生命之火所迷醉。

馆里给他的工作是给文物分类写标签。工作虽然只是成天在墙上写字，可是这于沈从文，却并非一种机械式的劳作。他比别人多了一层心机，他抄写着，同时也对每一件文物加以仔细观察与分析，其中的人物服饰、家具器皿、风俗习尚、花纹设色、笔调风格，全都被他充满兴趣地加以注意。他且看且写且想，人转，手转，脑子转，种种形象连同涉及的各样或是或否的文物研究问题，一齐刻入他的大脑深处。他素能博闻强记，对形象的感受力极敏锐细腻，又擅长系列化排比，加上那份乐此不疲的心性，他正在向文物研究的高峰攀登。

他是那样珍惜时间，在他的感觉里，时间就是生命。自己从事的是一项崭新的事业，一切都得从头学起，已经没有多少时间可供浪费了。为此，他简化了自己的生活。怕上上下下出出进进耽误时间，他中午从不回家，经常拿一块手绢包两个烧饼，就在馆里填饱肚子。不止一次，中午的下班铃响了，他仍然聚精会神地记录材料。因太过神情专注，他竟没有听见铃响，结果被管理员反锁在库房里。午后上班打开库房时，管理员才发现沈从文还在里面伏案疾书。管理员过意不去，走到面前向他道歉，沈从文反觉惊愕，竟不解管理员何以云然。

这可正中了家里保姆的下怀，沈从文简化生活的习惯竟经常得到她的口头夸奖。

> 保姆石妈妈的心灵的确像块石头。她老是强调从文表叔爱吃熟猪头肉夹冷馒头。实际上这是一种利用老人某种虚荣心的鼓励，而省了她自己做饭做菜的麻烦。从文表叔从来是一位精通可口饭菜的行家，但他总是以省事为宜，认为过分的吃食是浪费时间。每次回家小手绢里的确经常胀鼓鼓地包着不少猪头肉。[1]

依旧是日月升降，寒暑交替。几年过去了，沈从文以他惊人的毅力，默默地在他新的领地里开垦的结果，使他成为文物史方面几乎“富甲天下”的专家。在沈从文身上，命运仿佛有意在作出一种持平的安排，即让他以知识上富有去弥补他生活上的败北。在知识的追求进取上，沈从文是一个幸运者，在他走上文学道路之前，命运就安排他去经受种种磨难，去看那些别人无法见到的人生现象；而当他终于改行转入文物研究时，又让他直接触摸别人轻易见不到的奇异珍宝。

然而，沈从文对文物知识的贪婪进取，并不企求以此猎取个人名利。他只想以自己的所学，为各方面打打杂，尽一个合格公民应尽的人生义务。在这期间，文化部拨给沈从文数万元经费，让他给上海师范学院、东北人民大学装备文物。他便全国各地跑去，充当文物采购员，他既懂行，

[1] 黄永玉．太阳下的风景——沈从文和我 [J]．花城，1980（5）．

东西买得既便宜，价值又极高。在大学工作时当过校长的成仿吾，后来对他说：买的东西真是好极了。敦煌壁画在历史博物馆展出，他又被抽调去工作了半年，展出后，东欧各国都有人来参观，又由沈从文担任陪同、讲解，一陪就是 20 天；又应邀去中央美术学院讲古代丝绸锦缎课。除随身带些珍贵文物和古丝绸锦缎原件，几乎是空手而至，却将近百年的分期和断代信口讲出来；又应邀为《红楼梦》重新校订注释，依据文物研究心得，将原注改写了数百条。如“贾宝玉品茶栊翠庵”一节说到的那种“点犀盉”茶具，以前的注近似猜谜，而沈从文亲眼见到的类似的犀牛角茶具却有数百件；三年困难期间，受何其芳之托，又为《不怕鬼的故事》作注。

…………

这些，自然不为一般人所知。更多的还是在博物馆内，于抄写标签之余，随时充当讲解员。

1953 年春天，中国人民志愿军回国访问团参观了历史博物馆。一个二十刚刚出头名叫王矜的青年战士，随队走进正在举办的敦煌文物展览大厅。中华民族古老灿烂的文化使他目眩。他既觉新奇，又感迷茫——他对文物所知实在很少。正当他手足无措时，一个 50 多岁的工作人员微笑着朝他走来。此人举止斯文儒雅，虽然乡音极重，却十分细心耐烦地给他讲解，一如旧友重逢。而且，他对展品是那样熟悉，所知是那样精深广博，举重若轻地引导这位年轻人穿越一条曲折而漫长的历史迷宫。

在他的陪同下，这位志愿军战士听得入了迷，在展览厅里待了整整半天。他心里想：祖国人民对我们志愿军真是太好了！

闭馆时间到了，铃声响了起来。两个握手告别。出于礼貌，这位志愿军战士询问了一声对方的姓名。

"沈从文。"回答的声音极轻，却还清晰。

"沈从文！"年轻的志愿军战士愣住了。他有点不相信自己的耳朵，然而这是事实。——这不是30年代即蜚声文坛的老作家吗？他怎么当起讲解员来了？

这次偶然相逢，引起了这位年轻战士对古代文物的强烈兴趣，同时也决定了他后来的人生道路。回到朝鲜后，他开始给沈从文写信。1958年王㐨复员回国，请沈从文帮助他挑选工作单位。在沈从文的参谋下，他终于选择了中国科学院考古研究所。

在这片新的事业领域内，沈从文默默无言地耕耘着。一篇篇文物研究的学术论文发表了，一部部专著——《唐宋铜镜》《战国漆器》《中国丝绸图案》《龙凤艺术》相继出版了，他的生命之火再次发出耀眼的光辉。

> 当解放初期我在《新建设》杂志上看到他那篇对我来说简直等于"天书"的《明织金锦问题》时，几乎吓了一跳，继而又见到他的《龙凤艺术》《唐宋铜镜》《战国漆器》等专著时，我似懂非懂地理解了点他是在进行又一种创造性的劳动。[1]

沈从文对工作所具有的那份高度责任心感动了博物馆的领导。在沈从文留馆工作两年后，党委书记找沈从文谈话，要他写申请加入共产党。沈从文回答说：认真做事是我的本分。入党我没有资格，还差得远。1952年，中共中央统战部长李维汉请客，邀沈从文、老舍、周培源、冯至等人参加。席间，李维汉诚恳地对大家说：党的事业需要知识分子，

[1] 萧离．不倒的独轮车——沈从文侧面像[J]．新苑，1980（4）．

希望你们能加入中国共产党。如果不愿意，也可以加入九三学社。

大家回答说：入党还不够条件，只希望能多看点文件，想多知道点国家大事。

李维汉回答也很干脆：这不难，我们尽可能满足大家。

1953年，沈从文被安排参加了中国人民政治协商会议。一些相熟亲友向沈从文贺喜，沈从文反倒不解：这喜自何来？——他对这一类的得失照例看得极淡，而在别人看来，却反倒有点难以理解的“反常”。

然而，沈从文在博物馆的工作，远不是一帆风顺的。在那由千千万万文物筑成的历史迷宫里，他的心灵无拘无束，游刃有余，可是，发生在他身边的人事的风风雨雨，却常常弄得他一筹莫展。

沈从文一做起事来，为了使用方便，大批有关图书图片资料，或是墙上钉着，或是桌上放着，地板上堆着，凌乱中却自有逻辑。为了节省时间，这些资料照例依原样放着，不再加以收拾。可是，却有人替他操心，这些图书资料常常被人收起。

办公室主任说：“书只能放在书架上，不能放在书桌上，这样才整齐干净。”

沈从文哭笑不得。但他照例不再抗辩，心里却说：“我不但要放在书桌上，还要放在床上呢！”

“三反”“五反”运动期间，全国博物馆会议在北京召开。为了配合政治形势，历史博物馆举办了一个“浪费展览会”。一批由沈从文经手购买的文物，被当作浪费的典型例证，拿到展览会上陈列。沈从文本人也被通知去参观，接受教育：

一部《望云笔谈》，中国古代极珍贵的兵书，汉代人著作，明抄本，由沈从文从苏州花三十块钱买来，很少人知道这本书实际价值。

整匹的汉代绫子，有“河间府织造”字样，沈从文买它时，只花了四块钱。一大堆战国时期的青铜车轴，购买时，沈从文从古董铺行家处得知，这些花纹相同的战国铜器，是分别从不同的地方出土的，于是由此推断，这一定是当时能大量生产了。它对当时铸造工艺水平的判定，提供了实物依据。而现在，却说是相同的买得太多了。

又有一本《御物染织裂》，研究唐代绸缎的，为日本现代人有名著作，沈从文花一千块钱将它买来。——说是买得太贵了。

还有大批纸、漆、瓷器……

这些文物，此时正作为沈从文错误的证据被陈列，他却反为能买到这些珍贵文物而得意。但他依然不做声，眼前的景象只使他感到一点滑稽。

历史博物馆新馆落成，日本一个代表团赶来祝贺。这些人都是中国文物研究专家，其中，水野清一是《云岗》一书的作者。得知他来，沈从文和馆里其他人一道，有意找了些他不知道的文物，如战国、南北朝时期的铜器和手抄经卷给他们看，日本人感到十分惊讶。

可是，轮到要座谈了，却由馆里的一位对文物并不在行的行政领导代表中国。谈了半天，却言不及义，答非所问，连翻译也被弄得莫名其妙。

对方问：“你是做什么的？”

回答说：“我们是同行，我们是同行！”

对方似乎是若有所悟，便一笑了之。

一天，北京市副市长兼学术委员吴晗应邀来历史博物馆参观，沈从文被指定为陪同讲解。

吴晗一行来到馆里，沈从文正待上前，见吴晗与几位馆里领导在陈列的文物面前议论风生，谈兴正浓——他知道，吴晗虽是一位历史学家，对文物并不十分在行。不愿意扫他们的兴，沈从文悄悄地转身走了。

事后，馆里立即召开批评会，指陈沈从文的失职和无组织无纪律。沈从文不做声。

有人指名问他，说：“你为何中途来了，又跑了！”

无奈，沈从文只好说：“你们见他鞠躬如也，他见了我也是鞠躬如也。”

人们才知道，吴晗过去曾是沈从文的学生。

沈从文遭遇的这类事还多着！但他深知人情世态大率如此，许多事是无须辩，也无从辩的。事情虽不免有点烦人，却并非什么了不得的大事，自己只有退避一途，值不得将精力耗费在这类人事羁绊上。

但人也就是一种奇怪的动物。这种由意志支配的豁达并不能完全抑制下意识里的软弱。长年埋头于坛坛罐罐之间的那份寂寞，培养着沈从文一份孤独感。一次，郑振铎来博物馆看望沈从文。一见到这位 30 年代起即相熟的文坛旧友，一丝伤感浸透全身，沈从文立时觉得心里发软，仿佛有许多话要对这位旧友叙说，却又不知从何说起。握住郑振铎的手，他只叫了声“西谛……”，眼圈儿便已经红了。

但在另一时，他却又反过来安慰别人。有一段时间，沈从文咳嗽得厉害，却仍然抱病给来博物馆参观的人做说明。恰逢蹇先艾、李乔来看望他。见沈从文满面憔悴，咳嗽吃力的情景，两人心里酸酸的，脸上浮出一丝凄凉的神情。沈从文见状，立即邀两人到公园里去吃茶，有意谈些轶闻逸事，说些笑话趣话相互开心。

然而，沈从文却不后悔自己的选择，而是表现出惊人的坚韧。他容不得无端耗费生命的行为。

那时候，《新观察》杂志办得正起劲，编辑部的朋友约我为一篇文章赶着刻一幅木刻插图。那时候年轻，一晚上就交了卷。

发表了，自己也感觉弄得太仓促，不好看。为这幅插图，表叔特地来家里找我，狠狠地批了我一顿：

“你看看，这像什么？怎么能够这样浪费生命？你已经三十岁了。没有想象，没有技巧，看不到工作的庄严！准备就这样下去？……好，我走了……”[1]

有一年，黄永玉去一个林区考察写生，他将在森林里的生活和见闻写信告诉沈从文。收到来信，沈从文写了一封长信作复。在信中，沈从文谈了三点自己的经验：

一、充满爱去对待人民和土地。二、摔倒了，赶快爬起来往前走，莫欣赏摔倒的地方耽误事，莫停下来哀叹。三、永远地、永远地拥抱自己的工作不放。[2]

三、斩不断的情丝

虽然在外部行为上，沈从文紧紧拥抱着自己所选择的新的工作不放，割断了与自己曾为之献身的文学创作的联系，一如当年选择文学创作，于沉默努力中求得进展。然而在他的心之一隅，仍保留着被主体抑制却并未断情的对文学创作的眷念。那是他的初恋，是他的结发之妻。它曾伴随他走过几十年艰难而漫长的人生之路，一旦割舍，说是放下了，倒恰恰像是不能放下的一种证言。当巴金、郑振铎、蹇先艾、端木蕻良、张天翼、李乔、何家槐等仍坚守文学本业的朋友、熟人相继来看望他时，

[1] 黄永玉 . 太阳下的风景——沈从文和我 [J]. 花城，1980（5）.

[2] 黄永玉 . 太阳下的风景——沈从文和我 [J]. 花城，1980（5）.

心里无从抑制的那份伤感，也许正是这种眷念之情的下意识的流露?

这期间，在国务院工作的一位熟人曾写信给他，表示愿意为沈从文重返文坛做一些必要工作。

> 我从旁观察，他为这封回信几乎考虑了三四年，事后恐怕始终没有写成。凡事他总是想得太过朴素，以致许多年的话不知从何谈起。[1]

1957 年 2 月，毛泽东在最高国务院会议第十一次（扩大）会议上，发表了《关于正确处理人民内部矛盾的问题》的讲话，正式提出了“百花齐放，百家争鸣”的繁荣和发展文学艺术的方针。一时间，文艺界开始活跃起来，出版界也出现了重新出版“五四” 以来有代表性的作家作品的热潮。

一本由人民文学出版社组织选编的计 29 万余字的《沈从文小说选集》的书稿，送到了沈从文手中。面对这部书稿，想起几年前开明书店的来信中所说作品已过时，代为焚毁的话，沈从文百感交集。在选集《题记》中，沈从文回顾了自己文学创作的行程之后，不无伤感地写道：

> 当更大的社会变动来临，全国人民解放时，我这个和现社会要求脱了节的工作，自然难以为继，这份未竟全功的工作必然停顿下来了。一搁就近十年。由于工作岗位的改变，终日长年在万千种丝绸、陶瓷、漆、玉、工艺美术图案中转，新的业务学习，居多属于物质文化史问题，和对人民生产服务的需要，

[1] 黄永玉 . 太阳下的风景——沈从文和我 [J]. 花城，1980（5）.

越深入越感觉知识不足。在这种情形下，我过去写的东西，在读者友好间还未忘记以前，我自己却几几乎快要完全忘掉了。

……记得二十四年前，上海良友公司印行我习作选集时，在那本书题记中，曾向读者深致歉意，觉得费去万千读者的宝贵时间，心中极不安。希望在另外一时，还能够写出点较新较好的东西。现在过去了二十多年，我和我的读者，都共同将近老去了……[1]

然而，一种重新提笔创作的激情，同时在沈从文胸中滚动。“百花齐放，百家争鸣”方针的提出，已显示出对文学艺术不同风格和形式的社会需求的确认。自己也许还没有完全过时？沈从文有点动了心。

希望过些日子，还能重新拿起手中的笔，和大家一道来讴歌人民在觉醒中，在胜利中，为建设祖国、建设家乡、保卫世界和平所贡献的努力，和表现的坚固信心及充沛热情。我的生命和我手中这支笔，也必然会因此重新回复活泼而年青！[2]

可是，接踵而来的发动党内外群众帮助共产党整风、大鸣大放、反击右派进攻……一场极不寻常的政治风雨，送过了1957年的春夏秋冬，同时也熄灭了沈从文重新执笔创作的热情。——他那本解放后直到70年代末所出版的唯一的一本选集，如果再迟一两个月，便不能出版。

对此，沈从文心里已经没有了什么不平。失之东隅，收之桑榆。自

[1] 见《题记》。沈从文 . 沈从文小说选集 [M] . 北京：人民文学出版社，1957.

[2] 见《题记》。沈从文 . 沈从文小说选集 [M] . 北京：人民文学出版社，1957.

己所从事的文物研究工作，正急待深入开展。中国历史上从未有过的社会安定，正为此提供必不可少的条件。他从工作中，获得了心灵的稳定与平衡。

1957 年夏天，当社会上大鸣大放正进行得十分热烈的时候，沈从文家里来了一位不速之客。

来人是专程从上海来京的一位青年学生。见面后，他对沈从文说，上海《文汇报》正等着要消息。你是著名的老作家，解放后对你的待遇太不公平，你对共产党有什么意见，尽管说！我一定代你写出，在报上为你鸣不平。

沈从文心想：我有什么不平？不再从事文学创作，那是我自己的决定，不是谁不准我写，也不是谁规定我只能写什么，而是自己心里有个限制。

来人拿出一张介绍信，递给沈从文。沈从文接过一看，见介绍信上写着张恨水、小翠花和自己三个人的名字。

沈从文有了点疑心：自己与另外两位有什么相干？为什么将我的名字和他们的放在一起？是一种疏忽还是有意为之？

他对来人说："你们恐怕弄错了人。"

"不错，不错。"

"我和介绍信上另外两位都不相熟。"

"那是随便填上去的。"

沈从文默默无语。过了一会，他对来人说：

"近年来我正在做丝绸研究工作，只担心工作进度慢，怕配不上社会的要求。如果有什么不平要写文章，我自己会写，也有刊物刊载，不必别人代劳，请不要记什么吧。"

来人随身带了照相机，原准备给沈从文拍照的。见沈从文如此一说，照相机也不便再打开。坐了一会，便告辞而去。

望着来人离去的背影，沈从文心想：这个青年人太过热情，以为我多年不弄创作，就一定受了委屈，一定有许多意见憋在肚子里待放，却料不到我目下搞的研究，过去是不可能有人搞的，因为简直无从下手，只有现在才有可能来从事这项工作。他因失望而去，说不定还会说我“落后不中用”！——沈从文不免露出一丝苦笑。

1958 年，文艺界庆祝反右斗争胜利，中央宣传部副部长周扬在西长安街邮局对面的一个饭馆里，设宴招待文艺界人士。全国文联、中共中央宣传部、中国作家协会、文化部共 30 余人参加，沈从文也在被邀请者之列。席间，周扬当众宣布：老舍同志工作很忙，准备请他多管一点全国文联的工作，北京文联主席的工作，我们想请沈从文同志担任。

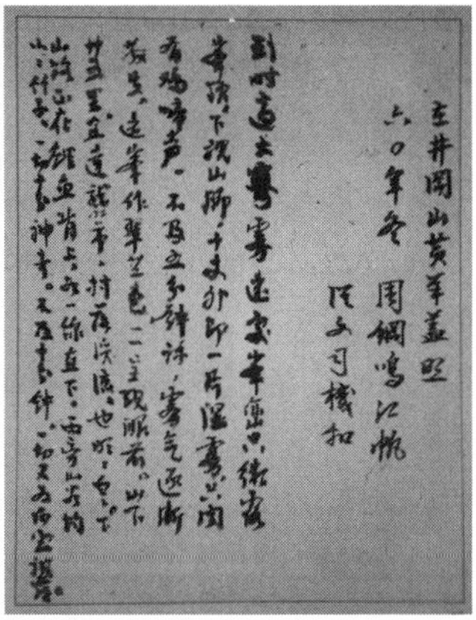

沈从文一听急了。他立即站起来说：“这不行。我还是做我的文物研究工作。我是个上不得台面的人……”

此事便就此搁浅。

倏忽间到了 1961 年。“浮夸风”和“左”倾教条主义，接连而来的严重自然灾害，中苏关系的恶化……天灾与人祸的交相袭击，使国民经济濒临巨大的困境，“左”因其自身的罪孽遭到报应。为了团结全国人民共同渡过这一困难时期，“百花齐放，百家争鸣”

1960 年冬，沈从文与周纲鸣等人摄于井冈山黄洋界

的方针在文化学术界又被旧事重提。沈从文重新拿笔创作的热情又一次被点燃了。

1960 年年底，在王震的安排下，沈从文一行九人从北京出发，去江西井冈山地区参观访问，一边体验生活，一边进行写作。

与沈从文同行的，有东北的蔡天心，北京的阮章竞，四川的戈壁舟、安琪，广东的周纲鸣和新华社的华山等。

12 月 15 日，汽车沿盘山公路飞旋而上，过茅坪，过当年毛泽东、朱德率领红军抗击国民党军队“围剿”的黄洋界，抵达高达 800 余米的茨坪。

其时，恰逢知识青年上山下乡参加山区建设四周年纪念日。沈从文等人的到来，受到了热烈欢迎，并立即被邀请出席 27 日召开的纪念大会。出席大会的有全国各地来井冈山落户的知识青年代表 500 余人，在这高远偏僻山区，自然是一次盛大的集会。在大会上，出于对年长者的尊重，沈从文被与会代表一致推选为大会主席，这对沈从文，真是有生以来破题儿第一遭。人们的热情很使沈从文感动，除了给大会致辞，他还即席朗诵了一首诗歌。

大会结束后，沈从文由井冈山歌舞团一群青年陪同，返回招待所。

天空飞起了鹅毛大雪，茨坪四周远近已经一片白茫茫。这个当年不到 20 户人家的山村，如今已有 30 多座楼房在群山中落成。新建的七层大厦，依山据胜，从远处望去，在云雾中青碧明灭，变幻莫测，近接群峰，如相互揖让。

沈从文怀了一丝希冀。他愿意了解眼前这个变化的事实，并在这新旧交替中追觅旧迹。

沈从文一行七人被安排住在一间宽约 28 步的大房间里。茨坪处高寒山区，又值冬天，便在房子中央放置了一个火盆。由于正处于经济困难时期，山上生活十分艰苦，当时有所谓罗马尼亚“长生不老药”维生素 H_3，还要专程从山下用奶瓶装好送上山来。

本来，上山时各人都有自己的写作计划，现实的生活条件和环境，使得大家鼓不起创作的劲头。似乎各自心照不宣，无人开口提及创作一类的话题。于是，除井冈山管理局安排组织的参观外，成天只有打扑克、跳舞一类事可做。沈从文既不会跳舞，又不会打牌，并且还无书可看。他只能在一旁看热闹。

见沈从文无事可做，华山便对他说：

“沈先生，你既不跳舞，又不打牌，那就写诗吧。”

“好。”

“那就一言为定。”华山伸出手来。

沈从文也伸出手来，于是击掌为定。

终于找来一支毛笔，房内没有墨砚。沈从文找来一只破碗底，将其倒覆在桌上，将墨水倾入碗底，开始以五言古体作诗。——1919 年，在芷江时，他曾用刚学会的旧诗体为那个白脸女孩子写情诗。1922 年到北京后，便没有再用旧体写诗，从那时至今，已有了 40 年。

从这天起，在参观访问期间，每到一个地方，沈从文便践约作诗一首。

但这并非沈从文这次井冈山之行的预定目的。他是带着自己的创作计划而来的。按预定计划，他将要完成一部长篇小说的创作，其内容是一个共产党人在二三十年代的人生传奇。小说准备以张兆和的堂兄张鼎和即张璋及其事迹为创作原型，表现一个旧家弟子如何背叛家庭，走上反抗黑暗社会的道路，同时记录二三十年代动乱的中国社会面貌和各种不同人物的人生足迹。

为此，他需要置身于一种相应的生活氛围，从那些似变而未变的人生形态里，获取必要的艺术素材。然而，上山后的十多天里，一阵热闹兴奋过后，预期得到的全没有得到。世变时移，人生的旧迹似乎已难寻觅。茨坪已成井冈山中心，有博物馆、招待所、文化礼堂、百货大楼、医院、敬老院等生活文化设施和相应机关单位结构而成的文化社区。人员既来自全国各地，居民成分与社会人事已全面刷新，人生已是一种新的合成形态。旧有的乡村文化与人生形态似乎已荡然无存。井冈山不再住有能唤起沈从文对已逝岁月回忆同感受的旧军人、铁匠及各种行业的平民。井冈山属罗霄山脉，本为道家洞天福地之一，传说中卫叔卿乘白鹿驾云车事，向本地人问及时，已经茫然无所知。

而且，这种体验生活的方式也根本不能贴近人生。人们对上面下来的作家，接待虽然充满尊敬与热情，却同时也造成一道壁障，与实在人生相去一间。无论与何人交谈，听到的都是通同共有的语言。究竟是社会人生所有方面都已经同步化，还是人们的心之一隅不愿意向陌生人敞开？——在那些普通人眼里，沈从文已不是当年的躰师爷，一个浪迹各地的士兵，一个无望无助的文学青年，而是一个“上面”下来的人，一个十足的“城里人”了。

沈从文想起几年前的一件往事。1957 年春，他随政协代表团去湘西考察。路过泸溪县的张八寨时，他特意从一个小渡口过渡。这是一个老式渡口。一只老式渡船，一条竹缆横贯河面上空，由一个梳着双辫的小姑娘攀援缆绳，来回送人过渡。东边一列长长青苍崖壁，西边一大片石滩，石滩尽头一簇簇落叶老树，依然保留着几十年前旧有的风貌。可是不远处，新修的大渡口处，却终日不断地吼着叫着各式客货车，等候开上方舟过渡。客车上正坐着来自全国各地的新闻记者，电影摄影师，医生，美术、音乐、舞蹈、文物调查工作者……洗尽了过去对湘西“匪区”

的印象，充满了热情与兴趣，正准备向湘西各县走去。与老式渡口相映照，景物也就既熟悉又陌生。至于湘西本地的乡村人事，变化就更加不易把握。记得解放前不久，就在这个地方，有一辆中型专用客车等候过渡时，却突然响起枪声。车中七个地方高级文武官员同时在乱枪中死去。这类证明社会动乱、人生变易无常的旧事，已经成为历史陈迹。十年过去，这地方随同日月交替，社会人事已起了根本变化。即如渡船上这位小姑娘，所处地理环境与自然背景，一如几十年前自己笔下的翠翠，然而一份对生命充满自信的从容与快乐，却又与翠翠全然两样。记忆习惯中的文字已经陈旧，触目景物人事却十分新鲜。在这种变化面前，自己几乎成了一个不谙世事的傻角儿，一个凡事陌生的外来客。自己上船时因船身晃动时那份慌张，对新的人事变化的茫然无知，使自己意识到，自己虽然常常自以为是个“乡下人”，性格习惯属于内地乡村型，不易改变；其实，自己所熟悉的人生，多是百八十年前的老样式，而对已经变化的乡村人事，以及这种变化的来龙去脉，似乎已经无从着手把握。在家乡年轻一代眼中，自己已纯乎是一个“吃白米饭长大的城里人”。

自内所生的限制，使沈从文感到一种不安，刚刚萌生的一点信心正渐次失去。

终因山上生活太过清苦和寂寞，比沈从文还年轻的同行者，先于沈从文下了山。沈从文原先预定在山上住两年的念头，由于内外条件不如所期而转念，终于在 12 月 25 日，与周纲鸣、蔡天心、江帆等人结伴，离开了井冈山。

四、为而不有

促使沈从文终于提前下山的，还有一个重要原因：他无从搁下那一个个正在进行的文物研究专题。——当他紧紧拥抱着文物研究工作不放时，他无法割断与文学创作的一缕情丝；而当真要从文物研究中脱身而出时，他才强烈地感到文物研究对自己所拥有的独占力量。

自从进入文物研究领域以后，沈从文有了一种越来越强烈的紧迫感。

沈从文长年累月与之面对的，是份无法计量的巨大历史文化财富。那一坛一罐、一丝一缕，处处显示出中华民族先民在物质文化方面的伟大创造和智慧凝聚。可是，对物质文化史的研究，却处于落后状态，与祖先的光辉创造相比，实在太不相称。即以大同云冈石窟为例，早在40年代，日本人水野清一就写出了30多本一套大部头的研究报告，而在中国本土，却连一套像样一点的介绍图书都找不到。敦煌在中国西北，而“敦煌学”又是日本人居领先地位！……每思及此，沈从文都有一种芒刺在背之感。物质文化史的研究必须有一个与中华民族相称的地位和格局。如不思振作，迎头赶上，便难免对上愧对祖先在天之灵，对下无法向子孙后代交代。为此，从1953至1963年，沈从文在全国政协会议期间，先后就文物研究工作有关问题，提出过20多次建议。

要使物质文化史的研究取得预期的进展，除了国家主管部门应作出给予文物研究相应地位的安排，要有人耐得住寂寞，不计个人得失，扎扎实实地做打基础的工作，还需要各方面的通力合作，才能见出效果。可是在文物考古领域，到处都是条块分割，各各将国家文物资料当作“专利”，个人与个人、单位与单位之间，相互保密、封锁的情形十分严重。其结果，既有害于人，又无利于己，更有损于整体研究格局的形成。对此，沈从文简直无法理解。

对上级主管部门的决策，沈从文无从过问，对别人思考问题的价值观和行为方式，沈从文也无权干涉，他只能在自己力所能及的范围内尽责。

一方面，他同时展开对几十个专题的研究；另一方面，将自己的工作看成是“为各方面打打杂”，充满真诚地为国内各单位与个人的研究需要提供帮助。

于是，一如30年代在北京办《大公报》文艺副刊时期，沈从文小小寓所，又成了人来人往的热闹场所。不同的是登门入室的，已换成了古文物研究有关的人员。

> “业务”和“服务范围”日益扩大，除自己在“物质文化史”方面二三十年来锲而不舍地狠下功夫之外，经常还把自己的专长“送货上门”，或者接受外单位的“加工订货”，甚至应承“代购”、“配货”的委托。他那间本来就不大的“窄而霉斋”，有时简直成了个不挂牌匾的作坊或者无以名之的文物、杂项荟集之所。每当客人进屋来，主人常常得这么介绍已经在座的：
>
> “这位是景德镇来的 ×× 师傅……”
>
> “这两位是专门搞舞蹈服装设计的……”
>
> “快来看这几块新疆新出土的锦缎吧，不仅重要，还真是米（美）极了！”[1]

在这方面，沈从文是一个令人叹佩的古道热肠式的人物。凡有所求，他总是尽量满足别人的需求。每当别人上门求教，遇一时不能说清的问题，他总要于事后凭记忆写成数十张卡片，有时甚至一部一部地评述有关典籍的得失，而后将这些卡片，分装在大大小小的纸袋里，外面注明“内 ×× 材料”——“×× 有用”“供 ××× 参考”……，熟悉情况的人，

[1] 萧离．沈从文先生二三事[J]．文汇月刊，1980（7）．

一看名字，就知道这是为常来求教的年轻人准备的有关资料。南京大学的青年教师罗尗子，编写了一部《中国工艺美术史稿》，寄给沈从文征求意见。沈从文为有这样一位青年同道而高兴，他几乎是逐字逐句地为这本书提意见，修改凡四遍，使原先薄薄的小册子增加到20余万言。

从事考古学研究的青年高华，曾这样回忆他请沈从文审阅一篇考古学论文的经过：

> 沈先生在百忙之中看了我的论文初稿，并且就我所提的问题给了许多明确的答复。他老人家回了我一封四倍于我的长信，蝇头小楷恭恭正正地写满了八页。他不仅提供了许多参考文献，而且有的就直接旁征博引，省得我再去考证了。经他老先生提供的线索，我翻遍了全套《汉书》，终于查出鎏金在汉朝已经应用到了建筑装饰上的实例。我在论文中曾引用了一段沈从文先生复信中的话，我的指导教师、建筑家陈志华先生也是独具慧眼，他一眼就瞧出这些材料有来头，他问我资料来源于何处？我于是老老实实地说明是沈先生复信的摘抄。他说应当把材料来源出处说明。于是我加上了“据考古学家沈从文先生致函介绍”等字样。[1]

沈从文对这种播撒火种工作的重视不亚于自己的研究。他看到了这对于民族文化研究的长远价值。他从自己的艰辛严肃的劳作中，深切体验到了四时交替对生命的严峻意义，时间就是生命。一个人活在世界上的时间有限，应做的事太多，而能做的事实在太少，面对自己归纳排比

[1] 高华．我所认识的沈从文先生[J]．海内外，1981（27）．

出来的一大堆研究专题，沈从文有了强烈的焦急感，还有许多责任待尽，自己正一天天老去。他愿意年轻一辈能够分担这份责任。在他的感觉里，不是自己帮助年轻人，而是年轻人在帮助自己。每当遇到一个有志于文物研究的年轻人，话一投机，他会立即引为知己，并推心置腹地说：

“我在有生之年要做的事实在太多了，只怕来不及。我愿意把一些专题分给年轻人，把我积累的资料交给他们，完稿后以他们的名义发表。重要的是把事情做出来，而不是计较个人的名利得失。你有没有兴趣承当一份？如愿意，可以把有关资料拿去，如有困难，也可由我指导进行研究。”

这种焦灼感使他不愿去计较对方的目的与动机，以至充满兴致地忙活了好些年，一旦那人出露头角了，回过头来反把他的真诚和忘我当作笑谈，背地里对他横加揶揄。对这类人的以轻薄报厚德，他总是一笑置之，依旧照样带了一股“傻”劲去帮助别人，从来不曾从中吸取教训。他何尝不知道人世复杂，人之贤与不肖，各各有别。他宁可承受个别人的以怨报德，却不愿因可能不得好报——他原本也不求报——而阻塞了更多的有志者的上进之途。——这个“乡下人”，有如他过去笔下的老兵会明，承受了一份别人所得的“呆子”印象，却无从抹去保留在深心里的那份人生责任感。尽管在会明身上，是一种不知而为，在沈从文则是“明知故犯”的。

文物研究在中国起步晚，底子薄，课题多，是一种筚路蓝缕式的开拓。其不能与一个历史悠久的大国地位相称，是不言而喻的。这种状况，已经引起国务院总理周恩来的关注。1963 年，周恩来召集有关人员在人民大会堂开会。在谈到文化建设方面的问题时，周恩来说：我们出国访问，参观过人家的蜡像馆、服装博物馆。中华民族是一个具有伟大创造力的民族，文化比他们悠久，可是我们却没有自己的服装博物馆，没有相应的《服装史》，什么时候，我们才能编一部有自己特色的服装史?

文化部副部长齐燕铭当即插话说：“这事沈从文可以做。”

周恩来也当机立断：“好，那就交给他去做。”

齐燕铭对沈从文的研究工作是了解的。1961 年，在中国人民大学担任教授的苏联专家尼基希洛夫，去历史博物馆参观时，就曾指名要沈从文陪同。沈从文陪同看了整整 40 天。沈从文博闻强记，对中国古代文物的深入和透彻的理解，对问题的举重若轻，尼基希洛夫既惊讶，又佩服，对这次参观极为满意，不久写信给文化部，希望沈从文能编一本书：

“就按历史博物馆的陈列和您的讲解来写，这就很是马列的了。”

不久，就抽调沈从文等与尼基希洛夫组成一个班子，着手《中国历史图谱》的编写。全书由沈从文起草，每写出一章，就提交编写小组讨论通过。

就在此书将付印时，中国科学院方面以书稿内容不够详细为由，要求另组班子，重作修订。

于是，又组成一个包括沈从文在内的 12 人委员会，其中，有 6 个专业研究员，重新开始工作。

对此，沈从文大惑不解，心里有了疑虑。“不详细”是不是中止此书出版、另起炉灶的真实理由？这原是一部以实物图像为主的著述，自与那种对实物了解不够、却以典籍记载加以引申的著作不同。而这 12 人委员会中，大多没有见过多少实物。如果仍以原先的构想为主，那么重新增补的基础在哪里？如果改变原先的构想，使之“详细”的结果，这本书又会成为什么样的型范？假若果真如此，为什么不干脆组织人另编一部，让两个不同特点的著作并存，而又要在原有的基础上进行？

是不是还另有原因？原先在这本书稿编写过程中的一些人事点滴突然闯进沈从文的心里。——每当他写出一章交小组讨论时，总要爆发一场无谓的争执。一些本无可争的问题，也要被提出争论一番。那时，沈从文以为这只是学术问题上的正常现象，虽有点迷惑，却并不以为意。现在仔细一想，心里不免起了隐忧。他朦朦胧胧地触到一个可怕的字眼：成果争夺。

他被自己这种联想惊住了。——也许，这只是出于自己的多疑。一种以“小人之心，度君子之腹”的念头？可是，如果真是这样，那么，未来的工作必然是一场没完没了的扯皮。预期的结果一定要完结于生命与精力的“内耗”之中。在这种牵连到人事的“争夺”中，自己从来就是一个低能者，留下的只是一连串的败北记录。

——但愿这是自己的无端猜想。但不论是哪种情况，今后的工作都将与自己所预期的相反。与其将生命耗费于无结果的努力中，不如及早避贤让路。

于是，沈从文将书稿交由新的班子处理，当真就从 12 人委员会中退了出来，返回了历史博物馆。

然而，这本书此后也就如泥牛入海无消息。

1963 年，当齐燕铭向沈从文转达周恩来的决定时，沈从文欣然应诺。他钦佩周恩来对民族文化研究工作的重视，感念他对自己的信任，他愿意做这种开拓式的——用他自己的话说“打前站”“为后来者开路”的工作。

沈从文立即着手《中国古代服饰研究》的写作。按照统一安排，由轻工业出版社的阮波负责这本书的出版，由历史博物馆从美工组抽调陈大章、李之檀、范曾参加，负责图片制作——由沈从文提供图像实物资料，加以描摹绘制。

到1964年春，一部包括200幅主图及部分附图，20余万研究说明文字的《中国古代服饰研究》初稿即告完成。全书以文物图像为纲，以不同方式、不同体例作文字说明，文字说明以实物为归依，穿插引申文献典籍，进行比证、分析与综合。

书稿完成后，出版社立即出样书，分送有关部门及专家征求意见。在听取了各方面有关意见后，沈从文又重作增补。按预定计划，此书将在1964年冬付印，作为新中国成立15周年献礼。

可是，1964年后中国社会出现的变化，注定了这本书的夭折。随着国内经济的全面好转，三年困难时期的结束，阶级斗争又开始成为中国社会生活的主旋律，思想文化领域照例首当其冲。文学艺术各部门已经受到了严厉的警告："最近几年，竟然跌到了修正主义边缘"，"许多部门还是'死人'统治着"。在这种背景下，社会极"左"思潮正借机而起，酝酿着中国文化的全面危机。

在此时，即便是远离现实政治的文物考古部门，也不是宁静的避风港。早在1957年，沈从文发表的一篇题为《古代人的胡子》文章，就有人在报上著文，指名批评他"不谈阶级斗争，谈起古人的胡子来了"。对此，沈从文简直啼笑皆非。——胡子问题，一般人可以不谈、不懂，搞历史文物研究的，却不能不谈，不能不懂！不同样式的胡子，是判断历史人物所属时代的重要依据：战国人的胡子，像倒过来的菱角，向上微微翘起；西汉人的胡子，是长长的左右两撇，显得威严庄重；到了隋代，更是按人的不同身份，编成形状各别的辫子；而现世京剧里的人物，胡子都是明代人样式。对古人胡子的鉴别，涉及历史文物的真伪。

然而，那种将阶级斗争和历史唯物主义庸俗化的思潮，却正制造着中国文化的“劫数”。

沈从文和他的文物研究，在即将来临的社会风暴中，不可能不在劫难逃。

第十一章

处乱不变

一、那朵小花，真美！

1965年11月，江青等人直接组织的《评新编历史剧〈海瑞罢官〉》一文，由姚文元署名，在上海《文汇报》发表，从而揭开了“文化大革命”的序幕。1966年2月，林彪伙同江青等人抛出《部队文艺工作座谈会纪要》；6月，以彭真为首的中央文化革命五人小组及其《二月提纲》被撤销；8月，毛泽东发表题为《炮打司令部》的大字报，中共中央通过《关于无产阶级文化大革命的决定》（即“十六条”），明确规定这场革命的对象是“党内走资本主义道路的当权派”和“资产阶级反动学术权威”。

一场“史无前例”的“文化大革命”便在全国范围内大张旗鼓地展开了。

一切都来得那样迅猛，那样眩目，那样令人猝不及防。大字报铺天盖地而来，不需要任何法律依据的打、砸、抢，逼供信；剃阴阳头，戴着高帽子游行示众等人类自残自渎行为，以“革命不是请客吃饭”为口实被涂上神圣灵光。在革命旗帜包裹下的极“左”思潮，迷乱了人们的理性。怀疑一切，打倒一切成为人们的行动指南，权威崇拜正以埋葬一切权威形式进行。一方面以家庭出身为依据，“红五类”“黑七类”成为划线站队的根据；另一方面，任一“莫须有”的罪名又可使人立即由“红”变“黑”。一批又一批的各级干部和知识分子沦为“牛鬼蛇神”。许多人还没弄清楚是怎么回事，转眼间便成为革命的阶下囚。

在这场“文化大革命”中，沈从文以反逻辑形式逻辑地被视为革命对象，运动一开始就被“揪”了出来。罪状是极容易罗织的，而且还是“五毒俱全”。且不说当年他与胡适等人的交往，抗战中“反对作家从政”，在第三次国内战争中所持反战立场，被莫名其妙地认定为国民党中央委员——“反共老手”成为戴在沈从文头上的第一顶帽子；又有人揭发，沈从文家成天跳黄色舞，听黄色音乐，是“裴多菲俱乐部”——这也是一种诬告，沈从文从来不会跳舞，也从未在家里举行舞会，所谓听黄色音乐，实为沈从文长期养成的听西方古典音乐的习惯；解放以后，他所从事的文物研究，被认为是“鼓吹帝王将相，提倡才子佳人”，自然又是“反动学术权威”。

于是沈从文被红卫兵先后八次抄家。他无法记清被抄走了些什么东西，唯一留在记忆里的，是他的六公斤一捆的书信被抄走了。女儿沈朝慧同时被勒令返回湘西。——朝慧是沈从文弟弟沈岳荃的女儿。全国解放前夕，身为国民党军官的沈岳荃本来已经参加了起义，却因情况不明，在镇反运动中被误杀，直至30年后始得“平反”。1958年，沈岳荃的这个遗孤从湘西来到北京，投奔伯父并认沈从文为父。“文化大革命”一开始，作为“黑五类”，朝慧不可免在被驱逐之列。于是，以她名义的存款全被抄走，并被吊销了在北京的户口，限期离开北京。

《中国古代服饰研究》一书，被作为“鼓吹帝王将相，提倡才子佳人”的毒草遭到批判。

起始，博物馆的一位副馆长对批判会的组织者说：“你们别忙着批，应该先学习，学懂了再批。”这自然是对无产阶级革命派的亵渎，得到的回答是“嗤之以鼻”，批判会照样进行。——人们既然已经习惯在既定结论下作文章，自然不会陷入在具体分析前提下作结论的“纯学术讨论”的泥坑。沈从文算得运气好，总算没有被拳打脚踢，但仍然尝到了“架飞机”的滋味。——由左右两人，一面按住肩膀下压，一面抓住两手反向上提，被迫弯腰、低头，整个人体如飞机形状。

批判并不到沈从文为止，人们还要顺藤摸瓜，追查沈从文的“黑后台”。其结果，向周恩来建议由沈从文担任此书写作的齐燕铭立即成为批判对象。稍稍熟悉一点中国现代文学史的人，不难从中感受到这一事件所具有的讽刺意味。——早在 1944 年，由杨绍萱、齐燕铭执笔的新编历史剧《逼上梁山》，便被视作延安“旧剧革命”的先声。当时，毛泽东就曾在给他们的信中说：“历史是人民创造的，但在旧戏舞台上（在一切离开人民的旧文学旧艺术上），人民却成了渣滓，由老爷太太少爷小姐们统治着舞台，这种历史的颠倒，现在由你们再颠倒过来，恢复了历史的面目，从此旧剧开了新生面，所以值得庆贺。”[1]而现在，齐燕铭反倒因“鼓吹帝王将相，提倡才子佳人”被押上“历史的审判台”。然而，批判者并没意识到其中的讽刺，认为齐燕铭“背叛”了原先的革命立场。也有人觉出其中的滑稽而不敢作滑稽之想。——人们必须强制自己按“现实”逻辑进行思想。

在批判齐燕铭时，沈从文算是受到“优待”，因心脏有病，特许他在隔壁房间里听取大会的批判。

沈从文虽因此事牵连别人而深感不安，但对自己的遭遇，已经看得十分平常，没有了委屈痛苦之感。他看到了这场革命中匪夷所思的喜剧色彩。既然几十年前就参加革命的人正被人革命，今天革别人命的，明天又被人革，而许多同自己差不多的熟人朋友，有的已经被关押起来，

[1] 杨绍萱 . 中国戏曲发展史略与旧剧革命的方向 [J]. 人民戏剧，1950（1）.

有的被打成残废，有的被迫自杀，或者被折磨致死，自己还算得是不幸中之大幸者。

在狂飙飓风面前，沈从文十分坚强洒脱。一天，军管会一位军代表将他叫去，指着他放在工作室里的图书资料对他说：

“我帮你消毒，烧掉！你服不服？”

“没有什么不服，要烧就烧。”

于是，几书架的图书和资料被搬到院子里，付之一炬。其中，包括了一些珍贵的书籍，如明刊本《古今小说》等。望着它们在熊熊火焰中化为灰烬，沈从文心里虽觉可惜，却无愤懑，他简直诧异于自己的镇定和淡漠。但他明白，这是不能辩、也无从辩的时候。一切抗辩非但于事无补，反而于己有害，只能听其自然。

一部分被认为没有问题的图书资料被留下了，并交还给沈从文。那位年轻的军代表一面将书交还沈从文，一面说：

“你不要看不起我，以为我没文化！”

这些人为什么那样自信，又如此自卑？极端的自信与极度的自卑之间，正有着一种奇怪的沟通。过犹不及，两极间的沟通，似乎正是自然的普遍法则。对此，沈从文没有作答，也无从作答，唯一可行的办法就是保持沉默。

他默默地将退还给自己的图书资料装进一个大麻袋，步履艰难地拖着出了历史博物馆，从天安门一直拖到位于外交部后面的东堂子胡同的家里。

然而，为强大政治压力所规范的人的外部行为和社会舆论的一律，无从完全改变世事的是非曲直。世道人心的差异依然存在。历史博物馆的军管会一成立，一个姓黎的瑶族出身的军代表，就将沈从文叫去，十分平和、诚挚地对他说：

“你别担心。你根本无事，没有政治问题。”

沈从文知道，这是对方对自己的安慰。以一人之力，是无从改变既成事实的。但他仍然从中感到人与人之间理解与同情的温暖与可贵。

第一道冲击波过去，沈从文反倒变得安全了。由于他在历史博物馆不是“当权派”，随着“文化大革命”的进一步发展，他不久就成了“死老虎”。——“死老虎”打起来无味，也不能显出打老虎者的英雄本色。于是政治的兴奋中心发生了转移：揪党内、军内的“一小撮”，那些还在走的“走资派”。于是，沈从文被“挂”了起来。除装点性的陪斗外，便同其他“牛鬼蛇神”一道，每天被集中在博物馆的裱画室里，学《语录》，唱“混蛋歌”，参加各种体力劳动。沈从文的任务是负责打扫历史博物馆的女厕所——对一个60多岁的老翁，似乎没有人担心他会有什么不轨之举。有时又被安排拔草。要打扫厕所时便打扫厕所，要拔草时便拔草，沈从文照样做得十分认真称职。

有时，他也想利用闲暇时间看点书。可是，除了马列、毛泽东著作，其他的书不许看。跑到图书馆去借与古代服饰研究有关的全套《三才图绘》，也遭到拒绝。说是全套不借，要借只能一册一册借。

他只好专心致志于拔草和打扫厕所了。

其时，毗邻博物馆的天安门广场，经常有数万、十数万人的大规模群众集会。或是红卫兵检阅，或是大型批斗会，或是欢呼“最新、最高指示”的发表。那是由红旗、红袖章、红宝书汇成的红色海洋。人潮汹涌不息，口号声响彻云天，气势无比雄壮。在这种背景下，每天从事周而复始的劳作，沈从文心里却充满稀有的平静。

这天，沈从文又一次到博物馆的院子里拔草，院墙外的天安门广场上，又一次群众批判大会正在举行。“打倒……！”“……万岁！”“……进行到底！”的口号声如一阵阵惊雷，在天安门广场上空炸裂，鼓动的声浪铺天盖地袭来。

突然，沈从文眼睛一亮。他看到院子的一角生长的一株秋葵，正在深秋的寒风里微微抖动。一朵红花从植株的中心勃起，花瓣叶片上挂着晶莹透明的露珠，楚楚可怜，又生机盎然。

沈从文忽然心有所感：尽管身处金风肃杀时节，眼前的小小生物却仍在履行自己的责任。他仿佛触到了生命的律动，感到了生命自身保有的那份镇定与从容。

那朵小花，真美！

这一瞬间，院墙外传来的声浪仿佛突然减弱、退远，乃至于消失。沈从文的心灵空间一片静谧，静谧中又浸润了一丝伤感。

——美，总不免有时叫人伤心……

然而，内心的平静无从左右外部世界的变动。这种拔草、打扫厕所的日子没有一直持续下去，一份新的变动又在改变着沈从文的处境。

先是1969年7至9月间，文化部所属各单位和文联各协会的全部工作人员，按照统一部署，分别安排去湖北咸宁、天津宁海等地的“五·七”干校和军队农场劳动，一面搞“斗、批、改”，一面接受“再教育”。9月末，在《人民文学》杂志社任编辑的张兆和，已随本单位人员去了湖北咸宁。至此，沈从文一家成员已经是天各一方：次子虎雏早在1966年就同妻子去四川参加“三线”建设；女儿朝慧早成了各地漂泊的“黑户”；长子龙朱虽仍在北京，却因1957年在一张别人写的向党委提意见的大字报上签名，被划成“右派”，眼下正在北京工业学院附属工厂里接受监督改造。因受一顶“右派”帽子牵累，35岁的人了，仍未能结婚。尽管如此，只要沈从文还留在北京，全家人到底还有一个团聚的中心。

可是，就在张兆和去湖北一个月后，1969 年 11 月的一天，沈从文家里来了两个人，通知他五日内做好离开北京的准备。

问："去哪里？"

答："到湖北去。"

几天后，历史博物馆召开了一个动员会议，与会者共 27 人。其中有五位年过 60 的老人，并且都是病号。

会议的宗旨是动员与会人员去"五·七"干校，并规定每个人都得表明自己的态度。

先是两位副馆长带头发言，大意说：知识分子去"五·七"干校，接受再教育，是毛主席的伟大战略部署。照主席的话去做没有错，违背毛主席的指示就会犯错误。

主持会议的军代表十分高兴，连声夸奖："还是老同志有觉悟。"

见他们一个个慷慨激昂，信誓旦旦，沈从文信以为真，轮到自己表态时，便说：

"既然大家都去，我也去。"

朝慧担心父亲的健康，跑到历史博物馆问领导："下面情况如何？老人吃不吃得消？"

一位副馆长回答："那里美得很，他想去哪里，就去哪里。"

不久，沈从文即发现，与会 27 人中，到后下去的只有包括自己在内的三个老弱病残，远较他们年轻的反以各种理由留下了。后来又得知，这样一种搪塞无法向上面交待，一些人仍被逼着要下去，那位说下面"美得很"的副馆长无可奈何，幽幽地哭了一场。

先是在动员会上，就有了明确交待："你们去了，就要下决心在那里扎根，不要再打算回来。除了煤球，什么都带下去。”

沈从文照例信以为真。他估摸着：以一老病之身，自己这一去再也回不来了。临行前，他将在京的几个至亲子侄叫到身边，把手头的一点积蓄——“文化大革命”开始后，沈从文每月只能领50元生活费，这时“落实政策”，按原工资补发所得——分给了他们。龙朱、虎雏、朝慧、黄永玉各得一份。

> 这真是一个悲壮的骊歌。[1]

二、含泪的微笑

12月底，连哄带骗，沈从文被送到了湖北咸宁。这时他才发现，历史博物馆下来的，只有自己和另外两位年老高级工匠。

张兆和特意赶到县城来接，临时找到一所破旧学校落脚休息。

随后，他去干校管理部门报到。一查，沈从文却榜上无名。

“这里需要劳动力，你来干什么？”

“上面叫来的，不知怎么安排？”

“这不好办，最好还是回去。”

“可我怎么回去？北京连户口也吊销了。”

“这样吧，等我们商量一下，再通知你。”

于是回到那所破旧学校里坐等。其时正值岁暮严冬，沈从文坐在空荡荡教室里，望着铅灰色的天空出神。

他是中午到达咸宁的。一连等了四个小时，直到黄昏时节，终于得到通知：先住下来，等候下一步安排。

[1] 黄永玉．太阳下的风景——沈从文和我[J]．花城，1980（5）．

这才搬进属故宫博物院一间空着的宿舍，房内一盏煤油灯，一摊蛇皮。

住了不到半月，阳历新年刚过，突然接到通知：“决定安排你去双溪，下午8点有车去那里，你准备一下，马上就走。”

先就不做再回北京的打算，一些必需的家具和日常生活用品都带了下来。立时要走，又是一阵手忙脚乱的折腾。

终于随车到了距咸宁50余里的双溪，临时被安顿在区委一个阁楼上。楼上光线极暗，白天也得点灯；又没有床，只得在稻草窝里开铺。接着安排沈从文住进一临时打扫出来的旧猪圈里，沈从文坚决不去；旋即又改为一小学校的教室，才总算有了一个落脚之地。

小学校坐落在一座高岗上，四周没有人家，孤零零的。里面空空荡荡，什么也没有。沈从文的住房，是在大教室里用芦苇隔开的一间，隔壁住着故宫博物院下来的“五七”战士。这里距张兆和住地60余里。

确如那位副馆长所说，双溪风景极美。这里原属古云梦泽湖泽地带。眼目所及，为五万余亩水田，田垄纵横交错，分割成无数面明镜，水波天光，上下辉映。远处一带山岗环列，早晚间岚气蒸腾。从学校小小窗口，早晚可见生产队牛群过身。常常是一头老牛，骨骼庞大，身后跟着三五头小牛，用极其庄严的步伐在公路上走过。公路对过，是一片坟地。长夜清晨，荒草野坟之间，有碗口粗细黄喉蛇“咯咯”叫声传出。

这之前，沈从文在一个被称做“七五二高地”的地方看守菜园子。他十分称职，风雪雨晴，从不间断。虽然他将世事看得十分坦然，终不免感到孤独寂寞。也常有亲朋来信，关心到他的处境。为免除亲朋担心，他不得不在回信中强作欢愉：

在这多雨泥泞遍地的地方，他写信给我时，居然说：

“……这儿荷花真好，你若来……”

天晓得！我虽然也在另一个倒霉的地方，倒真想找个机会到他那儿去看一场荷花……

在这场“文化大革命”中，他的确是受到锻炼，性格上撒开了，“七十而从心所欲，不逾矩”。派他看菜园子，“……牛比较老实，一轰就走；猪不行，狡诈之极，外像极笨，走得飞快。貌似走了，却冷不防又从身后包抄转来，……”还提到史学家唐兰先生在嘉鱼大江边码头守砖，钱锺书先生荣任管仓库钥匙工作，吴世昌先生又如何如何……每封信充满了欢乐情趣，简直令人忌妒。[1]

实际上，沈从文过得并不这样富有诗意。生活单调清苦不说，这里地方偏僻，几乎与世隔绝。又无书可读，在精神上，四周仿佛有望不断的高墙。雨季一来，还几乎居无宁日。

又是一个大雨滂沱的夜晚，公路上的积水下泄，一股股黄流从房门和墙根缝隙处注入沈从文房中。头上屋瓦及墙壁裂缝处也是淅淅沥沥。不一会，屋子里已成水池。见情形不妙，沈从文赶紧穿上一双长统胶靴，撑一把雨伞，站在房间中央，望着不断加深的积水发愣，不知何以为计。

幸亏 10 多个故宫博物院同事，陆续赶来相助。他们盆端桶挑，从房间内挑出 40 多担积水，又从外面挑来 10 余担新土，将地面进水处一一塞死。又找来几担干草，爬梁上房，将屋瓦及墙壁漏雨缝隙一一塞紧。好一阵忙碌过后，尽管头上仍点点滴滴，总算可以安身度命了。

当大家忙碌时，沈从文唯一能做的，只是撑着那把雨伞，在屋内泥

---

[1] 黄永玉 . 太阳下的风景——沈从文和我 [J]. 花城，1980（5）.

水中走来走去。

就在这样的处境中，沈从文仍念念不忘那本服饰研究。虽然有关的资料和一切得用工具书早已散失无余，然而10余年沉默努力的结果，凡经手过眼的以万千计的文物，那些丝、漆、铜、玉、竹、木、牙、角，坛坛罐罐和花花朵朵，仍重叠在沈从文大脑襞褶深处。于是，就记忆所及，将《中国古代服饰研究》一书应当增补的图案一一写出；又就国内文物研究始终近于空白的20多个专题，分门别类，将有关材料排队。有关材料的来源、性质、发展中的情形，不同问题间的联系及相互制约、促进的原因，凡是能想到的，一一写出草目，先搭架子，再随想随补。积以时日，身边竟积累了一大堆卡片。

寂寞中又思前想后，一些亲友的人生遭遇也一一浮现在眼前。于是，又情不自禁地为黄永玉的家世写了一篇近两万字的“楔子”……

1970年夏秋之交，沈从文终于病倒了。他已经年近古稀，精神的孤寂和环境的恶劣，诱发了原本就有的心血管系统的疾病。

他病得不轻，血压高得惊人：高压250，低压150。他被送进咸宁医院治疗。

躺在病床上，沈从文身心极其衰疲，头脑却出奇地清醒冷静。他分明感到生命被病魔逼近，仿佛正向死亡线靠近。——难道就这样一病不起？人终难免一死。死并不可怕，活着或许反更艰难。然而，就这样了结一生，实在于心不甘。手头还有许多事没有了结，自己尚有责任待尽。现在自己不宜死，也不会死！

依靠药物的治疗和意志的坚韧，沈从文奇迹般地战胜了病魔。在住院治疗40多天后，他的血压逐渐下降，并终于稳定。

10月，他康复出院，返回双溪。

久病新瘥，沈从文漫步于深秋的微阳下，对眼前的一景一物，都油然而起怜悯心。想起一个月前去世的大哥沈岳霖和姐夫田真一半个世纪中对自己的支持鼓励，心境益增悲凉。死者长已矣，生者实宜百年长勤，有以自勉。

朔风摧枯草，岁暮客心生。
老骥伏枥下，千里思绝尘，
本非驰驱具，难期装备新。
只因骨格异，俗谓喜离群。
真堪托生死，杜诗寄意深。
间作腾骧梦，偶尔一嘶鸣。
万马齐喑久，闻声转相惊！
枫槭啾啾语，时久将乱群。
天时忽晴朗，蓝穹卷白云。
佳节逾重阳，高空气象清，
不怀迟暮叹，还喜长庚明。
亲旧远分离，天涯共此星！
独轮车虽小，不倒永向前！[1]

1971 年初夏，刚结婚的龙朱夫妇，来到双溪探望父母。先到双溪见过父亲，再转连队看望母亲。其时正值夏收季节，新婚期间，两人又充满兴趣和热情参加干校收割油菜的劳动。为免除孩子们的担心，两位老人照例显得十分快乐。沈从文还向新婚夫妇讲述在干校亲身经历和辗转

[1] 见《喜新晴》。沈从文．沈从文文集：第 10 卷 [M]．广州：花城出版社；香港：三联书店香港分店，1984.

听来的笑话趣事，以及双溪的医生如何尽职尽责，办伙食的大师傅如何特别照顾自己，区公所的秘书如何自作主张：想方设法给他弄鸡蛋、鸭蛋，自己不要，又如何展开一场拉锯战……

假期已满，新婚夫妇终于要离去了。张兆和送两人上路。自己对回北京已不抱任何希望，儿子这一去，不知何时再能见面。出于天性中的亲情，在双溪那条长堤上，张兆和依依不舍地送了一程又一程。

龙朱夫妇的离去，使沈从文黯然神伤。想起儿子10多年来的坎坷遭遇，如今虽说总算了却了一桩人生大事，背在身上那份沉重的政治包袱不知何时才能解脱。脚下的路正长，前面等候着他们的，还不知是怎样一份人生安排！……

日子一天天过去。沈从文房间小小窗口，张有一面蛛网。刚到双溪时，网上的蜘蛛还只小豆般粗细，不知吃了多少虫子，如今居然长成拇指大小了。算算日子，到双溪已经有了一年了。眼下，沈从文寄身的这所学校正筹备开学，房舍需要腾出。经干校安排，沈从文与张兆和一道，将从双溪转移去丹江。

又是一次长距离迁徙。先乘车至武汉，再转车沿汉水上溯千里，到达丹江，沈从文夫妇被安排在一个偏僻的采石场附近的荒山沟里住了下来。

住处距丹江口只五里路远近。每天，一抬头便可遥遥望见丹江口横跨江面的那座巍巍拦河大坝的模糊身影。一到夜里，大坝上灯火烛天，景象壮丽辉煌。面对这种景观，沈从文每每触景生情，感慨不已。

1971年末，沈虎雏到湖北丹江探亲与父母合影

10年前，自己曾到这里参观，亲眼见到丹江水坝的合龙。想不到10年后，自己又迁徙到这座大坝附近，寻找自己的归宿。人生恰如茫茫大海，个人只是漂浮在大海中的一滴油。在狂涛巨澜中，这滴油不知飘向哪里，可是漂泊中又像有近于宿命的轨迹。人生命运似乎有着一种无法理喻的离奇安排。人生充满传奇，传奇中也就难免属于人的悲剧，令人只有依靠一份坦然无争的胸襟，方能抵抗人生忧患的来临。然而，这种被动的顺应终不免太过消极。但愿人类的进步能将人生的传奇部分去尽，方能恢复生命的尊严。半个世纪前，自己就怀了这份预期，半个世纪后，依然还只是这样的一场预期……

沈从文住处附近，有一座火葬场。高高的烟囱直指云天。这天，沈从文与一些人结伴，去逛丹江大街。去时，见道路纵横交错，有人说：

“不好，回来时只怕会迷路。”

沈从文说：“不会迷路。只要看火葬场的烟囱。那是我们每个人的最后归宿。”

三、大智若愚

丹江口火葬场终于未能成为沈从文的最后归宿。1971年冬，沈从文因心脏供血不良，病情逐渐加重，身体逐渐浮肿起来，连日常行动都成了问题，终于获许返回北京。半年后，张兆和申请退休得到批准，也结束了干校生活回到北京。

沈从文经历的是一场身不由己的旋转运动。从北京至咸宁的双溪，再转丹江，到重返北京，短短两年间，前后六次搬家，大病三场，辗转数千里，就像当年置身行伍，生命颠簸于不可知的人生浪涛之中，其命运无从自主处，二者有着惊人的相似。不同的是50年前对自己的处境因理性蒙昧而不自知，50年后虽知却莫可奈何——这又并非出自对现实泯灭是非的主动顺应。他心里自有一杆秤，用以衡量来到自己身边的事事物物。

当“文化大革命”浪涌飙举，国家一切上层建筑部门发生多米诺骨牌效应的时候，对这种摧毁一切的社会现象，沈从文虽然感到这场革命真正没有中心思想，简直是一曲混乱而失章次的无主题变奏，却寄望于这一切并非全出自国家最高权力中枢的决策，而只是一场大规模群众运动，因鱼龙混杂而难免混乱。因此，当别人信誓旦旦，要以去干校的实际行动落实“最高指示”的时候，他信以为真，虽然毫无慷慨激昂的誓言——“既然大家都去，我也去”，还不免几分无可奈何，到底还愿以老病之身，服从上面的安排。

可是，当他糊糊涂涂到了双溪，又从最初的糊涂中清醒过来，他的心里终于起了怀疑。

这怀疑并不源于个人上当受骗的感觉。同其他人相较，自己还算得上幸运。既未如老舍那样被逼投湖自尽，也未挨打致残，甚至没有遭牢狱之灾。然而，想起整个国家、民族的命运，眼前的事实引起沈从文严重的不安。

——让全国以千万计的知识分子和得力可靠干部，搁下工作不做，下放到农村来，使得国家许多重要部门的工作完全陷入瘫痪状态，究竟是为什么？是不是整个国家机构出了问题，才有人利用机会，弄权术，搞阴谋，在全国范围内大做坏事蠢事？

这份疑惧在沈从文心里逐渐加重。思前想后，他从国家权力中枢结构的变化中，依稀瞧见了一个虽不免朦胧，却并非没有依据的大体轮廓，而这时，正有一些过去颇有名气的知识分子，失去做人良心，有意混淆是非界限，主动迎合那些新发迹的权要，顺水推舟，以求自保。对这种人的行径，沈从文大不以为然。1970 年夏，感慨于“顺水船易坐，逆风旗难擎”，他在双溪写了一首诗，对这种因“陀螺启悟心”，以致失去操守，从而“朝为阶下囚，夕作席上宾”的现象进行了讽刺，指出他们的目的是使“四人开心”。

在另一首题为《双溪大雪》[1]的诗中，他这样叙述自己的遭遇：

今有乡曲士，身心俱凡庸。
白发如丝素，皤然一老翁。
时变启深思，经春复历冬。
五色易迷目，五音耳失聪。
三月犹雨雪，彳亍泥涂中。
时怀履冰戒，还惧猛将冲。
夜眠易警觉，惊弓类孤鸿。
“何不辞辛苦？”“举世皆尚同！”

他知道自己的遭遇正属于中国知识分子一种无法规避的命运安排，沉默中承受属于整个民族的苦难，是自己的分定。他不想逃避，也无从逃避。逃避之路并非没有，然而，这是不宜为也不屑为的。

亦宜若有人，应世巧为容，
乘时忽鹊起，终“举鼎绝踵”。
亦宜若有人，拙诚如老农，
廿载锥处囊，澹然忘穷通。

[1] 沈从文 . 沈从文文集：第 10 卷 [M]. 广州：花城出版社；香港：三联书店香港分店，1984.

偶逢机缘巧，附凤即凌空。
亦宜若有人，材质凡鸟同，
善自饰毛羽，展翅成大鹏。
一举高冲天，飞飞入云中，
高高上无极，天路焉可穷？

沈从文一生厌憎为一己私利而向邪恶屈膝的行为。还在“文化大革命”初期，沈从文正受到冲击的时候，有人出于“好意”，向他建议说：

“江青是你在青岛教书时的学生，只要写封信给她，就可以避免受害了。”

“不行。”依旧是惯常的细语轻言，却内涵着“不必再提”的决断，脸上消失了惯常的笑容。

沈从文从不假外力以求“非分”。既然摊派到身上的一份灾难属于一种近于社会“宿命”的安排，就不能以“非分”之举寻求逃避。任何“非分”所得，从小处言，终必招致意外灾星；从大处言，只能导致人格的丧失和做人起码的义利取舍的颠倒。

基于这种信念，沈从文获得了生命的镇定与从容。

依依宫墙柳，默默识废兴，
不语明得失，摇落感秋深。
日月转双丸，倏忽万千巡，
盈亏寻常事，惊飙徒自惊。[1]

[1]见《京门杂咏·七二年冬过北海后门感事》。沈从文．沈从文文集：第10卷[M]．广州：花城出版社；香港：三联书店香港分店，1984.

沈从文返回北京，是在林彪事件发生之后。由林彪事件引发的“批林整风”，逐渐演变成“批林批孔”——“批儒评法”——“批周公”。“四人帮”已将斗争的矛头指向周恩来。其中所包藏的用心，在沈从文心里，此时已洞若观火。

沈从文从干校返京后所写一首诗的手稿

这不独沈从文为然。“文化大革命”带来的全民族的浩劫，已引起越来越多的人警觉与反思，全民族正在觉醒中，玩火者正将火引向自身。然而，在表面上，“四人帮”的炎焰正炽。多数群众仍然继续为假象所蒙蔽，也有人煽风加薪，企图火中取栗。

沈从文所属历史博物馆，“批儒评法”正在进行。一如其他部门和单位，有人暗中抵制，有人消极敷衍，有人盲从，有人投机。

这天，历史博物馆的“大批判专栏”里，出现了一套歌颂“商鞅变法”的组画。其中，商鞅手按佩剑，旁若无人，气宇轩昂地大踏步登上金銮宝殿。见到这套组画时，沈从文真正生了气。

沈从文找到组画的作者，十分诚恳地说：

“这不行，秦制那样厉害，臣子怎能带剑上殿？”

那人却坐在沙发上，傲然说：“我负责。”

沈从文说：“不是这个问题。这是博物馆，你这样做，别人会说我们无知。”

对方却带着不屑与之理论的神气，指着沈从文说：

“你过时了！我要是照你说的去干，那就什么也干不成了！”

事既至此，沈从文知道再说也无益，便默默地走开了。

然而，这同一个沈从文，有人以为“过时”，有人又正以为可以“利用”。那位权倾一时、炎焰烛天的、沈从文在青岛大学任教时的学生——“文化大革命”初期沈从文曾拒绝给她写信以求自保的江青，此时却不知出于何种动机，突然想起沈从文来了。她在与一位西方记者谈话——后来被据以写成的那本《红都女皇》中，竟不止一次提到沈从文，说她年轻时最喜欢的教授就是沈从文。那时，沈从文每每对她说，应该每周写一篇文章云云。

从一些相关的人暗示中，沈从文隐隐约约感到江青正试图借当年的师生关系与自己套近乎——这自然不是江青大发怀旧之情。若从这期间江青正醉心于拉一批著名知识分子为自己捧场叫好的做法来看，似乎她正试图将沈从文作为一个筹码，纳入她精心设计的政治圈套。

这在有些人看来，正是求之不得的进身阶梯，而在沈从文，却有了栗栗危惧之感。

一份通知送到沈从文家中，要他去人民大会堂出席为欢迎津巴布韦代表团而举行的国际诗歌朗诵会。

起始，沈从文将此当作一次寻常的观看演出活动，便按时来到人民大会堂。

可是，当他刚走进大厅，就迎面来了一位服务员。仿佛等候已久似的，在确知他就是沈从文后，就领着他朝前面走去。

沈从文心里突然有了某种预感，起了一种警觉。抬头望望大厅，所有的座位几乎都已坐满，只有最前面的两三排座位空着。沈从文心里明白，按惯例，这空着的座位是为何人所留，带自己到前面去实在事出蹊跷。

他放慢步伐，眼睛却左右搜寻。他终于在靠后找到了一个空座，便一声不响地坐下了。

那位服务员见状，急忙劝他坐到前面去。

“就这里好，看戏需要保持一点距离。”

服务员再三劝说无效，只好无可奈何地离去了。

果然不久，以江青为首的一行依秩鱼贯而入，各在前面相应的座位上落座了。

——这件略带戏剧性的事在沈从文身上发生，是不是按江青的指示做的一次有意安排？既要提供她与沈从文接触的机会，又要让人将这种接触看成一次十分自然的重逢？现在自然是无从确证了。

金风杀草木，林间落叶新。
学易知时变，处世忌满盈，
祸福相依伏，老氏阅历深。
能进而易退，焉用五湖行？[1]

四、居陋行远

从任何意义上说，沈从文的离开北京，几乎都是被视作社会垃圾而“扫地出门”的。人一走，原先在北京的一切权益便化为乌有。在沈从文离开北京不久，他的唯一一间住房（原有住房三间，其余两间“文革”初期即被没收）就被别人作为“战利品”接管过去。在当时，这种“鹊巢鸠占”现象实在屡见不鲜。沈从文重返北京后，费了不少口舌，才要回了先前剩下的那唯一一间房子。

可是，这小小房间实在无法安身。已被占去的自然无从归还，沈从

[1] 见《拟咏怀诗》。沈从文．沈从文文集：第10卷[M]．广州：花城出版社；香港：三联书店香港分店，1984.“金风杀草木，林间落叶新”指林彪、叶群出逃，机坠身亡事。

文又不愿在这种问题上与人争执，百般无奈之中，只好写信给李季，请求为属作协系统的张兆和安排住房。李季与严文井派人了解情况，并与各方面协商以后，在小羊宜宾胡同给了张兆和两间房子——一间用作卧室，一间堆放杂物兼作厨房。尽管两间房子加在一起不过 19 平方米，在当时情况下，实在算得是解救燃眉的“及时雨”。

从此，原先在东堂子胡同剩下的一间房子，便成了沈从文的“飞地”。在这块“飞地”上，他又重新着手进行文物研究。

回到北京不久，历史博物馆一位副馆长向他转达了国家文物局的意见，说“文化大革命”前编写的那本古代服饰研究专著，已经重新看过，认为很有见解，值得付印，要他重新校过。于是，沈从文将已经被搁置了八年的书稿取回，对图像资料重新核对，一个月后交了稿。

然而，这一去又是音讯全无，杳无下落。其原因，自然不难想象。

沈从文只好不问收获，只管耕耘下去。他考虑得最多的，还是如何使该书更为完善。他考虑将“文革”以来新出土的有关服饰文物资料增补进去，并全面铺开在湖北咸宁时拟定的那批专题研究。“文革”前积累的 40 多本文物资料已荡然无存，一切都需从头做起，单是急需描摹的图像就是一大堆。幸亏王孖和王亚蓉主动跑来相助。——王孖即 1953 年参观历史博物馆时与沈从文相识的那位志愿军战士，从朝鲜归国后，让沈从文帮助挑选工作单位，后来被分配到科学院考古所工作。王亚蓉也是“文革”前与沈从文相识，那时，王亚蓉是一位待业青年。沈从文去图书馆查阅有关服饰资料、图像，一位姓杨的老共产党员，见沈从文需要描摹文物图像的助手，遂向他介绍了王亚蓉。于是，沈从文每月从自己工资中拿出二三十元，作为王亚蓉帮忙的报酬。

得知沈从文重返北京，王孖和王亚蓉立即跑去看他。想起沈从文在“文化大革命”中的种种遭遇，至今仍不愿放下工作，两人十分感动。沈从文对他们说：“个人受点委屈有什么要紧，要看到国家在世界上作战！我们的文物研究工作还赶不上日本朋友，使人心里难过得很。对我们的文化，最有发言权的，应该是我们自己！”

共同的心愿将这两代人拴在了一起。在全国人文科学研究仍处于全面停顿的背景下，他们组成的这个文物研究班子，在沈从文的那块“飞地”上，十分认真地干了起来。不多久，整个房间的墙壁上、窗棂上，到处贴满了经过选择描摹出来的图样，和大大小小写有说明文字的纸条，床上、桌上、地上，无一处不是书。床上有一大半地方堆放了随手应用的图书，晚上，书躺在躺椅上，人便躺在躺椅上的书上。在陌生人眼里，这里有着简直无法容忍的混乱，但在沈从文眼里，这一切乱中有序，结构成一部物我无间、十分谐和的乐律，任何人都不能随便移动——在这块“飞地”上，对那些画面上的帝王将相、达官贵人，沈从文拥有至高无上的威权。

沈从文夫妇与助手王㐨

这里距小羊宜宾胡同，有两里路远近。虽然这里兼作工作室与卧室，吃饭问题却无法解决，沈从文只能每天返回小羊宜宾胡同一次。

不管是冬天或夏天的下午五点钟，认识这位“飞地”总督的人，都有机会见到他提着一个南方的带盖的竹篮子，兴冲冲地到他的另一个“飞地”去。他必须到婶婶那边去吃晚饭，并把明早和中午的两餐饭带回来。

冬天尚可，夏天天气热，他屋子特别闷热，带回来的两顿饭很容易变馊的。我们担心他吃了会害病。他说：

“我有办法！”

“什么办法？”因为我们家里也颇想学习保存食物的先进办法。

“我先吃两片消炎片。”[1]

一些登门造访的亲戚、朋友、熟人，看到这种情形，都不免摇头、苦笑、叹息，带一份怜悯同情，纷纷劝他该有个节制，不要这么傻干。有人还愤然代抱不平：

“这哪里是在进行什么工作？你做出来又有什么用？你充满热情为国家工作，可国家给了你什么？”

这也难怪。沈从文的这份工作没有任何预期。重新校订后上交的那本服饰研究专著，在馆长的办公桌上压了三年以后，于1974年退还给沈从文，出版已毫无希望。

对亲戚、朋友、熟人的好意劝告，沈从文只是报以微笑。人各有志，一个人的选择就是他的信仰。自己既然选择了这一行，就没有理由自行亵渎。虽说自己一切成就并不预备“藏之名山”，却不能因为没有出路就中途而废。沈从文有了越来越强烈的紧迫感。自己已是73岁高龄了，揽镜自照，已是满头白发，精力已大不如前。身体随时都可能发生故障，报废只是早晚间事，工作条件再差，只要头脑还得用，就得抢时间把近20年所学种种分门别类整理出一个头绪，哪怕所走还只是第一步，至少

[1] 黄永玉．太阳下的风景——沈从文和我 [J]．花城，1980（5）．

可给后来者一点方便。想起国家目前的处境和面临的前途，沈从文心里起了一丝隐痛，却并不失去对未来的信心。尽管因少数人弄权，肆行无忌，国家前途尚难预料，社会上所出现的情况，是全面破坏与瘫痪。研究工作的不为重视，自己工作条件的恶劣，自是意料中事。但一切阻挡历史前进的东西，决不会长久存在。民族理性的抬头，不仅是必需的，而且是必然的。自己只是一个普通公民，国家权力中枢发生的一切关系国家命运的大事，自己既无从弄明白，也就丝毫谈不上做出什么有益于形势发展之举，只能在自己的工作范围内，尽可能坚持下去。这是自己作为一个公民，热爱祖国、报效民族的唯一途径。

他对王孖、王亚蓉说：

“旧时当官的感到不如意时，可以表示‘倦勤’，但作为一个共和国的公民，却不能消极。因为他是国家的主人，不是官。”

不知节制的连续工作，使沈从文再次病倒了。血压增到220，左眼黄斑出血，写字已不知下笔轻重。虽然由于长期形成的习惯，字迹尚能成行，写完后却看不清是否写得正确，眼前只是一片圈圈点点，跳动不定，一份“老之已至”的感觉涌上沈从文心头。他在给友人的信中说：

目下手边还搞了约五六十个大小不一的有关物质文化史的专题，居多是从实物图像出发，再来结合文献，从文图互证的分析来谈问题的。加上服装材料，有百多万字都必须由我自己一一过手重抄重改，才得交卷。原先还以为可争取二三年时间，赶得出来，可为后来接手的青壮作垫脚石，若照目下情形看来，完成希望已不甚大，真是糟糕。因为以后大致已不大可能还有人能综合实物十万八万和一堆杂乱文献来进行这种费力并不易讨好的基本功。若两三月还无好转希望，即不升级恶化，大致近二十年受上面鼓励，又得种种方便机会学来有关文物一系列常识，又不免和前一段搞习作情形似异而实同，半途报废。一个人的遭遇如此巧，真是少见。[1]

1976年，国务院总理周恩来病逝了。

一场大雪过后，北京城内外白雪皑皑。天阴沉沉的，沉默无语中似乎深藏着哀痛。沈从文手里拿着一张特别通知，去北京医院向周恩来的遗体告别。

在一个极狭小的房间里，停放着周恩来的遗体。望着这位总理的安详遗容，沈从文心里充满一生中少有的悲痛。

这并非出自中国知识分子重“知遇之恩”的传统，而是折服于周恩来生前作为一个国家领导人，不谋私利、宽厚待人，居提纲挈领地位，与各方面干部、专家合力同功，为国家、民族利益鞠躬尽瘁、死而后已的胸襟和人格。如今，国家的这根梁柱摧折了，从大处言，在这国家多事之秋，国家前途又难免多了一重危险；从小处言，总理生前关心到的自己的这份工作，再也无法与他见面了……。沈从文突然感到一阵从来未曾有过的灰心。——这不是逝者生前的希望！对总理的最好纪念，应该是振作精神，争取时间，将待收尾已进行和待进行的工作，一一加速完成，奉献给总理的在天之灵！

沈先生向周恩来总理遗体告别回来，我们满怀悲伤急忙去看望他。一进屋，我们没听到往日那熟悉的招呼，只听他低低

[1] 给徐盈信。荒芜．关于沈从文先生——纸壁斋说诗 [J]．文学，1985（1）．

地问道："谁来了？"过分的悲痛使他因眼底充血而双目朦胧。他忘不掉周总理对他的一次次亲切接见和鼓励，他为国家和民族的命运而忧心忡忡，更因未及将《中国古代服饰研究》一书奉献于总理生前而抱憾！此后，沈老更加刻苦研究。"一定得尽力搞好，不然对不住周总理。"[1]

同年10月，随着"四人帮"的垮台，中国人民终于走完了10年"文化大革命"的苦难历程。然而，由于一场浩劫过后，国家面临的问题成堆，在此后的三四年间，虽有齐燕铭、刘仰峤多次问及沈从文及其《中国古代服饰研究》的情况，沈从文的生活工作条件仍然没有多少改变。1978年夏，荒芜有感于沈从文的事迹与处境，写了五首七言绝句送给沈从文看。

《边城》山色碧罗裙，小翠歌声处处闻。
我论文章尊五四，至今心折沈从文。

能从片楮认前朝，一史修成价更高。
文物千秋谁管领，看君指授失萧曹。

新从圆领证唐装，老认天门上敦煌。
万卷书加万里路，自应选作探花郎。

对客挥毫小小斋，风流章草出新裁。
可怜一管七分笔，写出兰亭醉本来。

[1] 王亚蓉．沈从文小记 [J]．海内外，1981（28）．

漫言七六老衰翁，百事齐头迸进中。

夜坐空庭觇织女，鹊桥何日驾南东？[1]

第一首叙沈从文在文学创作上所取得的成就，第二首指《中国古代服饰研究》一书的写作，第三首说沈从文在文物研究中的发现和以第三位得票数当选为出席第四次文代会代表事，第四首赞沈从文的书法，第五首是沈从文与张兆和不得不分住两处的纪实。

过了几天，荒芜收到沈从文一封信，信中情辞恳切地叮嘱荒芜不要发表。

三十年来，只近于单门独户开个小小服务店，把时间送走。回想一下，既对不起国家的期许，也对不起个人的生命。年来在国内外得来的赞许，实已大大超过应得的甚多。懔于孔子所谓“血气既衰，戒之在得”的名训，一切赞许不免转成一种不祥的负担。所以如果还来得及，最好不发表，或可免招摇之讥。（事实上我觉得从其他工作上所得的好意赞许也早已超过应得的甚多。）名不副实，转增忧惧。世事倏忽多变，待平守常，在人事风风雨雨中，或可少些麻烦。如能争取三几年有限时间，使住处稍稍宽绰一些，能如熟人中某某的茅房，可以摊开材料，把待收尾、在进行十来个范围较小文物专题逐一完成，结果能达到新社会“合格公民”资格，得到个“不是吃白饭的工作干部”鉴定，就够好了。若尚存任何不现实的奢望，恐随之而来的将

[1] 荒芜．关于沈从文先生——纸壁斋说诗 [J]．文学，1985（1）．其中，第三首第二句指沈从文到敦煌参观壁画，发现天门九重图像事。第四首指沈从文擅长书法，其章草闻名于国内书法界，写字时最喜欢使用 7 分钱一支的毛笔。

是意外灾星，实在招架不住。[1]

1978 年，为改善沈从文的工作环境，由胡乔木过问，沈从文从历史博物馆调到中国社会科学院历史研究所。王孖从考古所被借调到历史所，担任沈从文助手，王亚蓉的工作得到转正机会，也成为沈从文的正式助手，并由三人为主，组成了一个新的研究室。10 月，这个工作班子被安排住进了北京西郊的友谊宾馆，进行《中国古代服饰研究》一书的最后校正增补工作。

为纪念周恩来生前对这本书的关怀，全书仍保留原有的编排体例，并把原来拟定的 200 幅图像作为主图，放在前面。新增加的资料，即便十分重要，也一律作为插图附在文字说明中。

1979 年 1 月，修订增补工作完成。这部由周恩来生前提议编写的，包括了 20 余万说明文字、数百幅实物图像的中国古代服饰研究巨著，虽然实际着手编写的时间，前后总共不到一年时间，但从最初动笔到最终完成，却经历了整整 16 个春秋。它不仅是沈从文，而且是中国知识分子、中国文化事业乃至整个中华民族多磨多难的历史见证。

[1] 沈从文 1978 年 9 月 17 日给荒芜的信，见荒芜《关于沈从文先生——纸壁斋说诗》，《文学》1985 年第 1 期。

第十二章

桑榆非晚

一、生命的第二乐章

《中国古代服饰研究》一书脱稿后，一些国外出版商，闻讯派人前来洽谈，愿以最高稿酬和印刷条件出版此书。沈从文写信给中国社会科学院副院长梅益说："我不愿把我的书交外国人去印。文物是国家的，有损于国格的事，我不能做！"并表示愿将书稿交给组织处理。梅益接受了沈从文的意见，决定将书稿交商务印书馆香港分馆出版。

1981 年，这部八开本、印刷装潢精美、分量沉重的中国古代服饰研究巨著终于问世。

胡乔木写信向沈从文祝贺说：

> 以一人之力，历时十余载，几经艰阻，数易其稿，幸获此鸿篇巨制，实为对我国学术界一重大贡献，极为可贺。

《中国古代服饰研究》一出版，很快引起国内外学术界的重视。日本方面表示愿意购买该书版权和全部已出书籍；欧美学术界派人接洽商量，拟以英、法、德文翻译出版；台湾立即出了该书的盗印本——以极不光彩的手段，抹去沈从文的名字，篡改了引言中的字句以迎合台湾当局的政治需要。此后，它又作为国礼，成为我国领导人出访时赠送给外国国家元首的礼品。

1981 年 9 月香港商务印书馆出版的《中国古代服饰研究》

这部著作对起自殷商、迄于清朝前后三千余年中国各个朝代的服饰问题进行了抉微钩沉的研究和探索，掀开了中华民族先民创造的繁富、丰美、灿烂文化的一角帷幕，从一个侧面展现出其中神光陆离、气象万千的巨丽面影和人类生命所创造的奇迹。虽然此书正如沈从文自己所说："内容材料虽有连续性，解释说明却缺少统一性。给人印象，总的看来虽具有一个长篇小说的规模，内容却近似风格不一分章叙事的散文。"[1]它"不是一本结构完整的《中国历代服装史》"，"但现在已露出地表的林立的桩脚都是结实的，多数是经得起考验的，而且也已初步显示出宏伟建筑的规模"[2]。《中国古代服饰研究》同他解放后其他文物研究成果一道，结构成沈从文继文学创作之后的又一曲生命之歌。

这是一部阐释、比证中国历代服饰形制演变的著作，然而，特别引人注目的，是隐伏于其中的生命－文化意识，正如他的文学创作，在其所描绘的生动人生表象中，积淀着沈从文所特有的生命－文化哲学。在《中国古代服饰研究·引言》中，沈从文明确指出："这份工作和个人前半生搞的文学创作方法态度或仍有相通处。"这种相通，应是沈从文

[1] 见《引言》。沈从文．中国古代服饰研究 [M]．香港：商务印书馆香港分馆，1981.

[2] 黄裳．沈从文和他的新书 [J]．读书，1982（11）.

观察现实与历史现象的生命哲学基础。1947年，在《读展子虔〈游春图〉》一文中，沈从文就这样说过：

> 试从历史作简单追究，绘画在建筑美术和文学史上实一重要装饰，生人住处和死者坟墓都少不了它。另有名画珍图，却用绢素或纸张增加扩大了文化史的意义。它不仅连结了“生死”，也融洽了“人生”。它是文化史中最不可少的一个部门，一种成份，比文字且更有效保存了过去时代生命形式。[1]

在沈从文看来，这些以物质文化形式保留下来的竹、木、金、玉、陶、瓷、丝、牙、角器物，不是一堆无生气的死物，而是过去一时生命存在的一种方式。生命的形式是一种“文化”的存在，而“文化”不是表现为某些僵死的理论教条，而是通过实际人生体现出来的活生生的存在。在现实人生中，它是由社会人、事写成的，在历史人生中，它是通过物质文化的实际创造显示的。因此，在前半生的文学创作中，同各种阐释人生的书本相比，沈从文将自然和社会人事看成一本活的大书。在文物研究中，同各种史籍记载相比，他又将成百万计的历史物质文化产品看成是另一本活的大书。这些显示生命活的存在的各种形态——政治制度、经济形态、阶级分野、社会习俗、宗教、文学、绘画及通过物质文化产品表现出来的工艺美术，又是彼此促进、相互制约的，从而形成沈从文的“凡事不孤立，凡事有联系”的有机整体的生命－文化观。文化各部门的相互制约与联系规定生命的存在方式，不同时代的文化形态的演变又导致生命形式的变化与转移。他在谈及中国古代铜镜时就曾指出，一面小小铜镜，

---

[1] 沈从文．沈从文文集：第12卷[M]．广州：花城出版社；香港：三联书店香港分店，1984.

从纵的发展上看，从原始社会末期起始，到清朝中叶，就不断发生着变化。就连装镜子的盒子、套子，搁镜子的台、架，也不断地变。人使用镜子的意义也在变。从横向联系上看，铜镜上的文字和花纹又与当时的诗歌和宗教信仰有密切联系。如一种“西王母”镜，出土仅限于长江下游和山东南部，时间多在东汉末年，因此，不仅可以看见它与“越巫”或“天师教”有关，还可以据此校订几部相传是汉人所作小说的年代。而一些西汉铜镜上的七言铭文，则是沟通楚辞、汉赋与曹丕七言诗之间的唯一桥梁。据黄裳的书评，在《中国古代服饰研究》中，沈从文在谈及前蜀王建墓的石棺座浮雕时说：

这个石刻，虽完成于五代前蜀的四川成都，但由于唐封建主玄宗和僖宗两次逃亡四川，中原艺术家先后避难入蜀的极多，蜀中历来特别富庶，手工业十分发达，并且是生产锦绣地区，受战事破坏较小，所以画面反映的和墓中其他出土文物花纹图案，还多保留唐代中原格局。劳动人民工艺成就，健康饱满，活泼生动，不象稍后，孟蜀文人流行《花间集》体词中表现的萎靡纤细，颓废病态。

从这种生命－文化既有机统一，又发展变化的观念出发，沈从文开创了一条独特的文物研究路子。

一部中国古代物质文化史，还保存得上好于地下。今后随同生产建设，更新更多方面的发现，是完全可以肯定的。综合各部门的发现加以分别研究，所得的知识，也必然将比过去以文献为主的史部学研究方法，开拓了无限广阔的天地。“文物学”必将成为一种崭新独立科学，得到应有重视，值得投入更多人力物力进行分门别类研究，为技术发展史、美术史、美学史、文化史提供丰富无可比拟的新原料。[1]

沈从文提出了在新的研究方法基础上，开创“文物学”的宏心大愿。这方法就是“以图像为主结合文献进行比较探索、综合分析的方法”[2]。它与文物研究中历来承袭的以文献为主的传统方法相异。他以大量的例证，力陈这一“唯物实事求是的新路”的优越性。例如他谈及《方言》中所说“绕衿谓之裙”的含义时说：

历来从文字学角度出发，对于“衿”字解释为“衣领”固不确，即解释为“衣襟”，若不从图像上明白当时衣襟制度，亦始终难得其解。因为这种衣服，原来从大襟至胁间即向后旋绕而下。其中一式至背后即直下，另一式则仍回绕向前，和古称“衣作绣，锦为缘”有密切联系。[3]

在论及《红楼梦》中人物衣着样式时，沈从文说：

《红楼梦》一书中王府大宅布局，虽为北京所常见，但叙述到妇女衣著如何配套成份，都显明是江南苏州扬州习惯。据

[1] 见《引言》。沈从文．中国古代服饰研究 [M]．香港：商务印书馆香港分馆，1981.

[2] 见《引言》。沈从文．中国古代服饰研究 [M]．香港：商务印书馆香港分馆，1981.

[3] 见《引言》。沈从文．中国古代服饰研究 [J]．香港：商务印书馆香港分馆，1981.

故宫藏另一雍正十二妃子图绘衣著，可知这时期宫廷里嫔妃便装已完全采用南方式样。这十二个图像还可作《红楼梦》一书金陵十二钗中角色衣著看待，远比后来费晓（原作“小”）楼、改琦、王小梅等画的形象接近真实。而一切动用器物背景也符合当时情形。

这一见解，就非仅凭文献作考证者所可道及。

这种方法也被用于书画鉴定。《中国古代服饰研究》旁及一系列与服饰问题有关的传世名画的真伪，对已成定论的作者和创作时代，提出质疑和有分量的新看法。

传世阎立本作《萧翼兰亭图》，人无间言，殊不知图中烧茶部分，有一荷叶形小小茶叶罐盖，只宋元银瓷器上常见，哪会出现于唐初？古人说“谈言微中，或可以排难解纷”。但从画迹本身和其他材料互证，或其他器物作旁证的研究方法，能得专家通人点头认可，或当有待于他日。[1]

沈从文的研究，动摇了书画鉴定中传统的“帝王收藏，流传有绪，名家收藏”三原则。

黄裳在论及书画鉴定的历史时说：

书画鉴定，也有悠久的历史了。人们一直承袭着的是传统的方法。到了六十年代，张珩、谢稚柳等专家开始总结传统的

[1] 见《引言》。沈从文．中国古代服饰研究 [J]．香港：商务印书馆香港分馆，1981.

经验，并有意识地摆脱以文献为主的偏颇，企图运用多种手段进行综合的鉴定。这是一个明显的进步。[1]

其实，这种综合鉴定的方法，沈从文早在1947年就已经提出并实际运用了。在《读展子虔〈游春图〉》一文中，他对相传出自隋代展子虔之手的《游春图》真伪提出质疑时，就指出画中女人衣着格式，似非六朝格式，亦不类隋代与初唐体制。淡红衫子薄罗裳，又似为晚唐或孟蜀时妇女爱好，风致恰如《花间集》所咏，画面空气见出唐诗韵致。画中山头着树法，枝柔而敧，却是唐代法，与论展子虔“细饰犀栉”“冰嘶斧刃”画风不相称，衣着中的幞头和圆领服，时代要晚些，建筑时代也晚。从服饰制度、生活风习、画风演变、诗歌吟咏等多方面进行综合比证，从而提出“如说它是展子虔真迹，还得有人从著录以外来下点功夫。若老一套以为乾隆题过诗那还会错，据个人经验，这个皇帝还曾把明人一件洒线绣天鹿补子，题上许多诗以为是北宋末残锦！”[2]

《中国古代服饰研究》就是运用这种研究方法培植而出的丰硕果实。服饰的形制、演变的阐释，被置于一个时代整体文化的氛围中，不仅创见迭出，而且左右逢源，给人以生气淋漓之感。例如在阐释唐代妇女头饰时，作者指出：“唐代妇女喜于发髻上插几把小小梳子，当成装饰，讲究的用金、银、犀、玉或牙等材料，露出半月形梳背，有多到十来把的（经常有实物出土），所以唐人诗有‘斜插犀梳云半吐’语。又元稹《恨妆成》诗，有‘满头行小梳，当面施圆靥’，王建《宫词》有‘归来别赐一头梳’语。再温庭筠词中有“小山重叠金明灭”，即对于当时妇女

[1] 黄裳 . 沈从文和他的新书 [J]. 读书，1982（11）.

[2] 沈从文 . 沈从文文集：第12卷 [M]. 广州：花城出版社；香港：三联书店香港分店，1984.

发间金背小梳而咏。”[1]

温庭筠的名句“小山重叠金明灭，鬓云欲度香腮雪”中的“小山”，历代注家有指为“眉山”的，有解作“屏山”的，近于猜谜。沈从文根据唐人诗词、文献、《捣练图》《宫乐图》和出土实物，相互比证，不能不使人叹服。又如杜牧咏七夕夜园中小景诗“轻罗小扇扑流萤”，其中的“轻罗小扇”历来被认为是团扇一类东西，画家也一直这样画。但这不免令人生疑：团扇用以扑蝶尚可，扑萤只怕劳而无功。沈从文指出，在《宫乐图》和《唐李爽墓壁画》中，都有这种小扇，其实是类似苍蝇拍子的东西。

沈从文的发现并不止于这类局部比证，还表现为对不同时代服饰特征及演变的整体把握。例如关于唐代妇女服饰，虽然常见于文献记载，但究竟是怎么回事，却不得其详。沈从文根据近年来大量出土的文物和唐代作家的诗文形容结合互证，做出了详尽具体的描述。在唐初至开元年间，由于善于吸收融合西北各民族文化和外来文化，影响到妇女服饰，“戴金锦浑脱帽，著翻领小袖或男子圆领衫子，系钿缕绦带，穿条纹间道锦卷边小口裤、透空软锦靴，部分发髻多上耸如俊鹘展翅。无例外作黄星点额，颊边作二新月牙样子（或更在嘴角酒窝间加二小点胭脂）”。到元和时，则演变为“蛮鬟椎髻，乌膏注唇，赭黄涂脸，眉作细细的八字式低颦”的“时世妆”。前者健康活泼，后者则完全近于病态。——时代的变化怎样导致了审美趣味的变化，外来影响如何结出两样不同果实。

这种文献、诗文与实物互证的结果，文学的描述形容增加了服饰的色彩和生命。反过来，实物的具象性，又弥补了文字艺术的模糊性造成

[1] 见《引言》。沈从文．中国古代服饰研究 [J]．香港：商务印书馆香港分馆，1981.

的缺陷，是足以破千古之惑的。

这一研究方法在实际掌握与运用中的难度，是不言而喻的。在研究者方面，必须具备历史学、哲学、宗教、文学、文献学、绘画、雕塑及文物学等极为宽泛广博的知识学问基础，以及这诸多知识学问融会贯通所培养的文化通感和悟性。历史仿佛有意成全沈从文。他前半生作为文学家的经历和修养，他自青年时代起就开始积累起来的书法、绘画和文物史知识及鉴赏能力，他的“读书多而杂”——各种野史、杂说笔记、工艺百家之言的广泛涉猎，以及解放后20多年间过手百万计文物所得的实感经验，为沈从文开创新的文物学研究方法提供了坚实的基础。

在研究客体方面，困难也是不小的。正如有人曾指出的那样：

> 例如陶俑和石刻表现衣服飘带或马匹鞍饰，为了制作和保存的方便，对实物原貌是有所改变的，有时就和绘画中的描写有所差异。又如艺人在创作中，是容许也可能有所夸张、删略的。怎样理解、利用他们现实主义的作品的真实性呢？又如，时代较晚的艺术家在表现早于他们时代很久的现实生活时，忠实性是会有程度的差异的。正如今天的戏曲舞台上的人物衣冠依旧基本是明代的一样，明代刻书中出现的大量插图，不论表现的是哪个时代也基本上是作品产生当时的面貌。但这并不排斥有袭用前代画稿、纹样的可能。这一类的情况是纷纭复杂的，也是必须慎重对待的。[1]

解决这类问题，既需要在广阔的文化空间寻找事物之间错综复杂联

[1] 黄裳．沈从文和他的新书[J]．读书，1982（11）．

系的天马行空般的想象力，又需要细如毫发的精致感觉。在这方面，《中国古代服饰研究》也提供了一系列堪称典范的分析。例如在谈到称为唐代的《虢国夫人游春图》时，沈从文对当时的名贵马具“金银闹装鞍”作了详尽阐释，以证明旧传宋代宫素然作《明妃出塞图》，就因全然不懂“五鞘孔制”，从而造成错误。在论及元初一些绘画时，沈从文说：

元初画马名家赵子昂父子所画诸马，鞍具还采用五鞘孔制。事实上元代早已废除，画中反映，恰好证明传世诸作均临摹唐人旧稿，而非写实。[1]

谈名画《韩熙载夜宴图》，先看北宋《宣和画谱》卷七云：

顾闳中，江南人也，事伪主李氏，为待诏。善画，独见于人物。是时，中书舍人韩熙载以贵游世胄，多好声妓，专为夜饮，虽宾客糅杂，欢呼狂逸，不复拘制。李氏惜其才，置而不问。声传中外，颇闻其荒纵。然欲见于樽俎灯烛间觥筹交错之态度，不可得。乃命闳中夜至其第，窃窥之，目识心记，图绘以上之。故世有《韩熙载夜宴图》。

叙述有声有色，言之凿凿，历来不曾有人提出异议。沈从文却从画面两处细节入手提出质疑。其一是男子服色。画中除韩熙载二人外，其余坐立男子皆穿绿衣。据南唐降宋后颁布的法令，降官“例行服绿，不问官品高下”。此法令至淳化元年始废除。其二是见于画面的礼仪。凡

[1] 黄裳．沈从文和他的新书 [J]．读书，1982（11）．

闲着的人（包括一个和尚在内），均“扠手示敬”。沈从文指出，“扠手示敬”是两宋制度，在所有宋墓壁画及辽金壁画中，均有明确反映，并提出宋元人刻《事林广记》中《习扠手图》及文字说明相互比证。此外，

韩熙载夜宴图

还指出，席面上酒具注子和注碗成套使用，为典型宋式，影青瓷及家具器皿也均为宋代北方常见物。又将其与宋人作《便桥会盟图》《十八拍图》《赵信文会图》诸画比较，指出“所使用桌椅同式”。在上述比证基础上，沈从文得出结论：“这个画卷可能完成于宋初北方画家之手”。因为如系南唐人画，不可能把宋代禁令贯彻到图中，而两宋时的扠手示敬，也不会见于画中人物。

中华民族数千年间所创造出来的物质文化成果，仅地下发掘出来的，就比 10 部《二十五史》所能记载的还要多，这是一个浩瀚的海洋。沈从文虽长期被人误解，身处逆境，却不计得失地游弋其中，潜渊烛虚，上下求索，所取得的令世人瞩目的成就，必将产生深远而广泛的影响。它不仅可供教学、研究之用，对古代文学作品的注释，以历史为题材的戏剧、电影电视、绘画创作及工艺美术设计，也具有重要的参考价值，还从一个侧面为美术史、美学史、工艺技术发展史、文化史的研究提供了丰富的材料。由他开创的研究方法，为文物学奠定了新的基础。这即便只是

第一步，却也是开创性的一步。

天道酬勤。这是勤奋的产物，沈从文自己说：“我没有天才，就是两个字：耐烦。”这个仅有高小毕业学历的“乡下人”，以其锲而不舍的惊人毅力，又一次创造出生命的奇迹。

二、在大洋的彼岸

就在中外学术界殷切关注着《中国古代服饰研究》一书进展情况的同时，沈从文前半生的文学创作成就也在国外引起广泛重视，国内也出现了重新评价沈从文文学成就的呼声。

这不是一种突发现象。早在20年代，沈从文的作品就被翻译介绍到了日本。30年代，斯诺选编的《活的中国》，其中收入了沈从文的短篇小说《柏子》。到40年代，由金隄和英国人白英合译的沈从文作品集《中国土地》出版，收入《柏子》《灯》《丈夫》《会明》《三三》《月下小景》《三个男人和一个女人》《龙朱》《夫妇》《十四夜间》《一个大王》《看虹录》《边城》等，该书1980年在美国重印。由松枝茂夫翻译的《边城》（日译）在日本出版。由姚克译《从文自传》在《天下》杂志连载。作为《熊猫丛书》之一的《散文选译》（戴乃迭译，收入《边城》《贵生》《萧萧》《丈夫》等），在英美受到读者的欢迎；日本翻译出版的《中国现代文学》第五卷，收入由松枝茂夫、冈本隆三翻译的《边城》《丈夫》《夫妇》《灯》《会明》等中短篇小说。在德国，出版了由吴乐素翻译的《边城》及部分短篇。

法国一位著名的汉学家，在他学生的四本必读书中，三本是中国古代经典作品，一本是沈从文的小说集，法国人了解沈从文。法国人以其特有的细腻、柔情和浪漫的色彩，与沈从文息息相通。有的大学把沈从文的书列为必修课，那位汉学家叫 Robert Ruhlman，中文名字叫于儒伯。[1]

随着夏志清著英文版《中国现代小说史》（将沈从文列专章介绍）和司马长风的《中国新文学史》（沈从文被置于中国现代文学大家地位），分别于美国和香港出版，进一步点燃了西方和港澳读者和学术界对沈从文作品的热情。美国、日本、法国、德国的中国文学研究者，不断有人专程千里迢迢去湘西访问，了解那块曾养育了沈从文的神秘土地，寻觅沈从文的人生足迹。有关沈从文的传记、评传和研究专著相继出版，美国、西德、日本、法国都有人拟定进一步翻译出版沈从文作品的计划，西方文学界开始提名沈从文为诺贝尔文学奖候选人。

就在这种背景下，应美国文学界和学术界之邀，得“美中学术交流委员会”赞助和中国社会科学院支持、批准，沈从文以著名作家和文物研究家双重身份，赴美访问并讲学。

1980 年 10 月 27 日，沈从文偕夫人张兆和乘坐的飞机在纽约肯尼迪机场降落。沈从文夫妇的来访，对定居纽黑文的傅汉思（Hans H.Frankol）和张充和夫妇，无异于喜从天降。傅汉思是耶鲁大学教授，美国汉学家。1948 年初在北平由金隄介绍与沈从文相识，此后，他就成为中老胡同沈家小小宅院里的常客。他一去，沈从文总是充满热情地同他谈中国艺术和建筑。在沈家，傅汉思认识了张充和，并进而与她相爱。

过不久，沈从文以为我对充和比对他更感兴趣。从那以后，

[1] 雷平. 钟开莱教授谈沈从文先生 [J]. 海内外，1981（27）.

我到他家，他就不再多同我谈话了，马上就叫充和，让我们单独在一起。

…………

小虎注意到充和同我很要好了，一看到我们就嚷嚷：“四姨傅伯伯。”他故意把句子断得让人弄不清到底是“四姨，傅伯伯”还是“四姨父，伯伯”。

…………

我在信中对父母这样描写：

北平，1948.11.21.……是的，我们前天结婚了，非常快乐。……仪式虽是基督教的，但没有问答，采用中国惯例，新娘新郎在结婚证书上盖章，表示我们坚定的决心。除我俩外，在证书上盖章的，还有牧师，按照中国习俗，还有两个介绍人（从文和金隄），两个代表双方家属的，沈太太和杨振声教授（他代表我的家属）。……

后来吃结婚蛋糕。小虎最喜欢吃，他说：“四姨，我希望你们天天结婚，让我天天有蛋糕吃。”[1]

小虎即沈从文的次子虎雏，那时才 11 岁。而这次重逢时，虎雏也差不多有了沈从文当时的年龄。

种种回忆自然是见面后扯不完的话题。一切“值得回忆的哀乐人事都是湿的”，旧事重提，自然充满了人生的感叹唏嘘。然而，沈从文最感兴趣的话题，却是他的文物研究。

[1] 傅汉思．我和沈从文初次相识 [J]．海内外，1981（28）．

这次见面后，不谈则已，无论谈什么题目，总归根到文物考古方面去。他谈得生动，快乐，一切死的材料，经他一说便活了，便有感情了。这种触类旁通，以诗书史籍与文物互证，富于想象，又敢于用想象，是得力于他写小说的结果。他说他不想再写小说，实际上他那有工夫去写！有人说不写小说，太可惜！我认为他如不写文物考古方面，那才可惜！[1]

沈从文夫妇在傅汉思、张充和家里住下后，每天都有客人来访，或应邀外出做客。在美期间，他们先后与陈省身、钟开莱、白先勇、陈若曦等著名华人学者、作家见了面。一切想见应见的新旧朋友都见了面。可是，在任何场合，都未见到20年代即相识的老朋友、旅美学者王际真。——当年，沈从文由徐志摩介绍与王际真相识。1929至1931年，当沈从文生活处于困境时，还得过王际真的热情帮助。后来，王际真赴美主持哥伦比亚大学中文系达20年，是将中国古典名著《红楼梦》节译介绍给美国读者的第一人。分别50年来，沈从文始终记念着他。——向人打听的结果，才知他退休已有了20年，妻子不幸早逝，现正独自一人住在退休教授公寓。人极孤僻，长年将自己关在公寓楼上，极少出门见人，也拒绝任何人的拜访，是个“古怪老人”。

于是，沈从文写信给他，说自己已到美国，很想去纽约专程拜访。

回信说：在报上已见到你来美消息。目前彼此都老了，丑了，为保持过去年轻时节印象，不见面还好些。沈从文却仍以电话相约，按时到他家拜访。

---

[1] 张充和．三姐夫沈二哥 [J]．海内外，1981（28）．

一到他家，兆和、充和即刻就在厨房忙起来了。尽管他连连声称厨房不许外人插手，还是为他把一切洗得干干净净。到把我们带来的午饭安排上桌时，他却承认作得很好。他已经八十五六岁了，身体精神看来还不错。我们随便谈下去，谈得很愉快。他仍然保有山东人那种爽直淳厚气质。使我惊讶的是，他竟忽然从抽屉里取出我的两本旧作，《鸭子》和《神巫之爱》！那是我二十年代中早期习作，《鸭子》还是我出的第一个综合性集子。这两本早年旧作，不仅北京上海旧书店已多年绝迹，连香港翻印本也不曾见到。书已经破旧不堪，封面脱落了，由于年代过久，书页变黄了，脆了，翻动时，碎片碎屑直往下掉。可是，能在万里之外的美国，见到自己早年不成熟不像样子的作品，还被一个古怪老人保存到现在，这是难以理解的，这感情是深刻动人的！

谈了一会，他忽然又从什么地方取出一束信来，那是我在一九二八年到一九三一年写给他的。翻阅这些五十年前的旧信，它们把我带回到二十年代末期那段岁月里，令人十分怅惘。其中一页最最简短的，便是这封我向他报告志摩遇难的信：

际真：志摩十一月十九日十一点三十五分乘飞机撞死于济南附近“开山”。飞机随即焚烧，故二司机成焦炭。

志摩衣已尽焚去，全身颜色尚如生人，头部一大洞，左臂折断，左腿折碎，照情形看来，当系飞机坠地前人即已毙命。二十一日此间接到电后，二十二日我赶到济南，见其破碎遗骸，停于一小庙中。时尚有梁思成等从北平赶来，张嘉铸从上海赶来，郭有守从南京赶来。二十二日晚棺木运南京转上海，或者尚葬他家乡。我现在刚从济南回来，时〔一九三一年十一月〕二十三日早晨。[1]

人生短暂，友谊长存。看到王际真目前孤寂情形，想起半个世纪以来各自的人生遭遇，沈从文心里十分沉重。然而，这些也都是人的事情，无论在什么地方，谁都无法逃避应分的人生哀乐。际真长期过着极端孤寂生活，是不是有一般人难于理解的苦衷？且一般人所谓的“怪”，或许倒正是目下认为活得“健康正常人”业已消失无余的难得的品质。

……

沈从文的来访，受到美国文化界、学术界的热烈欢迎。在东部访问期间，《海内外》出了欢迎沈从文访美的专号，哥伦比亚大学、圣若望大学先后邀请他到校演讲，并组织座谈。哥伦比亚大学贴出的海报，尊称沈从文为“中国当代最伟大的在世作家”。同时，西部文化界和学术界也准备隆重接待。报界纷纷发表消息，美洲《华侨日报》《时代报》《太平洋周刊》和《东西报》，不止一次发出新闻稿。1981年1月27日，沈从文到达美国西部后，先后应邀在旧金山湾区三所著名大学——斯坦福大学、加州大学柏克莱分校、旧金山州立大学演讲。在美期间，沈从文分别以《20年代的中国新文学》《从新文学转到历史文物》《廿年代我从事文学的种种和社会背景点滴》为题，向美国学术界和文化界介绍自己从事文学创作和文物研究的情形，受到听众的普遍好评。

听过沈老讲演的一些名作家及听众们纷纷议论，沈先生讲的每句话，似乎都包含了丰富的内容和哲理，使人回味无穷。而且

[1] 见《友情》。沈从文．沈从文文集：第10卷[M]．广州：花城出版社；香港：三联书店香港分店，1984.

又讲得如此通俗幽默，但有时候却不由得不让人有无限感慨。[1]

人们关心沈从文几十年来的遭遇，多希望通过他本人印证过去的种种传闻。面对几十年来一直为他担心的朋友和读者，沈从文却十分平静。他在演讲中，极为诚恳地说：

许多在日本、美国的朋友，为我不写小说而觉得惋惜，事实上并不值得惋惜。因为社会变动太大，我今天之所以有机会在这里与各位谈这些故事，就证明了我并不因为社会变动而丧气。社会变动是必然的现象。我们中国有句俗话说："塞翁失马，焉知非福！"在中国近三十年的剧烈变动情况中，我许多很好很有成就的旧同行，老同事，都因为来不及适应这个环境中的新变化成了古人。我现在居然能在这里很快乐的和各位谈谈这些事情，证明我在适应环境上，至少作了一个健康的选择，并不是消极的退隐。特别是国家变动大，社会变动过程太激烈了，许多人在运动当中都牺牲后，就更需要有人更顽强坚持工作，才能够保留下一些东西。在近三十年社会变动过程中，外面总有传说我有段时间很委曲（屈）、很沮丧；我现在站在这里谈笑，那些曾经为我担心的好朋友，可以不用再担心！我活得很健康，这可不能够作假的！我总相信：人类最后总是爱好和平的。要从和平中求发展、得进步的。中国也无例外这么向前的。[2]

[1] 雷平．沈从文先生在美西[J]．海内外，1981（29）．

[2] 见《从新文学转到历史文物——1980 年 11 月 24 日在美国圣若望大学的讲演》。沈从文．沈从文文集：第 10 卷 [M]．广州：花城出版社；香港：三联书店香港分店，1984.

一位来自台湾的作家，在座谈时问沈从文："你是否相信命运？"沈从文回答说："我不相信命运。"那位作家以沈从文作品中的若干人物，有类似的环境，却遭遇不同，结局也大相径庭为例，提出不同看法。沈从文说："那是我写作时，为使读者震撼，加强艺术效果而创造出的不同结局。"他再次坚决地说："我不相信命运，却相信时间，时间可以克服一切。"

> 一些作家事后议论，也曾有过一些大陆来的访问的艺术家，说了"文革"期间的种种及自己遭遇的一切。但是大家同样惊奇地发现，沈老几乎很少主动提到"文革"及他几十年来的不寻常遭遇。在这里也显示出沈老特异的风格！[1]

2 月 7 日，是沈从文访问的最后一天。

大洋的彼岸，美国规模最大的中文书店——旧金山东风书店，特意安排沈从文与读者见面。时值书店举办"白先勇作品周"，得知沈从文已到了旧金山，在美国南部任教的白先勇，书也不教了，将教学丢给助教，专程北上，与沈从文见面。于是沈从文与白先勇联袂在东风书店会见读者。

这天下午，东风书店十分热闹，书店门口已挂出特制的招贴，室内摆满各种饮料，特制的大蛋糕组成"欢迎"字样。沈从文和白先勇的著作以最醒目的方式放置在书架上。沈从文和白先勇一到，等候已久的读者群里便响起热烈的掌声。见到这两位一来自大陆、一来自台湾，一老一少两位作家亲密无间，在场的人都十分兴奋。

白先勇致辞说，沈从文是他最崇敬的一位中国作家。自己从小就熟

[1] 雷平. 沈从文先生在美西 [J]. 海内外，1981（29）.

悉沈从文作品中许多栩栩如生的人物。沈从文的作品不仅影响了自己，也间接地影响了自己的学生。

> 人生短暂，艺术长存，沈先生的小说从卅时代直到现在，仍然放射着耀眼的光辉。这期间，中国经历了多大的变动，但是，艺术可以战胜一切。今天大家来瞻仰沈先生的风采，就是一个证明。[1]

读者纷纷与两位作家交谈。许多人拿了沈从文作品的英译本和刚刚购到的新书，请沈从文签字留念。……

大洋的此岸。此时，沈从文在北京的家属、助手及有关部门领导，却心急如焚——事情起因于沈从文在美国东部访问期间。一次，沈从文在演讲后回答听众提问时，一名台湾报纸的记者，提问时邀请沈从文去台湾。

问：“您愿不愿意去台湾？台湾方面欢迎您去。”

答:“我在台湾没有亲戚,那里也没有我做的事,我没有这样的打算。”

可是,沈从文的回答却以被歪曲的形式,在台湾的报纸上公开发表了。这一情况很快上了大陆的“内参”,并引起国内有关人士的严重不安。……

大洋的彼岸。正在东风书店接见读者的沈从文，接到一份由中国驻美国大使馆转来的电报。电报的内容，是对沈从文在美期间讲学的辛苦表示慰问，由中国社会科学院领导署名。

沈从文心里明白是怎么回事——他已经知道台湾记者对他讲话的歪曲报道，以及这事在北京所引起的担心。

---

[1] 雷平．沈从文先生在美西 [J]．海内外，1981（29）．

在这之前，商务印书馆香港分馆已经排出《中国古代服饰研究》一书的清样，并写信邀请沈从文结束在美国的访问后，顺道在香港停留，以便亲自审阅。

收到国内的来电后，沈从文与张兆和商量，觉得与其在这种情形下去香港，既怕国内亲友担心，又难免台湾方面纠缠不休，徒惹麻烦，不如取消香港之行，直接返回北京。

大洋的此岸。虎雏收到父母拍来的不去香港、直接返京的电报后，将其交给王孖和王亚蓉，两人十分高兴，将消息转告中国社会科学院有关领导，大家方才放心。

2 月 8 日，沈从文结束了在美国的访问，偕张兆和从旧金山起飞，向那块与他一生休戚与共的古老土地回归。

——那里，是沈从文人生的出发点，也是他的最终归宿。他的生命之火将在那里继续燃烧。在那里，他将画出自己最后阶段的人生轨迹。

1985 年 12 月 19 日，为庆贺沈从文从事文学创作和文物研究 60 周年，《光明日报》以头版头条显著位置，发表了题为《坚实地站在中华大地上——访著名老作家沈从文》的长篇专访。由编辑部所加的《编者按》说:

年高德劭的沈从文先生，是中国现代文学史上的一位重要作家。50 年代初期，由于历史的误解，他中断了文学创作，改为从事中国古代文物研究。在这个领域中，他又取得了令世人瞩目的成就。然而，他是这般谦虚，这般豁达，这般的不计较个人委屈……坚定地站在祖国的大地上。这一切，正体现了中国知识分子的崇高风范。

1939 年，沈从文在他的《烛虚》篇里说：

书本给我的启示极多，我欢喜《新约·哥林多书》记的一段：

我认得一个在基督里的人，……我认得这人，或在身内，或在身外，我都不知道，只有神知道。他被提到乐园里，听见隐秘的言语，是人不可说的。为这人，我要夸口。但是我为自己，除了我的软弱以外，我并不夸口。[1]

[1] 沈从文 . 烛虚 [M]. 上海：文化生活出版社，1940.